学ぶ人は、
変えて
ゆく人だ。

目の前にある問題はもちろん、

人生の問いや、

社会の課題を自ら見つけ、

挑み続けるために、人は学ぶ。

「学び」で、

少しずつ世界は変えてゆける。

いつでも、どこでも、誰でも、

学ぶことができる世の中へ。

旺文社

JN041782

基礎
英文法
問題精講

4訂版

中原道喜 著

佐藤誠司 補訂

旺文社

はしがき

　英語を母国語として自然に習い覚える人たちは別として，英語を外国語として学ぶものにとって，その進歩を左右する最も肝心な要素は文法であり，文法的思考であるということは，改めて言うまでもない。「文法は苦手」を口にする人も少なくないが，正しい学習法により，堅実に努力すれば，必ずだれでもマスターできる。

　文法は，解釈や作文・会話など，すべての分野の英語の，正しい運用力の母体となり，拠り所となるものである。たとえば「彼はカメラを盗まれた」という頻出文を He was stolen his camera., 「またお会いするのを楽しみにしています」という会話常用表現を I'm looking forward to see you. としたりするのは，いずれも基本的な文法的理解を欠いた誤りであるが，解釈でも文法をおろそかにしたために，致命的なミスが生じることがよくある。

　本書は，入試を目標として文法を学ぶとき，どれだけを，どのように学べばよいかを明確に示した。学習上大切な点や，入試で注意すべき事項が具体的にわかり，正しい理解を通して確かな知識と応用力が身につき，内容・形式の両面から入試の実際に精通できるように編まれている。

　本書は，多くの方々の貴重なご協力に支えられて誕生した。ここで，お世話になったすべての方々に，心から御礼申し上げたい。

2003年 秋

中原道喜

中原道喜 なかはら・みちよし
元開成高校教諭。長年にわたる経験にもとづく的確な指導と，入念な著作には定評があり，広く信頼された。主な著書に『基礎英文問題精講〔3訂版〕』『基礎英語長文問題精講［改訂版］』〔以上旺文社刊〕など。『英文標準問題精講（新装5訂版）』『英文法標準問題精講（新装4訂版）』（原仙作著 旺文社刊）補訂。2015年没。

改訂版の序

　本書の初版が出版された1985年，駆け出しの英語教師だった筆者は，高校と予備校で大学受験の指導を行っていた。1980年代を中心に受験生人口はピークに達し，多くの参考書が世に出た。そのほとんどは，今では古書となっている。しかし今に至るまで一定の読者を獲得し続けている「名著」も存在する。その一冊が本書である。筆者も受験生時代は『問題精講』シリーズで受験対策の文法・読解を学び，教壇に立ってからは多くの生徒にそれらを勧めた。今回本書の改訂に携わることになり，当時が思い出されて感慨深い。

　現実的な話をすれば，多くの大学入試問題作成者たちが，おそらく筆者と同様に本書を含む『問題精講』シリーズを使って勉強したはずである。つまり本書は入試問題を作る際の拠り所となる。ゆえに大学入試の文法問題対策を行うに当たっては，本書に勝る本はない。大学入試に文法問題が出題され続ける限り，本書のニーズがなくなることは永遠にないであろう。

　旧版は極めて完成度の高い本であるから，今回の改訂に当たっても説明すべき文法事項は旧版から大きく変えていない。主な変更点は次の3つである。

　①できるだけ新しい入試問題を収録する。

　②実際の入試によく出る設問形式を使う。

　③「よく問われる知識」を重点的に説明する。

　文法問題は，主に私立大学で（マークシートによる）選択問題として出題される。主な設問形式は，空所補充・整序作文・正誤判定・連立完成（書き換え）・下線部同意語句選択などである。本冊でこれらの問題を解きながら，関連する知識を別冊の解説で確認していく。また近年の入試では，英検・TOEIC・TOEFLなどを意識して，昔の入試にはあまり見られなかったタイプの問いが出ることもある。今回の改訂では，近年の豊富な入試問題データの分析に基づき，最新の出題傾向に即した説明を行っている。

　最後に，今回の改訂に当たりご尽力いただいたすべての関係者の方々に，謹んでお礼申し上げたい。

2021年 春
佐藤誠司

佐藤誠司 さとう・せいし
東京大学文学部英文科卒。広島県教育委員会事務局，私立中学・高校教諭などを経て，現在は（有）佐藤教育研究所を主宰。英語学習全般の著作活動を行っている。著書に『超基礎がため 佐藤誠司の英文法教室』（旺文社），『英作文のためのやさしい英文法』（岩波ジュニア新書），『アトラス総合英語』（共著，桐原書店）など。

問題編 目次

問題・解答解説

編集協力：有限会社 編集室ビーライン

校正：松本賢治／株式会社 交学社／笠井嘉生／Jason A. Chau

装幀・本文デザイン：相馬敬徳（Rafters）

編集担当：高杉健太郎

本書の特長と使い方

　本書は，文法項目ごとに入試問題をまとめた本冊「**問題編**」と，同じ文法項目順に文法の要点を詳しくまとめた別冊「**精講編**」から成っています。「問題編」を解いてみて苦手と感じたり，不安に思ったりした文法項目について「精講編」を読んで確認しましょう。また，先に「精講編」を読んだ上で「問題編」に取り組む方法も可能です。

問題編（本冊）

- 標準〜応用レベルの文法知識が身につく問題約720問を厳選収録しています。
- 左ページが問題，右ページが解答解説となっており，問題を解いた後，すぐに答え合わせができる学習しやすい紙面です。
- 各章，標準問題→発展問題のステップアップ式で，無理なく力をつけられます。
- 標準問題は主に空所補充選択と語句整序，発展問題は主に文法正誤と英作文になっています。すべての問題で入試問題を使用していますので，入試に必要な実践力をつけることができます。また数章おきに難易度の高い長文融合型の問題も収録していますので挑戦してみましょう。

精講編（別冊）

- 本冊と同じ文法項目順に要点を詳しくまとめた解説書です。入試に必須の文法知識の確認・学習をすることができます。なお，本書の主な目的は入試の文法問題を解く力をつけることであり，それ以上に詳しい文法・語法の知識の多くは省いています。
- ☑（チェックボックス）がついている部分は要暗記項目です。印をつけるなどしてご利用ください。
- 別冊に掲載されている中から特に重要な文法用語や文法事項等を厳選した索引を巻末に50音順・アルファベット順で収録しています。

本書で使用している主な略語・記号について
・S……主語／V……動詞／O……目的語／C……補語
・[ ]……直前の語（句）と置き換え可能な語（句）を示します。
・( )……省略可能な語（句）を示します。
・動 名 形 副 ……「語彙・表現」の部分に出てくるアイコンで，各品詞を示します。
・*do*……動詞の原形／〜ing……現在分詞（動名詞）
（※一部，例外的に記号を用いずに言葉で説明している部分等もあります）

Chapter 1 文型と動詞

標準問題

問1 （ ）内に入れるのに最も適切なものを一つ選びなさい。

(1) This university was established a long time ago. It was originally
( ) in 1878 as a teachers college.
　① foundation　② founded　③ found　④ find　　　　(秋田県立大)

(2) She wished that her dream of becoming a flight attendant would ( )
true.
　① come　　② get　　③ go　　④ make　　　(金城学院大)

(3) This person ( ) perfect for the job.
　① sounds　　② does　　③ gives　　④ fits　　(青山学院大)

(4) I have a cousin who ( ) a Chinese man after meeting him in
Canada.
　① married　　　　② married to
　③ marries　　　　④ marries to　　　　(清泉女子大)

(5) Before making a decision, I have to discuss ( ) my wife.
　① about it with　　　　② with it about
　③ it with　　　　④ it together　　　　(獨協医大)

(6) I heard that there's a large typhoon ( ) Okinawa.
　① approached　　　　② approached to
　③ approaching　　　　④ approaching to　　　　(東京電機大)

(7) When did James ( ) high school?
　① graduated　　　　② graduate from
　③ graduating　　　　④ graduating from　　　　(専修大)

(8) Would you please ( ) me the whole story? I'm interested.
　① know　　② say　　③ speak　　④ tell　　　(津田塾大)

問1

(1) 　正解　 ② founded 　　　　　　　　　　　　　　　▶ 別冊 p.6 ❸

　和訳　この大学はずっと昔に創設された。もともと1878年に教員養成大学として設立された。

　解説　found は establish「～を設立する」の同意語。found-founded-founded と活用する。この文では was founded で「設立された」の意味を表す。

(2) 　正解　 ① come 　　　　　　　　　　　　　　　　　▶ 別冊 p.9 ❾

　和訳　彼女は飛行機の客室乗務員になるという夢が実現すればいいのにと思った。

　解説　come true で「（夢などが）実現する」の意味を表す。

(3) 　正解　 ① sounds 　　　　　　　　　　　　　　　　▶ 別冊 p.9 ❾

　和訳　この人はその仕事に最適のように思われる。

　解説　動詞の sound は「～に聞こえる，～に思われる（seem）」の意味を表し，SVCの形で使う。②③④の後ろには，Cの働きをする形容詞は置けない。

(4) 　正解　 ① married 　　　　　　　　　　　　　　　　▶ 別冊 p.10 ❿

　和訳　私には中国人男性とカナダで出会って結婚したいとこがいる。

　解説　「～と結婚する」は，marry または get married to で表す。③（現在形）を「～する予定だ」の意味で使うときは，後ろに具体的な日付などを表す語句が必要。この文で③を入れると「習慣的に結婚する」と解釈されるため不自然。

(5) 　正解　 ③ it with 　　　　　　　　　　　　　　　　▶ 別冊 p.10 ❿

　和訳　決定を下す前に，私はそれを妻と話し合わねばならない。

　解説　discuss は「～について議論する」の意味の他動詞なので，前置詞は不要。「妻と」は with my wife で表す。

(6) 　正解　 ③ approaching 　　　　　　　　　　　　　　▶ 別冊 p.10 ❿

　和訳　大きな台風が沖縄に近づいているそうだ。

　解説　approach は「～に近づく」の意味の他動詞なので，前置詞は不要。①だと be approached（受動態）「近づかれる」という不自然な意味になる。

(7) 　正解　 ② graduate from 　　　　　　　　　　　　　▶ 別冊 p.10 ❿

　和訳　ジェイムズはいつ高校を卒業しましたか。

　解説　graduate from ～で「～を卒業する」の意味を表す。④は graduating が前の did と結びつかないので誤り。

(8) 　正解　 ④ tell 　　　　　　　　　　　　　　　　　　▶ 別冊 p.11 ⓫

　和訳　全部の話をしてもらえますか。私は興味があります。

　解説　4つの動詞のうち，後ろに2つの目的語（me と the whole story）を置けるのは tell「伝える」のみ。

(9) Ken apologized (　　　) his piano teacher for not having practiced much during the week.
① for
② to
③ at
④ with (南山大)

(10) Mary：What's the matter, Jim? You look so pale. You must see a doctor at once!

Jim：(　　　) me alone. Mind your own business.
① Bring
② Leave
③ Treat
④ Visit (専修大)

(11) Don't blame me (　　　) this business failure.
① to
② off
③ for
④ at (駒澤大)

(12) You have done a lot for my project. I want to thank every one (　　　) your support.
① in you at
② of you for
③ to you over
④ with you onto (追手門学院大)

(13) I often order CDs (　　　) an Internet shopping site, because they are available at lower prices there.
① for
② from
③ to
④ with (愛知学院大)

(14) Can you distinguish sugar (　　　) salt without tasting it?
① to
② from
③ with
④ about (畿央大)

(15) We gave a gift to Mary to (　　　) her on her promotion.
① congratulate
② honor
③ praise
④ celebrate (南山大)

(16) It was (　　　) home to me how important health is to humans.
① brought
② felt
③ kept
④ served (関西学院大)

解答解説

(9) **正解** ② to ▶別冊 p.11 ⑪

和訳 ケンはその週の間あまり練習しなかったことをピアノの先生にわびた。

解説 apologize「わびる，謝る」は自動詞。〈apologize to＋人（＋for ～）〉で「（～のことで）（人）にわびる」の意味を表す。

(10) **正解** ② Leave ▶別冊 p.12 ⑫

和訳 メアリ：どうしたの，ジム？　顔色がとても悪いわ。すぐお医者さんに診てもらわなくちゃ！／ジム：一人にしておいて。君には関係ないよ。

解説 leave O C で「OをCのままに（放置）しておく」の意味を表す。②以外の動詞はSVOCの形では使わない。

(11) **正解** ③ for ▶別冊 p.13 ⑭

和訳 この仕事の失敗で私を責めないでください。

解説 blame O for ～で「～（の理由）でOを責める」の意味を表す。賞罰などを表す他の動詞（excuse, praise, thank など）も同じ形で使う。

(12) **正解** ② of you for ▶別冊 p.13 ⑭

和訳 皆さんは私の計画のために多くのことをしてくれました。皆さん方全員のご支援に感謝したいと思います。

解説 thank O for ～で「O（人）の～に感謝する」の意味を表す。Oに当たるのは every one of you「あなた方のうち全員」。

(13) **正解** ② from ▶別冊 p.14 ⑮

和訳 私はよくインターネットのショッピングサイトでCDを注文する。その方が安い値段で手に入るからだ。

解説 order O from ～で「Oを～に注文する」の意味を表す。③to を使わないように注意。

(14) **正解** ② from ▶別冊 p.14 ⑮

和訳 味見をしないで砂糖と塩を区別できますか。

解説 distinguish [tell] *A* from *B*で「AをBと区別する」の意味を表す。distinguish between *A* and *B*とも言う。

(15) **正解** ① congratulate ▶別冊 p.16 ⑲

和訳 私たちはメアリの昇進を祝うために彼女にプレゼントをあげた。

解説 congratulate O on ～で「O（人）の～（事柄）を祝福する」の意味。honor「称賛する」，praise「ほめる」，celebrate「祝う」は on と結びつかない。

(16) **正解** ① brought ▶別冊 p.17 ⑳

和訳 健康が人間にとってどれほど大切かを私は痛感した。

解説 bring O home to ～「～（人）にOを痛感させる」をもとにした受動態。It は後ろの how 以下を指す形式主語。

(17) I'll (　　　) you my car for the weekend.
　　① borrow　　　　　　　　② charge
　　③ lend　　　　　　　　　④ owe　　　　　　　　　（明治大）

(18) These shoes don't (　　　) me. Do you have a larger size?
　　① apply　　　　　　　　② suit
　　③ match　　　　　　　　④ fit　　　　　　　　　（獨協医大）

(19) He's very dishonest; I (　　　) his story is untrue.
　　① am doubting　　　　　② am suspecting
　　③ doubt　　　　　　　　④ suspect　　　　　　（慶應大）

(20) The party is scheduled to start at 6 p.m. and (　　　) for about two hours.
　　① end　　　　　　　　　② keep
　　③ last　　　　　　　　　④ remain　　　　　　（甲南大）

(21) We (　　　) a table for two at the Italian restaurant for Christmas Eve.
　　① booked　　　　　　　② kept
　　③ made　　　　　　　　④ used　　　　　　　（神奈川大）

(22) I did my best to (　　　) what you want on that point.
　　① agree　　　② drive　　　③ like
　　④ meet　　　⑤ wonder　　　　　　　　　　　（立正大）

(23) I cannot (　　　) the sight of blood. Not so much as a small cut.
　　① stand　　　　　　　　② sit
　　③ send　　　　　　　　④ start　　　　　　　（獨協大）

(24) "How can I get to your house?" "Ah, it's easy. I'll (　　　) you a map."
　　① tell　　　　　　　　② inform
　　③ draw　　　　　　　　④ teach　　　　　　　（法政大）

10

解答解説

(17) **正解** ③ lend　　　　　　　　　　　　　　▶別冊 p.19 ㉓

和訳 週末に私の車を君に貸してあげよう。

解説 lend「〜を貸す」と borrow「〜を借りる」の意味の区別がポイント。lend O₁ O₂ で「O₁（人）に O₂（物）を貸す」。④owe は「〜を（人に）借りている」の意味。

(18) **正解** ④ fit　　　　　　　　　　　　　　　▶別冊 p.19 ㉓

和訳 この靴は私に合いません。もっと大きなサイズはありますか。

解説 「大きさが適合する」は fit で表す。apply は「（規則など）を当てはめる」，suit は「（物が人）に似合う」，match は「（物同士が）調和する」。

(19) **正解** ④ suspect　　　　　　　　　　　　　▶別冊 p.19 ㉓

和訳 彼はとても不誠実だ。彼の話は本当ではないと私は思う。

解説 suspect は「〜ではないかと怪しく思う」の意味。②のように進行形にはしない。③doubt (that) は「〜ではないと思う」の意味で文脈に合わない。

(20) **正解** ③ last　　　　　　　　　　　　　　　▶別冊 p.21 ㉔

和訳 パーティーは午後 6 時に始まり，約 2 時間続く予定だ。

解説 last は「続く」の意味の自動詞として使う。

語句 be scheduled to *do* 〜する予定だ

(21) **正解** ① booked　　　　　　　　　　　　　▶別冊 p.21 ㉔

和訳 私たちはクリスマスイブにイタリア料理店に 2 人分の席を予約した。

解説 動詞の book は「〜を予約する（reserve）」の意味で使う。

(22) **正解** ④ meet　　　　　　　　　　　　　　▶別冊 p.21 ㉔

和訳 私はその点であなたのご要望に応じるために最善を尽くしました。

解説 meet は「（要求など）に応じる」の意味で使う。meet the deadline「締め切りに間に合う」のようにも言う。

(23) **正解** ① stand　　　　　　　　　　　　　　▶別冊 p.21 ㉔

和訳 私は血を見るのに耐えられない。小さな切り傷でもそうだ。

解説 stand には「〜に耐える」の意味がある。第 2 文は I cannot so much as 〜「〜さえできない」の I can を省いた形。

(24) **正解** ③ draw　　　　　　　　　　　　　　▶別冊 p.19 ㉓

和訳 「あなたの家へはどう行けばいいですか」「ああ，簡単です。地図を描いてあげましょう」

解説 draw は「線で絵を描く」，write は「文字を書く」の意味。

問2 各組の文の意味がほぼ同じになるよう，（　　）内に入れるのに最も適切なものを一つ選びなさい。(3)〜(7)の（　　）内には適切な語を入れなさい。

(1) (a) Because I had a bad toothache, I couldn't sleep all night.
     (b) A bad toothache (　　) me awake all night.
     ① helped　　　　　　　　　　② kept
     ③ prevented　　　　　　　　　④ saved　　　　　　　　（愛知学院大）

(2) (a) Because Bob was sick, he could not attend the meeting.
     (b) Sickness prevented Bob (　　) attending the meeting.
     ① at　　　　　　　　　　　② by
     ③ in　　　　　　　　　　　④ from　　　　　　　　（亜細亜大）

(3) (a) Would you do me another favor?
     (b) May (　　) ask another favor (　　) you?　　　　（東京理大）

(4) (a) I paid 200 dollars for this suit.
     (b) This suit (　　) me 200 dollars.　　　　（長崎県立大）

(5) (a) Nobody came to see the old man for a long time.
     (b) (　　) wasn't anybody that came to see the old man for a long time.
     　　　　　　　　　　　　　　　　　　　　　　（名城大）

(6) (a) Thanks to your encouragement, I was able to finish the project.
     (b) I (　　) my finishing the project (　　) your encouragement.
     　　　　　　　　　　　　　　　　　　　　　　（大阪教育大）

(7) (a) They provided the homeless with blankets.
     (b) They provided blankets (　　) the homeless.　　　　（立教大）

問2

(1) 正解 ② kept   ▶別冊 p.12 ⑫

和訳 ひどい歯痛のせいで私は一晩中眠れなかった。

解説 (b)の直訳は「ひどい歯痛は私を一晩中目覚めさせたままだった」。keep O C で「O を C のままに保っておく」の意味を表す。

(2) 正解 ④ from   ▶別冊 p.14 ⑮

和訳 ボブは病気のために会合に出席できなかった。

解説 (b)の直訳は「ボブが会合に出席するのを病気が妨げた」。prevent [keep] O from ～ing で「O が～するのを妨げる」の意味を表す。

(3) 正解 I, of   ▶別冊 p.11 ⑪

和訳 お願いをもう1つ聞いてもらえますか。

解説 do O a favor の直訳は「O（人）に好意［親切］を与える」。(b)は ask a favor of you で「あなたに頼みごとをする」の意味を表す。

(4) 正解 cost   ▶別冊 p.11 ⑪

和訳 私はこのスーツを 200 ドルで買った。

解説 (a)は「私はこのスーツの代金として 200 ドルを払った」,(b)は「このスーツは私に 200 ドルを要した」の意味。cost O_1 O_2 で「O_1（人）に O_2（費用）がかかる」の意味を表す。

(5) 正解 There   ▶別冊 p.12 ⑬

和訳 長い間誰もその老人に会いに来なかった。

解説 (b)の直訳は「長い間その老人に会いに来た人は誰もいなかった」。〈there + be 動詞 + S〉で「S（人）がいる」の意味を表す。that は主格の関係代名詞。

(6) 正解 owe, to   ▶別冊 p.17 ⑳

和訳 あなたの励ましのおかげで,私は課題を終えることができた。

解説 (a)の thanks to ～は「～のために,～のおかげで」。(b)は owe O to ～で「O を～に負っている,O は～のおかげだ」の意味を表す。

(7) 正解 for   ▶別冊 p.18 ㉑

和訳 彼らはホームレスの人々に毛布を提供した。

解説 provide *A* with *B*「A（人）に B（物）を提供［供給］する」は,provide *B* for *A* で言い換えられる。

問3 与えられた語（句）を並べかえて英文を完成させなさい。ただし，文の最初に くる語も小文字で表示しています。

(1) その芝居は失敗作だとわかって今や空席が目立った。
The ( ) ( ), ( ) ( ) ( ) ( ).
① a failure   ② play had proved
③ empty seats   ④ and there
⑤ were now   ⑥ many   （日本大）

(2) 早寝早起きは良い効果がある。
It will ( ) ( ) ( ) ( ) ( ) ( ) hours.
① keep   ② early   ③ good
④ do   ⑤ to   ⑥ you   （日本大）

(3) 飲んだ錠剤で眠くなった。
( ) ( ) ( ) ( ) ( ) ( ) ( ) ( ).
①I   ② that   ③ the   ④ sleepy
⑤ me   ⑥ tablet   ⑦ took   ⑧ made   （昭和大）

(4) 帰宅すると，玄関のドアの鍵が開いていた。
I ( ) ( ) ( ) ( ) ( ) ( ).
① to   ② unlocked   ③ the front door
④ find   ⑤ home   ⑥ came   （中央大）

(5) 彼女はコーヒーにミルクを入れません。（1語不要）
( ) ( ) ( ) ( ) ( ).
① prefers   ② black   ③ she
④ to   ⑤ coffee   ⑥ her   （高知大）

(6) 財布にほとんどお金が残っていないことがわかった。（1語不要）
I found ( ) ( ) ( ) ( ) ( ) ( ) in my wallet.
① any   ② hardly   ③ left   ④ money
⑤ no   ⑥ there   ⑦ was   （日本女子大）

問3

(1) **正解** ②①④⑤⑥③ 　　　　　　　　　　　　　　　　▶ 別冊 p.9 ⑨

(The play had proved a failure, and there were now many empty seats.)

解説 prove [turn out] (to be) Cで「Cだとわかる」の意味を表す。この文では provedの後ろにto beが省略されている。andの後ろは〈there + be動詞 + S〉の形で「Sがある」の意味を表す。

(2) **正解** ④⑥③⑤①② 　　　　　　　　　　　　　　　　▶ 別冊 p.11 ⑪

(It will do you good to keep early hours.)

解説 do O goodで「Oに利益を与える，Oのためになる」の意味を表す。It は形式主語で，後ろの不定詞（to keep early hours）を指す。

語句 keep early hours　早寝早起きをする

(3) **正解** ③⑥②①⑦⑧⑤④ 　　　　　　　　　　　　　　　▶ 別冊 p.12 ⑫

(The tablet that I took made me sleepy.)

解説 make O Cで「OをCにする」の意味を表す。The tablet made me sleepy.「錠剤が私を眠い状態にした」→「錠剤によって私は眠くなった」というSVOCの形を作るのがポイント。thatは関係代名詞で, the tablet that I took「私が飲んだ錠剤」がSの働きをしている。

(4) **正解** ⑥⑤①④③② 　　　　　　　　　　　　　　　　▶ 別冊 p.12 ⑫

(I came home to find the front door unlocked.)

解説 find O Cで「OがCだとわかる」の意味を表す。unlockedはもともと unlock「〜の鍵を開ける」の過去分詞で，ここでは「鍵がかかっていない（状態だ）」という意味の形容詞として使われている。to findは結果を表す副詞的用法の不定詞。

(5) **正解** ③①⑥⑤② 　　　　　　　　　　　　　　　　　▶ 別冊 p.12 ⑫

(She prefers her coffee black.)

解説 SVOC（第5文型）の一種。prefer O Cで「OがCであることを好む」の意味。直訳すると「彼女は自分のコーヒーがブラック（の状態）であることを好む」となる。She prefers her black coffee. だと「彼女は自分（または別のある女性）がいれたブラックコーヒーの方が好きだ」という意味になり，日本語と合わない。

(6) **正解** ⑥⑦②①④③ 　　　　　　　　　　　　　　　　▶ 別冊 p.12 ⑬

(I found there was hardly any money left in my wallet.)

解説 〈there + be動詞 + S + left + 場所〉で「〜にSが残っている」の意味を表す。hardly anyは「ほとんど〜ない」の意味。hardly any money = little moneyと言い換えられる。

(7)　He (　　　) (　　　) (　　　) (　　　) (　　　).

① his pockets　② for　　　　③ searching

④ the key　⑤ was　　　　　　　　　　　　（法政大）

(8)　何があってもやりぬくぞ。

(　　　) (　　　) (　　　) (　　　) (　　　) (　　　) (　　　)!

① can　　　② doing　　③ from　　④ nothing

⑤ stop　　⑥ that　　⑦ us　　　　　　　　（東京理大）

(9)　私は父にコンピューターを買ってもらおうとしたが，うまくいかなかった。

I tried (　　) (　　) (　　) (　　) (　　) (　　) buying me a computer.

① talk　　② but　　　③ my father

④ failed　⑤ into　　⑥ to　　　　　　　　（中央大）

(10)　この3枚の写真を見ると，いつも戦争のことを思い出す。

These (　　　) (　　　) (　　　) (　　　) (　　　) (　　　) (　　　) (　　　).

① always　② the　　③ remind　④ pictures

⑤ of　　　⑥ war　　⑦ three　　⑧ me　　（関西学院大）

(11)　家へ歩いて戻ろうとしていた時に，青い服を着た男が私のカバンを奪った。

A man (　　　) (　　　) (　　　) (　　　) (　　　) (　　　) I was walking home.

① robbed　　② while　　③ in blue

④ my bag　　⑤ me　　　⑥ of　　　　　　（日本大）

(12)　ポーリーンはそれを一生涯の仕事であるとは全く考えなかった。（1語不要）

Pauline (　　　) (　　　) (　　　) (　　　) (　　　) (　　　) (　　　).

① thought　　② lifetime career

③ regarded　　④ never　　⑤ as

⑥ of　　　　　⑦ her　　　⑧ it　　　　（中央大）

(13)　私たちはどの経路をとるか彼らに任せた。

We (　　　) (　　　) (　　　) (　　　) (　　　) (　　　) we should take.

① it　　　② left　　③ route　　④ them

⑤ to　　　⑥ up　　　⑦ which　　　　　（藤田医科大）

16

解答解説

(7) 　正解　⑤③①②④　　　　　　　　　　　　　　　　　　▶ 別冊 p.13 ⑭
　　　（He was searching his pockets for the key.）
　　　和訳　彼は鍵を探そうとポケットを探った。
　　　解説　〈search ＋場所＋ for ～〉で「～を求めて…（場所）を探す」の意味を表す。

(8) 　正解　④①⑤⑦③②⑥　　　　　　　　　　　　　　　　　　▶ 別冊 p.14 ⑮
　　　（Nothing can stop us from doing that!）
　　　解説　stop O from ～ing で「O が～するのを止める」の意味を表す。直訳は「何も私たちがそれをするのを止めることはできない」。prevent [keep]「～を妨げる」なども同様の形で使う。

(9) 　正解　②④⑥①③⑤　　　　　　　　　　　　　　　　　　▶ 別冊 p.15 ⑯
　　　（I tried but failed to talk my father into buying me a computer.）
　　　解説　talk O into ～ing で「O を説得して～させる」の意味を表す。try to *do* は「～しようとする」，fail to *do* は「～しそこなう，～できない」。

(10) 　正解　⑦④①③⑧⑤②⑥　　　　　　　　　　　　　　　　　　▶ 別冊 p.15 ⑰
　　　（These three pictures always remind me of the war.）
　　　解説　remind O of ～ で「O（人）に～を思い出させる」の意味を表す。always（などの頻度を表す副詞）は，一般動詞（reminds）の前に置く。

(11) 　正解　③①⑤⑥④②　　　　　　　　　　　　　　　　　　▶ 別冊 p.15 ⑰
　　　（A man in blue robbed me of my bag while I was walking home.）
　　　解説　rob O of ～ で「O（人）の～を奪う」の意味を表す。誤って robbed my bag of me と並べがちなので注意。in blue は「青い服を着た」の意味で，前の a man を修飾している。

(12) 　正解　④①⑥⑧⑤⑦②　　　　　　　　　　　　　　　　　　▶ 別冊 p.16 ⑱
　　　（Pauline never thought of it as her lifetime career.）
　　　解説　think of O as ～ で「O を～とみなす，考える」の意味を表す。regard O as ～ も同じ意味を表すが，「1 語不要」という条件に合わないので③ regarded は使わない。

(13) 　正解　②①⑥⑤④⑦③　　　　　　　　　　　　　　　　　　▶ 別冊 p.17 ⑳
　　　（We left it up to them which route we should take.）
　　　解説　leave O (up) to ～ で「O を～に任せる」の意味を表す。it は形式目的語で，後ろの which 以下を指す。その部分は Which route should we take?「私たちはどの経路をとるべきか」という疑問文を間接疑問にした形。

問1 下線部が誤っているものを１つ選びなさい。(7)は，誤りがなければ⑤を選びなさい。

(1) Life expenses have ①raised ②at such a rapid pace that people ③are now being forced to ④change their lifestyle.　　　　　　　（藤女子大）

(2) One of ①the newest national parks, Yokohama National Park, ②lays in ③the extreme southern portion of the city, ④next to Yokosuka.　（青山学院大）

(3) The village is ①famous for a lake ②surrounded by mountains. Tourists can ③stay a hotel with ④a view of the ⑤lake and mountains.　（追手門学院大）

(4) Humans who ①looked broadly like people today started to appear in Europe and Asia ②between 40,000 and 50,000 years ago, ③but many questions remaining about the genetic relationship between these early modern humans and ④present-day humans.　　　　　　（中央大）

(5) ①In the southwestern U.S., ②much of which is arid, is ③becoming drier as weather ④patterns shift.　　　　　　　　　　　　　（学習院大）

(6) Shohei Ohtani said he ①didn't start the season ②with expectations about how productive he ③could be, adding he just wanted ④to stay health.
　　　　　　　　　　　　　　　　　　　　　　　　　　　（学習院大）

(7) It always ①troubles to hear that some students, ②particularly those from ③well-to-do families, cannot and do not ④empathize with the problems faced by less fortunate students.　⑤NO ERROR　　　　　（早稲田大）

問1

(1) 正解 ① (raised → risen) ▶別冊 p.6 ❸

和訳 生活費がとても急速に上がったので，人々は今では生活スタイルを変えることを余儀なくされつつある。

解説 raisedはraise「〜を上げる」（他動詞）の過去分詞。この文では，意味から考えてrise「上がる」（自動詞）の過去分詞risenが正しい。

(2) 正解 ② (lays → lies) ▶別冊 p.6 ❸

和訳 最新の国立公園の1つである横浜国立公園は，横須賀市に隣接する最南端の市域にある。

解説 layは「〜を横にする，置く」の意味の他動詞。この文では，意味から考えてlie「横になる，ある」（自動詞）を使うのが正しい。

(3) 正解 ③ (stay a hotel → stay at a hotel) ▶別冊 p.9 ❽

和訳 その村は山々に囲まれた湖で有名である。観光客は湖と山々の眺めが見えるホテルに泊まることができる。

解説 stay「泊まる」は自動詞。「〜に泊まる」はstay at 〜で表す。

(4) 正解 ③ (but many questions remaining → but many questions remain) ▶別冊 p.9 ❽

和訳 今日の人類とほぼ似た外見の人類は4〜5万年前にヨーロッパとアジアに現れ始めたが，これらの初期の現生人類と今日の人類との間の遺伝的な関係に関しては多くの疑問が残っている。

解説 S (many questions) + remain (V) の形にする。

(5) 正解 ① (In → 削除) ▶別冊 p.9 ❾

和訳 米国南西部はその多くが乾燥地帯だが，気候パターンが変化するにつれてさらに乾燥しつつある。

解説 the southwestern U.S. がis becomingの主語に当たるので，前置詞は不要。

語句 arid 形 乾燥した，不毛の

(6) 正解 ④ (to stay health → to stay healthy) ▶別冊 p.9 ❾

和訳 大谷翔平選手は，自分がどれだけの成績を残せるかを予想してシーズンに入ったのではないと言い，ただ健康でいたいと付け加えた。

解説 stay「〜のままである」の後ろには，Cの働きをする形容詞を置く。

(7) 正解 ① (troubles → troubles me) ▶別冊 p.10 ❿

和訳 一部の学生，特に裕福な家庭の学生は，より不遇な学生が直面する問題に共感できないし共感しないと聞くことはいつも私を悩ませる。

解説 文の意味から考えて，troubleを「〜を悩ます，困らせる」の意味の他動詞として使うのが正しい。

(8) ①<u>Although</u> on the same continent, in Western and Eastern Europe there ②<u>remains</u> significant differences ③<u>in ways of</u> ④<u>doing</u> business. （神奈川大）

(9) A: Hey, Tom, would you ①<u>mind giving me a hand</u> over here? I am having a hard time ②<u>opening</u> this door.
　　B: OK, ③<u>I'm going</u> as soon as I ④<u>finish painting</u> this part. （上智大）

問2 日本語を英語に訳しなさい。

(1) 「顔色が悪いけど，どうしたの？」「外がうるさくてよく眠れなかったの。」

＿＿＿＿＿＿＿＿＿＿＿＿＿＿＿＿＿＿＿＿＿＿＿＿＿＿＿＿＿＿＿＿

＿＿＿＿＿＿＿＿＿＿＿＿＿＿＿＿＿＿＿＿＿＿＿＿＿＿＿＿＿＿＿＿

＿＿＿＿＿＿＿＿＿＿＿＿＿＿＿＿＿＿＿＿＿＿＿＿＿＿＿＿＿＿＿＿
（日本女子大）

(2) 前回の台風はこの近辺の家屋に大きな被害を与えた。

＿＿＿＿＿＿＿＿＿＿＿＿＿＿＿＿＿＿＿＿＿＿＿＿＿＿＿＿＿＿＿＿

＿＿＿＿＿＿＿＿＿＿＿＿＿＿＿＿＿＿＿＿＿＿＿＿＿＿＿＿＿＿＿＿

＿＿＿＿＿＿＿＿＿＿＿＿＿＿＿＿＿＿＿＿＿＿＿＿＿＿＿＿＿＿＿＿
（福岡女子大）

(3) 私が子どものころ，その角に一軒の小さなパン屋があった。

＿＿＿＿＿＿＿＿＿＿＿＿＿＿＿＿＿＿＿＿＿＿＿＿＿＿＿＿＿＿＿＿

＿＿＿＿＿＿＿＿＿＿＿＿＿＿＿＿＿＿＿＿＿＿＿＿＿＿＿＿＿＿＿＿
（京都外語大）

(4) この美しい景色を見ると，ふるさとを思い出します。

＿＿＿＿＿＿＿＿＿＿＿＿＿＿＿＿＿＿＿＿＿＿＿＿＿＿＿＿＿＿＿＿

＿＿＿＿＿＿＿＿＿＿＿＿＿＿＿＿＿＿＿＿＿＿＿＿＿＿＿＿＿＿＿＿
（日本女子大）

(8) **正解** ②（remains → remain）　▶別冊 p.12 ⑬

和訳 同じ大陸にあるが，東西ヨーロッパにはビジネスの方法の点で重要な違いが残っている。

解説 〈There + V + S〉の形。S（significant differences）が複数形なので，remainに3単現のsはつかない。

(9) **正解** ③（I'm going → I'm coming）　▶別冊 p.19 ㉓

和訳 A：おい，トム。こっちへ来てちょっと手伝ってくれないか。このドアを開けるのに苦労しているんだ。

B：わかった。ここのペンキを塗り終えたらすぐに行くよ。

解説 「相手のところへ行く」の意味は，goではなくcomeで表す。

問2

(1) **正解例** "You look pale. What's wrong [the matter]?" "I couldn't sleep well because it was noisy outside."　▶別冊 p.9 ⑨

解説 look pale「顔色が悪く見える」は〈V + C［形容詞］〉の形。成句として覚えておくこと。返答の文はThe noise outside kept me awake [kept me from sleeping well]. などとも表現できる。

(2) **正解例** The last [previous] typhoon did [caused] great [heavy, serious] damage to the houses in this neighborhood.　▶別冊 p.11 ⑪

解説 do [cause] damage to ～で「～に害を与える」の意味を表す。doは「～を与える」，causeは「～を引き起こす」の意味。giveはこの形では使わない点に注意。「この近辺の」はin this area [district], (all) around hereなどでもよい。

(3) **正解例** When I was a child, there was [used to be] a small bakery on the [that] corner.　▶別冊 p.12 ⑬

解説 〈there + be動詞 + S + 場所〉で「～にSがある」の意味を表す。wasの代わりにused to「以前は～だった」を使ってもよい。また，Thereで文を始めてwhen I was a childをcornerの後ろに置いてもよい。

(4) **正解例** This beautiful scene [scenery, sight, landscape] reminds me of my home [hometown, native place].　▶別冊 p.15 ⑰

解説 remind O of ～で「O（人）に～を思い出させる」の意味を表す。When I see this scene, I remember my home. などとも表現できる。「ふるさと」はhomeでよい。

Chapter 2　時制

標準問題

問1　（　　　）内に入れるのに最も適切なものを一つ選びなさい。

(1) Why don't you join us? We (　　　) a game now.
　　① are starting　　　　　　② are started
　　③ had started　　　　　　④ will have started　　　　（名城大）

(2) Mr. Bhabha (　　　) a late dinner when he received news that his father had died in a hunting accident.
　　① could have eaten　　　② has had
　　③ is having　　　　　　　④ was having　　　　（岐阜大）

(3) When I was in high school, I (　　　) to the badminton club.
　　① have belonged　　　　　② belonged
　　③ was belonging　　　　　④ belong　　　　（南山大）

(4) We are going to buy a house when we (　　　) more money.
　　① will be　　② will have　　③ are having　　④ have　　（日本大）

(5) My baby is two this year. I wonder when he (　　　) speaking.
　　① start　　　　　　　　　② starts
　　③ has started　　　　　　④ will start　　　　（東京電機大）

(6) After you (　　　) enough to eat, we will take a walk.
　　① are having　　② had　　③ have had　　④ will have　　（共立女子大）

(7) Next year, I (　　　) to Australia for a summer vacation.
　　① went　　　　　　　　　② going
　　③ have been going　　　　④ will go　　　　（会津大）

(8) At this time tomorrow, I (　　　) to Paris.
　　① had been traveling　　　② have traveled
　　③ traveled　　　　　　　　④ will be traveling　　　　（立命館大）

問1

(1) | 正解 | ① are starting ▶ 別冊 p.22 ❶

和訳 一緒にやらない？　ぼくたちは今ゲームを始めるところなんだ。

解説 状況から考えて，現在進行形で「始めつつある」の意味を表すのが適切。

(2) | 正解 | ④ was having ▶ 別冊 p.22 ❶ ❷

和訳 父親が狩猟の事故で死んだという知らせをバーバー氏が受け取ったとき，彼は遅い夕食をとっていた。

解説 過去の特定の時点（知らせを受けった時点）で進行中だった行為は，過去進行形〈was [were] + ～ing〉で表す。この文のhaveは「食べる」の意味の動作動詞なので，進行形にできる。

(3) | 正解 | ② belonged ▶ 別冊 p.22 ❷

和訳 高校生のとき，私はバドミントン部に入っていた。

解説 過去の事実は過去形で表す。belong to ～「～に所属している」のような状態を表す動詞は進行形にしない。

(4) | 正解 | ④ have ▶ 別冊 p.23 ❸

和訳 私たちはもっとお金ができたら家を買う予定です。

解説 「時・条件を表す副詞節では，未来のことも現在形で表す」というルールがある。この文のwhenは「～するとき」の意味で副詞節を導いているから，現在形を使う。have「持っている」は進行形にしないので③は誤り。

(5) | 正解 | ④ will start ▶ 別冊 p.23 ❸ ❹

和訳 私の赤ちゃんは今年2歳だ。いつ話し始めるだろうか。

解説 この文のwhenは「いつ」の意味で名詞節を導いているから，(4)で述べたルールは適用されない。名詞節では，未来のことはwillを使って表す。

(6) | 正解 | ③ have had ▶ 別冊 p.23 ❸

和訳 あなたが十分に食べ（終え）たら，私たちは散歩に行きます。

解説 after「…した後で」が導く時を表す副詞節では，willは使わない。未来完了形〈will have + 過去分詞〉の代わりに現在完了形〈have [has] + 過去分詞〉を使う。

(7) | 正解 | ④ will go ▶ 別冊 p.23 ❹

和訳 来年，私は夏休みにオーストラリアへ行きます。

解説 Next year「来年」とあるので，未来のことを表す形（will go）を選ぶ。

(8) | 正解 | ④ will be traveling ▶ 別冊 p.23 ❹

和訳 明日の今ごろには，私はパリへ旅行しているところだろう。

解説 未来の特定の時点（明日の今ごろ）で進行しているはずの行為は，未来進行形〈will be + ～ing〉で表す。

時制

(9) That's the second time this week ( ) my train pass.
① I'd forgotten   ② I've forgotten
③ I'll forget   ④ I forget   (日本大)

(10) Sally ( ) to France.
① has never been   ② have been never
③ never have been   ④ never been has   (東海大)

(11) My poor dog ( ) for two days when I finally found her.
① is missing   ② being missed
③ having been missed   ④ had been missing   (神奈川大)

(12) By this time next week, Karen ( ) a new car.
① drives   ② will be driving
③ has driven   ④ is driving   (南山大)

(13) Lisa said the prices ( ) before the end of the year.
① isn't rise   ② weren't raise
③ wouldn't rise   ④ couldn't raise   (青山学院大)

(14) Randy came back to school yesterday looking very well and said he
( ) a good vacation last week.
① has   ② should have
③ could have   ④ had had   (獨協大)

(15) My son said he learned in school yesterday that the moon ( ) round
the earth.
① goes   ② has been
③ will go   ④ went   (中央大)

(9) **正解** ② I've forgotten　　　　　　　　　　　　　　　　　▶ 別冊 p.24 **5**

和訳 私が電車の定期券を忘れたのはそれが今週 2 回目だ。

解説 「～したのは今週 2 回目だ」と経験の回数を述べているので，経験を表す現在完了形〈have [has] ＋過去分詞〉を使う。I've は I have の短縮形。

(10) **正解** ① has never been　　　　　　　　　　　　　　　　▶ 別冊 p.24 **5**

和訳 サリーは一度もフランスへ行ったことがない。

解説 「～へ行ったことがある」は have [has] been to ～（経験を表す現在完了形）。否定文は never を have [has] の後ろに置き，「（一度も）～へ行ったことがない」という意味を表す。

(11) **正解** ④ had been missing　　　　　　　　　　　　　　　▶ 別冊 p.26 **8**

和訳 私のかわいそうな犬は，私がついに見つけたとき 2 日間行方不明だった。

解説 過去の特定の時点（私が見つけたとき）まで継続していた状態は，過去完了形〈had ＋過去分詞〉で表す。missing は「行方不明の」の意味の形容詞。

(12) **正解** ② will be driving　　　　　　　　　　　　　　　　▶ 別冊 p.23 **4**

和訳 来週の今ごろまでには，カレンは新しい車を運転しているだろう。

解説 By this time next week「来週の今ごろまでには」とあるので，未来の時点で進行中の行為を表す未来進行形〈will be ＋～ing〉を選ぶ。

(13) **正解** ③ wouldn't rise　　　　　　　　　　　　　　　　　▶ 別冊 p.27 **9**

和訳 年末より前には物価は上がらないだろうとリサは言った。

解説 said との時制の一致で，will「～だろう」を過去形の would にする。rise は「上がる」（自動詞），raise は「～を上げる」（他動詞）。

(14) **正解** ④ had had　　　　　　　　　　　　　　　　　　　▶ 別冊 p.26 **8**

和訳 ランディは昨日とても元気そうな様子で学校へ戻ってきて，先週はいい休みを過ごしたと言った。

解説 ランディが「休みを過ごした」のは，発言した時点より前の出来事である。したがって「過去の時点での過去（大過去）」を過去完了形〈had ＋過去分詞〉で表す。

(15) **正解** ① goes　　　　　　　　　　　　　　　　　　　　　▶ 別冊 p.27 **9**

和訳 私の息子は，月が地球の周りを回っていると昨日学校で習ったと言った。

解説 「月が地球の周りを回っている」という一般的事実は時制の一致を受けないので，前の動詞が過去形（learned）であっても現在形（goes）を使う。

2

時制

問2 与えられた語（句）を並べかえて英文を完成させなさい。ただし，文の最初に
くる語も小文字で表示しています。

(1) 私たちは，学校で出会って以来ずっと友達です。
We (   ) (   ) (   ) (   ) (   ) (   ) at school.
① been　　　　② we　　　　③ ever since
④ have　　　　⑤ met　　　　⑥ friends　　　　　　　　（日本大）

(2) 父はとても健康なので子どもの頃から一度も入院したことがないのです。
My father is (   ) (   ) (   ) (   ) (   ) (   )
(   ) (   ) he was a child.
① been　　　　② since　　　　③ so
④ he has　　　⑤ never　　　　⑥ hospitalized
⑦ that　　　　⑧ healthy　　　　　　　　　　　　（関西学院大）

(3) The man (   ) (   ) (   ) (   ) (   ) (   ) (   ) wallet.
① his　　　　② remember　　③ left　　　　④ couldn't
⑤ where　　　⑥ had　　　　⑦ he　　　　　　　　（芝浦工大）

(4) 彼は3年生の時からずっと聖歌隊で歌っていた。
He (   ) (   ) (   ) (   ) (   ) (   ) (   )
(   ) (   ) (   ) (   ) .
① third　　　　② been　　　　③ choirs　　　④ he
⑤ since　　　　⑥ had　　　　⑦ grade　　　⑧ in
⑨ in　　　　　⑩ singing　　　⑪ was　　　　⑫ the　　（大阪歯科大）

(5) At the end of this year, John (   ) (   ) (   ) (   ) (   )
(   ) 20 years.
① worked　　　② for　　　　③ for　　　　④ will
⑤ his company　⑥ have　　　　　　　　　　　　（福島大）

(6) どうやって私がどこにいたのかわかったのですか？
(   ) (   ) (   ) (   ) (   ) (   ) (   ) ?
① been　　　　② could　　　③ had　　　　④ how
⑤ I　　　　　⑥ tell　　　　⑦ where　　　⑧ you　　（東北福祉大）

26

解答解説

問2

(1) **正解** ④①⑥③②⑤　　　　　　　　　　　　　　▶別冊 p.24 ❺

(We have been friends ever since we met at school.)

解説 過去から現在まで継続している状態は，現在完了形（have been）で表す。

(2) **正解** ③⑧⑦④⑤①⑥②　　　　　　　　　　　　　▶別冊 p.24 ❺

(My father is so healthy that he has never been hospitalized since he was a child.)

解説 so ～ that ...「非常に～なので…」の形を使う。「（今までに）一度も～したことがない」は，経験を表す現在完了形の否定形〈have [has] never + 過去分詞〉で表す。「入院する」は be hospitalized。

(3) **正解** ④②⑤⑦⑥③①　　　　　　　　　　　　　　▶別冊 p.26 ❽

(The man couldn't remember where he had left his wallet.)

和訳 その男は，どこにさいふを置き忘れたかを思い出せなかった。

解説 couldn't remember「思い出せなかった」時点よりも「置き忘れた」時点の方が前だから，過去の時点での過去を過去完了形（had left）で表す。where 以下は間接疑問で，SV の語順になる。

(4) **正解** ⑥②⑩⑧（または⑨）③⑤④⑪⑨（または⑧）⑫①⑦　　▶別冊 p.26 ❽

(He had been singing in choirs since he was in the third grade.)

解説 選択肢に had があるので，過去完了進行形（had been singing）を使う。この形は，過去の特定の時点を基準として，それ以前からその時点まで継続していた行為を表す。「彼が 3 年生だったとき以来」は since he was in the third grade。

語句 choir 图 聖歌隊／grade 图 学年

(5) **正解** ④⑥①②（または③）⑤③（または②）　　　　　▶別冊 p.26 ❽

(At the end of this year, John will have worked for his company for 20 years.)

和訳 今年の末に，ジョンは会社に 20 年勤めたことになる。

解説 未来の特定の時点（今年の末）を基準にして，その時点で完了しているはずの出来事は未来完了形（will have worked）で表す。

(6) **正解** ④②⑧⑥⑦⑤③①　　　　　　　　　　　　　▶別冊 p.27 ❾

(How could you tell where I had been?)

解説 「どうやって～がわかったのですか」は How could you tell ～? で表す。その後ろに where have I been?「私は（今まで）どこにいたのか」を間接疑問の形にして置く。このとき，could との時制の一致で have は had になる。

27

発展問題

問1 下線部が誤っているものを1つ選びなさい。

(1) I ①was hoping you wouldn't mind ②going shopping ③at the department store with me if you ④will have time tomorrow. (佛教大)

(2) Saori ①has lived abroad when she was a child. ②While there, she met Megan who became one of her best friends. They ③have known each other ④ever since. (南山大)

(3) ①We didn't win because ②the other teams were weak. ③We win because we were ④strong. (杏林大)

問2 日本語を英語に訳しなさい。

(1) このスピーチを書き終えた後に，あなたと一緒に参ります。
I will go with you _____

_____.

(学習院大)

(2) その本を見つけたときには，図書館はもう閉まるところだった。

_____

_____.

(日本女子大)

(3) その教授が昨年退職するまで30年間その大学に勤めていたことを，彼は私に教えてくれた。
He told me that _____

_____

_____.

(関西学院大)

解答解説

問1

(1) 　正解　④（will have → have）　　　　　　　　　　　　　▶別冊 p.23 ❸

　和訳　もし明日お時間があれば，私と一緒にデパートへ買い物に行っていただけ
ないかと思っていたのですが。

　解説　if「もし…なら」という条件を表す副詞節では，未来のことも現在形で表
す。①の過去進行形は，現在形（hope）よりもていねいな言い方。同じ意
味で過去形（hoped）や現在進行形（am hoping）も使える。

(2) 　正解　①（has lived → lived）　　　　　　　　　　　　　▶別冊 p.26 ❼

　和訳　サオリは子どものころ外国に住んでいた。そこにいる間に，彼女は親友の
一人となるミーガンに出会った。彼女たちはそれ以来ずっと知り合いだ。

　解説　when she was a child「子どものころ」のように，過去の特定の時点を
表す副詞節［句］は，現在完了形でなく過去形とともに使う。②は While
she was there の意味。

(3) 　正解　③（We win → We won）　　　　　　　　　　　　　▶別冊 p.22 ❶

　和訳　私たちは相手チームが弱かったから勝ったわけではない。私たちが強かっ
たから勝ったのだ。

　解説　全体が過去の話なので，時制を過去形に統一する。

問2

(1) 　正解例　I will go with you after I finish [have finished] writing this speech.

　　　　　　　　　　　　　　　　　　　　　　　　　　　▶別冊 p.23 ❸

　解説　after「…した後で」は時を表す副詞節を導くので，節中では will は使わな
い。will finish の代わりに finish（現在形）を使うか，will have finished
（未来完了形）の代わりに have finished（現在完了形）を使う。

(2) 　正解例　When I found the book, the library was about [(just) going] to close.

　　　　　　　　　　　　　　　　　　　　　　　　　　　▶別冊 p.23 ❹

　解説　「今にも［ちょうど］〜するところだった」は，be about [going] to *do* を
過去形にして表す。

(3) 　正解例　He told me that the professor had been working [had worked] at
[in] the college [university] for thirty years until [before] he [she]
retired last year.

　　　　　　　　　　　　　　　　　　　　　　　　　　　▶別冊 p.26 ❽

　解説　「退職した」のは過去の出来事だから，過去形（retired）で表す。「勤めて
いた」のはその時点まで継続していた行為だから，過去完了進行形（had
been working）で表す。退職した時点で完了した行為と考えて，過去完
了形（had worked）を使ってもよい。

Chapter 3　助動詞

▶ 別冊 p.28〜35

標準問題

問1　（　　　）内に入れるのに最も適切なものを一つ選びなさい。

(1)　I don't know if it （　　　） much tomorrow.
　　① is raining　　　　　　　　　② rains
　　③ will be rain　　　　　　　　④ will rain　　　　　　　（立命館大）

(2)　Any dictionary will （　　　） as long as it is a French dictionary.
　　① use　　　② do　　　③ go　　　④ meet　　　（神戸学院大）

(3)　Kenta （　　　） cycle 10 kilometers to college when he was a student.
　　① would　　　② shall　　　③ might　　　④ should　　　（南山大）

(4)　Her dog （　　　） drink water, however hard she tried to make him.
　　① shall not　　　　　　　　　② can not
　　③ should not　　　　　　　　④ would not　　　　　　　（駒澤大）

(5)　I would （　　　） such an expensive dictionary.
　　① rather not buy　　　　　　② not rather buy
　　③ rather not to buy　　　　　④ not rather to buy　　　（佛教大）

(6)　All children （　　　） road safety from an early age.
　　① cannot teach to　　　　　② maybe teaching to
　　③ must have taught　　　　　④ should be taught　　　（日本大）

(7)　Barbara started to run faster and （　　　） up with him a few minutes later.
　　① can catch　　　　　　　　　② can have caught
　　③ could catch　　　　　　　　④ was able to catch　　　（慶應大）

(8)　We （　　　） to be good friends, but unfortunately, not anymore.
　　① are used　　　　　　　　　② use
　　③ get used　　　　　　　　　④ used　　　　　　　（芝浦工大）

問1

(1) 正解 ④ will rain ▶ 別冊 p.28 ①

和訳 明日たくさん雨が降るかどうかわからない。

解説 「もし…なら」と条件を表すif節中ではwillは使わないが，ここは「…かどうか」という意味なのでwillを使う。It is rain. とは言わないから③は誤り。①②だと現在の事実を語ることになるのでtomorrowと合わない。

(2) 正解 ② do ▶ 別冊 p.28 ②

和訳 フランス語の辞書ならどんな辞書でもかまいません。

解説 S will do. で「Sでかまわない，間に合う」の意味を表す。

(3) 正解 ① would ▶ 別冊 p.28 ②

和訳 ケンタは学生のころ大学まで10キロの道を自転車で通ったものだ。

解説 過去の習慣を表すwould「～したものだ」を使う。③mightは「（現在または未来に）～かもしれない」，④shouldは「（現在）～すべきだ」。

(4) 正解 ④ would not ▶ 別冊 p.28 ②

和訳 彼女がどんなに熱心に飲ませようとしても，彼女の犬はどうしても水を飲もうとしなかった。

解説 would notは「どうしても～しなかった」という強い拒絶の意味を表す。

(5) 正解 ① rather not buy ▶ 別冊 p.28 ②

和訳 そんな高価な辞書は（どちらかと言えば）買いたくない。

解説 〈would rather not ＋動詞の原形〉で「（むしろ）～したくない」の意味を表す。notの位置に注意。

(6) 正解 ④ should be taught ▶ 別冊 p.29 ③

和訳 すべての子どもが幼いときから交通安全を教わるべきだ。

解説 should「～すべきだ」の後ろに受動態を置いた形。①②は文法的に成り立たない。③は文法的には成り立つが意味が不自然。

(7) 正解 ④ was able to catch ▶ 別冊 p.30 ④

和訳 バーバラはより早く走り始め，数分後に彼に追いついた。

解説 「過去に1回限りの行為ができた」の意味では，was [were] able toを使う。③couldは使わない。

(8) 正解 ④ used ▶ 別冊 p.33 ⑦

和訳 私たちは以前はよい友人だったが，残念なことに今はもうそうではない。

解説 toの後ろが動詞の原形（be）だから，助動詞のused to「以前は～だった」を使う。①③のusedは「慣れている」の意味の形容詞で，後ろには〈to＋～ing〉を置く。②useは「使う」の意味の動詞で，これでは意味が通じない。

(9) How ( ) say such a rude thing in public?
   ① dare you   ② you daring to
   ③ are you dare   ④ are you in dare to   （日本大）

(10) You ( ) call her "Madam."
   ① don't need   ② needn't
   ③ not need   ④ wouldn't need   （立教大）

(11) A：Let's have a dance party next weekend, ( )?
   B：Yes, that sounds great.
   ① do you   ② shall we
   ③ will you   ④ won't we   （愛知学院大）

(12) There is no denying that he doesn't do much. But what he ( ) do, he does very well.
   ① daren't   ② can't
   ③ does   ④ did   （上智大）

(13) I believed, as ( ) my friends, that there would be a test on Friday, but we were mistaken.
   ① did   ② got
   ③ have   ④ were   （慶應大）

問2 各組の文の意味がほぼ同じになるよう，（ ）内に適切な語を入れなさい。
   (2)は（ ）内に入れるのに最も適切なものを一つ選びなさい。

(1) (a) Tom has good reason to be angry.
   (b) Tom may ( ) be angry.   （愛媛大）

(2) (a) I hope that you have a happy life.
   (b) ( ) you have a happy life!
   ① Shall   ② May   ③ Can   ④ Would   （駒澤大）

(9) 　正解　① dare you　　　　　　　　　　　　　　▶ 別冊 p.34 ⑨

　和訳　公衆の面前でよくもそんな無作法なことを言えるな。

　解説　〈How dare you ＋動詞の原形 〜?〉で「よくも（図々しく）〜できるものだ」の意味を表す。

(10) 　正解　② needn't　　　　　　　　　　　　　　▶ 別冊 p.34 ⑨

　和訳　君は彼女を「マダム」と呼ぶ必要はない。

　解説　〈needn't ＋動詞の原形〉で「〜する必要はない」の意味を表す。①④のように一般動詞として使うときは，need の後ろに to が必要。

　語句　Madam 名 奥様，お嬢様（呼びかけに用いる）

(11) 　正解　② shall we　　　　　　　　　　　　　　▶ 別冊 p.35 ⑪

　和訳　A：今度の週末にダンスパーティーを開こうよ。
　　　　B：ええ，いい考えね。

　解説　Let's 〜の付加疑問は，文末に shall we? を加える。「〜しましょうよ」の意味になる。

(12) 　正解　③ does　　　　　　　　　　　　　　　　▶ 別冊 p.35 ⑫

　和訳　彼があまり多くのことをしないということは否定できない。しかし実際にやることは，とても上手にやる。

　解説　事実を強調する助動詞の do を使う。He does <u>what he does do [= really does]</u> very well. の下線部を前に出した形。

(13) 　正解　① did　　　　　　　　　　　　　　　　　▶ 別冊 p.35 ⑫

　和訳　友人たちと同様に私も金曜日にテストがあるはずだと思っていたが，私たちは誤解していた。

　解説　as は「〜のように」の意味の接続詞で，〈as do ＋ S〉で「S もそう［同じ］だが」の意味を表す（フォーマルな表現）。as did my friends = as my friends believed で，この did は代動詞。

問2

(1) 　正解　well　　　　　　　　　　　　　　　　　　▶ 別冊 p.32 ⑥

　和訳　トムが怒っているのはもっともだ。

　解説　(a) は「トムが怒る十分な理由がある」の意味。(b) では may well 〜「〜するのは当然だ」の形を使う。

(2) 　正解　② May　　　　　　　　　　　　　　　　　▶ 別冊 p.32 ⑥

　和訳　あなたが幸福な生活を送ることを願います［送れますように］。

　解説　〈May ＋ S ＋動詞の原形!〉で「〜でありますように」と祈願の意味を表す。

3 助動詞

問3 与えられた語（句）を並べかえて英文を完成させなさい。

(1) Women (　　　) (　　　) (　　　) (　　　) (　　　) in this society.
① the rights and opportunities
② deserve　　　　　　　　　③ ought to
④ have　　　　　　　　　　⑤ they　　　　　　　　（清泉女子大）

(2) For true communication, we must understand not only what people say but also (　　　) (　　　) (　　　) (　　　) (　　　) (　　　) express with words.
① able　　　　② be　　　　③ may　　　　④ not
⑤ they　　　　⑥ to　　　　⑦ what　　　　　　（日本大）

(3) 私は興味ないって，あなた何回言ったら分かってくれるのですか。
How (　　　) (　　　) (　　　) (　　　) (　　　) (　　　) (　　　) that I am not interested?
① do　　　　② you　　　　③ tell　　　　④ many
⑤ to　　　　⑥ times　　　⑦ have　　　　⑧ I　　　（摂南大）

(4) ほんの数人のお客のために開けておくくらいなら，もうレストランを閉めた方がいいでしょう。
We might (　　　) (　　　) (　　　) (　　　) (　　　) (　　　) (　　　) the few customers we are likely to get.
① as　　　　　　② as well　　　　③ close the restaurant
④ for　　　　　　⑤ it　　　　　　⑥ keep
⑦ open　　　　　　　　　　　　　　　　　　（武庫川女子大）

(5) 旧友たちは，私の父がめがね越しにじろっと見るまねをして，以前はよく私をからかったものだ。
Some of my old friends (　　　) (　　　) (　　　) (　　　) (　　　) (　　　) (　　　) (　　　) my father as he cast a sharp glance over the tops of his glasses.
① by　　　　② fun　　　　③ imitating　　　④ make
⑤ me　　　　⑥ of　　　　⑦ to　　　　　　⑧ used　　（関西学院大）

問3

(1)　**正解**　③④①⑤②　　　　　　　　　　　　　　▶ 別冊 p.29 ③

(Women ought to have the rights and opportunities they deserve in this society.)

和訳　女性はこの社会で自らが持つに値する権利と機会を持つべきだ。

解説　ought to「〜すべきだ」の後ろに have と deserve のどちらを置くかを考える。they の前に目的格の関係代名詞（which/that）が省略された形。

語句　deserve 動 〜の価値がある

(2)　**正解**　⑦⑤③④②①⑥　　　　　　　　　▶ 別冊 p.30 ④・p.31 ⑤

(For true communication, we must understand not only what people say but also what they may not be able to express with words.)

和訳　真のコミュニケーションのためには，私たちは人々が言うことだけでなく，言葉では表現できないかもしれないことも理解しなければならない。

解説　〈may be able to ＋動詞の原形〉で「〜できるかもしれない」の意味を表し，否定の not は may の後ろに置く。2 つの what は the thing(s) which ［that］の意味の関係代名詞。

語句　not only A but also B A だけでなく B も

(3)　**正解**　④⑥①⑧⑦⑤③②　　　　　　　　　　　　▶ 別冊 p.31 ⑤

(How many times do I have to tell you that I am not interested?)

解説　I have to tell you.「私はあなたに言わなければならない」を疑問文にすると，do I have to tell you の語順になる。完成した英文の直訳は「私は興味がないとあなたに何度言わなければならないのですか」。

(4)　**正解**　②③①⑥⑤⑦④　　　　　　　　　　　　　▶ 別冊 p.32 ⑥

(We might as well close the restaurant as keep it open for the few customers we are likely to get.)

解説　might as well 〜 as ... で「…するくらいなら〜したほうがいい」の意味を表す。keep it open は「それ（＝レストラン）が開いたままに保っておく」という VOC の形。

(5)　**正解**　⑧⑦④②⑥⑤①③　　　　　　　　　　　　▶ 別冊 p.33 ⑦

(Some of my old friends used to make fun of me by imitating my father as he cast a sharp glance over the tops of his glasses.)

解説　〈used to ＋動詞の原形〉で「以前は〜したものだ」。動詞の原形は選択肢の中では make だけだから，これを to の後ろに置く。imitating（動名詞）は by の後ろに置き，by 〜ing「〜することによって」の形を作る。

語句　make fun of 〜 〜をからかう／imitate 動 〜をまねる

3

助動詞

発展問題

問1 下線部が誤っているものを1つ選びなさい。

(1) Geothermal energy, or heat energy ①<u>obtained</u> from rock beneath Earth's surface, ②<u>can be</u> used to ③<u>generating</u> electricity or to provide ④<u>heating and cooling services</u>.　　　　　　（中央大）

(2) Even if few people have perfect ①<u>lives</u>, you had ②<u>not better</u> give up ③<u>working</u> for your goal or your dream.　　　　　　（県立広島大）

(3) Scientists ①<u>conclude</u> that the universe must once, very long ago, ②<u>be</u> extremely compact and dense, ③<u>until</u> an explosion or a similar event caused the matter ④<u>to</u> spread out.　　　　　　（学習院大）

問2 日本語を英語に訳しなさい。

(1) 海外旅行中は，どれほど気をつけても気をつけすぎるということはない。

_____

_____

（中京大）

(2) もし来年私が海外で仕事を得たら，一人暮らしをしなければならないでしょう。

_____

_____

（日本女子大）

解答解説

問1

(1) 正解 ③（generating → generate）　　　　　　　　　　▶ 別冊 p.33 ❼

和訳 地熱エネルギー，つまり地下の岩石から得られる熱エネルギーは，電気を発生させたり冷暖房のサービスを提供したりするのに使うことができる。

解説 can be used to generating electricityを「電気を生み出す［発電する］ことに慣れていることができる」という意味に解釈しても意味が通じない。そこでcan be usedを「使われることが可能だ」の意味に解釈し，その後ろにto generate「発電するために」を置けば意味が通る。なお，①のobtainedは前の名詞を修飾する分詞句を作っている。

語句 geothermal 形 地熱の／beneath 前 〜の下に

(2) 正解 ②（not better → better not）　　　　　　　　　　▶ 別冊 p.33 ❽

和訳 たとえ完ぺきな人生を持つ人がほとんどいなくても，自分の目標や夢のために努力するのをあきらめないほうがよい。

解説 〈had better not +動詞の原形〉「〜しないほうがよい」の語順が正しい。①livesはlifeの複数形。give up 〜「〜をあきらめる」の後ろに動詞を置くときは動名詞にするので③は正しい。

(3) 正解 ②（be → have been）　　　　　　　　　　　　　　▶ 別冊 p.34 ❿

和訳 宇宙はかつてはるか昔は極度に密集した高密度なもので，ついには爆発またはそれに似た事象がその物質を拡散させたに違いないと科学者たちは結論づけている。

解説 ②beは前のmustと結びつくはずだから，must beだと「〜であるに違いない」という解釈になる。それではvery long agoと意味的に合わないので，〈must have +過去分詞〉「〜したに違いない」の形が正しい。

語句 conclude that ... …と結論づける／spread out 広がる

問2

(1) 正解例 You cannot be too careful while (you are) traveling abroad.

　　　　　　　　　　　　　　　　　　　　　　　　　　　▶ 別冊 p.30 ❹

解説 cannot 〜 too ...で「どんなに…に〜してもしすぎではない」という意味を表す。abroadの代わりにoverseas, to [in] a foreign country [foreign countries] も可能。

(2) 正解例 If I get a job overseas [abroad] next year, I will have to live alone [by myself].　　　　　　　　　　　　　　　　　　　▶ 別冊 p.31 ❺

解説 will mustのように助動詞は2つ並べて使わないので，〈will have to +動詞の原形〉で「〜しなければならないだろう」という意味を表す。

Chapter 4 受動態

別冊 p.36〜40

標準問題

問1 （　　　）内に入れるのに最も適切なものを一つ選びなさい。

(1) The man was seen （　　　） into the building by an old woman last night.
① break
② broke
③ breaking
④ broken
（摂南大）

(2) Medical terms （　　　） easier for ordinary people to comprehend.
① be should made
② should made be
③ should be made
④ made be should
（北里大）

(3) You are （　　　） talk loudly in the library.
① mustn't
② shouldn't
③ not supposed to
④ not good at
（神戸学院大）

(4) The applicants were made （　　　） the forms prior to the interview.
① to fill in
② filling in
③ fill in
④ filled in
（川崎医大）

(5) A pedestrian overpass （　　　） over that highway.
① being built
② has been building
③ is being built
④ is building
（日本大）

(6) As he is an honest person, his words can （　　　）.
① be relied
② be relied upon
③ rely
④ rely upon
（京都女子大）

(7) She is looked （　　　） as a great leader.
① up
② into
③ in
④ up to
（松山大）

(8) The boat was made （　　　） wood.
① for
② of
③ on
④ by
（神奈川大）

解答解説

問1

(1) **正解** ③ breaking   ▶ 別冊 p.36 **3**

和訳 その男は昨晩その建物に押し入っているのをある老女に見られた。

解説 An old woman saw <u>the man</u> breaking into ～の下線部を主語にして受動態（was seen）を続けた形。

(2) **正解** ③ should be made   ▶ 別冊 p.36 **3**

和訳 医学用語は一般人が理解できるようもっと簡単にすべきだ。

解説 They should make <u>medical terms</u> easier. という SVOC の形をもとにして，下線部を主語にして受動態（should be made）を続けた形。

(3) **正解** ③ not supposed to   ▶ 別冊 p.37 **4**

和訳 図書館では大声で話してはいけません。

解説 be supposed to *do* は「～しなければならない，～することになっている」。否定文だと「～してはいけない（ことになっている）」という意味になる。

(4) **正解** ① to fill in   ▶ 別冊 p.38 **5**

和訳 応募者は面接の前にその用紙に記入させられた。

解説 能動態の文は They made <u>the applicants</u> fill in ～。〈make + O + 原形不定詞〉で「O に～させる」の意味を表す。この下線部を主語にして受動態の文を作ると，原形不定詞（fill in）の前に to がつく。

語句 fill in ～ ～に記入する／prior to ～ ～の前に

(5) **正解** ③ is being built   ▶ 別冊 p.38 **6**

和訳 歩道橋があの幹線道路の上に建設されている。

解説 〈be 動詞 + being + 過去分詞〉は進行形と受動態を組み合わせた形で，「～されているところだ」という意味を表す。

語句 pedestrian overpass 歩道橋／highway 名 幹線道路

(6) **正解** ② be relied upon   ▶ 別冊 p.38 **7**

和訳 彼は正直な人なので，彼の言葉は信頼できる。

解説 rely upon [on] ～「～を信頼する」という句動詞を受動態にすると，be relied upon [on]「信頼される」という形になる。

(7) **正解** ④ up to   ▶ 別冊 p.38 **7**

和訳 彼女は偉大な指導者として尊敬されている。

解説 look up to ～「～を尊敬する」を受動態にすると，be looked up to「尊敬されている」という形になる。

(8) **正解** ② of   ▶ 別冊 p.39 **9**

和訳 そのボートは木でできていた。

解説 be made of ～で「～（の材料）でできている」の意味を表す。

(9) Have the keynote speakers (　　) to each other yet?
① introduce ② introduced
③ been introduced ④ been introducing （青山学院大）

(10) Yesterday I was (　　) a foreigner on my way to the station.
① spoken ② spoken to
③ spoken by ④ spoken to by （獨協医大）

(11) I just saw the weather report on TV. You might (　　) in the rain this afternoon, so be sure to bring your umbrella.
① catch ② have been caught
③ be caught ④ catching （宮崎大）

(12) Our minds (　　) new ideas after his wonderful speech.
① filled out ② filled in
③ were filled with ④ were filled up （名城大）

(13) Money earned by unlawful means (　　) as "black money."
① knows ② is known
③ know themselves ④ to know （福岡大）

(14) The new albums of this rock group (　　) very well right now.
① are selling ② sale ③ selling
④ sold ⑤ were sold （北里大）

(15) The Sun Hotel (　　) in the heart of Sydney.
① locate ② locates
③ is located ④ located （玉川大）

(16) The United States of America (　　) fifty states and the District of Columbia.
① is consisted of ② is consisting
③ is comprised of ④ is comprising （学習院大）

解答解説

(9) 　正解　③ been introduced　　　　　　　　　　　　　　　　● 別冊 p.38 ⑥

　　和訳　基調演説者たちはもうお互いに紹介されましたか。

　　解説　〈have[has] + been + 過去分詞〉は現在完了形と受動態を組み合わせた形
　　　　　で，「～され（終え）ている」という意味を表す。肯定文なら The keynote
　　　　　speakers <u>have been introduced</u> to each other. 。疑問文は have を文頭
　　　　　に出して作る。

　　語句　keynote speaker　基調演説者

(10) 　正解　④ spoken to by　　　　　　　　　　　　　　　　　● 別冊 p.38 ⑦

　　和訳　昨日，私は駅へ行く途中で外国人に話しかけられた。

　　解説　A foreigner spoke to <u>me</u>. をもとにして，I を主語にした受動態の文を作
　　　　　る。be spoken to「話しかけられる」の後ろに by ～「～によって」を置
　　　　　いた形。to をつけ忘れないよう注意。

(11) 　正解　③ be caught　　　　　　　　　　　　　　　　　　● 別冊 p.39 ⑨

　　和訳　たった今テレビで天気予報を見たところだ。君は今日の午後に雨にあうか
　　　　　もしれないので，必ず傘を持って行きなさい。

　　解説　be caught <u>in</u> ～で「～（雨など）にあう」の意味を表す。

(12) 　正解　③ were filled with　　　　　　　　　　　　　　　● 別冊 p.39 ⑨

　　和訳　彼のすばらしい演説の後で私たちの心は新しい考えでいっぱいだった。

　　解説　be filled <u>with</u> ～で「～で満たされている」の意味を表す。

(13) 　正解　② is known　　　　　　　　　　　　　　　　　　● 別冊 p.39 ⑨

　　和訳　不法な手段でかせいだお金は「ブラックマネー」として知られる。

　　解説　be known <u>as</u> ～で「～として知られる」。be known <u>to</u> ～「（人）に知ら
　　　　　れている」，be known <u>for</u> ～「（理由）で知られている」との違いにも注意。

(14) 　正解　① are selling　　　　　　　　　　　　　　　　　● 別冊 p.40 ⑩

　　和訳　このロックグループの新しいアルバムは，今とてもよく売れている。

　　解説　sell well「よく売れる」を現在進行形にする。この意味では be sold well
　　　　　とは言わない。過去形の④は right now と意味的に合わないので誤り。

(15) 　正解　③ is located　　　　　　　　　　　　　　　　　● 別冊 p.40 ⑩

　　和訳　サンホテルはシドニーの中心に位置している。

　　解説　〈be located in + 場所〉で「～に位置する［ある］」の意味を表す。

　　語句　in the heart of ～　～の中心に

(16) 　正解　③ is comprised of　　　　　　　　　　　　　　　● 別冊 p.40 ⑩

　　和訳　アメリカ合衆国は 50 の州とコロンビア特別区から成る。

　　解説　be comprised of ～で「～から成る」という意味。同じ意味の表現に
　　　　　consist of ～，be composed of ～がある。

問2 与えられた語（句）を並べかえて英文を完成させなさい。

(1) すでに米国では推定23,000人以上の人が毎年耐性菌が原因で死んでいる。
Already, more than 23,000 people （　　　）（　　　）（　　　）（　　　）
（　　　）（　　　）resistant bacteria.
① die　　　　　　　　　　　　② to
③ from　　　　　　　　　　　 ④ estimated
⑤ every year in the US　　　 ⑥ are　　　　　　　　　（上智大）

(2) 授業の間に10分間の休憩時間が与えられていた。
Between （　　　）（　　　）（　　　）（　　　）（　　　）（　　　）a rest.
① allowed　　② were　　　③ for
④ classes　　⑤ ten minutes　⑥ we　　　　　　　　　（東邦大）

(3) その工場で生産管理のために導入されている人工知能は高村教授が開発した。
The artificial （　　　）（　　　）（　　　）（　　　）（　　　）（　　　）
Professor Takamura.
① that factory for　　　　　② being used at
③ production management　 ④ by
⑤ intelligence　　　　　　　⑥ was developed　　　　　（日本大）

(4) 競技場を建てる前に，考えておかなければならないことがいくつかある。
There are several things which （　　　）（　　　）（　　　）（　　　）
（　　　）（　　　）（　　　）（　　　）stadium.
① into　　　② be　　　　③ before　　　④ a
⑤ taken　　⑥ account　　⑦ must　　　　⑧ constructing

（関西学院大）

(5) In Japan, （　　　）（　　　）（　　　）（　　　）（　　　）（　　　）today are
less interested in politics.
① it　　　　② people　　③ that
④ is　　　　⑤ young　　 ⑥ said　　　　　　　　　　（獨協大）

問2

(1) **正解** ⑥④②①⑤③　　　　　　　　　　　　　　　　　▶別冊 p.37 ❹

(Already, more than 23,000 people are estimated to die every year in the US from resistant bacteria.)

解説 be estimated to *do* で「～すると見積もられている」の意味を表す。

語句 resistant bacteria　耐性菌

(2) **正解** ④⑥②①⑤③　　　　　　　　　　　　　　　　　　▶別冊 p.36 ❸

(Between classes we were allowed ten minutes for a rest.)

解説 allow は SVO_1O_2 の形で使い，「O_1（人）に O_2（時間など）を与える」の意味を表す。They allowed us ten minutes for a rest. という能動態の文をもとにして，us を主語（we）にした受動態の文を作る。

(3) **正解** ⑤②①③⑥④　　　　　　　　　　　　　　　　　　▶別冊 p.38 ❻

(The artificial intelligence being used at that factory for production management was developed by Professor Takamura.)

解説 「人工知能は高村教授によって開発された（The artificial intelligence was developed by Professor Takamura.）」という文を作り，下線部の後ろに修飾語句を置く。being used は which is being used の意味で，「使われつつある」ということ（現在進行形と受動態を組み合わせた形）。

語句 artificial intelligence　人工知能／develop 動 ～を開発する

(4) **正解** ⑦②⑤①⑥③⑧④　　　　　　　　　　　　　　　　　▶別冊 p.38 ❼

(There are several things which must be taken into account before constructing a stadium.)

解説 take O into account「O を考慮に入れる」という成句を知っているかどうかがポイント。この形から O を主語（S）にした受動態の文を作ると，S be taken into account「S が考慮に入れられる」という形になる。

(5) **正解** ①④⑥③⑤②　　　　　　　　　　　　　　　　　　▶別冊 p.39 ❽

(In Japan, it is said that young people today are less interested in politics.)

和訳 日本では，今日の若者は政治に以前ほど関心がないと言われている。

解説 it is said that ... で「…と言われている」の意味を表す。

4

受動態

発展問題

問1 下線部が誤っているものを１つ選びなさい。

(1) A vitamin is an organic substance ①<u>necessary</u> for life that is ②<u>not</u> produced by the body and must ③<u>obtain</u> ④<u>through</u> food or supplements.

(学習院大)

(2) ①<u>In order to</u> prevent injuries at work, employers ②<u>required</u> by law to ③<u>provide</u> a safe ④<u>work environment</u>.

(中央大)

(3) The team made ①<u>poor achievements</u> in this project. The senior director ②<u>will talk with</u> the head designer at the meeting ③<u>scheduled</u> to ④<u>be taken place</u> at ⑤<u>the main</u> office.

(追手門学院大)

問2 日本語を英語に訳しなさい。

(1) 彼女はその国の初代女性大統領に選ばれた。

She _____

_____ of the country.

(学習院大)

(2) 『源氏物語』（*The Tale of Genji*）は，1920年代に英語に翻訳されて以来，多くの国々で読まれてきた。

_____

_____

_____

(日本女子大)

(3) 日本は，中小企業（medium-sized and small enterprises）が多いことで知られている。

_____

_____

(青森公立大)

解答解説

問1

(1) 正解 ③（obtain → be obtained） ▶ 別冊 p.36 ❶

和訳 ビタミンは生命に必要な有機物質であるが，体内では作られず食物や栄養補助食品を通じて摂取しなければならない。

解説 受動態を使って「得られなければならない」という意味にする。

語句 organic 形 有機の／obtain 動 ～を手に入れる／supplement 名 栄養補助食品

(2) 正解 ②（required → are required） ▶ 別冊 p.37 ❹

和訳 勤務中のけがを防ぐために，雇用主は法律によって安全な労働環境を提供することを求められている。

解説 be required to do で「～することを求められる」の意味を表す。

(3) 正解 ④（be taken place → take place） ▶ 別冊 p.40 ❿

和訳 そのチームがこのプロジェクトで上げた成果は低いものだった。上級部長が本社で行われる予定の会議で主任設計者と会談する予定だ。

解説 take place で「行われる（be held）」の意味を表す。日本語では「～される」と表現するが，英語では能動態であることに注意。

語句 senior director 上級部長，統括官

問2

(1) 正解例 She was elected the first woman [female] president of the country.
▶ 別冊 p.36 ❸

解説 elect「（選挙で）選ぶ」はSVOCの形で使い，「OをCに選ぶ」の意味を表す。They elected her the first ～のher を主語にして受動態の文を作ると，She was elected the first ～となる。She was the first woman who was elected president of the country. とも表現できる。

(2) 正解例 *The Tale of Genji* has been read in many countries since it was translated [put] into English in the 1920s.
▶ 別冊 p.38 ❻

解説 現在完了形と受動態を組み合わせて，has been read（読まれ続けてきている）という形にする。またtranslate [put] O into ～「Oを～に翻訳する」を受動態で用いる。

(3) 正解例 Japan is (well-)known for having (its) many medium-sized and small enterprises.
▶ 別冊 p.39 ❾

解説 be known for ～で「～で知られている」の意味を表す。Japan is known for the fact that there are a lot of medium-sized and small enterprises. も可。

Chapter 5　仮定法

▶ 別冊 p.41〜45

標準問題

問1　（　　　）内に入れるのに最も適切なものを一つ選びなさい。

(1) If I were you, I (　　　) not tell her the truth. If she discovers it, she
   might be upset.
   ① had　　　　② am　　　　③ do　　　　④ would　　　　（神奈川大）

(2) If I had slept longer hours, I (　　　) have done a better job.
   ① was able to　　　　② am able to
   ③ can　　　　④ could　　　　（岡山理科大）

(3) What would happen to your family if you (　　　) be transferred abroad
   for work?
   ① will　　　　② might　　　　③ were to　　　　④ shall　　　　（関西学院大）

(4) That day I was very busy with work. (　　　), I would have gone to the
   party.
   ① Unless　　　　② Otherwise
   ③ In case　　　　④ As a result　　　　（佛教大）

(5) If (　　　) John were here.
   ① just　　　　② only　　　　③ once　　　　④ often　　　　（青森公立大）

(6) It is time Angela (　　　) to think about her next plan.
   ① stopped　　　　② will stop
   ③ stop　　　　④ stopping　　　　（東京経済大）

(7) I would appreciate (　　　) if you would allow me to use the room.
   ① it　　　　② that
   ③ so that　　　　④ when　　　　（関西学院大）

(8) (　　　) you meet him there, please tell him to come to my office.
   ① Could　　　　② May　　　　③ Should　　　　④ Would　　　　（藤女子大）

問1

(1) **正解** ④ would ▶別冊 p.41 ❷

和訳 もし私があなたなら，彼女に真実を伝えません。もし彼女がそれを発見したら，動揺するかもしれません。

解説 if節で仮定法過去（were）が使われているので，主節もそれに合わせて助動詞の過去形（would）を使う。

(2) **正解** ④ could ▶別冊 p.42 ❸

和訳 もしもっと長時間眠っていたら，私はもっといい仕事ができただろう。

解説 if節で仮定法過去完了（had slept）が使われているので，主節もそれに合わせて〈助動詞の過去形(could) + have + 過去分詞〉の形にする。

(3) **正解** ③ were to ▶別冊 p.42 ❺

和訳 もし仕事で外国へ転勤になったら，あなたの家族はどうなりますか。

解説 if節中の were to は起こる可能性が比較的低い仮定を表し，主節では仮定法過去（would happen）を使う。

(4) **正解** ② Otherwise ▶別冊 p.43 ❻

和訳 その日私は仕事でとても忙しかった。そうでなければパーティーに行ったのに。

解説 otherwise「もしそうでなければ」は，仮定法のif節の代わりをする。この文では otherwise = if I had not been busy with work と言い換えられる。①③④にこの用法はない。unless は「…でない限り」，in case ... は「…するといけないから」，as a result は「その結果（として）」の意味。

(5) **正解** ② only ▶別冊 p.43 ❼

和訳 ジョンがここにいたらいいのに。

解説 if only ... は「…ならいいのに（I wish）」の意味。

(6) **正解** ① stopped ▶別冊 p.45 ❿

和訳 アンジェラは次の計画について落ち着いて考えてもよいころだ。

解説 〈It is time + 仮定法過去〉で「…してもよいころだ」の意味を表す。

(7) **正解** ① it ▶別冊 p.45 ❿

和訳 その部屋を使うのを許可していただけるとありがたいのですが。

解説 I would appreciate it if you would 〜 で「〜していただけるとありがたいのですが」の意味を表す。it は形式目的語で，if節を指す。

(8) **正解** ③ Should ▶別冊 p.44 ❾

和訳 万一そこで彼に会ったら，私のオフィスに来るよう伝えてください。

解説 If you should meet him there, ... の if を省略して，〈V(should) + S(you)〉の倒置が起きた形。if節中の should は「万一〜なら」の意味。

問2 各組の文の意味がほぼ同じになるよう，（　　　　）内に入れるのに最も適切なものを一つ選びなさい。

(1)　(a) If they had been a little more patient, they would have succeeded.
　　(b) (　　　　) a little more patience, they would have succeeded.
　　① With　　　　　　　　　　② Without
　　③ For　　　　　　　　　　④ In　　　　　　　　　　　　　　　　(佛教大)

(2)　(a) But for your help, I could never have finished the job.
　　(b) If you (　　　　) me, I could never have finished the job.
　　① helped　　　　　　　　② wouldn't help
　　③ had helped　　　　　　④ hadn't helped　　　　　　　　　(亜細亜大)

問3 与えられた語を並べかえて英文を完成させなさい。ただし，文の最初にくる語も小文字で表示しています。

(1)　そこに彼女がいなかったらどうなっていただろうか。
　　(　　　) (　　　) (　　　) (　　　) (　　　) (　　　) (　　　) she had not
　　been there?
　　① would　　　② like　　　③ it　　　　④ been
　　⑤ what　　　　⑥ have　　　⑦ if　　　　　　　　　　　　　(東邦大)

(2)　(　　　) (　　　) (　　　) (　　　) (　　　) (　　　), she wouldn't be in
　　such difficulty now.
　　① advice　　　② doctor's　　　③ followed
　　④ had　　　　⑤ she　　　　　⑥ the　　　　　　　　　(名古屋市立大)

(3)　あなたの寛大なお申し出がなければ，私たちは子供たちを幸せにすることができなかったでしょう。
　　(　　　) (　　　) (　　　) (　　　) (　　　) (　　　) (　　　) (　　　), we
　　could not have made our children happy.
　　① not　　　　② your　　　③ had　　　④ offer
　　⑤ for　　　　⑥ been　　　⑦ generous　　⑧ it　　　　(関西学院大)

問2

(1) 　正解　① With　　　　　　　　　　　　　　　　　　　　▶ 別冊 p.43 ⑥

　和訳　もう少し辛抱強ければ，彼らは成功しただろう。

　解説　with は「もし～があれば」の意味で，仮定法の if 節の代わりをする。

　語句　patience 名 忍耐（力）

(2) 　正解　④ hadn't helped　　　　　　　　　　　　　　　　▶ 別冊 p.45 ⑩

　和訳　君の助けがなければ，私は決してその仕事を終えられなかっただろう。

　解説　but for ～は「もし～がなければ」の意味。主節の形に合わせて，仮定法過去完了（hadn't helped）で言い換える。without ～などでも同じ意味を表せる。

問3

(1) 　正解　⑤①③⑥④②⑦　　　　　　　　　　　　　　　　▶ 別冊 p.42 ③

（What would it have been like if she had not been there?）

　解説　What is it like?「それはどのようなものか」という形をもとにして考える。if 節の had not been に合わせて，この is を仮定法過去完了の形（would have been）で表す。it はその場の状況を漠然と表す。

(2) 　正解　④⑤③⑥②①　　　　　　　　　　　　　　　　　▶ 別冊 p.44 ⑨

（Had she followed the doctor's advice, she wouldn't be in such difficulty now.）

　和訳　もし医者の助言に従っていれば，彼女は今それほど困ってはいないだろう。

　解説　If she had followed the doctor's advice, ... の if を省略して，〈V(had) ＋ S(she)〉の倒置が起こった形。

　語句　be in difficulty　困っている（be in trouble）

(3) 　正解　③⑧①⑥⑤②⑦④　　　　　　　　　　　　　　　▶ 別冊 p.45 ⑩

（Had it not been for your generous offer, we could not have made our children happy.）

　解説　had it not been for ～は，if it had not been for ～「もし（あのとき）～がなかったら」の if を省略して倒置が起こった形。日本文と選択肢を見た瞬間に，この形を思い浮かべることが大切。

発展問題

問1 下線部が誤っているものを1つ選びなさい。

(1) If 30 percent of the beef ①in every hamburger consumed in America were ②replaced by mushrooms, greenhouse emissions ③have been reduced by the same amount ④as taking 2.3 million vehicles off our roads. (中央大)

(2) ①You did not come to the party. ②I wish you have let us know ③about this in advance ④so we could have planned ahead. (名城大)

(3) ①He was so upset ②that he was screaming and crying loudly ③and hitting his hands on the table, ④as if he is a five-year-old child. (名城大)

問2 日本語を英語に訳しなさい。

(1) スマホ（smartphone）が手元にあれば，そんなの簡単に調べられるのにね。

_____

_____

(日本女子大)

(2) もしもあの時先生が彼に助言をしていなかったら，今ごろ彼の人生はまったく違ったものになっていただろう。

_____

_____

_____

(日本女子大)

(3) 子供たちはあたかも何事もなかったように遊び続けた。
The children _____

_____.

(学習院大)

50

解答解説

問1

(1) 正解 ③ (have been reduced → would be reduced)　▶ 別冊 p.41 ②

和訳 アメリカで消費されるすべてのハンバーガー中の牛肉の30％がキノコに置き換えられれば，温室効果ガスの排出は230万台の車を道路から取り除くのと同じ量だけ削減されるだろう。

解説 現在の事実に反する仮定を述べているので，仮定法過去を使う。greenhouse以下が主節（帰結節）。③の部分には助動詞の過去形を使う。

(2) 正解 ② (I wish you have let us know → I wish you had let us know)
▶ 別冊 p.43 ⑦

和訳 君はパーティーに来なかった。私たちが前もって予定を立てられるよう，このことについて事前に私たちに知らせてくれればよかったのに。

解説 「実際には君は事前に知らせなかった」という状況だから，I wish「…ならよいのに」に続く節では仮定法過去完了 (had let) を使う。④は so that we <u>could plan</u> ahead の意味だが，「もし知らせてくれれば予定を立てられたのに」という意味をふまえて下線部を仮定法過去完了にしている。

(3) 正解 ④ (as if he is ... → as if he were [was] ...)　▶ 別冊 p.44 ⑧

和訳 彼はとても混乱していたので，まるで5歳の子どものように大声で泣き叫び，両手をテーブルにたたきつけていた。

解説 as if ...「まるで…であるかのように」の節では仮定法を使う。同じ時点での出来事なので，isは仮定法過去のwere [was] とするのが正しい。

問2

(1) 正解例 If I [we] had a smartphone (with me [us]), I [we] could check it [look it up] easily.　▶ 別冊 p.41 ②

解説 「実際には今はスマホが手元にない」という状況を仮定法過去で表す。

(2) 正解例 If his [the] teacher had not advised him [given him the [some] advice] then [at that time], his life would be quite different from what it is now [he would be leading a quite different life now].　▶ 別冊 p.42 ④

解説 if節では過去の事実の反対を仮定法過去完了〈had ＋過去分詞〉で，主節では現在の事実の反対を仮定法過去〈would ＋動詞の原形〉で表す。

(3) 正解例 The children continued to play [playing] as if nothing had happened.　▶ 別冊 p.44 ⑧

解説 as if ...「まるで…であるかのように」を利用する。「何事も（起き）なかった」のは「遊び続けた」より前の時点のことだから，仮定法過去完了 (had happened) を使う。

51

長文融合型問題にチャレンジ ❶

▶ 解答解説 p.54

下記の英文はリチャード・バック（Richard Bach）の『カモメのジョナサン』（*Jonathan Livingston Seagull,* 1970）の一節である。下記の（ア）〜（コ）の中から，適切な単語を選び，英文の空所(1)〜(10)を埋めなさい。ただし，同じ語を繰り返し用いないこと。

Most gulls don't bother to learn more than the simplest facts of flight — how to get from shore to food and back again. For most gulls, it is not flying that (1), but eating. For this gull, though, it was not eating that (2), but flight. More than anything else, Jonathan Livingston Seagull loved to (3).

This kind of thinking, he found, is not the way to (4) one's self popular with other birds. Even his parents were dismayed as Jonathan (5) whole days alone, making hundreds of low-level glides, experimenting.

"Why, Jon, *why*?" his mother asked. "Why is it so hard to be (6) the rest of the flock, Jon? Why can't you (7) low flying to the pelicans, the albatross? Why don't you (8)? Jon, you're bone and feathers!"

"I don't (9) being bone and feathers, Mum. I just want to know what I can do in the air and what I can't, that's all. I just want to know."

"See here, Jonathan," said his father, not unkindly. "Winter isn't far away. Boats will be few, and the surface fish will be swimming deep. If you must study, then study food, and how to get it. This flying business is all very well, but you can't eat a glide, you know. Don't you (10) that the reason you fly is to eat."

Jonathan nodded obediently. For the next few days he tried to behave like the other gulls. But he couldn't make it work.

Richard Bach, Jonathan Livingston Seagull, 1970
※出題にあたり，一部省略した。

(ア) mind   (イ) like   (ウ) fly   (エ) forget

(オ) eat   (カ) leave   (キ) matters   (ク) mattered

(ケ) make   (コ) spent

解答

(1) キ matters   (2) ク mattered   (3) ウ fly   (4) ケ make   (5) コ spent

(6) イ like   (7) カ leave   (8) オ eat   (9) ア mind   (10) エ forget

解説

(1) it is not *A* that matters but *B*という形の強調構文。普通の語順ならit is not *A* but *B* that mattersで，「重要なのはA（flying）ではなくB（eating）だ」という意味を表す。matterは「重要である」という意味の自動詞。countも同じ意味で使う。

(2) 前文と同じ構造だが，この文の時制が過去形（was）なので，過去形のmatteredを空所に入れる。this gull「このカモメ」とはジョナサンのこと。

(3) 前文が「ジョナサンにとっては大切なのは食べることではなく飛ぶことだった」という内容なので，空所にflyを入れて「ジョナサンは飛ぶのが大好きだった」という意味にする。love to *do*は「〜することが大好きだ」で，like to *do*よりも強い意味を表す。

(4) 空所の後ろが〈名詞（one's self）＋形容詞（popular）〉の形になっている点に着目する。意味の上では「自分自身が他の鳥に人気だ」という関係なので，そのような状態を「作る」という意味のmakeを空所に入れる。〈make ＋ O ＋ C〉は「OがCである状態を作る」→「OをCにする」ということ。to makeは前のthe way「方法」を修飾する形容詞的用法の不定詞で，「〜する（ための）方法」の意味を表す。

(5) 空所の前の動詞の時制（were）から考えて，空所には過去形の動詞が入る。後ろのwhole days alone, making 〜に着目して〈spend ＋ O ＋ 〜ing〉「〜してO（時間）を過ごす」の形を思い浮かべ，空所にspentを入れれば意味が通る。experimentingは「実験しながら」の意味の分詞構文。

(6) Why is it so hard to beは「〜であることがなぜそれほど難しいのか」の意味。itは形式主語で，後ろの不定詞（to be以下）を指す。beの後ろに動詞の原形や過去形は置けないので，like「〜のような」を入れれば意味が通る。文全体は「なぜ他のみんなと同じようにできないのか」の意味。

(7) 空所の後ろのtoに着目して，leave O to 〜「Oを〜に任せる」の形を使う。Why can't you 〜?は「あなたはなぜ〜することができないのか」→「〜すればいいではないか」ということ。

(8) 直後の文のyou're bone and feathersを「あなたは骨と羽だけだ」→「ひどくや

せている」という意味に解釈するのがポイント。空所にeatを入れて「あなたはなぜ食べないのか［食べればいいのに］」という意味にすれば文脈に合う。

(9) 後ろのbeing（動名詞）に着目して，mind ～ing「～することを気にする［嫌がる］」という形を作る。mindは後ろに動名詞のみを置く動詞の1つで，mind to beとは言わない。

(10) 文脈を考慮しながら，後ろにthat「～ということ」で始まる節を置ける動詞を探す。forget that ～は「～ということを忘れる」の意味。なお，最後が疑問符（?）ではなくピリオドなので，この文は否定疑問文ではなく命令文である。命令文は（Don't ＋）動詞の原形を最初に置くのが普通だが，子どもに言い聞かせたりするときは動詞の原形の前にyouを入れることがある。この文はその例。

日本語訳

　ほとんどのカモメは，飛行，つまり岸から餌を取りに行ってまた戻る方法という最も単純な事実以上のことを学ぼうとはしない。ほとんどのカモメにとって重要なのは，飛ぶことではなく食べることだ。しかしこのカモメにとっては，重要だったのは食べることではなく飛ぶことだった。他の何よりも，カモメのジョナサン・リビングストンは飛ぶことが好きだった。

　このような考えは，他の鳥たちの間で自分の人気を高める方法ではないことに彼は気づいた。彼の両親でさえ，ジョナサンが単独で一日中何百回も（飛ぶ）実験をしながら低空飛行をしていたので失望した。

　「なぜ，ジョン，なぜなの？」と母親は尋ねた。「なぜ（群れの）他のみんなのようにするのがそんなに難しいの？　低空飛行はペリカンやアホウドリに任せればいいでしょ。なぜ食べないの？　ジョン，あなたは（やせて）骨と羽だけになっているわ！」

　「骨と羽だけなのは気にしないよ，ママ。ぼくは空中で何ができて何ができないのかを知りたいだけさ。知りたいだけなんだ」

　「いいかい，ジョナサン」と父親は不親切ではない口調で言った。「冬は遠くない。船は減るし，水面の魚は深いところを泳ぐようになるだろう。もしおまえが勉強する必要があるなら，食べ物とそれを手に入れる方法を勉強しなさい。空を飛ぶ仕事は結構なことだが，おまえも知ってのとおり滑空を食べることはできない。飛ぶ理由は食べることだということを忘れてはいけないよ」

　ジョナサンは従順にうなずいた。それからの数日間，彼は他のカモメのように振る舞おうとした。しかし，うまくやることができなかった。

語句

gull 图 カモメ／**bother to _do_** わざわざ～する／**dismayed** 形 うろたえて，失望して／**low-level glide** 低空の滑空（飛行）／**experiment** 動 実験する／**flock** 图 （鳥などの）群れ／**pelican** 图 ペリカン／**albatross** 图 アホウドリ／**feather** 图 羽／**See here.** いいか，おい《警告を与える場合などに使う》／**surface** 图 表面，水面／**S is all very well, but ～** Sは大変結構なことだが～《Sに対する不満を表す場合に使う》／**nod** 動 うなずく／**obediently** 副 従順に

Chapter 6　不定詞

● 別冊 p.46〜52

標準問題

問1 （　　　）内に入れるのに最も適切なものを一つ選びなさい。

(1) He went to a store to buy some tools （　　　） which to fix the fence.
　　① at　　　　　② into　　　　③ to　　　　④ with 　　(近畿大)

(2) We're happy （　　　） of service to you in the recent sale of your car.
　　① being　　　　　　　② in being
　　③ so being　　　　　　④ to have been 　　(宮崎大)

(3) （　　　）, you would take her for a Chinese.
　　① Of her talk　　　　　② To hear her talk
　　③ With her talking　　　④ In case of her talking 　　(玉川大)

(4) I can't believe I passed my driving test. It's （　　　） good to be true.
　　① so　　　　　② too　　　　③ really　　　④ very 　　(南山大)

(5) This beach is perfect （　　　）.
　　① to children's swim　　　　② for children to swim in
　　③ that children can swim　　④ enough for children to swimming
　　　　　　　　　　　　　　　　　　　　　　　　　　　　　(東邦大)

(6) I haven't decided what （　　　） after I graduate.
　　① do　　　　　　　② to do
　　③ is doing　　　　④ is done 　　(佛教大)

(7) Jason did his best to make Lucy （　　　） the seriousness of the problem.
　　① be understood　　　② understanding
　　③ understand　　　　　④ understood 　　(明治大)

(8) When I was crossing the street, I heard my friend （　　　） my name.
　　① call　　　　　　② calls
　　③ is calling　　　④ to call 　　(東京理大)

問1

(1) 　正解　④ with 　　　　　　　　　　　　　　　　　　　▶ 別冊 p.46 ❸

　和訳　彼はフェンスを修理するためのいくつかの道具を買いに店へ行った。

　解説　some tools with which to fix the fence ＝ some tools to fix the fence with。fix the fence <u>with</u> some tools「いくつかの道具を使ってフェンスを修理する」をもとにして考える。

(2) 　正解　④ to have been 　　　　　　　　　　　　　　　　▶ 別冊 p.46 ❹

　和訳　あなたの車の最近の販売であなたのお役に立てたことを，私たちはうれしく思います。

　解説　感情を表す形容詞（happy）の後ろに副詞的用法の不定詞を置いて，その感情の原因を表す。be of service で「役に立つ」という意味。

(3) 　正解　② To hear her talk 　　　　　　　　　　　　　　▶ 別冊 p.46 ❹

　和訳　彼女が話すのを聞けば，君は彼女を中国人と間違えるだろう。

　解説　副詞的用法の不定詞は「もし〜なら」〈条件〉の意味を表すことができる。

　語句　take *A* for *B* AをBと間違える

(4) 　正解　② too 　　　　　　　　　　　　　　　　　　　　▶ 別冊 p.46 ❹

　和訳　私は運転免許の試験に合格したのが信じられない。話がうますぎる。

　解説　〈too ＋ 形容詞 ＋ to *do*〉で「〜するには…すぎる」の意味を表す。第 2 文の直訳は「それは本当であるにはよすぎる（話だ）」。

(5) 　正解　② for children to swim in 　　　　　　　　　　　▶ 別冊 p.48 ❺

　和訳　このビーチは子どもが泳ぐのに最適だ。

　解説　be perfect to swim in「泳ぐのに最適だ」の不定詞（to swim in）の前に意味上の主語（for children）を置いた形。

(6) 　正解　② to do 　　　　　　　　　　　　　　　　　　　▶ 別冊 p.49 ❽

　和訳　私は卒業した後で何をすべきか決めていない。

　解説　〈疑問詞 ＋ to *do*〉で「〜すべきか」の意味を表す。what to do は what I should do「私は何をすべきか」の意味。

(7) 　正解　③ understand 　　　　　　　　　　　　　　　　▶ 別冊 p.49 ❾

　和訳　ジェイソンはルーシーにその問題の深刻さを理解させるために最善を尽くした。

　解説　〈make ＋ O ＋ 原形不定詞〉で「Oに〜させる」の意味を表す。

(8) 　正解　① call 　　　　　　　　　　　　　　　　　　　　▶ 別冊 p.49 ❾

　和訳　通りを渡っているとき，友人が私の名前を呼ぶのが聞こえた。

　解説　〈hear ＋ O ＋ 原形不定詞〉で「Oが〜するのが聞こえる」の意味を表す。③は時制が異なるので誤り。

6

不定詞

(9) The protest march (　　　) next week is expected to attract over 100,000 people.
① being hold 　　　　　　② holding
③ to be held 　　　　　　④ to hold 　　　　　　(関西学院大)

(10) Water is, (　　　), indispensable to our daily life.
① need to say 　　　　　② needless to say
③ never to say 　　　　　④ nevertheless to say 　　(大阪経済大)

問2 各組の文の意味がほぼ同じになるよう，(　　　) 内に入れるのに最も適切なものを一つ選びなさい。(3)(4)の (　　　) 内には適切な語を入れなさい。

(1) (a) All you have to do is watch the video and comment below.
(b) You have (　　　) to watch the video and comment below.
① none 　　　② everything 　　③ ever 　　④ only 　　(中央大)

(2) (a) Her angelic voice always amazes the audience.
(b) Her angelic voice never (　　　) to amaze the audience.
① betrays 　　② disappoints 　　③ fails 　　④ mistakes 　　(東京理大)

(3) (a) You are kind to come all the way to our office.
(b) It's kind (　　　) you to come all the way to our office. 　　(長崎県立大)

(4) (a) We hurried to the station, but we missed the train.
(b) We hurried to the station, (　　　) to miss the train. 　　(名城大)

問3 与えられた語（句）を並べかえて英文を完成させなさい。ただし，文の最初にくる語も小文字で表示しています。

(1) 2時きっかりにミーティングを始められるように準備をしなければならない。
We must arrange (　　) (　　) (　　) (　　) (　　) (　　) (　　) sharp.
① at 　　　　② the 　　　　③ begin 　　　④ two o'clock
⑤ to 　　　　⑥ for 　　　　⑦ meeting 　　　(日本大)

解答解説

(9) 　正解　③ to be held　　　　　　　　　　　　　　　　　　◉ 別冊 p.50 ⓫

　和訳　来週行われる予定の抗議の行進は，10万人以上を呼び寄せると予想されている。

　解説　to be held「行われる予定の」は前の名詞を修飾する形容詞的用法の不定詞で，受動態と組み合わせた形。to be held = which is to be held と考えてもよい。

(10) 　正解　② needless to say　　　　　　　　　　　　　　　◉ 別冊 p.51 ⓭

　和訳　水は，言うまでもなく，私たちの日常生活に不可欠だ。

　解説　needless to say で「言うまでもなく」の意味を表す。

　語句　be indispensable to ～　～に不可欠である

問2

(1) 　正解　④ only　　　　　　　　　　　　　　　　　　　　◉ 別冊 p.51 ⓭

　和訳　君はそのビデオを見て下にコメントしさえすればよろしい。

　解説　(a)は「あなたがしなければならないすべて（のこと）は～することだ」の意味（watch の前に to が省略されている）。(b)の have only to *do* は「～しさえすればよい」。

(2) 　正解　③ fails　　　　　　　　　　　　　　　　　　　　◉ 別冊 p.48 ❻

　和訳　彼女の天使のような（美しい）声はいつも観客を驚嘆させる。

　解説　fail to *do* は「～し損ねる，できない」の意味。never fail to *do* で「～し損ねる［できない］ことは決してない」→「必ず～する」の意味を表す。

　語句　angelic 形 天使のような，美しい／betray 動 ～を裏切る

(3) 　正解　of　　　　　　　　　　　　　　　　　　　　　　◉ 別冊 p.46 ❹

　和訳　わざわざ私たちのオフィスに来ていただいてご親切さまです。

　解説　〈It is ＋性格を表す形容詞＋ of ＋ X ＋ to *do*〉で「～するとは X（人）は…だ」の意味を表す。

(4) 　正解　only　　　　　　　　　　　　　　　　　　　　　◉ 別冊 p.46 ❹

　和訳　私たちは急いで駅へ行ったが，結局電車に乗り遅れた。

　解説　... only to *do* で「…したが結局～」〈結果〉の意味を表す。

問3

(1) 　正解　⑥②⑦⑤③①④　　　　　　　　　　　　　　　　◉ 別冊 p.48 ❺

　（We must arrange for the meeting to begin at two o'clock sharp.）

　解説　arrange for X to *do* で「X が～するよう手配する」の意味。for X は不定詞の意味上の主語。

　語句　sharp 副 （時間）きっかりに

59

(2) 上司はジョンにその仕事を担当してもらうことにしました。

(　　) (　　) (　　) (　　) (　　) (　　) (　　) the job.

① decided　　② John　　③ boss　　④ have

⑤ has　　⑥ the　　⑦ to　　⑧ handle　　(昭和大)

(3) ダメだと助言を受けていたのに，私はそのビデオを見てしまった。

I watched that video even though (　　) (　　) (　　) (　　) (　　) (　　).

① advised　　② been　　③ had

④ I　　⑤ not　　⑥ to　　(中央大)

(4) 忠実な顧客からの支持を失うことのないよう，その企業は販売促進キャンペーンを開始した。

The company launched a promotional campaign (　　) (　　) (　　) (　　) (　　) (　　) its loyal customers.

① as　　　　　　　　　② lose support

③ to　　　　　　　　　④ from

⑤ so　　　　　　　　　⑥ not　　(中央大)

(5) その暗い洞窟の中は物音ひとつ聞こえなかった。

(　　) (　　) (　　) (　　) (　　) (　　) heard in the dark cave.

① sound　　② be　　③ to

④ not　　⑤ a　　⑥ was　　(中央大)

(6) 販売部は，そのビジネスプランを抜本的に変更せざるをえないだろう。

The sales department will (　　) (　　) (　　) (　　) (　　) (　　) (　　) change in the business plan.

① make　　② have　　③ choice　　④ but

⑤ a radical　　⑥ to　　⑦ no　　(日本大)

解答解説

(2) **正解** ⑥③⑤①⑦④②⑧　　　　　　　　　　　　　　　　　　▶別冊 p.49 **9**

(The boss has decided to have John handle the job.)

解説〈have + O + 原形不定詞〉で「Oに〜させる，してもらう」の意味を表す。

(3) **正解** ④③②①⑤⑥　　　　　　　　　　　　　　　　　　▶別冊 p.48 **7**・p.50 **11**

(I watched that video even though I had been advised not to.)

解説 not toの後ろにwatch it（= that video）が省略された形。be advised
to doは〈advise + O + to do〉「Oに〜するよう助言する」のOを主語に
して受動態（be advised）にした形で，「〜するよう助言される」の意味。
助言されたのはビデオを見た時点よりも前だから，過去完了形(had been)
が使われている。

(4) **正解** ⑤①⑥③②④　　　　　　　　　　　　　　　　　　▶別冊 p.50 **11**

(The company launched a promotional campaign so as not to lose
support from its loyal customers.)

解説 so as not to doで「〜しないために，〜しないように」〈目的〉の意味を
表す。in order not to doとも言う。

語句 launch 動 〜に乗り出す，〜を開始する／loyal 形 忠実な

(5) **正解** ④⑤①⑥③②　　　　　　　　　　　　　　　　　　▶別冊 p.51 **12**

(Not a sound was to be heard in the dark cave.)

解説〈be動詞 + to do〉は助動詞に準じた働きを持ち，予定・可能・義務などの
意味を表す。この文のwas to be heardは「聞くことができる」〈可能〉の
意味を表し，could be heardで言い換えられる。

(6) **正解** ②⑦③④⑥①⑤　　　　　　　　　　　　　　　　　　▶別冊 p.51 **13**

(The sales department will have no choice but to make a radical
change in the business plan.)

解説 have no (other) choice but to doで「〜する以外の選択肢を持たない」
→「〜せざるを得ない」の意味を表す。

6
不定詞

発展問題
....

問1 下線部が誤っているものを1つ選びなさい。

(1) A small but growing number of Japanese people ①are making a conscious effort to gradually ②reducing their possessions by getting rid of the ③things that they realize ④are not important. (学習院大)

(2) When I was thinking about ①buying a used car, I asked my uncle to ②give me some good advice. He worked on car engines when he was young, so he knew a lot about ③what kinds of problems to check for. He was ④enough kind to go with me to look at some cars. (畿央大)

(3) It is a great ①risk to promise children ②money as a reward to get them ③study as ④hard as they can. (学習院大)

(4) ①Please ②take a look at Page 19, ③which shows ④how operate the remote controller. (杏林大)

(5) ①There are many lifestyle habits and dietary ②changes a person can make in order to ③help preventing the risks ④of developing geriatric syndromes. (国士舘大)

(6) A majority of committee members ①were ②in favor of the proposal at the beginning, but now so many people are ③opposed to it that it is ④sure to turn down. (学習院大)

(7) ①It's true that if you exercise regularly you'll ②sleep better, but we always tell patients ③not exercise too much ④right before going to sleep. (中央大)

解答解説

問1

(1) 正解 ② (reducing → reduce)　　　　　　　　　　　　▶ 別冊 p.46 ③

和訳 大切ではないと気づいたものを処分することによって，所持品を少しずつ減らす意識的な努力をしている日本人が，少数ではあるが増えている。

解説 to reduce（形容詞的用法の不定詞）が，前の名詞（effort）を修飾する形にする。この例のように，to と動詞の間に副詞を置くこともある。

(2) 正解 ④ (enough kind to → kind enough to)　　　　　▶ 別冊 p.46 ④

和訳 中古車を買おうかと考えていたとき，私はおじによい助言をしてくれるよう頼んだ。彼は若いころ車のエンジンの仕事をしていたので，どんな種類の問題をチェックすべきかについてよく知っていた。彼は親切にも私と一緒に何台かの車を見に行ってくれた。

解説 〈形容詞 + enough to *do*〉で「〜するほど十分に…」の意味を表す。

(3) 正解 ③ (study → to study)　　　　　　　　　　　　▶ 別冊 p.48 ⑦

和訳 できるだけ熱心に勉強させるために子どもにほうびとしてお金を（あげると）約束することは大いに危険である。

解説 〈get + O + to *do*〉で「Oに〜してもらう」の意味を表す。get は使役の意味になるが，原形不定詞ではなく to *do* となることに注意。

(4) 正解 ④ (how operate → how to operate)　　　　　　▶ 別冊 p.49 ⑧

和訳 19ページを見てください，そこにリモコンの操作方法が示されています。

解説 how to *do* で「どのようにして〜すべきか，〜のしかた」の意味を表す。

(5) 正解 ③ (help preventing the risks → help prevent the risks)　▶ 別冊 p.49 ⑨

和訳 老人症候群の発症のリスクを防ぐのに役立てるために，人にできる多くの生活習慣と食事の変更がある。

解説 〈help + 原形不定詞〉で「〜するのに役立つ」の意味を表す。

語句 dietary 形 食事の／geriatric syndrome　老人症候群

(6) 正解 ④ (sure to turn → sure to be turned)　　　　　▶ 別冊 p.50 ⑪

和訳 委員会のメンバーの多数が最初はその提案に賛成したが，今ではとても多くの人々がそれに反対しているので，きっと却下されるだろう。

解説 it is sure の it は the proposal を指すので，turn down「〜を拒絶［却下］する」を受動態にする。be sure to *do* は「きっと〜するだろう」。

語句 be in favor of 〜　〜に賛成する／be opposed to 〜　〜に反対する

(7) 正解 ③ (not exercise → not to exercise)　　　　　　▶ 別冊 p.50 ⑪

和訳 定期的に運動すればその方がよく眠れるのは確かだが，寝つく直前に運動しすぎないようにと私たちはいつも患者に言っている。

解説 〈tell + O + not to *do*〉で「Oに〜しないように言う」の意味を表す。

問2 日本語を英語に訳しなさい。

(1) 何かを学ぶのに最良な方法は，他の誰かにそれを教えることである。

_____

_____

（岩手医大）

(2) 大統領になろうという彼女の野心はおそらく実現するだろう。

_____

_____

（日本女子大）

(3) 大学生は健康のために，毎日朝食を食べる時間を十分に取るべきだ。
University students _____

_____

_____.

（青山学院大）

(4) 英語の先生が今度の夏で学校を辞めて留学するという知らせを聞いて，私たちはがっかりした。

_____

_____

_____

（日本女子大）

(5) 犬が15年生きるのは珍しいことではない。
It _____

_____.

（学習院大）

(6) 人生にはお金よりも大切なものがあることをあなたに覚えておいてほしい。

_____

_____

（日本女子大）

問2

(1) **正解例** The best way to learn something is to teach it to someone (else).

▶ 別冊 p.46 **②**

解説 S is to *do*.「Sは〜することだ」の形を利用する。Sに当たるのは the best way to learn something「何かを学ぶための最良の方法」。is の後ろには C（補語）の働きをする名詞的用法の不定詞を置く。

(2) **正解例** Her ambition to be [become] the president will probably come true.

▶ 別冊 p.46 **③**

解説 her ambition to *do* の形で「〜するという彼女の野心」の意味を表す。She will probably realize her ambition to be [become] the president. と表現してもよい。

(3) **正解例** University students should have [take] enough time to have [eat] breakfast every morning for their (good) health. ▶ 別冊 p.46 **③**

解説 「〜するための十分な時間」は enough time to *do* の形で表現できる。for their health の代わりに (in order) to keep [stay] healthy, so that you can keep [stay] in good health なども使える。

(4) **正解例** We were disappointed [depressed, discouraged] to hear (the news) that our English teacher is [was] leaving our school to study abroad this summer. ▶ 別冊 p.46 **④**

解説 「…を聞いてがっかりする」は，感情の原因を表す副詞的用法の不定詞を利用して be disappointed to hear ... で表す。is [was] leaving our school to study の部分は，is [was] going to leave our school and study でもよい。

(5) **正解例** It is not rare [unusual] for dogs [a dog] to live for fifteen years.

▶ 別冊 p.48 **⑤**

解説 it を形式主語として使い，まず It is not rare「珍しくない」とする。その後ろに〈意味上の主語（for dogs）＋名詞的用法の不定詞（to live）〉を置く。「犬」は，犬全般について言うときは dogs，1 匹の犬を念頭に置いて言うときは a dog とする。

(6) **正解例** I want you to remember [keep in mind] that there is something (which/that is) [there are things (which/that are)] more important than money in life. ▶ 別冊 p.48 **⑦**

解説 〈want + O + to *do*〉で「Oに〜してほしい」の意味を表す。that 以下は，money isn't the most important in life「人生ではお金が最も大切ではない」と表現してもよい。

Chapter 7　動名詞

▶ 別冊 p.53〜56

標準問題

問1　（　　　）内に入れるのに最も適切なものを一つ選びなさい。

(1)　My hobby is (　　　) mountains.
　　① climb　　　　② climbing　　　③ climbed　　　④ climbs　　　（法政大）

(2)　(　　　) the amount of garbage we produce will help the environment.
　　① Reducing　　　　　　　　② Reduce
　　③ By reducing　　　　　　　④ We reduce　　　（芝浦工大）

(3)　How about (　　　) a short break before starting the next meeting?
　　① take　　　　　　　　　　② taking
　　③ I take　　　　　　　　　④ to take　　　（芝浦工大）

(4)　Robert couldn't find his keys anywhere, so he gave up (　　　) for them.
　　① look　　　　　　　　　　② looking
　　③ to look　　　　　　　　　④ looked　　　（南山大）

(5)　I ran to the big tree to (　　　) getting wet.
　　① save　　　　② hold　　　③ adapt　　　④ avoid　　　（畿央大）

(6)　Though Mary (　　　) the sofa to the other side of the room, it didn't look right.
　　① missed moving　　　　　② tried moving
　　③ gave up removing　　　　④ tried to remove　　　（宮崎大）

(7)　We worked hard all morning. At noon we stopped briefly (　　　) lunch.
　　① eating　　　　　　　　　② to eat
　　③ to eating　　　　　　　　④ for eaten　　　（南山大）

(8)　My parents (　　　) to my studying abroad.
　　① supported　　　　　　　② rejected
　　③ favored　　　　　　　　④ objected　　　（日本大）

問1

(1) 正解 ② climbing ▶別冊 p.53 ❶

和訳 私の趣味は山に登ることです。

解説 動名詞の climbing mountains「山に登ること」がCの働きをする形。

(2) 正解 ① Reducing ▶別冊 p.53 ❶

和訳 私たちが出すごみの量を減らすことは環境に役立つだろう。

解説 動名詞（Reducing）で始まる名詞句が will help の主語になる形。

(3) 正解 ② taking ▶別冊 p.53 ❶

和訳 次の会議を始める前に少し休憩するのはどうですか。

解説 How about ～ing? で「～するのはどうですか」の意味を表す。about は前置詞だから，後ろに動詞を置くときは動名詞（taking）にする。④の to take（不定詞）は前置詞の目的語にはならないので誤り。

(4) 正解 ② looking ▶別冊 p.53 ❷

和訳 ロバートは鍵がどこにも見当たらなかったので，探すのをあきらめた。

解説 give up「あきらめる」は後ろに不定詞ではなく動名詞（～ing）を置く。

(5) 正解 ④ avoid ▶別冊 p.53 ❷

和訳 私はぬれるのを避けるために大きな木まで走った。

解説 avoid は後に動名詞を置いて「～するのを避ける」の意味。save「～を救う，保存する」，hold「～を保持する」，adapt「適応する」。

(6) 正解 ② tried moving ▶別冊 p.54 ❸

和訳 メアリは試しにソファーを部屋の反対側に移動してみたが，見栄えがよくなかった。

解説 try ～ing で「試しに～してみる」の意味を表す。④try to do は「～しようとする」なので意味が通らない。remove は「～を取り去る」の意味。

(7) 正解 ② to eat ▶別冊 p.54 ❸

和訳 私たちは午前中ずっと熱心に働いた。正午に私たちは昼食をとるために短時間手を休めた。

解説 stop to do で「立ち止まって［手を休めて］～する」の意味を表す。stop ～ing は「～するのをやめる」なので意味が通らない。

(8) 正解 ④ objected ▶別冊 p.54 ❹

和訳 両親は私が留学することに反対した。

解説 object to ～「～に反対する」の後ろに〈意味上の主語＋動名詞〉（my studying）を置いた形。support は「～を支持する」，reject は「～を拒絶する」，favor は「～の方を好む」の意味で，どれも後ろに to は置かない。

(9) I sprained my ankle (　　　) getting out of the car.
 ① of   ② in
 ③ at   ④ with   (青山学院大)

(10) Teaching is a profession of his own (　　　). He enjoys it very much.
 ① choose   ② choosing
 ③ chose   ④ chosen   (近畿大)

(11) I have a fever, so I don't (　　　) like eating anything now.
 ① feel   ② want
 ③ mind   ④ look   (佛教大)

(12) The room where we stayed yesterday needed (　　　).
 ① to clean   ② being cleaned
 ③ clean   ④ cleaning   (東京経済大)

問2 各組の文の意味がほぼ同じになるよう，(　　　) 内に入れるのに最も適切なものを一つ選びなさい。

(1) (a) I'm sorry to have kept you waiting.
 (b) I must apologize for (　　　) you waiting.
 ① had been keeping   ② not keeping
 ③ will be keeping   ④ having to keep
 ⑤ having kept   (中央大)

(2) (a) As soon as she saw the dreadful sight, Patty fainted.
 (b) (　　　) seeing the dreadful sight, Patty fainted.
 ① At   ② By
 ③ In   ④ On   (実践女子大)

(3) (a) It is impossible to know the fact.
 (b) There is no (　　　) the fact.
 ① know   ② knowing
 ③ known   ④ knowledge   (高崎経済大)

(9) 　正解　 ② in　　　　　　　　　　　　　　　　　　　　　　▶ 別冊 p.56 ❼

　　和訳　私は車から降りるときに足首をねんざした。

　　解説　in 〜ing で「〜するとき」の意味を表す。

　　語句　sprain *one's* ankle　足首をねんざする

(10) 　正解　 ② choosing　　　　　　　　　　　　　　　　　　　　▶ 別冊 p.56 ❼

　　和訳　教職は彼が自分で選んだ職業だ。彼はそれをとても楽しんでいる。

　　解説　of *one's* own 〜ing で「自分で〜した」の意味を表す。

(11) 　正解　 ① feel　　　　　　　　　　　　　　　　　　　　　　▶ 別冊 p.56 ❼

　　和訳　私は熱があるので，今は何も食べる気にならない。

　　解説　feel like 〜ing で「〜したい気分だ」の意味を表す。

(12) 　正解　 ④ cleaning　　　　　　　　　　　　　　　　　　　　▶ 別冊 p.56 ❼

　　和訳　私たちが昨日泊まった部屋はそうじする必要があった。

　　解説　need 〜ing で「〜される必要がある」の意味を表す。need cleaning は
　　　　　need to be cleaned と言い換えられる。

問2

(1) 　正解　 ⑤ having kept　　　　　　　　　　　　　　　　　　　▶ 別冊 p.55 ❻

　　和訳　お待たせしてすみません。

　　解説　(b) は「私はあなたを待たせたことに対して謝罪しなければならない」の意
　　　　　味。「謝罪しなければならない」のは今のこと，「あなたを待たせた」のは
　　　　　それより前のことなので，完了動名詞〈having + 過去分詞〉を使う。

(2) 　正解　 ④ On　　　　　　　　　　　　　　　　　　　　　　　▶ 別冊 p.56 ❼

　　和訳　その恐ろしい光景を見るとすぐに，パティーは気絶した。

　　解説　on 〜ing で「〜するとすぐに」の意味を表す。

(3) 　正解　 ② knowing　　　　　　　　　　　　　　　　　　　　　▶ 別冊 p.56 ❼

　　和訳　事実を知ることは不可能だ。

　　解説　There is no 〜ing. で「〜することはできない」の意味を表す。(a) は形式
　　　　　主語の It が後ろの不定詞（to know）を指す形。

問3 与えられた語を並べかえて英文を完成させなさい。ただし，文の最初にくる語
　　も小文字で表示しています。

(1) 家を出るとき，ドアには忘れずに鍵をかけたが，窓を閉めることは忘れた。
　　I (　　　) (　　　) (　　　) (　　　) (　　　) (　　　) (　　　) left, but I
　　forgot to shut the windows.
　　① door　　　　② I　　　　　③ lock　　　　　④ remembered
　　⑤ the　　　　 ⑥ to　　　　　⑦ when　　　　　　　　　　　　（立命館大）

(2) クビになるかもしれないとハリーが心配しているのも無理はない。
　　It is not (　　　) (　　　) (　　　) (　　　) (　　　) (　　　) (　　　).
　　① being　　　 ② fearful　　 ③ fired　　　　④ Harry
　　⑤ is　　　　　⑥ of　　　　　⑦ surprising　　　　　　　　（立命館大）

(3) 彼女は娘が有名な女優になったことを誇りに思っている。
　　She is proud (　　　) (　　　) (　　　) (　　　) (　　　) a famous actress.
　　① become　　　② daughter　　③ having
　　④ her　　　　　⑤ of　　　　　　　　　　　　　　　　　　（日本大）

(4) 健康が富に勝ることは言うまでもない。
　　It (　　　) (　　　) (　　　) (　　　) (　　　) (　　　) above wealth.
　　① saying　　　 ② is　　　　　③ health
　　④ that　　　　 ⑤ without　　　⑥ goes　　　　　　　　（九州国際大）

(5) これ以上，そんな実りのない議論をしても無駄だ。(1語不要)
　　(　　　) (　　　) (　　　) (　　　) (　　　) such a fruitless argument.
　　① continuing　② is　　　　　③ no
　　④ our　　　　　⑤ point　　　 ⑥ there　　　　　　　　（日本女子大）

(6) 日本に住んでいたとき，なんて日本人は礼儀正しく親切なのだろう，と気づかず
　　にはいられなかった。
　　In the years I lived in Japan, I (　　　) (　　　) (　　　) (　　　)
　　(　　　) (　　　) (　　　) the Japanese were.
　　① polite　　　 ② and　　　　 ③ help　　　　 ④ how
　　⑤ friendly　　 ⑥ noticing　　 ⑦ couldn't　　　　　　（関西学院大）

問3

(1) 　正解　④⑥③⑤①⑦②　　　　　　　　　　　　　　　　▶別冊 p.54 ❸

（I remembered to lock the door when I left, but I forgot to shut the windows.）

　解説　remember to *do* で「～することを覚えておく」の意味を表す。remember は～ing を置く場合は「～したことを覚えている」の意味。

(2) 　正解　⑦④⑤②⑥①③　　　　　　　　　　　　　　　　▶別冊 p.55 ❻

（It is not surprising Harry is fearful of being fired.）

　解説　be fearful of ～は「～を恐れている（be afraid of）」の意味。of の後ろに「クビにされること」の意味を表す受動態の動名詞（being fired）を置く。it is not surprising (that) ...「…ということは意外ではない」

(3) 　正解　⑤④②③①　　　　　　　　　　　　　　　　　　▶別冊 p.55 ❺ ❻

（She is proud of her daughter having become a famous actress.）

　解説　「誇りに思っている」のは現在の気持ちだが，「娘が有名な女優になった」のはそれより以前のこと。その時間のずれを，完了形の動名詞（having been）で表す。her daughter は動名詞の意味上の主語。She is proud that her daughter has become [became] a famous actress. とも表現できる。

(4) 　正解　⑥⑤①④③②　　　　　　　　　　　　　　　　　▶別冊 p.56 ❼

（It goes without saying that health is above wealth.）

　解説　It goes without saying that ... で「…は言うまでもない」の意味を表す。Needless to say, health is above wealth. とも表現できる。

(5) 　正解　⑥②③⑤①　　　　　　　　　　　　　　　　　　▶別冊 p.56 ❼

（There is no point continuing such a fruitless argument.）

　解説　There is no point ～ing で「～してもむだだ」の意味を表す。It is no use ～ing とも表現できる。

　語句　fruitless 形 実りのない

(6) 　正解　⑦③⑥④①②⑤　　　　　　　　　　　　　　　　▶別冊 p.56 ❼

（In the years I lived in Japan, I couldn't help noticing how polite and friendly the Japanese were.）

　解説　cannot help ～ing で「～しないではいられない」の意味。how 以下は How polite and friendly the Japanese are! という感嘆文を notice の目的語の位置に置き，時制の一致で are を were に変えた形。

7

動名詞

問1 下線部が誤っているものを1つ選びなさい。

(1) It really is better ①to ask for help instead of ②pretend to know ③how to do something when you are probably not ④capable of doing it at all.　(中央大)

(2) I don't remember ①when we have to ②hand in the assignment to our English teacher. I forgot ③writing down the due date, so I will ④go and ask her.　(南山大)

(3) ①Large corporations are careful ②when it comes to protect ③their digital property ④and their profits.　(名城大)

(4) The nation's younger citizens, including ①those who are now able to vote legally, should ②be aware of the consequences of ③not to bother to make their voices ④heard.　(立教大)

問2 日本語を英語に訳しなさい。

(1) 小学生の頃，ウサギの世話をすることが私の大切な日課の一部でした。

　　　　　　　　　　　　　　　　　　　　　　　　　　　　　(日本女子大)

(2) 今朝，寝坊してしまったので，朝食もとらずに学校へ急いだけれど，30分遅刻した。

　　　　　　　　　　　　　　　　　　　　　　　　　　　　　(日本女子大)

(3) 来週沖縄に旅行に行って，海で泳ぐのを楽しみにしています。

　　　　　　　　　　　　　　　　　　　　　　　　　　　　　(愛知学院大)

解答解説

問1

(1) 正解 ②（pretend to → pretending to）　▶ 別冊 p.53 ❶

和訳 何かをすることのできる能力が自分にはおそらく全くなさそうなときは，そのしかたを知っているふりをする代わりに，助けを求める方が本当によい。

解説 instead of 〜「〜の代わりに」の後ろには動名詞（pretending）を置く。

(2) 正解 ③（writing → to write）　▶ 別冊 p.54 ❸

和訳 英語の先生にいつ宿題を提出しなければならないか覚えていない。締切日を書き留めるのを忘れたので，彼女に聞きに行こう。

解説 forget to *do* で「〜し忘れる」の意味を表す。forget 〜ing のように動名詞を置くと「〜したことを忘れる」の意味。

(3) 正解 ②（... to protect → ... to protecting）　▶ 別冊 p.54 ❹

和訳 大企業は自社のデジタル化された所有物と利益を守ることに関して注意を払っている。

解説 when it comes to 〜「〜に関しては，〜のことになると」の to は前置詞なので，後ろに動詞を置くときは動名詞（protecting）にする。

(4) 正解 ③（not to bother → not bothering）　▶ 別冊 p.55 ❻

和訳 その国の若者は，現在法の定めにより投票できる者を含めて，自分の声を届かせる努力をしないことの結果に気づくべきだ。

解説 of（前置詞）の後ろには，不定詞ではなく動名詞を置く。否定形なので not bothering「努力しないこと」の形になる。

問2

(1) 正解例 When I was in elementary [primary] school, looking after my [our] rabbit(s) was an important part of my daily work [routine].　▶ 別冊 p.53 ❶

解説 主語の「世話をすること」を動名詞（looking after）で表す。it was an important part of my daily work to look after rabbits とも表現できる。

(2) 正解例 I overslept [got up late] this morning and (so) hurried [rushed] to school without having [eating] breakfast, but I was thirty minutes late.　▶ 別冊 p.53 ❶

解説 「朝食もとらずに」を without 〜ing「〜しないで」を用いて表す。

(3) 正解例 I am looking forward to going (on a trip) to Okinawa next week and swimming in the sea.　▶ 別冊 p.54 ❹

解説 「〜するのを楽しみに待つ」は look forward to 〜ing。to は前置詞なので，後ろには動名詞（going）を置く。next week は文末に置いてもよい。

Chapter 8 分詞

⟩ 別冊 p.57〜61

標準問題

問1 (　　　) 内に入れるのに最も適切なものを一つ選びなさい。

(1) All the people (　　　) in the scandal were summoned to the police.
① available　　② concerned　　③ familiar
④ imaginary　　⑤ involving　　　　　　　　　　　(東京理大)

(2) The (　　　) demand for higher-quality cars is causing prices to go up.
① raise　　　② raising　　　③ rise　　　④ rising　　(東京理大)

(3) (　　　) leaves were scattered on the sidewalk.
① Fall　　　　　　　　② Falling
③ Fallen　　　　　　　④ To fall　　　　　　　　　(畿央大)

(4) I heard (　　　) by someone.
① call my name　　　　② called my name
③ my name call　　　　④ my name called　　　　(関西学院大)

(5) The teacher (　　　) me sleeping in class.
① caught　　② scolded　　③ forced　　④ fell　　(獨協大)

(6) The mystery was left (　　　) as a result of the death of the suspect.
① solving　　　　　　② solved
③ to solve　　　　　　④ unsolved　　　　　　　(専修大)

(7) The heavy snow melts into lakes and rivers in summer, (　　　) a rich harvest to the farmers living in those areas.
① bring　　　　　　　② bringing
③ have brought　　　　④ for bringing　　　　　(清泉女子大)

(8) (　　　) between an American father and a Japanese mother, Ken is fluent both in English and Japanese.
① Being　　② Born　　③ Borns　　④ Borning　　(名古屋学院大)

解答解説

問1

(1) **正解** ② concerned　　　　　　　　　　　　▶別冊 p.57 ②

　和訳 そのスキャンダルに関係した全員が警察に呼び出された。

　解説 (the) people concernedで「関係者たち」の意味。available「利用できる」，familiar「よく知っている」，imaginary「想像上の」は意味が合わない。involvingはinvolved「関係している」であれば当てはまる。

(2) **正解** ④ rising　　　　　　　　　　　　　　▶別冊 p.57 ②

　和訳 高品質車の需要増が価格の上昇を引き起こしている。

　解説 現在分詞のrising「上がりつつある」が後ろの名詞（demand）を修飾する形。②raisingはraise「～を上げる」の現在分詞。

(3) **正解** ③ Fallen　　　　　　　　　　　　　　▶別冊 p.57 ②

　和訳 落ち葉が歩道に散らばっていた。

　解説 fallen leaves「落ち（てしまった）葉」。自動詞の過去分詞は「～し終えている」（完了）の意味。

　語句 scatter 動 ～をまき散らす／sidewalk 名 歩道

(4) **正解** ④ my name called　　　　　　　　　　▶別冊 p.58 ④

　和訳 私は自分の名前が誰かに呼ばれるのが聞こえた。

　解説 〈hear + O + 過去分詞〉で「Oが～されるのが聞こえる」の意味。

(5) **正解** ① caught　　　　　　　　　　　　　　▶別冊 p.58 ④

　和訳 先生は私が授業中に眠っているのを見つけた。

　解説 〈catch + O + ～ing〉で「Oが～しているのを見つける」の意味。scold「しかる」は〈scold + O + for ～〉，force「強いる」は〈force + O + to do〉の形で用いる。

(6) **正解** ④ unsolved　　　　　　　　　　　　　▶別冊 p.58 ④

　和訳 その謎は，容疑者の死の結果，未解決のままだった。

　解説 〈leave + O + unsolved〉は「Oを未解決のままに（放置）しておく」の意味。このOに当たるthe mysteryを主語にした受動態の文。

(7) **正解** ② bringing　　　　　　　　　　　　　▶別冊 p.59 ⑤

　和訳 大雪が夏には溶けて湖や川へ流れ込み，その地域に住む農家に豊かな実りをもたらす。

　解説 「…して～」の意味の分詞構文。bringingはand bringsの意味。

(8) **正解** ② Born　　　　　　　　　　　　　　　▶別冊 p.59 ⑤

　和訳 アメリカ人の父と日本人の母の間に生まれたので，ケンは英語も日本語も流ちょうだ。

　解説 「～なので」（理由）の意味の分詞構文。BornはAs he was bornの意味。

75

(9) All things (　　　), she is a fair and reliable leader.
① considered
② to consider
③ considering
④ consider
(鹿児島大)

(10) (　　　) home in the cold rain, I took a bath as soon as I got home.
① Walked
② Being walked
③ Having walked
④ Had walked
(畿央大)

(11) (　　　) what to say, Travis remained silent all through the meeting.
① Not known
② Knowing nothing
③ Not knowing
④ No knowing
(高知大)

(12) With the deadline for the article rapidly (　　　), I have less time to sleep.
① approached
② approaches
③ approaching
④ to approach
(近畿大)

(13) The Tigers have a much better team this year, especially (　　　) to the Indians.
① directed
② indicated
③ compared
④ presented
(獨協大)

問2 各組の文の意味がほぼ同じになるよう，（　　　）内に入れるのに最も適切なものを一つ選びなさい。

(1) (a) If you look at it differently, the case is not so simple.
(b) (　　　) from another perspective, the case is not so simple.
① Seen　　　② Seeing　　　③ Saw　　　④ To see
(中央大)

(2) (a) Since the new menu was so popular, the restaurant attracted a lot of customers.
(b) The new menu (　　　) so popular, the restaurant attracted a lot of customers.
① be　　　② having　　　③ been　　　④ being
(亜細亜大)

解答解説

(9) **正解** ① considered　　　　　　　　　　　　▶ 別冊 p.60 ⑨

和訳 すべてを考慮すれば，彼女は公平で信頼できる指導者だ。

解説 all things considered で「すべてを考慮すれば」の意味を表す。

(10) **正解** ③ Having walked　　　　　　　　　　　　▶ 別冊 p.60 ⑦

和訳 冷たい雨の中を歩いて帰宅して，私は家に着くとすぐに風呂に入った。

解説 took の時点から見てさらに過去を表す完了形の分詞構文。having walked = after I had walked と言い換えられる。

(11) **正解** ③ Not knowing　　　　　　　　　　　　▶ 別冊 p.60 ⑦

和訳 何を言えばよいかわからず，トラビスは会議の間ずっと黙っていた。

解説 否定の分詞構文。not knowing 〜 で「〜を知らないので」の意味。

(12) **正解** ③ approaching　　　　　　　　　　　　▶ 別冊 p.60 ⑧

和訳 記事の締め切りが急速に近づいて，私は眠る時間が減っている。

解説 〈with + O + C〉の形で「O が C である状況を伴って」の意味を表す。「締め切りが近づきつつある」の意味だから，現在分詞（approaching）を使う。

(13) **正解** ③ compared　　　　　　　　　　　　▶ 別冊 p.60 ⑨

和訳 タイガースは，特にインディアンズと比べると，今年はずっとよいチームを持っている。

解説 compared to 〜 で「〜と比べて」の意味を表す。

問2

(1) **正解** ① Seen　　　　　　　　　　　　▶ 別冊 p.59 ⑤

和訳 別の見方をすれば，その事例はそれほど単純ではない。

解説 (b) は分詞構文で，If it [= the case] is seen from 〜の意味。直訳は「もしその事例が別の視点（perspective）から見られるなら〜」。

(2) **正解** ④ being　　　　　　　　　　　　▶ 別冊 p.59 ⑥

和訳 新しいメニューがとても人気だったので，そのレストランは多くの客を引き寄せた。

解説 (b) は独立分詞構文。The new menu が being の意味上の主語の働きをしている。

分詞

問3 与えられた語（句）を並べかえて英文を完成させなさい。

(1) 館外で購入した飲食物を，映画館に持ち込むことはできません。
No food or (　　) (　　) (　　) (　　) (　　) (　　) (　　)
the movie theater.
① into　　　② bought　　③ drinks　　④ be
⑤ may　　　⑥ brought　　⑦ outside
（東京経済大）

(2) スラングを使う人は，部外者を混乱させ続けるために新しい言葉を作る必要がある。
The people who use slang (　) (　) (　) (　) (　) (　) (　).
① outsiders　② to　　　③ new words　④ confusing
⑤ need to　　⑥ keep　　⑦ make
（岡山理科大）

(3) 妹は，月明かりの中で何か白いものが動いているのを見た。
My (　　) (　　) (　　) (　　) (　　) (　　) (　　) moonlight.
① in　　　　② moving　　③ saw　　　④ sister
⑤ something　⑥ the　　　⑦ white
（立命館大）

(4) 手荷物の大きさや重さに関する規定は，航空会社やルートによって異なる。
（1語不要）
Flight regulations concerning the size and weight of baggage (　　)
(　　) (　　) (　　) (　　) (　　).
① airline　　② and　　　③ depend　　④ depending
⑤ differ　　⑥ on　　　⑦ route
（日本女子大）

(5) 彼はこの授業についていくのに苦労している。
He is (　) (　) (　) (　) (　) (　) (　) (　) class.
① a　　　　② hard　　　③ having　　④ keeping
⑤ this　　　⑥ time　　　⑦ up　　　　⑧ with
（関西学院大）

(6) 私が見たとき彼はせっせとトランクの荷造りをしていた。（1語不要）
I (　　) (　　) (　　) (　　) (　　) (　　).
① found　　② trunk　　③ engage　　④ him
⑤ his　　　⑥ busy　　　⑦ packing
（福岡大）

78

解答解説

問3

(1) 　正解　③②⑦⑤④⑥ 　　　　　　　　　　　　　　　　　　▶別冊 p.57 ❸

(No food or drinks bought outside may be brought into the movie theater.)

　解説　No food or drinks の後ろに bought outside「外で買われた」を置くのがポイント。過去分詞で始まる句が前の名詞を修飾する形。<u>which are</u> bought outside の下線部が省略された形と考えてもよい。

(2) 　正解　⑤⑦③②⑥④① 　　　　　　　　　　　　　　　　　　▶別冊 p.58 ❹

(The people who use slang need to make new words to keep confusing outsiders.)

　解説　keep confusing outsiders「部外者を混乱させ続ける」の形がポイント。keep 〜ing で「〜し続ける」の意味。confuse は「〜（人）を混乱させる」という意味の他動詞。選択肢の confusing がもし confused なら，keep outsiders confused「部外者が混乱させられた状態を保つ」→「部外者を混乱させておく」という VOC の語順になる。

(3) 　正解　④③⑤⑦②①⑥ 　　　　　　　　　　　　　　　　　　▶別冊 p.58 ❹

(My sister saw something white moving in the moonlight.)

　解説　〈see ＋ O ＋〜ing〉で「O が〜しているのが見える」。hear「聞こえる」，feel「感じられる」，smell「においがする」などの知覚動詞は，この形で使える。something white「何か白いもの」の語順にも注意。

(4) 　正解　⑤④⑥①②⑦ 　　　　　　　　　　　　　　　　　　▶別冊 p.60 ❾

(Flight regulations concerning the size and weight of baggage differ depending on airline and route.)

　解説　Flight から baggage までが S。その後ろに V となる differ「異なる」を置く。depending on 〜は「〜しだいで，〜に応じて（according to）」の意味で，前置詞のような働きをする。

(5) 　正解　③①②⑥④⑦⑧⑤ 　　　　　　　　　　　　　　　　　　▶別冊 p.61 ❿

(He is having a hard time keeping up with this class.)

　解説　have a hard time 〜ing で「〜するのに苦労する」の意味を表す。この have は「〜を経験する（experience）」の意味の動作動詞なので，進行形にできる。「〜に（遅れずに）ついていく」は keep up with 〜。

(6) 　正解　①④⑥⑦⑤② 　　　　　　　　　　　　　　　　　　▶別冊 p.61 ❿

(I found him busy packing his trunk.)

　解説　busy 〜ing で「〜するのに忙しい」の意味を表す。found him busy は VOC の形。

発展問題

問1 下線部が誤っているものを1つ選びなさい。

(1) The company president ①told all her staff to ②ignore the document ③send out yesterday because she has now ④changed her plan.　（学習院大）

(2) Cab ①drivers should not ②keep their engines ③run while they wait for ④customers.　（藤女子大）

(3) My attention ①distracting by all the traffic, I ②didn't notice that she was ③addressing me ④on the street.　（立教大）

(4) The rescue team found the ①missing climber ②lying on the ground with ③both his legs ④breaking.　（佛教大）

問2 日本語を英語に訳しなさい。

(1) 私はジョーンズさんに家の設計をしてもらった。

_____

（岩手医大）

(2) 私には英語で意思の疎通を図るのは難しい。

_____

（日本女子大）

(3) 日曜日，彼はたいてい家の近くの図書館で読書をして過ごす。

_____

_____

（日本女子大）

解答解説

問1

(1) 正解 ③ （send → sent） ▶ 別冊 p.57 ❸

和訳 その会社の社長は，今は計画を変更したので昨日送信された文書は無視するよう全スタッフに言った。

解説 過去分詞（sent）で始まる分詞句が前の名詞（document）を修飾する形。

(2) 正解 ③ （run → running） ▶ 別冊 p.58 ❹

和訳 タクシー運転手は客を待つ間，エンジンをかけたままにしておくべきではない。

解説 〈keep + O + ~ing〉で「Oが~している状態を保つ」→「Oを~しているままにしておく」の意味を表す。

(3) 正解 ① （distracting → distracted） ▶ 別冊 p.59 ❻

和訳 交通に気を取られていたので，私は彼女が通りで私に話しかけているのに気づかなかった。

解説 distractは「（注意を）そらす」の意味。As my attention was distracted by all the trafficの意味の独立分詞構文。

(4) 正解 ④ （breaking → broken） ▶ 別冊 p.60 ❽

和訳 救援チームは行方不明の登山者が両足を骨折して地面に横たわっているのを発見した。

解説 〈with + O + C〉で「OがCである状態で」の意味を表す。brokenは「折れている」の意味（過去分詞が形容詞化したもの）。

問2

(1) 正解例 I had [got] my [the] house designed by Mr. [Ms.] Jones.

▶ 別冊 p.58 ❹

解説 〈have + O + 過去分詞〉で「Oを~してもらう」の意味を表す。I had Mr. [Ms.] Jones design my house. とも表現できる。

(2) 正解例 It is difficult for me to make myself understood in English.

▶ 別冊 p.58 ❹

解説 make *oneself* understoodで「自分自身が理解されるようにする」→「自分の話を理解させる」の意味を表す。

(3) 正解例 He usually spends Sundays reading (books) at [in] the library near his house. ▶ 別冊 p.61 ❿

解説 〈spend + O + ~ing〉で「~してO（時間）を過ごす」の意味を表す。On Sundays, he usually reads books [enjoys reading] at the nearby library. などとも表現できる。

Chapter 9　関係詞

● 別冊 p.62〜68

標準問題

問1　（　　　）内に入れるのに最も適切なものを一つ選びなさい。

(1)　Cinderella is a story (　　　) is known to many people all over the world.
　　① who　　　　② whose　　　　③ whom　　　　④ which　　　（関西医大）

(2)　The mountain (　　　) is covered with snow is called Mt. Iwaki.
　　① of which summit　　　　　② which the summit
　　③ whose　　　　　　　　　　④ whose summit　　　（関西医大）

(3)　The building the roof (　　　) is green is our apartment house.
　　① by which　　　　　　　　② of which
　　③ which　　　　　　　　　④ whose　　　　（自治医大）

(4)　Being loved by someone (　　　) is the best thing that can happen to you.
　　① you love　　　　　　　　② you are in love
　　③ you are loved　　　　　　④ you fall in love　　　（清泉女子大）

(5)　Fred brought me a souvenir from Canada, (　　　) he traveled during the winter vacation.
　　① that　　　　② what　　　　③ when　　　　④ where　　　（畿央大）

(6)　We went to Hakodate, (　　　) is famous for its great night view.
　　① which　　　　　　　　　② that
　　③ where　　　　　　　　　④ in which　　　（佛教大）

(7)　I want to know the reason (　　　) you did it.
　　① what　　　　② which　　　　③ why　　　　④ how　　　（芝浦工大）

(8)　This was yet another case (　　　) the human eye outperformed radar.
　　① what　　　　② where　　　　③ which　　　　④ how　　　（愛知医大）

82

解答解説

問1

(1) **正解** ④ which　　　　　　　　　　　　　　　▶ 別冊 p.62 **2**

和訳 シンデレラは世界中の多くの人々に知られている物語だ。

解説 先行詞（story）が人以外で，is の主語の働きをする関係代名詞は which。

(2) **正解** ④ whose summit　　　　　　　　　　　　▶ 別冊 p.62 **2**

和訳 山頂が雪でおおわれたその山は，岩木山と呼ばれる。

解説 its summit is covered with snow の下線部を，関係代名詞の whose に置き換えて考える。

(3) **正解** ② of which　　　　　　　　　　　　　　▶ 別冊 p.62 **2**

和訳 屋根が緑色のその建物は私たちのアパートです。

解説 The building is our apartment house. + The roof of it is green. と考えて，下線部を the roof of which（= whose roof）で置き換える。

(4) **正解** ① you love　　　　　　　　　　　　　　▶ 別冊 p.62 **2**

和訳 自分が愛する誰かによって愛されることは，あなたに起こりうる最高のことです。

解説 someone you love = someone whom you love（あなたが愛する誰か）。is の前が全体として主語の働きをする。②④は love の後ろに with が必要。

(5) **正解** ④ where　　　　　　　　　　　　　　　▶ 別冊 p.64 **5**

和訳 フレッドは私にカナダのおみやげを持って来てくれたが，彼はそこへ冬休みに旅行した。

解説 「カナダへ旅行する」は travel to Canada。この下線部を関係副詞の where に置き換えて考える。

(6) **正解** ① which　　　　　　　　　　　　　　　▶ 別冊 p.63 **3**

和訳 私たちは函館へ行ったが，そこはすばらしい夜景で有名だ。

解説 is の主語の働きをする関係代名詞 which を選ぶ。that は非制限用法（コンマの後ろ）では使えない。where は関係副詞。

(7) **正解** ③ why　　　　　　　　　　　　　　　　▶ 別冊 p.64 **5**

和訳 私は君がそれをした理由を知りたい。

解説 reason「理由」に続く関係副詞は why。for which で言い換えられる。

(8) **正解** ② where　　　　　　　　　　　　　　　▶ 別冊 p.64 **5**

和訳 これは人間の目がレーダーをしのぐさらにもう１つの場合だった。

解説 空所の後ろが完成した文の形なので，「その場合には（in that case）」の意味の関係副詞 where を入れる。「場所」以外を表す名詞に where が続く例として，case 以外に situation「状況」，position「立場」，job「仕事」などがある。

(9) (　　　　) with this and that I have no time for friends.

① Due   ② Since

③ What   ④ Thanks   (青山学院大)

(10) Light is to plants (　　　　) food is to animals.

① if   ② what

③ whether   ④ while   (学習院大)

(11) "This town has changed a lot." "It's not (　　　　) it used to be."

① that   ② what

③ where   ④ which   (共立女子大)

(12) (　　　　) is often the case with him, Ken did not submit his homework by the deadline.

① That   ② As

③ What   ④ Although   (岡山理大)

(13) Try to listen to only those (　　　　) you think are worth listening to.

① which   ② who

③ whom   ④ whose   (玉川大)

(14) Charlie invested in the company (　　　　) little money he had.

① those   ② what

③ which   ④ whose   (藤女子大)

(15) The boy told lies to (　　　　) he met.

① however   ② wherever

③ whomever   ④ whenever   (松山大)

(16) (　　　　) you play against, you must do your best.

① Wherever   ② Whatever

③ Whoever   ④ However   (青森公立大)

解答解説

(9) **正解** ③ What　　　　　　　　　　　　　　　　▶別冊 p.66 **⑥**

和訳 あれやこれやで私は友人との時間が全くない。

解説 what with *A* and *B* で「A やら B やらで」の意味を表す。

(10) **正解** ② what　　　　　　　　　　　　　　　　▶別冊 p.66 **⑥**

和訳 光と植物の関係は，食物と動物の関係と同じだ。

解説 *A* is to *B* what *C* is to *D*. で「A と B の関係は C と D の関係と同じだ」の意味を表す。

(11) **正解** ② what　　　　　　　　　　　　　　　　▶別冊 p.66 **⑥**

和訳 「この町は大きく変わりました」「昔の姿ではありません」

解説 what it used to be で「昔のそれ（の姿）」の意味を表す (it = this town)。

(12) **正解** ② As　　　　　　　　　　　　　　　　▶別冊 p.66 **⑦**

和訳 彼にはよくあることだが，ケンは締め切りまでに宿題を提出しなかった。

解説 as is often the case with ～で「～にはよくあることだが」の意味。

語句 submit **動** ～を提出する

(13) **正解** ② who　　　　　　　　　　　　　　　　▶別冊 p.66 **⑦**

和訳 耳を傾ける価値があると自分で思う人の言うことだけを聞くようにしなさい。

解説 you think <u>the people</u> are worth listening to「その人々は耳を傾ける価値があるとあなたは思う」の下線部を先行詞として前に出し，主格の関係代名詞 who を続けた形。<u>the people</u> who you think are worth listening to の下線部は those で置き換えられる。

(14) **正解** ② what　　　　　　　　　　　　　　　　▶別冊 p.67 **⑧**

和訳 チャーリーは持っていたわずかな金を全部その会社に投資した。

解説 what (little) money he had は「彼が持っていた（少ない）全部のお金」の意味。what は関係形容詞。

語句 invest in ～　～に投資する

(15) **正解** ③ whomever　　　　　　　　　　　　　　▶別冊 p.68 **⑨**

和訳 その男の子は会う人なら誰にでもうそをついた。

解説 to <u>anyone whom</u> he met の下線部を，複合関係詞の whomever で置き換えた形。

(16) **正解** ③ Whoever　　　　　　　　　　　　　　▶別冊 p.68 **⑨**

和訳 誰を相手にしてプレイしても，全力を尽くさねばならない。

解説 against「～（人）に対抗して」には目的語が必要だから，人を表す代名詞の働きをする whoever を選ぶ。

問2 与えられた語（句）を並べかえて英文を完成させなさい。ただし，文の最初にくる語も小文字で表示しています。

(1) その研究結果は，研究者たちが示していた仮説を裏づけるものでした。
（　　）（　　）（　　）（　　）（　　）（　　）had been proposed by researchers.
① the hypothesis　　② the results
③ that　　④ of
⑤ confirmed　　⑥ the study　　（昭和薬大）

(2) 彼女の家は職場からそれほど離れていません。
Her house（　　）（　　）（　　）（　　）（　　）（　　）（　　）.
① far　　② is　　③ where　　④ very
⑤ not　　⑥ works　　⑦ she　　⑧ from　　（関西学院大）

(3) 文化があるゆえに，人は故郷から離れたときに自らが場違いであると感じるのだ。
Culture is（　　）（　　）（　　）（　　）（　　）（　　）（　　）
（　　）you are away from home.
① of　　② makes　　③ place　　④ what
⑤ you　　⑥ when　　⑦ out　　⑧ feel　　（関西学院大）

(4) どんな場合にも，わたしは大学にとって必要だと思ったことをやろうとしてきた。
In every case, I tried to（　　）（　　）（　　）（　　）（　　）
（　　）（　　）the university.
① believed　　② do　　③ for　　④ I
⑤ needed　　⑥ what　　⑦ was　　（東京理大）

(5) これらの限度を超えなければ何でも好きなことをして構いません。
Within these limitations you（　　）（　　）（　　）（　　）（　　）（　　）（　　）.
① free　　② like　　③ are　　④ do
⑤ you　　⑥ whatever　　⑦ to　　（東邦大）

(6) 彼女はとても意志が強いので，どんなに困難でもその仕事をやりとげるだろう。
She's got such a strong will that she'll get（　　）（　　）（　　）
（　　）（　　）（　　）（　　）.
① difficult　　② done　　③ how　　④ job
⑤ matter　　⑥ no　　⑦ the　　（日本大）

問2

(1) 正解 ②④⑥⑤①③ ▶別冊 p.62 ❷

(The results of the study confirmed the hypothesis that had been proposed by researchers.)

解説 日本語からわかるとおり，hypothesis「仮説」の後ろに「研究者たちが示していた」の意味の関係詞節を置く。that は主格の関係代名詞。

(2) 正解 ②⑤④①⑧③⑦⑥ ▶別冊 p.64 ❺

(Her house is not very far from where she works.)

解説 where の前に先行詞（the place）が省略された形。

(3) 正解 ④②⑤⑧⑦①③⑥ ▶別冊 p.66 ❻

(Culture is what makes you feel out of place when you are away from home.)

解説 S is C.「S は C である」の C の位置に，関係代名詞の what（= the thing that）で始まる名詞節を置いた形。what 以下は〈make + O + 原形不定詞〉「O に〜させる」の構造で，「あなたに〜と感じさせる」の意味。out of place は「場違いな」。

(4) 正解 ②⑥④①⑦⑤③ ▶別冊 p.66 ❼

(In every case, I tried to do what I believed was needed for the university.)

解説 I believed <u>the thing</u> was needed for the university「そのことが大学にとって必要だと私は信じた」の下線部を先行詞として前に出すと，<u>the thing that</u> I believed was needed for the university「大学にとって必要だと私が信じたこと」となる。この下線部を what（関係代名詞）で置き換えた形。

(5) 正解 ③①⑦④⑥⑤② ▶別冊 p.68 ❾

(Within these limitations you are free to do whatever you like.)

解説 be free to *do* は「自由に〜してよい」。「何でも好きなこと」は whatever [=anything that] you like で表せる。

(6) 正解 ⑦④②⑥⑤③① ▶別冊 p.68 ❾

(She's got such a strong will that she'll get the job done no matter how difficult.)

解説 no matter how difficult <u>it [=the job] is</u> で「たとえそれがどんなに困難でも」の意味。下線部は省略できる。however difficult it is とも言える。〈get + O + 過去分詞〉は「O が〜された状態を手に入れる」→「O を〜してしまう」の意味。

関係詞

⑨

発展問題

問1 下線部が誤っているものを1つ選びなさい。

(1) In 1977, the U.S. space program ①<u>sent</u> a spacecraft named Voyager ②<u>on a one-way journey</u> to outer space. ③<u>Part of</u> Voyager's mission is to carry items that ④<u>communicates</u> to aliens. 〔南山大〕

(2) The girl Tom ①<u>is talking</u> at the table ②<u>must be</u> his younger sister, Jane. She has changed so much that ③<u>it is no wonder</u> I ④<u>couldn't recognize her</u> at first. 〔南山大〕

(3) These people ①<u>who have little education</u>, who ②<u>have no desire</u> for cultural pursuits, and ③<u>who sole purpose is acquiring</u> wealth, are not ④<u>the type that</u> I wish to associate with. 〔京都外語大〕

(4) In the principal's speech, there was ①<u>a short silence</u>, ②<u>which it</u> made ③<u>many in</u> the audience ④<u>puzzled</u>. 〔藤女子大〕

(5) ①<u>Unlike</u> nonhuman animals, many of ②<u>which</u> responses are automatic, human beings learn ③<u>how to behave</u> in the context of a ④<u>particular</u> culture. 〔立教大〕

(6) Culture shock can occur ①<u>in</u> any situation where an individual is forced to adjust ②<u>to</u> an unfamiliar social system ③<u>which</u> previous learning ④<u>no</u> longer applies. 〔立教大〕

問1

(1) 　正解　④（communicates → communicate）　　　　　　　▶別冊 p.62 **2**

　和訳　1977年，米国の宇宙計画はボイジャーという名の宇宙船を宇宙への片道の旅に送り出した。ボイジャーの任務の一部は，宇宙人に連絡を取る装備を運ぶことである。

　解説　thatで始まる関係詞節の先行詞はitems（複数形）だから，communicateに3単現のsはつかない。

　語句　spacecraft 名 宇宙船／outer space（大気圏外の）宇宙

(2) 　正解　①（is talking → is talking to [with]）　　　　　　　▶別冊 p.62 **2**

　和訳　トムがテーブルで話している女の子は，きっと妹のジェインだ。彼女はとても変わったので，最初私が彼女を見てもわからなかったのは当然だ。

　解説　Tom is talking to the girl.「トムは女の子と話している」→ the girl (whom) Tom is talking to「トムが話している女の子」と考える。

(3) 　正解　③（who ... → whose ...）　　　　　　　　　　　　　▶別冊 p.62 **2**

　和訳　ほとんど教育を受けず，文化的な趣味を持ちたいと思わず，唯一の目的が富の獲得であるこれらの人々は，私が交際したいと思うタイプではない。

　解説　These people を3つの関係詞節が修飾する形。③は their sole purpose の意味だから，whoseを使うのが正しい。

　語句　pursuit 名 趣味，娯楽

(4) 　正解　②（which it → which）　　　　　　　　　　　　　　▶別冊 p.63 **3**

　和訳　校長のスピーチに短い沈黙があり，それが聞く者の多くを戸惑わせた。

　解説　which は前の内容を先行詞とする主格の関係代名詞。which が made の主語の働きをしているので，it は不要。

(5) 　正解　②（which → whose）　　　　　　　　　　　　　　　▶別冊 p.64 **4**

　和訳　人間以外の多くの動物は（環境に）自動的に反応するが，それとは違って人間は一定の文化的環境内での行動のしかたを学習する。

　解説　many of their [=nonhuman animals'] responses are automatic の意味だから，関係代名詞はwhoseが正しい。

(6) 　正解　③（which → to which）　　　　　　　　　　　　　　▶別冊 p.64 **4**

　和訳　カルチャーショックは，以前の学習がもはや当てはまらない不慣れな社会習慣に個人が適応することを余儀なくされるどんな状況でも起こりうる。

　解説　previous learning no longer applies to the unfamiliar social system という関係を含むので，③は to which または関係副詞のwhereが正しい。

　語句　apply to ～ ～に当てはまる

(7) The Strait of Gibraltar is ①a narrow strait ②that connects the Atlantic Ocean to the Mediterranean Sea. This is the area ③through that every ship ④entering the Mediterranean had to pass. (畿央大)

(8) ①Apple and Microsoft are ②giant computer companies, ③which both are ④American companies. (名城大)

(9) It is estimated ①that 5-13 million tons of plastic flow ②into the world's oceans annually, much of ③that is swallowed by birds and fish — and fragments of plastic have ④even been found in creatures at the bottom of the ocean. (中央大)

(10) I still remember ①when the day I met you at that party. We've been together ②ever since, but now our relationship ③seems to be falling apart. ④I never imagined it would end this way. (中央大)

(11) Physics ①is the scientific study of forces ②such as light, heat, sound, and gravity, and the way ③how they ④affect the world around us. (南山大)

(12) The desire for wealth, ①even more than ②that for exploration, turned Spain ③into the leading nation of ④which is now called the Age of Discovery. (國學院大)

90

(7) 　正解　③（through that → through which）　　　　　　　▶別冊 p.64 ④

　　和訳　ジブラルタル海峡は大西洋と地中海をつなぐ狭い海峡である。ここは地中海へ入るすべての船が通過しなければならなかった地域である。

　　解説　every ship ～ pass through <u>the area</u>「すべての船がその地域を通過する」の the area を先行詞とした形。前置詞の後ろに関係代名詞の that を置くことはできない。

　　語句　strait 名 海峡

(8) 　正解　③（which both are → both of which are）　　　　　▶別冊 p.64 ④

　　和訳　アップルとマイクロソフトは巨大コンピューター企業であり，その両方がアメリカの企業である。

　　解説　元の文だと which と both の両方が are の主語の働きをすることになるので誤り。which are both でも正しい文になる。

(9) 　正解　③（that → which）　　　　　　　　　　　　　　　▶別冊 p.64 ④

　　和訳　毎年500～1,300万トンのプラスチックが世界の海に流れ込むと推定されており，その多くは鳥や魚に飲み込まれる。そしてプラスチックの破片は海底の生物からも発見されている。

　　解説　2つの文をコンマで結びつけることはできないので，much of which をひとまとまりの（非制限用法の）関係詞として使う。... and much of that is ... でも正しい。

(10) 　正解　①（when the day → the day when）　　　　　　　▶別冊 p.64 ⑤

　　和訳　私はそのパーティーで君に会った日を今でも覚えている。それ以来ずっと一緒にいるが，今や私たちの関係は壊れそうだ。それがこのような形で終わるとは一度も想像していなかった。

　　解説　the day の後ろに関係副詞の when を置く形が正しい。

　　語句　fall apart　ばらばらになる，崩れる

(11) 　正解　③（how → 削除）　　　　　　　　　　　　　　　▶別冊 p.64 ⑤

　　和訳　物理学は，光，熱，音，重力などの力，およびそれらが私たちの周りの世界に与える影響のしかたの科学的研究である。

　　解説　the way [how] S V の形で「S が V する方法」の意味を表す。the way と how を並べて使うことはできない。

(12) 　正解　④（which → what）　　　　　　　　　　　　　　▶別冊 p.66 ⑥

　　和訳　探検の願望よりさらに大きな富への願望は，スペインを今日では大発見[航海]時代と呼ばれる時代の中心国家に変貌させた。

　　解説　of which 以下が nation を修飾すると考えても意味が通らない。what is called ～ は「～と呼ばれるもの」の意味。

関係詞
⑨

問2 日本語を英語に訳しなさい。

(1) レポートを作成しないといけないので，先月あなたに貸した本を返してください。

_____

_____

(中京大)

(2) 夕方弟が持ってきてくれたサンドイッチが，その日最初にとった食事だった。

_____

_____

_____

(日本女子大)

(3) 自分で意味が分からないような言葉を使わないようにと先生に言われました。

_____

_____

(日本女子大)

(4) 彼女は髪を染めていたが，それは校則違反だった。

_____

_____

(日本女子大)

(5) 私たちに大切なことは，一緒に働いている人たちと良好な関係を維持することです。

_____

_____

_____

(中央大)

(6) 君がどんなにがんばっても，彼の決心を変えるのは無理だと思うよ。

_____

_____

(日本女子大)

問2

(1) 正解例 I have to write a report, so can you return [give back] the book I lent (to) you last month? ▶ 別冊 p.62 ②

解説 I lent you the book「あなたに本を貸した」→ the book (that) I lent you「あなたに貸した本」と考える。相手に何かを頼むときは, 命令文より Can [Could, Would] you ～?「～してもらえますか」を使う方が穏やかに響く。

(2) 正解例 The sandwiches (that) my brother brought (for me) in the evening were the first meal (that) I had (on) that day. ▶ 別冊 p.62 ②

解説 sandwiches と meal をそれぞれ修飾するのに関係詞節を使う。sandwich は(1つでない限り)複数形を使うのが普通。were の後ろは my first meal (for) that day でもよい。また, それが二人にとって最初の食事だったと考えれば our first meal も可能。

(3) 正解例 My teacher told me [I was told by my teacher] not to use words whose meanings I don't [didn't] know [understand]. ▶ 別冊 p.62 ②

解説 I don't know their meanings「私はそれら（の言葉）の意味がわからない」の their を whose に置き換えて, 先行詞の words に続けた形を使う。... words I don't know the meanings of. でもよい。don't は前の told との時制の一致で didn't としてもよい。

(4) 正解例 She had her hair dyed, which [and that / but that] was against the school rule(s). ▶ 別冊 p.63 ③

解説 前の内容を指す非制限用法の which を使う。接続詞（and, but）で前後をつないでもよい。have one's hair dyed は「髪が染められている状態を持っている」→「髪を染めている」ということ。

(5) 正解例 What is important [An important thing] for [to] us is to be on good terms with people who work with us. ▶ 別冊 p.66 ⑥

解説 what is important「大切なこと」を主語にすると書きやすい。It is important for us ... も可。is の後ろは, to get along (well) with [to maintain a good relationship to] our coworkers [colleagues] なども可。

(6) 正解例 No matter how hard [However hard] you try, you won't be able to make him change his mind. ▶ 別冊 p.68 ⑨

解説 「たとえどんなに熱心にやってみても」と考えて, no matter how または however を使って表現する。コンマの後ろは I don't think you can make ... でもよい。make him change は〈使役動詞＋O＋原形不定詞〉の形。

Chapter 10 比較

▶ 別冊 p.69〜76

標準問題

問1 （　　　）内に入れるのに最も適切なものを一つ選びなさい。

(1) Of all the places I have visited, I consider the Grand Canyon (　　　).
　① an impressive　　　　　② it was impressive
　③ was impressed　　　　　④ the most impressive　　　(福岡大)

(2) Jun has (　　　) money than the other members.
　① fewest　　② fewer　　③ less　　④ least　　(法政大)

(3) My exam results turned out (　　　) better than I had expected.
　① more　　② much　　③ so　　④ very　　(中央大)

(4) That was (　　　) the worst dish I had ever had.
　① near by　　　　　② by far
　③ more　　　　　　④ very　　(関西学院大)

(5) Lucy wanted (　　　) of the two boxes.
　① a larger　　　　　② largest
　③ the larger　　　　④ a largest　　(青山学院大)

(6) I like her (　　　) better for her shyness.
　① the very　　　　　② the all
　③ all the　　　　　　④ very the　　(松山大)

(7) Yoko is five years senior (　　　) Ichiro.
　① above　　② over　　③ than　　④ to　　(芝浦工大)

(8) The situation is perfect for me. I couldn't feel (　　　) about that.
　① good　　② better　　③ bad　　④ worse　　(富山大)

解答解説

問1

(1) **正解** ④ the most impressive　　　　　　　　　　▶ 別冊 p.70 ❺

和訳 私が訪ねたすべての場所のうちで，グランドキャニオンが最も印象的だと思う。

解説 Ofが「〜のうちで」の意味を表すので，最上級（the most 〜）と組み合わせる。〈consider + O + (to be) C〉は「OをCだと考える」の意味。

(2) **正解** ③ less　　　　　　　　　　　　　　　　　▶ 別冊 p.71 ❼

和訳 ジュンは他のメンバーほどお金を持っていない。

解説 thanがあるので比較級と組み合わせる。little money（少ないお金）のlittleを比較級（less）にしたもの。few は money のような不可算名詞の前には置けない。

(3) **正解** ② much　　　　　　　　　　　　　　　　　▶ 別冊 p.71 ❽

和訳 私の試験の結果は，予想していたよりもずっとよかった。

解説 比較級（better）は much, far などで強調する。turn out 〜は「〜とわかる」。

(4) **正解** ② by far　　　　　　　　　　　　　　　　　▶ 別冊 p.71 ❽

和訳 それは私がそれまでに食べた中で断然最悪の料理だった。

解説 最上級（the worst）は much, by far などで強調する。〈by far + 最上級〉で「断然最も〜な」の意味を表す。

(5) **正解** ③ the larger　　　　　　　　　　　　　　　▶ 別冊 p.72 ❾

和訳 ルーシーは2つの箱のうちで大きな方をほしがった。

解説 2者間の比較。〈the + 比較級 + of the two〉で「2つのうち〜な方」の意味を表す。

(6) **正解** ③ all the　　　　　　　　　　　　　　　　　▶ 別冊 p.72 ❾

和訳 彼女は内気だからますます私は彼女が好きだ。

解説 〈(all) the + 比較級 + for 〜〉で「〜だからますます…」の意味を表す。

(7) **正解** ④ to　　　　　　　　　　　　　　　　　　　▶ 別冊 p.73 ❿

和訳 ヨウコはイチローより5歳年上だ。

解説 be senior [junior] to 〜で「〜より年上［年下］だ」の意味を表す。「〜よりも」の意味をtoで表す表現。

(8) **正解** ② better　　　　　　　　　　　　　　　　　▶ 別冊 p.73 ⓫

和訳 状況は私にとって申し分ない。それについてはこれ以上ないほどいい気分だ。

解説 2文目の文末にthan I do nowを補って考える。④worseを入れると「最悪の気分だ」という意味になり，前文の内容と合わない。

(9) Although John ran (　　　) he could, he did not win the race.
    ① as hard as　　　　　　　　② as hardly as
    ③ more hardly　　　　　　　　④ much hard　　　　　　　　（慶應大）

(10) Betty passed in front of me without (　　　) a greeting.
    ① still less　　　　　　　　　② no less than
    ③ so much as　　　　　　　　④ rather than　　　　　　　（高知大）

(11) I am afraid I cannot understand the young woman's thinking, (　　　)
    her mother's.
    ① at least　　　　　　　　　② much less
    ③ no longer　　　　　　　　④ nothing less than　　　　（近畿大）

(12) You should be at the airport (　　　) 4 p.m.
    ① late than　　　　　　　　② no later than
    ③ at later　　　　　　　　　④ lately　　　　　　　　　（福島大）

(13) Flying a plane is (　　　) than driving a car.
    ① no more difficult　　　　② least difficult
    ③ no difficult　　　　　　　④ very more difficult　　　　（福岡大）

(14) (　　　) least 530 of them died in this fire.
    ① Among　　　② For　　　③ At　　　④ During　　　（上智大）

問2 各組の文の意味がほぼ同じになるよう，（　　　）内に入れるのに最も適切なも
   のを一つ選びなさい。

(1) (a) Mt. McKinley is the highest mountain in North America.
    (b) (　　　) mountain in North America is higher than Mt. McKinley.
    ① No other　　② Any other　　③ Nor a　　④ Some of　（亜細亜大）

(2) (a) I only had 1,000 yen with me at that time.
    (b) I had (　　　) than 1,000 yen with me at that time.
    ① no more　　② no less　　③ much more　　④ much less　（亜細亜大）

解答解説

(9) 　正解　① as hard as 　　　　　　　　　　　　　　　　　　　　　▶ 別冊 p.74 ⑫

　和訳　ジョンはできるだけ懸命に走ったが，レースに勝たなかった。

　解説　as ～ as S can で「(Sが) できるだけ～」の意味を表す。hard「熱心に」
　　　　と hardly「ほとんど～ない」の意味の違いに注意。

(10) 　正解　③ so much as 　　　　　　　　　　　　　　　　　　　　　▶ 別冊 p.74 ⑫

　和訳　ベティは挨拶もなしに私の前を通り過ぎた。

　解説　without so much as ～で「～さえしないで」の意味を表す。

(11) 　正解　② much less 　　　　　　　　　　　　　　　　　　　　　▶ 別冊 p.74 ⑬

　和訳　残念ながら私はその若い女性の考えを理解できないし，まして彼女の母親
　　　　の考えは理解できない。

　解説　much less ～で「まして～ない」の意味を表す。

(12) 　正解　② no later than 　　　　　　　　　　　　　　　　　　　　▶ 別冊 p.74 ⑬

　和訳　君は午後4時までには空港にいるべきだ。

　解説　no later than ～は「～より遅れることなく」の意味。

(13) 　正解　① no more difficult 　　　　　　　　　　　　　　　　　　▶ 別冊 p.74 ⑬

　和訳　飛行機を操縦することは車を運転することと同様に難しくない。

　解説　than があるので比較級と組み合わせる。no more ～ than ... で「…と同
　　　　様に～ではない」の意味を表す。

(14) 　正解　③ At 　　　　　　　　　　　　　　　　　　　　　　　　　▶ 別冊 p.76 ⑭

　和訳　彼らのうち少なくとも530人がこの火災で死んだ。

　解説　at least ～で「少なくとも～」の意味を表す。at most ～は「多くとも，せ
　　　　いぜい～」という意味。

問2

(1) 　正解　① No other 　　　　　　　　　　　　　　　　　　　　　　▶ 別冊 p.73 ⑪

　和訳　マッキンリー山は北アメリカで最も高い山だ。

　解説　最上級の意味を比較級を使って表す。(b)は「北アメリカの他のどの山もマ
　　　　ッキンリー山ほど高くない」の意味。

(2) 　正解　① no more 　　　　　　　　　　　　　　　　　　　　　　▶ 別冊 p.74 ⑬

　和訳　私はそのとき千円しか持っていなかった。

　解説　no more than ～で「～しかない (only)」の意味を表す。

問3 与えられた語（句）を並べかえて英文を完成させなさい。ただし，文の最初に
くる語も小文字で表示しています。

(1) 我々が期待した3分の1の人たちしか会議に出てこなかった。

Only a (　　) (　　) (　　) (　　) (　　) (　　) (　　) up

at the meeting.

① people 　　② as 　　③ as we 　　④ many

⑤ expected 　　⑥ turned 　　⑦ third 　　　　（日本大）

(2) 現在のゾウの数倍という大きさの恐竜もいた。(1語不要)

Some (　　) (　　) (　　) (　　) (　　) (　　) (　　)

(　　) (　　).

① dinosaurs 　　② elephants 　　③ large 　　④ of

⑤ several 　　⑥ size 　　⑦ the 　　⑧ times

⑨ today's 　　⑩ were 　　　　　　　　（愛知医大）

(3) たくさん食べれば食べるほど，ますます太った。

(　　) (　　) (　　) (　　) (　　), the bigger I got.

① more 　　② I 　　③ food

④ ate 　　⑤ the 　　　　　　　（藤田保健衛生大）

(4) 彼は月に2回も髪を切る。

He (　　) (　　) (　　) (　　) (　　) (　　) a month.

① his hair 　　② cut 　　③ twice

④ as 　　⑤ has 　　⑥ often as 　　　　（中央大）

(5) 私は，あなたが免許証を持たずに運転してしまうほどばかな真似はしないと思っ
ていた。

I thought (　　) (　　) (　　) (　　) (　　) (　　) (　　)

(　　) a license.

① better 　　② drive 　　③ know 　　④ than

⑤ to 　　⑥ without 　　⑦ would 　　⑧ you 　　（関西学院大）

解答解説

問3

(1) <u>正解</u> ⑦②④①③⑤⑥　　　　　　　　　　　　　▶ 別冊 p.70 ⑥

(Only a third as many people as we expected turned up at the meeting.)

<u>解説</u> a [one] third as many people as we expected で「私たちが予想した 3 分の 1 の数の人々」の意味を表す。turn up は「来る，現れる」。

(2) <u>正解</u> ①⑩⑤⑧⑦⑥④⑨②　　　　　　　　　　　　▶ 別冊 p.70 ⑥

(Some dinosaurs were several times the size of today's elephants.)

<u>解説</u> several times the size of 〜で「〜の数倍の大きさ」の意味を表す。several times as big as 〜とも表現できる。

(3) <u>正解</u> ⑤①③②④　　　　　　　　　　　　　　　　▶ 別冊 p.72 ⑨

(The more food I ate, the bigger I got.)

<u>解説</u> 〈The + 比較級 + S_1 + V_1, the + 比較級 + S_2 + V_2〉で「S_1 が V_1 すればするほど，S_2 は V_2 する」の意味。The more I ate food と並べるのは誤り。much food「多くの食物」→ more food「より多くの食物」と考える。

(4) <u>正解</u> ⑤①②④⑥③　　　　　　　　　　　　　　　▶ 別冊 p.74 ⑫

(He has his hair cut as often as twice a month.)

<u>解説</u> 〈as + 原級 + as 〜〉は「〜も（の）」の意味を表し，程度や数量を強調する場合にも使える。as often as twice a month は「月に 2 回もの頻度で」ということ。has his hair cut は〈have + O + 過去分詞〉「O を〜してもらう」の形。

(5) <u>正解</u> ⑧⑦③①④⑤②⑥　　　　　　　　　　　　　▶ 別冊 p.74 ⑬

(I thought you would know better than to drive without a license.)

<u>解説</u> know better than to do で「〜しないだけの分別を持つ」の意味を表す。would は will「〜だろう」が前の thought との時制の一致で過去形になったもの。

10

比較

発展問題

問1 下線部が誤っているものを1つ選びなさい。(3)は，誤りがなければ⑤を選びなさい。

(1) ①You look very sick. ②You should have ③gone to the doctor ④more early.

（名城大）

(2) Our convenience store ①has already installed ②the late security ③equipment at the cash registers and security cameras ④on the ceiling.

（明海大）

(3) Sixty days ①was ②quite a short time for them to develop a device as complicated ③than that in ④those days. ⑤NO ERROR

（早稲田大）

(4) People in happy, ①committed relationships live longer and ②enjoy better physical and psychological health ③from people who are alone, in uncommitted relationships or in unhappy ④ones.

（学習院大）

(5) Consumption of oil is expected to grow, ①according to analysts, ②remaining the world's ③larger source of energy ④for the future.

（学習院大）

(6) Additionally, ①much more universities ②are developing specialized human ③resources who are associated ④closely with their community.

（名古屋外語大）

(7) ①Rapid growth during 2009-10 made China the world's ②second larger economy, ③ranking behind the United States but ④ahead of Japan.

（学習院大）

解答解説

問1

(1) 正解 ④ (more early → earlier) ▶別冊 p.69 ②

和訳 君はとても具合が悪そうだ。もっと早く医者のところへ行くべきだったのに。

解説 earlyの比較級は語尾に-erをつけてearlierとする。

(2) 正解 ② (the late → the latest) ▶別冊 p.69 ②

和訳 私たちのコンビニは，レジには最新の防犯機器，天井には防犯カメラをすでに取り付けています。

解説 文の意味から考えて，latest「最新の」を使うのが正しい。

語句 cash register レジ（の機械）

(3) 正解 ③ (than that → as that) ▶別冊 p.70 ③

和訳 60日は当時それと同じくらい複雑な装置を彼らが開発するには非常に短い期間だった。

解説 a deviceのあとのasに着目する。a device (which was) as complicated as thatで「それと同じくらい複雑な装置」の意味になる。

(4) 正解 ③ (from → than) ▶別冊 p.70 ④

和訳 幸福でお互いに信頼し合う関係にある人々は，孤独で人間関係が希薄で不幸な人々よりも寿命が長く，体と心の健康を享受する。

解説 2つのタイプの人々を比較している。better（比較級）に対応させてthan「～よりも」を使うのが正しい。

語句 committed 形 献身的な／psychological 形 心理的な

(5) 正解 ③ (larger → largest) ▶別冊 p.70 ⑤

和訳 アナリストによれば，石油の消費は増加し，将来も世界最大のエネルギー源のままであると予想されている。

解説 文の意味から考えて，最上級のlargestを使うのが正しい。

(6) 正解 ① (much → many) ▶別冊 p.71 ⑧

和訳 それに加えて，地域社会と密接に連携する専門的な人材の育成を行う大学がはるかに増えています。

解説 後ろの名詞が複数形（universities）なので，muchではなくmanyで数の差の大きさを強調する。

(7) 正解 ② (second larger → second largest) ▶別冊 p.76 ⑭

和訳 2009～10年の急速な成長によって，中国は米国に次ぎ日本より上位となる世界第2位の経済大国になった。

解説 「上から数えて2番目に大きい」の意味は，比較級（larger）ではなく最上級を使ってthe second largestで表す。

問2 日本語を英語に訳しなさい。

(1) 学生食堂で今日食べた野菜スープは，いつもよりおいしくなかった。

_____

_____

（日本女子大）

(2) イギリスの人口は日本の人口のおよそ半分です。

_____

_____

（東京歯科大）

(3) おじさんの家にいつもより20分早く着くように急行に乗ろうよ。

_____

_____

（日本女子大）

(4) 注意深ければ注意深いほど，間違いを犯さなくなる。
The more _____

_____ .

（学習院大）

(5) 先生は前回の授業で「この小説ほどおもしろいものはない」と言った。

_____

_____

_____

（日本女子大）

(6) これは，ぼくが今までに訪れた中で最も美しい島のひとつです。
This is _____

_____ .

（関西学院大）

問2

(1) 正解例 The vegetable soup (that) I had [ate] at the school cafeteria today wasn't as good as usual. ▶ 別冊 p.70 ❸

解説 「いつもより［いつもほど］〜ではない」の意味は, not as 〜 as usual で表す。not better than usual は「いつもよりおいしいわけではなかった（が同じ程度のおいしさではあった）」という解釈も成り立つので, 原級を使う方がよい。

(2) 正解例 The population of Britain [the U.K. [UK]] is about half as large as that of Japan. ▶ 別冊 p.70 ❻

解説 「AはBの半分の大きさだ」は, A is half as large as B. の形で表す。Aは「イギリスの人口」, Bは「日本の人口」。同じ名詞（population）のくり返しを避けるために, the population of Japan は that of Japan と表現する。England には「イングランド（地方）」の意味もあるので,「イギリス」は Britain または the U.K. [= United Kingdom] で表す方がよい。

(3) 正解例 Let's take an [the] express (train) to get to our uncle's house twenty minutes earlier than usual. ▶ 別冊 p.71 ❽

解説 「いつもより20分早く」は, twenty minutes earlier than usual と表現する。to get の代わりに so (that) we can get を使ってもよい。

(4) 正解例 The more careful you are, the fewer [less] mistakes you make. ▶ 別冊 p.72 ❾

解説 〈The + 比較級 + S₁ + V₁, the + 比較級 + S₂ + V₂〉で「S₁がV₁すればするほど, S₂はV₂する」の意味を表す。「間違いを犯す」は make a mistake。「より少ない間違い」は文法的には fewer mistakes が正しいが, 話し言葉では fewer の代わりに less もしばしば使われる。

(5) 正解例 At [In] our [the] last class the [our] teacher said, "Nothing [No book] is as interesting as [more interesting than] this novel." ▶ 別冊 p.73 ⓫

解説 〈Nothing is as + 原級 + as 〜〉または〈Nothing is + 比較級 + than 〜〉で「〜ほど…なものはない」の意味を表す。said の直後に引用符で囲んだ文がくるよう,「前回の授業で」は文頭に置くとよい。

(6) 正解例 This is one of the most beautiful islands (that) I have ever visited. ▶ 別冊 p.76 ⓮

解説 「私が今までに〜した最も…なうちの1つ」は〈one of the + 最上級の形容詞 + 複数形の名詞 + I have ever + 過去分詞〉で表す。islands の s を落としやすいので注意。

比較

10

次の英文を読み，(1)～(10)に入る最も適切な語を（ア）～（コ）の中から一つ選びなさい。ただし同じ語を二度使ってはならない。

A photo exhibition （ 1 ） Swedish stay-at-home dads who took parental leave for more than six months convincingly poses questions on societal perceptions of masculinity and gender equality.

Johan Bavman, 35, whose "Swedish Dads" collection of photos has been exhibited in 25 countries since the two-year project was completed in 2015, says he wants to show role models who are often "not perfect" as fathers, worn out from （ 2 ） care of the kids.

Among the 45 fathers portrayed with their children in a photo book, 25 of whom are shown in the exhibition, are a dad （ 3 ） the floor while （ 4 ） his baby on his back, one （ 5 ） his three kids brush their teeth and another looking at a smartphone while holding his baby in his other arm.

The photographer based in Malmo, Sweden, who spent a total of 19 months on parental leave for his own two sons and recently came back to work, was motivated to look for other stay-at-home dads because, he says, "[I had] no one I could relate to" when his first child was born five years ago.

Bavman says that most pictures of （ 6 ） are too commercialized, such as ones that show happy dads, or parents

(7) their children on park swings, often (8) out the negative emotions that go into (9) up children. "Not often (would) you see pictures that express the emotions of tiredness and hard work you have to put in (10) parents," he says.

Adapted from Kaneko, Maya. "Images of Swedish stay-at-home dads spark conversations on masculinity." *The Japan Times*. 22 Dec. 2017. www.japantimes.co.jp/culture/2017/12/22/arts/images-swedish-stayhome-dads-spark-conversations-masculinity/#.WzmKIYVolFY. Accessed 2 July 2018.

（ア）becoming　　（イ）bringing　　（ウ）carrying

（エ）depicting　　（オ）helping　　（カ）leaving

（キ）parenting　　（ク）pushing　　（ケ）taking

（コ）vacuuming

（上智大）

長文融合型問題にチャレンジ❷　解答解説

解答
(1) エ depicting　(2) ケ taking　(3) コ vacuuming　(4) ウ carrying
(5) オ helping　(6) キ parenting　(7) ク pushing　(8) カ leaving
(9) イ bringing　(10) ア becoming

解説

(1) 文全体を見て，〈S（A〜months）＋V（poses）〉の基本構造を発見するのが大切。空所には前のphoto exhibitionを修飾する形容詞句を作る現在分詞が入る。文の意味から考えてdepictingが適切。depictは「〜を描写する（describe）」の意味で，depicting ＝ which depictsと言い換えられる。

(2) 後ろのcare ofに着目して空所にtakingを入れれば，worn out from taking care of the kids「子どもの世話をするのに疲れ果てた」という意味になる。take care of 〜は「〜の世話をする（look after）」。be worn out [tired] from 〜は「〜で疲れ果てて[疲れて]いる」。worn以下は分詞構文で，「疲れ果てた状態で」。

(3) 後ろのthe floorとの意味的なつながりから，vacuumingを入れる。vacuumは「〜に電気掃除機をかける」の意味の他動詞。a dad vacuuming the floorはa dad who is vacuuming the floorとも言える。なお，文全体はAmong X are *A*, *B*, and *C*.「Xの中にはAやBやCがいる」という形。〈場所＋be動詞＋S〉という倒置構文で，下線部がSに当たる。

(4) 空所にcarryingを入れれば，while carrying his baby on his backが「自分の赤ちゃんを背中に乗せて持ち運びながら」という意味になる。while carryingはwhile he is carryingの意味。

(5) 後ろのhis three kids brushをSVの形と考えると文の構造が崩れるので，別の解釈を考える。〈help＋O＋原形不定詞〉は「Oが〜するのを助ける」の意味だから，空所にhelpingを入れればone [=a dad] helping his three kids brush their teethが「3人の子どもが歯を磨くのを手伝っている父親」という意味になる。なお，その後ろのanotherはanother dadの意味で，another 〜 armが(3)で説明した構造のCに当たる。

(6) 「〜のほとんどの写真」という文脈から考えて，空所にはparenting「子育て，育児」を入れる。

(7) park swingsは「公園のブランコ」。空所にpushingを入れれば「公園のブランコに乗った自分の子どもを押す親」という意味になる。pushingは前のparentsを修飾する現在分詞で，who are pushingの意味。

(8) 　後ろのoutと結びつく動詞としてleavingを選ぶ。leave out 〜は「〜を除外する（exclude）」。leaving outは分詞構文で, and leave out 〜「そして〜を除外する」または「〜を除外して［した状態で］」（付帯状況）の意味に解釈できる。

(9) 　後ろのupに着目して，bringing up children「子どもを育てること」という形を作る（bringingは動名詞）。bring up 〜は「〜を育てる（raise, rear）」。go into 〜は「〜に入る」の意味だから，leaving out以下は「（ほとんどの写真が）子育てに入り込む［伴う］マイナスの感情を排除している」という意味になる。

(10) 　put O in 〜は「Oを〜に入れる」の意味。空所にbecoming（動名詞）を入れれば, the emotions of tiredness and hard work (that) you have to put in becoming parents が「親になりながら［親になる過程で］の疲労の感情と，費やさねばならない重労働」という意味になる。下線部がA and BのAとBに当たり，becomingは分詞構文。hard workはput in 〜「〜（労力）を費やす」の目的語に当たる。

日本語訳

　6か月以上の育児休暇を取得して自宅で過ごすスウェーデンの父親を描いた写真展が，男らしさと男女平等に対する世間の見方に説得力のある形で疑問を投げかけている。

　ヨハン・バブマン（35歳）の「スウェーデンの父親たち」の写真コレクションは，2年間の撮影が2015年に完了して以来25か国で展示されており，子供の世話に疲れ果てた，多くの場合父親としては「完璧でない」ロールモデルを見せたいと彼は言う。

　写真集に子どもと一緒に写っている45人の父親のうち，25人が展示されているが，その中には，赤ちゃんを背負って床に掃除機をかけている父親や，3人の子の歯磨きを手伝っている父親や，片腕に赤ちゃんを抱えてスマートフォンを見ている父親がいる。

　スウェーデンのマルメを拠点として活動するこの写真家は，自分の2人の息子のために合計19か月の育児休暇を過ごして最近仕事に復帰したが，5年前に最初の子が生まれたとき「親しみを感じる人がいなかった」ために，他の在宅の父親を探す気になったと彼は言う。

　バブマンが言うには，育児の写真のほとんどは，うれしそうな父親や公園のブランコで子どもを押している親など過度に商品化されたものであり，子育てに伴うマイナスの感情が抜け落ちていることが多い。「親になる過程で経験する疲労感や費やす重労働を表現した写真はあまり見られない」と彼は言う。

語句

exhibition 图 展示会／**Swedish** 形 スウェーデンの／**stay-at-home** 形 在宅の／**take parental leave** 育児休暇を取る／**convincingly** 副 説得力のある形で，納得のいくように／**pose a question** 疑問を投げかける／**societal** 形 社会の／**perception** 图 知覚，感じ方／**masculinity** 图 男らしさ／**gender equality** 性的［男女］平等／**role model** ロールモデル（他の人々の模範となるような人）／**worn out** 消耗して，疲れ果てて／**portray** 動 〜を描く／**based in 〜** 〜（場所）を拠点とする／**be motivated to do** 〜する気になる／**relate to 〜** 〜に共感する，親しみを感じる／**commercialized** 形 商品化された／**swing** 图 ブランコ

標準問題

問1 （　　　）内に入れるのに最も適切なものを一つ選びなさい。

(1) You always get up earlier on Friday mornings, (　　　)?
① aren't you　　　　　　② won't you
③ don't you　　　　　　④ shouldn't you　　　　　(南山大)

(2) Come what (　　　), I'm determined not to talk about this.
① can　　② may　　③ should　　④ will　　(中央大)

(3) What (　　　)!
① beautiful roses you have　　② beautiful you have roses
③ beautiful are the roses　　④ beautiful the roses are
⑤ the roses are beautiful　　　　　　(関東学院大)

(4) What are you staring at me like that (　　　)?
① by　　② for　　③ to　　④ with　　(玉川大)

(5) What (　　　) I said, "I love you?"
① that　　② whether　　③ if　　④ it　　(青山学院大)

(6) "How (　　　) does this train leave?" "It'll leave in two minutes."
① early　　② late　　③ soon　　④ rapidly　　(青山学院大)

(7) How did you (　　　) the present from your pen pal in Thailand?
① like　　　　　　② like of
③ like to　　　　　④ think　　　　　(鹿児島大)

(8) "(　　　) don't we go somewhere next Saturday?" "OK. How about going to the newly-opened theme park?"
① How　　② Why　　③ Whom　　④ Where　　(東邦大)

問1

(1) **正解** ③ don't you   ▶別冊 p.77 ❶

和訳 君はいつも金曜日の朝はふだんより早起きするね。

解説 付加疑問文。肯定文の文末には〈否定の V + S〉を置いて「～ですね」の意味を表す。V は前の get（一般動詞の現在形）に合わせて don't を使う。

(2) **正解** ② may   ▶別冊 p.83 ❿

和訳 たとえ何が起きても，私はこれについて話さないと決めています。

解説 come what may で「たとえ何が起きても（whatever may happen）」の意味を表す。

語句 be determined to *do* ～する決心をしている

(3) **正解** ① beautiful roses you have   ▶別冊 p.83 ❿

和訳 あなたは何と美しいバラを持っているのだろう。

解説 感嘆文。〈What (a/an) + 形容詞 + 名詞 + S + V!〉で「S は何と～な…を V するのだろう」の意味を表す。③④は What でなく How なら正しい（③の場合は感嘆文の倒置）。

(4) **正解** ② for   ▶別冊 p.78 ❸

和訳 なぜ私をそんなに見つめているのですか。

解説 What ～ for? で「何の目的で，なぜ～ですか」の意味を表す。for は「～のために」の意味で理由を表す。

(5) **正解** ③ if   ▶別冊 p.78 ❸

和訳 もし私が「君を愛している」と言ったらどうしますか。

解説 What if ...? で「もし…したらどうなるだろう」の意味を表す。

(6) **正解** ③ soon   ▶別冊 p.79 ❹

和訳 「この電車はあとどのくらいで出ますか」「2 分後に出ます」

解説 How soon ...? で「あとどのくらいで…」の意味を表す。

(7) **正解** ① like   ▶別冊 p.79 ❹

和訳 タイのペンフレンドからのプレゼントは気に入りましたか。

解説 How do [did] you like ～? で「～はいかがですか［どうでしたか］」と感想をたずねる表現。

(8) **正解** ② Why   ▶別冊 p.80 ❺

和訳 「今度の土曜日にどこかへ行かない？」「いいよ。新しくオープンしたテーマパークへ行くのはどう？」

解説 Why don't we ～? で「（一緒に）～しませんか（let's）」の意味を表す。

11

疑問，否定など

(9) The coach was (　　　　) satisfied with the way his baseball team played.
① by any means　　　　② by no means
③ with no means　　　　④ without any means　　　　(南山大)

(10) Jimmy is not religious. He seldom, if (　　　　), goes to church.
① never　　　　② rarely
③ ever　　　　④ any　　　　(北里大)

(11) "Could you help me with this report, Ken?" "I'm afraid (　　　　). I have an appointment, and I'm leaving."
① not　　　　② of
③ so　　　　④ that　　　　(武蔵大)

(12) "Do you mind if I call you the first thing Monday morning?" "(　　　　)."
① I hope so　　　　② I hope not
③ No, not at all　　　　④ No, I do　　　　(名古屋学院大)

問2 各組の文の意味がほぼ同じになるよう，(　　　　) 内に入れるのに最も適切なものを一つ選びなさい。

(1) (a) I can't concentrate on studying with all this noise.
　　(b) (　　　　) I concentrate on studying with all this noise?
① How can　　　　② Why can't
③ What can　　　　④ Where can't　　　　(佛教大)

(2) (a) How about playing some video games at my house?
　　(b) What do you (　　　　) to playing some video games at my house?
① do　　　　② think
③ feel　　　　④ say　　　　(佛教大)

(3) (a) Whenever I look at this picture, I remember the good old days.
　　(b) I can never look at this picture (　　　　) thinking about the good old days.
① against　　　　② for
③ unless　　　　④ without　　　　(実践女子大)

(9) 正解 ② by no means　　　　　　　　　　　　　　　▶ 別冊 p.80 ⑥

和訳 コーチは自分の野球チームのプレーぶりに決して満足していなかった。

解説 by no meansで「決して〜ない」の意味を表す。否定を強調する表現。

(10) 正解 ③ ever　　　　　　　　　　　　　　　　　　　▶ 別冊 p.81 ⑦

和訳 ジミーは信心深くない。彼はまずめったに教会へ行かない。

解説 seldom, if ever, 〜で「まずめったに〜ない」と頻度が非常に少ないことを表す。if everは「たとえ（一度でも）あるとしても」の意味。

(11) 正解 ① not　　　　　　　　　　　　　　　　　　　　▶ 別冊 p.82 ⑨

和訳 「このレポートを手伝ってもらえる，ケン？」「申し訳ないが手伝えないんだ。約束があって，出かけるところだから」

解説 I'm afraid I can't help you. の意味。下線部をnotの1語で表した形。

(12) 正解 ③ No, not at all　　　　　　　　　　　　　　　▶ 別冊 p.82 ⑨

和訳 「月曜日の朝一番に君に電話してもかまわない？」「いいよ」

解説 Do you mind if ...?「…してもかまいませんか」という問いかけに「いいですよ」と承諾の返事をするときは，I don't mind at all.「全然かまわない」の意味のNot at all. などを使う。

問2

(1) 正解 ① How can　　　　　　　　　　　　　　　　　　▶ 別冊 p.77 ①

和訳 こんなに騒がしくては勉強に集中できない。

解説 (b)のHow can I 〜?は「私はどのようにして〜できるだろうか（いや，決してできない）」の意味（修辞疑問文）。

(2) 正解 ④ say　　　　　　　　　　　　　　　　　　　　▶ 別冊 p.78 ③

和訳 私の家でテレビゲームをするのはどう？

解説 How about 〜ing? ≒ What do you say to 〜?で「〜するのはどうですか」の意味。toの後ろに動詞を置くときは動名詞にする点にも注意。

(3) 正解 ④ without　　　　　　　　　　　　　　　　　　▶ 別冊 p.82 ⑨

和訳 この絵を見るといつでも，私は古きよき時代を思い出す。

解説 二重否定の表現。never ... without 〜ingで「〜しないでは決して…しない」→「…すると必ず〜する」の意味を表す。

11

疑問，否定など

問3 与えられた語（句）を並べかえて英文を完成させなさい。ただし，文の最初に
くる語も小文字で表示しています。

(1) さよならを言うには早すぎると思わないかい？
( ) ( ) ( ) ( ) ( ) ( ) ( ) ( ) ( )?
① it   ② you   ③ is   ④ think
⑤ goodbye   ⑥ say   ⑦ early   ⑧ don't
⑨ too   ⑩ to   (高知大)

(2) 私の両親は何が問題なのか分かっていなかった。
My parents ( ) ( ) ( ) ( ) ( ) ( ) was.
① not   ② problem   ③ sure
④ the   ⑤ were   ⑥ what   (中央大)

(3) 100年後の世界はどうなっているのだろう。
( ) ( ) ( ) ( ) ( ) ( ) ( ) ( ) years?
① one hundred   ② world   ③ like   ④ be
⑤ what   ⑥ will   ⑦ the   ⑧ in   (高知大)

(4) どうしてこんなに遅くここに来たの？
How ( ) ( ) ( ) ( ) ( )?
① late   ② you   ③ come
④ so   ⑤ here   ⑥ came   (日本大)

(5) 隣に住む人たちの騒音にはとても我慢できません。
I can ( ) ( ) ( ) ( ) ( ) ( ) the people next door.
① up   ② of   ③ the noise
④ with   ⑤ hardly   ⑥ put   (日本大)

(6) 彼は決して仕事を中途半端にしておくような人ではない。
He would ( ) ( ) ( ) ( ) ( ) ( ) half
finished.
① be   ② his job   ③ leave
④ person   ⑤ the last   ⑥ to   (近畿大)

問3

(1) **正解** ⑧②④①③⑨⑦⑩⑥⑤ ▶別冊 p.77 ❶

(Don't you think it is too early to say goodbye?)

解説 否定疑問文。Don't you think (that) ...? で「…だと思いませんか」の意味を表す。「〜するには早すぎる［遅すぎる］」は it is too early [late] to *do*。it はその場の状況を漠然と表す。

(2) **正解** ⑤①③⑥④② ▶別冊 p.77 ❷

(My parents were not sure what the problem was.)

解説 be sure of 〜は「〜を確信している」の意味だが，後ろに疑問詞で始まる名詞節を置くときは，of を省略して間接疑問の形を置く。What is the problem?「何が問題ですか」の S（the problem）を V（is）の前に置いて what the problem is とし，前の動詞（were）との時制の一致で is が was に置き換わっている。

(3) **正解** ⑤⑥⑦②④③⑧① ▶別冊 p.78 ❸

(What will the world be like in one hundred years?)

解説 What is S like?「S はどのようなものか」の形を利用する。is を will be で置き換えると，What will S be like?「S はどのようなものだろうか」という語順になる。in one hundred years は「今から 100 年後に」。

(4) **正解** ③②⑥⑤④① ▶別冊 p.79 ❹

(How come you came here so late?)

解説 〈How come ＋ S ＋ V?〉で「なぜ…ですか」と理由をたずねる表現。How come のあとの語順に注意。Why で表すと Why did you come here so late? となる。

(5) **正解** ⑤⑥①④③② ▶別冊 p.81 ❼

(I can hardly put up with the noise of the people next door.)

解説 can hardly 〜で「ほとんど〜できない」の意味を表す。「ほとんど〜ない」は scarcely とも言う。put up with 〜は「〜を我慢する」。

(6) **正解** ①⑤④⑥③② ▶別冊 p.82 ❾

(He would be the last person to leave his job half finished.)

解説 the last person to *do* で「〜する最後の人」→「決して〜しない人」の意味を表す。

発展問題

問1 下線部が誤っているものを1つ選びなさい。

(1) Earlier this year he ①announced that an individual ②had been chosen to take over for him when he can ③no longer handle the chief executive duties, but he didn't say ④who was that. (中央大)

(2) We ①have just painted that chair. ②Not to sit on ③it, or you ④will get the paint on your clothes. (北里大)

(3) Can anyone imagine ①how it would be like if people could do ②absolutely anything they ③pleased in our ④modern-day society? (名古屋外語大)

(4) We cannot ignore that economic and ①population growth in society can ②have a very strong influence ③on our demand for resources and ④what we manage them. (東京都市大)

(5) Lie detectors ①measure physiological ②changes ③in respiration, perspiration, muscular grip, and ④how the blood pressure is. (早稲田大)

(6) "①How many do you ②go to ③the movies?" "Twice ④a month." (杏林大)

解答解説

問1

(1) 正解 ④ （who was that → who that was）　　▶別冊 p.77 ❷

和訳 今年の前半に彼は，自分が最高責任者の任務をもう遂行できない場合にある人が彼の後継者となるよう選ばれたと発表したが，それが誰であるかは言わなかった。

解説 Who is that?「それ［その人］は誰ですか」の主語はthatなので，間接疑問はwho that isになる。このisが時制の一致でwasに変わった形。

(2) 正解 ② （Not to → Don't）　　▶別冊 p.83 ❿

和訳 私たちはそのいすにたった今ペンキを塗ったところです。それに座ってはいけません，さもないと服にペンキがつきますよ。

解説 1文目の状況から，「座ってはいけない」の意味をDon't sit（否定の命令文）で表す。

(3) 正解 ① （how → what）　　▶別冊 p.78 ❸

和訳 もし人々が現代社会で自分のしたいことを完全に何でもすることができるとしたらどうなるかを，想像できる人がいるだろうか。

解説 「（それは）どのようなものになるだろうか」はWhat [×How] will it be like?と言う。これを間接疑問にしてimagineの目的語の位置に置き，willを仮定法過去のwouldにした形。itはif節で表されている状況を指す。

(4) 正解 ④ （what → how）　　▶別冊 p.79 ❹

和訳 社会の経済成長と人口増が資源の需要とその管理のしかたに大変強い影響を与えうることを，私たちは無視できない。

解説 we manage them [=resources]だけでSVOの形が完成しているから，what（疑問代名詞）の働きが説明できない。文の意味から考えても，how「どのようにして」を使うのが正しい。

(5) 正解 ④ （how the blood pressure is → what the blood pressure is）

▶別冊 p.78 ❸

和訳 うそ発見器は呼吸，発汗，握力の生理的変化と，血圧の値を測定する。

解説 「血圧はいくつですか」はWhat [×How] is the blood pressure?と言う。これを間接疑問にした形。

語句 lie detector うそ発見器／physiological 形 生理的な／respiration 名 呼吸／perspiration 名 発汗／muscular grip 握力

(6) 正解 ① （How many → How often）　　▶別冊 p.79 ❹

和訳 「どのくらいの頻度で映画を見に行きますか」「月に2回です」

解説 返答の文から考えて，頻度をたずねるHow often ...?を使う。「月に何回…？」という表現はHow many times a month ...?と表すことができる。

11
疑問，否定など

問2 日本語を英語に訳しなさい。(3)は，下線部のみでかまいません。

(1) どこで両替することができるか教えていただけますか。

Could ＿＿＿＿＿＿＿＿＿＿＿＿＿＿＿＿＿＿＿＿＿ money?

（学習院大）

(2) 科学者は人がなぜ睡眠を必要とするかを正確に理解していない。

＿＿＿＿＿＿＿＿＿＿＿＿＿＿＿＿＿＿＿＿＿＿＿＿＿

＿＿＿＿＿＿＿＿＿＿＿＿＿＿＿＿＿＿＿＿＿＿＿＿＿

（関西学院大）

(3) かなり使い古されたPCを彼女が一年前に買ったことを私は思い出した。そのPCがまだ動いているかと私は彼女に尋ねた。

＿＿＿＿＿＿＿＿＿＿＿＿＿＿＿＿＿＿＿＿＿＿＿＿＿

＿＿＿＿＿＿＿＿＿＿＿＿＿＿＿＿＿＿＿＿＿＿＿＿＿

（成城大）

(4) 来週のスピーチ・コンテストで誰が1等賞を取ると思いますか。

＿＿＿＿＿＿＿＿＿＿＿＿＿＿＿＿＿＿＿＿＿＿＿＿＿

＿＿＿＿＿＿＿＿＿＿＿＿＿＿＿＿＿＿＿＿＿＿＿＿＿

（日本女子大）

(5) 新しいプロジェクトについての同僚とのディスカッションはどうなりましたか？

＿＿＿＿＿＿＿＿＿＿＿＿＿＿＿＿＿＿＿＿＿＿＿＿＿

＿＿＿＿＿＿＿＿＿＿＿＿＿＿＿＿＿＿＿＿＿＿＿＿＿

（群馬大）

(6) 音楽を聴くのが好きな人が上手に演奏できるとは限らない。

＿＿＿＿＿＿＿＿＿＿＿＿＿＿＿＿＿＿＿＿＿＿＿＿＿

＿＿＿＿＿＿＿＿＿＿＿＿＿＿＿＿＿＿＿＿＿＿＿＿＿

（日本女子大）

問2

(1) **正解例** Could you tell me where I [we] can (ex)change money? ▶別冊 p.77 **2**

解説 Where can I change money?「私はどこでお金を交換［両替］できますか」という文を間接疑問（where I can change money）にして，tell の目的語として使う。

(2) **正解例** Scientists don't understand exactly why people [humans] need (to) sleep. ▶別冊 p.77 **2**

解説 Why do people need sleep? を間接疑問（why people need sleep）にして，understand の目的語として使う。この形の sleep は「睡眠」の意味の名詞。need to sleep「眠ることを必要とする」とも表現できる。exactly「正確に」は understand の前に置いてもよい。Scientists don't clearly understand why ...「科学者たちはなぜ…かをはっきり理解していない」とも表現できる。

(3) **正解例** I asked her if [whether] the computer [PC] was still working. ▶別冊 p.77 **2**

解説 ask her if [whether] ... で「…かどうかを彼女に尋ねる」の意味を表す。whether を使うときは，文末（または whether の直後）に or not を加えてもよい。

(4) **正解例** Who do you think will win (first prize at) the speech contest next week? ▶別冊 p.77 **2**

解説 Who will win 〜?「誰が勝ち取るでしょうか」を Do you think 〜? の後ろに置き（もともと Who = S, will win = V だから，間接疑問にしても語順は変わらない），質問の焦点である who を文頭に出した形。

(5) **正解例** What has become of the discussion with your colleagues about the new project? ▶別冊 p.78 **3**

解説 What has become of 〜? で「〜はどうなったか」の意味を表す。How did it go when you discussed the new project with your colleagues? などと表現してもよい。

(6) **正解例** Not everyone who likes listening to music is a good player [performer]. / You cannot always play music well because you love listening to music. ▶別冊 p.81 **8**

解説 〈not + every〉で「すべてが〜というわけではない」（部分否定）の意味を表す。〈not + always〉「常に〜というわけではない」の形を使ってもよい。

11

疑問，否定など

117

標準問題

問1 （　　　）内に入れるのに最も適切なものを一つ選びなさい。

(1) We bought three (　　　) yesterday.
　① furnitures　　　　　　② furniture
　③ pieces of furniture　　④ pieces of furnitures　　　　（日本大）

(2) They are on good (　　　) with their neighbors.
　① degrees　　② friends　　③ manners　　④ terms　　（学習院大）

(3) (　　　) of the students has waited all day to attend the lecture.
　① All　　② Few　　③ One　　④ Some　　（青山学院大）

(4) The police (　　　) caught the murderer now.
　① have　　② is　　③ has　　④ was　　（日本大）

(5) Well-written, well-edited fiction offers the reader a pleasant (　　　) of improving vocabulary and written style.
　① mean　　　　　　② meaningless
　③ meanness　　　　④ means　　　　（東京薬科大）

(6) There (　　　) for improvement in the company's sales figures.
　① is a room　　　　② is room
　③ are rooms　　　　④ are plenty of rooms　　（福岡大）

(7) It used to be the (　　　) that British industry was plagued by strikes, but this is no longer so.
　① calling　　② arrogance　　③ occasion
　④ case　　⑤ neglect　　（昭和大）

(8) I called the dentist and made (　　　) for treatment.
　① a promise　　　　② an appointment
　③ a reservation　　④ an engagement　　（芝浦工大）

解答解説

問1

(1) **正解** ③ pieces of furniture   ▶ 別冊 p.84 ❶

和訳 私たちはきのう3点の家具を買った。

解説 furniture「家具」は不可算名詞。数えるときはa piece of ～を使い，2点以上のときはpieceを複数形のpiecesにする。

(2) **正解** ④ terms   ▶ 別冊 p.85 ❷

和訳 彼らは隣人と仲良くやっている。

解説 be on good terms with ～で「～と仲良くしている」の意味を表す。

(3) **正解** ③ One   ▶ 別冊 p.85 ❸

和訳 生徒たちの1人が講義に出席するために1日中待った。

解説 hasに着目して，主語が単数になるようOneを選ぶ。

(4) **正解** ① have   ▶ 別冊 p.85 ❸

和訳 警察は殺人犯を今捕らえたところだ。

解説 the police「警察」は常に複数扱いするので，現在完了形（have caught）が正しい。

(5) **正解** ④ means   ▶ 別冊 p.86 ❹

和訳 上手に書かれ編集されたフィクションは，語いと文体を向上させる楽しい手段を読者に提供する。

解説 文の意味から考えてmeans「手段」が正しい。①meanは「意味する」（動詞）または「意地が悪い」（形容詞），②meaninglessは「無意味な」（形容詞），③meannessは「卑劣さ，意地悪」。

(6) **正解** ② is room   ▶ 別冊 p.86 ❺

和訳 その会社の売り上げの数字には改善の余地がある。

解説 「余地」の意味のroomは不可算名詞だから，前にaをつけたり複数形にしたりしない。

(7) **正解** ④ case   ▶ 別冊 p.86 ❺

和訳 イギリスの産業はかつてはストライキに苦しむのが実情だったが，今ではもうそうではない。

解説 the caseは「実情，真相」の意味を表す。

語句 plague 動 ～を悩ませる

(8) **正解** ② an appointment   ▶ 別冊 p.86 ❺

和訳 私は歯科医に電話をして治療の予約を取った。

解説 面会の「約束」や医者の「予約」はappointmentで表す。①promiseは個人間の「約束」，③reservationはホテルやレストランなどの「予約」，④engagementは仕事などの正式な「約束」や「婚約」。

12

名詞・冠詞

119

(9) (   ) said that they got their news from the Internet were between 20 and 40 years old.

① Many of people who   ② Most of people who

③ Most of the people who

(県立広島大)

(10) Could I send this book (   ) to London?

① with the airmail   ② with airmail

③ by the airmail   ④ by airmail

(上智大)

(11) Part-time workers are all paid (   ).

① by the hour   ② by an hour

③ by hours   ④ by hour

(清泉女子大)

(12) He caught me (   ) the arm to prevent me from falling.

① at   ② by   ③ on   ④ to

(宮崎大)

(13) A number of foreign students (   ) coming from Eastern Asia to our country.

① is   ② being   ③ are   ④ doing

(福岡大)

(14) A friend of (   ) is a famous lawyer.

① him   ② his   ③ he   ④ ones

(名古屋学院大)

(15) The professor was leading (   ) life to spend weekends with his family.

① a busy too   ② busy a too

③ too a busy   ④ too busy a

(松山大)

(16) That cook was (   ) that we didn't want to complain about the poor service.

① so kindness a man   ② so kindness of a man

③ such nice a man   ④ such a nice man

(青山学院大)

解答解説

(9) **正解** ③ Most of the people who ▶別冊 p.92 **8**

和訳 インターネットからニュースを入手すると言った人々のほとんどは, 20～40歳だった。

解説 most of ～「～のうちのほとんど」の後ろの名詞には, the（や所有格など）が必要。many [all, some] of ～なども同様。

(10) **正解** ④ by airmail ▶別冊 p.92 **8**

和訳 この本をロンドンへ航空便で送れますか。

解説 交通や通信の手段を表す名詞は,〈by + 無冠詞の名詞〉の形で「～によって」の意味を表す。by car [train, phone]「車［電車, 電話］で」なども同様。

(11) **正解** ① by the hour ▶別冊 p.93 **9**

和訳 非常勤労働者は全員時間当たりで給料を支払われる。

解説 by the hourで「時間単位で」の意味を表す。dozen「ダース」, gram「グラム」など数量の単位を表す名詞も, 同様にby the ～の形で使う。

(12) **正解** ② by ▶別冊 p.93 **9**

和訳 彼は私の腕をつかんで, 私が落ちる［転ぶ］のを防いだ。

解説 catch O by the armで「O（人）の腕をつかむ」の意味を表す。caught me「私をつかんだ」+ by the arm「腕の部分を」ということ。

(13) **正解** ③ are ▶別冊 p.93 **9**

和訳 多くの外国人学生が東アジアから私たちの国に来ている。

解説 a number of ～は「多く［いくつか］の～」の意味の形容詞の働きをする。主語の中心となる語は複数形のstudentsだから, 動詞は複数で受ける。

(14) **正解** ② his ▶別冊 p.94 **10**

和訳 彼の友人の一人は有名な弁護士だ。

解説 ×a his friendのように冠詞と所有格を並べて使うことはできないので, hisをof his（所有代名詞）の形にしてfriendの後ろに置く。「私の友人の一人」ならa friend of mine [×me] と言う。

(15) **正解** ④ too busy a ▶別冊 p.94 **11**

和訳 その教授はとても忙しい生活を送っていたので, 週末を家族と一緒に過ごせなかった。

解説 too・so・as・howの後ろは〈形容詞 + a(n) + 名詞〉の語順になる。

(16) **正解** ④ such a nice man ▶別冊 p.94 **11**

和訳 そのコックはとても感じのよい男だったので, 私たちはサービスの悪さに苦情を言いたくなかった。

解説 suchの後ろは〈a(n) + 形容詞 + 名詞〉の語順になる。

問2 与えられた語（句）を並べかえて英文を完成させなさい。ただし、文の最初に くる語も小文字で表示しています。

(1) Mr. Smith and his wife (　　) (　　) (　　) (　　) (　　) sick baby.（1語不要）
① looking　　② took　　③ their
④ after　　⑤ turns　　⑥ before　　　　　　　　　　（畿央大）

(2) 彼女は生活の収支をやりくりするために、休日も働いている。
She works even on holidays (　　) (　　) (　　) (　　) (　　).
① ends　　② both　　③ meet
④ make　　⑤ to　　　　　　　　　　　　　　　　　（松山大）

(3) 彼女は懸命にその販売員を戸口で追い返そうとした。
She (　　) (　　) (　　) (　　) (　　) (　　) of the salesperson at her door.
① best　　② get　　③ her
④ rid　　⑤ to　　⑥ tried　　　　　　　　　　　　（近畿大）

(4) 私たちがどれほどあなたのことを心配していたか、見当もつかないでしょう。
(　　) (　　) (　　) (　　) (　　) (　　) been about you.
① we have　　② you have　　③ how
④ idea　　⑤ no　　⑥ anxious　　　　　　　　　　（中央大）

(5) この大学では、休暇中に海外へ行く学生が増えています。
At this university, (　) (　) (　) (　) (　) (　) (　) (　) (　).
① the vacation　② of　　③ growing
④ during　　⑤ is　　⑥ going
⑦ students　　⑧ the number　⑨ abroad　　　　　（獨協医大）

(6) 彼女は彼女の姉と同じくらい親切な人だ。
She (　　) (　　) (　　) (　　) (　　) (　　).
① as　　② person　　③ as her sister
④ is　　⑤ a　　⑥ kind　　　　　　　　　　　　　（中央大）

問2

(1)　**正解**　②⑤①④③　　　　　　　　　　　　　　　　▶ 別冊 p.85 ②

(Mr. Smith and his wife took turns looking after their sick baby.)

和訳　スミス氏と彼の妻は，交代で病気の赤ちゃんの世話をした。

解説　take turns 〜ing で「交代で〜する」の意味を表す。look after 〜は「〜の世話をする（take care of 〜）」。

(2)　**正解**　⑤④②①③　　　　　　　　　　　　　　　　▶ 別冊 p.87 ⑥

(She works even on holidays to make both ends meet.)

解説　make (both) ends meet で「赤字を出さずにやっていく」の意味を表す。もともとは「（帳簿の）両方の端（の数字）を合わせる」の意味。

(3)　**正解**　⑥③①⑤②④　　　　　　　　　　　　　　　▶ 別冊 p.87 ⑥

(She tried her best to get rid of the salesperson at her door.)

解説　get rid of 〜で「〜を取り除く，排除する」の意味を表す。try *one's* best は「全力を尽くす」。

(4)　**正解**　②⑤④③⑥①　　　　　　　　　　　　　　　▶ 別冊 p.87 ⑥

(You have no idea how anxious we have been about you.)

解説　have no idea「全くわからない」の後ろには，疑問詞で始まる名詞節（間接疑問）を置くことができる。idea の後ろに as to 〜「〜に関して」が省略されたもの。

(5)　**正解**　⑧②⑦⑥⑨④①⑤③　　　　　　　　　　　　▶ 別冊 p.93 ⑨

(At this university, the number of students going abroad during the vacation is growing.)

解説　the number of X is growing「X の数が増えている」という形を作る。X に当たるのは students going abroad during the vacation「休暇中に外国へ行く学生」。going で始まる分詞句が前の名詞（students）を修飾する形。

(6)　**正解**　④①⑥⑤②③　　　　　　　　　　　　　　　▶ 別冊 p.94 ⑪

(She is as kind a person as her sister.)

解説　副詞の as・so・how・too の後ろは，〈形容詞＋ a ＋名詞〉の語順になる。

発展問題

問1 下線部が誤っているものを1つ選びなさい。

(1) ①Keeping a diary in English ②is one of ③the good way to improve ④your writing skills.　　　　　　　　　　　　　　　　　　（杏林大）

(2) ①Now that the stress of examinations ②are over, we can ③all ④relax ⑤for a while.　　　　　　　　　　　　　　　　　　（北里大）

(3) They ①could not have handled ②difficult situation ③if not for ④her generous support.　　　　　　　　　　　　　　　　　　（杏林大）

(4) The president ①of the corporation made a great speech ②to the employees ③from ④the all branches ⑤in New York City.　　（追手門学院大）

問2 日本語を英語に訳しなさい。

(1) この授業では，私は猛暑が農業生産に与える影響に焦点を置く計画である。

　_____

　_____

　_____

　　　　　　　　　　　　　　　　　　　　　　　　　　（中央大）

(2) 環境やクリーンエネルギーなどの分野で指導的役割を演じることが日本に期待されている。

Japan is _____

fields as environment or clean energy.

　　　　　　　　　　　　　　　　　　　　　　　　　　（学習院大）

(3) 彼女は1日に2度散歩するように言われた。

She was _____.

　　　　　　　　　　　　　　　　　　　　　　　　　　（関西学院大）

問1

(1) 正解 ③（the good way → the good ways） ▶ 別冊 p.85 ③

和訳 英語で日記をつけるのは作文力を高めるよい方法の1つだ。

解説 one of the ～「～のうちの1つ」の「～」には複数形の名詞を置く。

(2) 正解 ②（are → is） ▶ 別冊 p.85 ③

和訳 今では試験のストレスが終わったので，私たちは皆しばらくの間くつろげる。

解説 主語（the stress of examinations）の中心となる stress が単数形なので，動詞は単数で受ける。

(3) 正解 ②（difficult situation → the difficult situation） ▶ 別冊 p.91 ⑦

和訳 彼女の寛大な支援がなければ，彼らは難局に対処できなかっただろう。

解説 situation は可算名詞だから，無冠詞単数形では使えない。文の意味から考えて the が必要。if not for は if it had not been for の意味。

(4) 正解 ④（the all branches → all the branches） ▶ 別冊 p.94 ⑪

和訳 その会社の社長は，ニューヨーク市の全支社の社員に対してすばらしいスピーチをした。

解説 the は all・both・half などの後ろに置く。

12
名詞・冠詞

問2

(1) 正解例 In this class, I plan [am going] to focus on the effects [influences] (that) intense [extreme] heat has [can have] on agricultural [farm] production. ▶ 別冊 p.87 ⑥

解説 X have effects on Y「X は Y に影響を与える」から，effects (that) X have on Y「X が Y に与える影響」という形を作ることができる。how intense heat affects agricultural production「猛暑が農業生産にどのように影響を与えるか」と表現してもよい。

(2) 正解例 Japan is expected to play a leading role [part] in such fields as environment or clean energy. ▶ 別冊 p.87 ⑥

解説 play a leading role [part] in ～で「～において指導的役割を果たす」の意味を表す。後ろに as が与えられているので，such A as B「たとえば B のような A」の形を使う。such fields as ～は fields such as ～とも言う。「～することが期待されている」は be expected to do で表す。

(3) 正解例 She was told to take [have] a walk twice a day. ▶ 別冊 p.92 ⑧

解説 twice a day で「1日につき2回」の意味を表す。a は「～につき（≒ per）」の意味。

Chapter 13　代名詞

標準問題

問1　(　　　) 内に入れるのに最も適切なものを一つ選びなさい。

(1) He got in a taxi and rushed to the station to catch the 7:30 train, but I don't think he will (　　) it.
　① get　　　② have　　　③ make　　　④ reach 　　　(関西学院大)

(2) I (　　) it a rule to get up early in the morning.
　① give　　　② do　　　③ perform　　　④ make 　　　(駒澤大)

(3) I will (　　) it that there is no mistake.
　① find out　　② look over　　③ take to　　④ see to 　　　(立教大)

(4) (　　　) seems a shame that they quarreled in the meeting without any self-control.
　① Anyone　　② He　　　③ It　　　④ There 　　　(駒澤大)

(5) Please (　　) yourself to anything in the kitchen.
　① have　　　② help　　　③ make　　　④ take 　　　(武庫川女子大)

(6) John was (　　) with joy when his wife gave birth to their first child.
　① beside him　　　　　　② beside himself
　③ besides him　　　　　 ④ besides himself 　　　(成城大)

(7) I will give the money to Bob if he really needs (　　).
　① one　　　② the one　　③ it　　　④ them 　　　(東邦大)

(8) The symptoms of cholera are similar to (　　) of Ebola.
　① them　　　② those　　③ these　　④ that 　　　(阪南大)

(9) Three of the ten competitors reached the finals, but (　　) couldn't.
　① another　　② other　　③ the others　　④ any other 　　　(畿央大)

126

解答解説

問1

(1) 正解 ③ make　　　　　　　　　　　　　　　　　　▶ 別冊 p.95 ❷

和訳 彼は 7 時 30 分の電車に間に合うようタクシーに乗って駅へ急行したが，間に合わないと私は思う。

解説 make it で「間に合う」の意味を表す。

(2) 正解 ④ make　　　　　　　　　　　　　　　　　　▶ 別冊 p.97 ❹

和訳 私は朝（は）早く起きることにしている。

解説 make it a rule to *do* で「～することにしている」の意味を表す。it は形式目的語で，後ろの不定詞（to *do* ～）を指す。

(3) 正解 ④ see to　　　　　　　　　　　　　　　　　　▶ 別冊 p.97 ❹

和訳 ミスが 1 つもないよう注意します。

解説 see to it that ... で「…であるよう取り計らう，注意する」の意味を表す。it は形式目的語で，後ろの that 節の内容を指す。

(4) 正解 ③ It　　　　　　　　　　　　　　　　　　　　▶ 別冊 p.96 ❸

和訳 彼らが自制心を忘れて会合で口論したのは残念なことに思われる。

解説 It is a shame that ...「…ということは残念だ」の is を，seems (to be) ～「～のように思われる」に置き換えた形。It は that 節を指す形式主語。

(5) 正解 ② help　　　　　　　　　　　　　　　　　　　▶ 別冊 p.100 ❼

和訳 台所のものを何でも取って飲食してください。

解説 help *oneself* to ～ で「～を自由に取って飲食する」の意味を表す。

(6) 正解 ② beside himself　　　　　　　　　　　　　　▶ 別冊 p.100 ❼

和訳 ジョンは妻が最初の子を産んだとき喜びで我を忘れた。

解説 beside *oneself* (with joy) で「（喜びで）我を忘れて」の意味を表す。

(7) 正解 ③ it　　　　　　　　　　　　　　　　　　　　▶ 別冊 p.95 ❷

和訳 ボブがもし本当に必要なら，そのお金を彼にあげよう。

解説 the money を it で受ける。one は不可算名詞の代わりには使えない。

(8) 正解 ② those　　　　　　　　　　　　　　　　　　▶ 別冊 p.102 ❾

和訳 コレラの症状はエボラ（熱）の症状に似ている。

解説 同じ複数形の名詞（symptoms）のくり返しを避けるために，the symptoms of Ebola の下線部を those で言い換える。

(9) 正解 ③ the others　　　　　　　　　　　　　　　　▶ 別冊 p.102 ❿

和訳 10 人の競技者のうち 3 人が決勝に進んだが，残りは進めなかった。

解説 3 つ以上のもののうちの「残りの全部が複数」の場合は the others で表す。ここでの the others は the other competitors の意味。

代名詞

13

127

(10) (　　　) who want to attend the workshop next week should contact Laura.

① Everyone　② Person　③ Somebody

④ Some　⑤ That　⑥ Those　(金沢工業大)

(11) Some of the cars were blue, (　　　) were red, and the rest were white.

① all the others　② another

③ others　④ the other　(明治大)

(12) If you want to get this bag, you'll have to pay (　　　) fifty dollars.

① another　② other

③ others　④ the other　(県立広島大)

(13) There is a lively debate about whether any animals (　　　) than humans have the ability to speak.

① better　② less　③ inferior　④ other　(上智大)

(14) Her hospitality was perfect. It (　　　) nothing to be desired.

① came　② deserved　③ left　④ went　(中央大)

(15) (　　　) I can say is I want you to be very careful.

① Some　② All　③ Much　④ More　(関西学院大)

(16) (　　　) of the participants had an opportunity to speak at the meeting.

① Almost　② Each　③ Every　④ Nobody　(近畿大)

(17) I visit my grandmother every (　　　) day.

① another　② each　③ one　④ other　(武蔵大)

(18) Mr. and Mrs. Spencer are coming to our party, but I don't know (　　　) of them very well.

① each　② either　③ neither　④ some　(藤女子大)

解答解説

(10) 正解 ⑥ Those　　　　　　　　　　　　　　　　　　　▶ 別冊 p.102 ❾

和訳 来週の研修会に出席したい人は，ローラに連絡してください。

解説 those who ～で「～する人々（people who ～）」の意味を表す。

(11) 正解 ③ others　　　　　　　　　　　　　　　　　　　▶ 別冊 p.102 ❿

和訳 その車のいくつかは青，別のいくつかは赤，残りは白だった。

解説 内容から考えて，「残りのいくつか」を others（＝other cars）で表す。

(12) 正解 ① another　　　　　　　　　　　　　　　　　　▶ 別冊 p.102 ❿

和訳 もしこのバッグを手に入れたいなら，あなたはもう 50 ドル支払わなければ
ならないでしょう。

解説 〈another ＋ 数詞 ＋ 複数形の名詞〉で「もう～つの…」の意味を表す。この
形では another の後ろに複数形の名詞がくる点に注意。

(13) 正解 ④ other　　　　　　　　　　　　　　　　　　　▶ 別冊 p.102 ❿

和訳 人間以外の動物が話す能力を持つかどうかについては活発な論争がある。

解説 other than ～で「～以外の」の意味を表す。

(14) 正解 ③ left　　　　　　　　　　　　　　　　　　　　▶ 別冊 p.103 ⓫

和訳 彼女のもてなしは完ぺきだった。それは申し分なかった。

解説 leave nothing to be desired で「申し分ない」の意味を表す。

(15) 正解 ② All　　　　　　　　　　　　　　　　　　　　▶ 別冊 p.105 ⓬

和訳 私に言えるのは，君に非常に注意深くしてほしいということだけだ。

解説 All の後ろに that（関係代名詞）が省略された形。「私に言えるすべてのこ
とは…だ」→「私には…としか言えない」ということ。

(16) 正解 ② Each　　　　　　　　　　　　　　　　　　　▶ 別冊 p.106 ⓭

和訳 参加者のそれぞれが会合で話す機会を持った。

解説 each of ～で「～のそれぞれ」の意味を表す。almost（副詞）や every（形
容詞）は of の前に置けない。④は nobody ではなく none であれば正しい。

(17) 正解 ④ other　　　　　　　　　　　　　　　　　　　▶ 別冊 p.106 ⓭

和訳 私は祖母を 1 日おきに訪ねる。

解説 〈every other ＋ 単数形の名詞〉で「1 つおきに」の意味を表す。

(18) 正解 ② either　　　　　　　　　　　　　　　　　　　▶ 別冊 p.107 ⓮

和訳 スペンサー夫妻がパーティーに来る予定だが，私は彼らのどちらもよく知
らない。

解説 〈not ＋ either〉で「（2 人［2 つ］のうち）どちらも～ない」の意味を表
す。I know neither of them very well とも表現できる。

13

代名詞

(19) (　　　) sides of the street are covered with fallen leaves.

① A 　　　　② Both 　　　　③ Each

④ Either 　　　⑤ Neither 　　　　　　　　　　　(九州産業大)

(20) Fortunately, (　　　) of the three school children were hurt yesterday.

① either 　　② neither 　　③ nobody 　　④ none 　　(立命館大)

(21) If he acts like a child, he must be treated as (　　　).

① it 　　② this 　　③ such 　　④ that 　　(関西学院大)

(22) (　　　) was my anger that I lost control of myself.

① So 　　② Such 　　③ Very 　　④ Great 　　(福岡大)

問2 各組の文の意味がほぼ同じになるよう，(　　　)内に入れるのに最も適切なものを一つ選びなさい。

(1) (a) I left my hometown ten years ago.

(b) It's been ten years (　　　) I left my hometown.

① when 　　② before 　　③ since 　　④ until 　　(佛教大)

(2) (a) The meeting will soon be over.

(b) It won't be long (　　　) the meeting is over.

① after 　　② before 　　③ while 　　④ since 　　(佛教大)

(3) (a) To raise a child with a lot of praise is one thing and to spoil a child is quite another.

(b) To raise a child with a lot of praise is (　　　) spoiling a child.

① similar 　　　　　　　② followed by

③ the same as 　　　　　④ different from 　　(国士舘大)

(4) (a) This copier is out of order.

(b) Something is (　　　) with this copier.

① matter 　　② trouble 　　③ injured 　　④ wrong 　　(佛教大)

(19) **正解** ② Both ▶ 別冊 p.107 ⑭

和訳 通りの両側が落ち葉でおおわれている。

解説 選択肢のうちで後ろに複数形の名詞（sides）を置けるのは both「両方の」のみ。

(20) **正解** ④ none ▶ 別冊 p.107 ⑮

和訳 幸い、きのうは 3 人の学童のうち誰もけがをしなかった。

解説 none of ～は「（3 人［3 つ］以上のうち）誰［どれ］も～ない」の意味を表す。either や neither は 2 人［2 人］について使う。none of の代わりに nobody of とは言わない。

(21) **正解** ③ such ▶ 別冊 p.108 ⑯

和訳 もし彼が子どものようにふるまうなら、彼は子どもとして扱われねばならない。

解説 as such は「そういうものとして」の意味で、ここでの such は a child を指す代名詞。

(22) **正解** ② Such ▶ 別冊 p.108 ⑯

和訳 私の怒りは大変なものだったので、私は自制心をなくした。

解説 Such is S that ... で「S は大変なものなので…」の意味を表す。

13

代名詞

問2

(1) **正解** ③ since ▶ 別冊 p.95 ②

和訳 私は 10 年前に故郷の町を出た。

解説 (b)「私が故郷の町を出て 10 年になる」は It's [It has] been ～ since ... で「…以来～になる」の意味を表す。「…以来～の期間が経過している」ということ。

(2) **正解** ② before ▶ 別冊 p.95 ②

和訳 会合はまもなく終わります。

解説 It won't [will not] be long before ... で「まもなく…だろう」の意味を表す。before の節中では、未来のことも現在形（is）で表すことにも注意。

(3) **正解** ④ different from ▶ 別冊 p.102 ⑩

和訳 たくさんほめて子どもを育てることと子どもを甘やかすことは全く別だ。

解説 A is one thing and B is another. は「A と B は別だ」という意味。A is different from B.「A は B とは異なる」で書き換えられる。

(4) **正解** ④ wrong ▶ 別冊 p.103 ⑪

和訳 このコピー機は故障している。

解説 be out of order は「故障している」。(b) の something is wrong with ～は「～の具合が悪い」の意味。

問3 与えられた語（句）を並べかえて英文を完成させなさい。ただし，文の最初に
くる語も小文字で表示しています。

(1) メアリーは，奨学金なしで学業を続けられないことがわかった。
( ) ( ) ( ) ( ) ( ) ( ) ( ) ( ) ( ).
① scholarship ② Mary ③ it ④ to
⑤ impossible ⑥ continue ⑦ without ⑧ found
⑨ studies ⑩ her
（高知大）

(2) 旅行から戻っているものとてっきり思っていました。
I took ( ) ( ) ( ) ( ) ( ) ( )
returned from your trip.
① for ② granted ③ have ④ it
⑤ must ⑥ that ⑦ you
（立命館大）

(3) 皆が私と一緒に笑っているのを見て，初めて自分のジョークがどんなに面白かっ
たのかに気づいた。
It ( ) ( ) ( ) ( ) ( ) ( ) ( )
( ) ( ) my jokes had been.
① everyone ② not ③ humorous
④ I saw ⑤ laughing with ⑥ how
⑦ me ⑧ that I realized ⑨ until
⑩ was
（北里大）

(4) 多くの学生が卒業前にやりたいこととは何だろうか。
( ) ( ) ( ) ( ) ( ) ( ) interested in doing
before graduation?
① are ② is
③ it ④ many students
⑤ that ⑥ what
（近畿大）

(5) このお茶の香りは昨日買ったお茶の香りよりもよい。
The flavor of this tea is superior ( ) ( ) ( ) ( )
( ) ( ) yesterday.
① bought ② of ③ that
④ the tea ⑤ to ⑥ we
（日本大）

問3

(1) 正解 ②⑧③⑤④⑥⑩⑨⑦① ▶別冊 p.97 ④

(Mary found it impossible to continue her studies without scholarship.)

解説 〈find + O + C〉で「OがCだとわかる」の意味を表す。Oが長い場合はその位置に形式目的語のitを置いて、後ろの不定詞（やthat節）を指す形を作る。found it impossible to continue ～は「it（＝～を続けること）が不可能だとわかった」の意味。

(2) 正解 ④①②⑥⑦⑤③ ▶別冊 p.97 ④

(I took it for granted that you must have returned from your trip.)

解説 take it for granted that ... で「…を当然のことと考える」の意味を表す。itは形式目的語でthat節の内容を指す。

(3) 正解 ⑩②⑨④①⑤⑦⑧⑥③ ▶別冊 p.98 ⑤

(It was not until I saw everyone laughing with me that I realized how humorous my jokes had been.)

解説 It is not until ～ that ... で「～して初めて…」の意味を表す。saw everyone laughingは〈知覚動詞 + O + ～ing〉「Oが～しているのを…する」の形。

(4) 正解 ⑥②③⑤④① ▶別冊 p.98 ⑤

(What is it that many students are interested in doing before graduation?)

解説 It is X that many students are interested in doing.「多くの学生がやりたい［やることに興味を持っている］のはXだ」という強調構文のXを尋ねる疑問文。

(5) 正解 ⑤③②④⑥① ▶別冊 p.102 ⑨

(The flavor of this tea is superior to that of the tea we bought yesterday.)

解説 同じ名詞（the flavor）のくり返しを避けるために、the flavor of the tea ～をthat of the tea ～で言い換える。

発展問題

問1 下線部が誤っているものを1つ選びなさい。

(1) Our teacher gave us ₁so much homework last week ₂that I haven't ₃even finished ₄half of them.　　　　　　　(佛教大)

(2) The New York stock market owes ₁it's strength to ₂continuing low interest rates and the ₃relatively good performance of ₄companies.　　　　　　　(名古屋外語大)

(3) ₁In authorizing "My dream," Obama had ₂the help of several researchers and editors, but ₃did the writing ₄of himself.　　　　　　　(青山学院大)

(4) With their children ₁away at college, Mr. and Mrs. Smith have more time to enjoy ₂them by ₃doing things they ₄weren't able to do for a long time.　　　　　　　(学習院大)

(5) Generally ₁speaking, American ₂movies are ₃more interesting than Japanese ₄one.　　　　　　　(京都外語大)

(6) Many consumers decided ₁they would never ₂again purchase ₃other pair of shoes made in the city, so shoe companies there went bankrupt one after ₄another.　　　　　　　(名古屋外語大)

(7) Sherlock Holmes, a famous fictional detective, ₁lived in London, and to this day ₂each weeks he receives ₃quite a lot of mail ₄from his fans.　　　　　　　(京都外語大)

解答解説

問1

(1) **正解** ④（half of them → half of it） ▶ 別冊 p.95 ②

和訳 私たちの先生は先週私たちにとても多くの宿題を出したので，私はまだその半分も終えていない。

解説 「宿題（homework）の半分」の意味だから，単数名詞を受けるitを使うのが正しい。

(2) **正解** ①（it's → its） ▶ 別冊 p.95 ①

和訳 ニューヨーク株式市場の強みは，引き続く低金利と各企業の比較的よい業績のおかげである。

解説 owe O to ~「Oを~に負っている，Oは~のおかげだ」のOの位置には名詞（句）を置く。it'sはit isの短縮形だから，it's strengthは名詞句ではない。itの所有格itsを使って「それの（＝ニューヨーク株式市場の）強さ」の意味を表す。

(3) **正解** ④（of → 削除または by） ▶ 別冊 p.100 ⑦

和訳 「マイ・ドリーム」に許可を与える際，オバマは数人の研究者と編集者の助けを借りたが，著述は自分で行った。

解説 文の意味から考えて，himself「自分自身で」またはby himself「独力で」を使うのが正しい。

(4) **正解** ②（them → themselves） ▶ 別冊 p.100 ⑦

和訳 子どもたちが大学へ行って家を出たので，スミス夫妻は長い間できなかったことをして楽しむ時間が増えている。

解説 enjoy *oneself*で「楽しむ」の意味を表す。

(5) **正解** ④（one → ones） ▶ 別冊 p.101 ⑧

和訳 一般的に言って，アメリカ映画は日本映画より面白い。

解説 movies（複数形の名詞）のくり返しを避けるには，onesを使う。

(6) **正解** ③（other → another） ▶ 別冊 p.102 ⑩

和訳 多くの客がその市で作られた靴は二度と買わないことに決めたので，現地の製靴会社［業者］は次々に倒産した。

解説 単数名詞の前にはotherではなくanotherを置く。another pair of shoesは「もう1足の靴」の意味。

(7) **正解** ②（each weeks → each week） ▶ 別冊 p.106 ⑬

和訳 有名な小説の探偵であるシャーロック・ホームズはロンドンに住んでいたが，今日でも毎週ファンからかなり多くの郵便物を受け取る。

解説 each「それぞれの」の後ろには単数形の名詞を置く。

13

代名詞

問2 日本語を英語に訳しなさい。

(1) 暑くても，冷たいものばかり飲むのは健康によくないよ。

_____

_____

（日本女子大）

(2) その選手が金メダルをとったことは驚きです。

_____

_____

（愛知学院大）

(3) 青森まで電車で行くのにいくらかかりますか。

_____

（東京歯科大）

(4) 私は，公共交通機関がほとんどない地域に住んでいたので，自転車で高校へ行くのに1時間かかりました。

_____

_____

_____

（群馬大）

(5) 私にとって，その試合に勝つか負けるかは問題ではありません。ただ全力を尽くすつもりです。

_____

_____

（日本女子大）

(6) 私は，先週，友人から子猫を二匹もらいました。一匹は茶色で，もう一匹は黒です。

_____

_____

（日本女子大）

問2

(1) 　正解例　 (Even) though [Even if] it is hot, it isn't good for your health to have only [nothing but] cold drinks.　　　　▶別冊 p.95 ❷・p.96 ❸

　解説　「暑い」はit is hotとitを主語にして表す。後半は形式主語のitが後ろの不定詞を指す形を利用する。just having cold drinks is bad for your healthのように動名詞を主語にして表現してもよい。

(2) 　正解例　 It is [was] surprising that the athlete [player] won a gold medal.　　　　▶別冊 p.96 ❸

　解説　It is [was] surprising that ...で「…は驚きだ（った）」の意味を表す。Itは後ろのthat節（…ということ）を指す形式主語。

(3) 　正解例　 How much does it cost to get [go] to Aomori by train?　　　　▶別冊 p.99 ❻

　解説　〈it costs (O) + 金額 + to *do*〉で「(Oが) ～するのに…（の金額）がかかる」の意味を表す。電車の料金は一律だから，costの後ろにO(me/us)は不要。What's the train fare to Aomori? とも表現できる。

(4) 　正解例　 I lived in an area [a district, a region] with little public transportation, so it took me an hour to go to (my) high school by bicycle.　　　　▶別冊 p.99 ❻

　解説　〈it takes (O) + 時間 + to *do*〉で「(Oが) ～するのに…（の時間）がかかる」の意味を表す。通学時間には個人差があるので，meは入れた方がよい。前半はThe area I lived in had a poor public transportation systemなども可。

(5) 　正解例　 It doesn't matter to me whether I win the game or not. I'll just do my best.　　　　▶別冊 p.99 ❻

　解説　it doesn't matter (to me) whether ...で「…かどうかは（私には）問題ではない」の意味を表す。whether節中では現在形を使う点に注意（will winは不可）。第2文はAll I can do is (to) try my best. なども可。

(6) 　正解例　 I got two kittens from a friend (of mine) last week. One (of them) is brown, and the other is black.　　　　▶別冊 p.102 ❿

　解説　第1文はOne of my friends gave me two kittens last week. でもよい。「2匹のうちのもう一方」はthe other (kitten)で表す。

Chapter 14 形容詞

別冊 p.109〜116

標準問題

問1 （　　　）内に入れるのに最も適切なものを一つ選びなさい。

(1) They look so much （　　　） that I can't tell them apart.
① like　　　② likely　　　③ liking　　　④ alike 〔山梨大〕

(2) The news that the event will be cancelled is really （　　　） to us all.
① disappoint　　　② disappointing
③ disappointed　　　④ to disappoint 〔福岡大〕

(3) He made me feel （　　　） when we were together.
① relax　　　② relaxed
③ relaxing　　　④ to relax 〔東北学院大〕

(4) Jennifer is too （　　　）. She cries whenever anyone comments on her appearance.
① strong　　　② capable　　　③ sensitive　　　④ sensible 〔獨協大〕

(5) My aunt always told me that younger people should be （　　　） to older people.
① respectable　　　② respectful
③ respecting　　　④ respective 〔東京理大〕

(6) I sometimes feel I have become less （　　　） as I grow older.
① imaginary　　　② imaginative　　　③ image
④ imaginable　　　⑤ imagine 〔立正大〕

(7) The taxes are so （　　　） that he cannot live in this country.
① high　　　② expensive　　　③ low　　　④ cheap 〔駒澤大〕

(8) Many （　　　） wants to study abroad nowadays.
① a student　　　② of a student
③ the student　　　④ students 〔法政大〕

問1

(1) **正解** ④ alike　　　　　　　　　　　　　　　　　　▶ 別冊 p.109 **①**

和訳 彼らは外見がとても似ているので，私には区別できない。

解説 alike「似ている」はThey are [look] alike.のように補語として使える。likeは「〜に似ている」の意味で，後ろに目的語が必要。likelyは「〜しそうだ」の意味。

(2) **正解** ② disappointing　　　　　　　　　　　　　　▶ 別冊 p.110 **③**

和訳 そのイベントが中止されるという知らせは私たちには本当に残念だ。

解説 主語はThe news。disappointingは「（事物が）人を失望させるような」，disappointedは「（人が）失望している」の意味。

(3) **正解** ② relaxed　　　　　　　　　　　　　　　　　▶ 別冊 p.110 **③**

和訳 私たちが一緒にいるとき彼は私をくつろいだ気分にしてくれた。

解説 feelの後ろにはCの働きをする形容詞を置く。I am relaxed.「私はくつろいだ気分だ」をもとにして考える。

(4) **正解** ③ sensitive　　　　　　　　　　　　　　　　▶ 別冊 p.110 **④**

和訳 ジェニファーは感受性が強すぎる。彼女は誰かが自分の外見のことを言うといつでも泣く。

解説 sensitive「敏感な」とsensible「分別がある」の違いに注意。

(5) **正解** ② respectful　　　　　　　　　　　　　　　　▶ 別冊 p.110 **④**

和訳 おばはいつも私に若者はお年寄りを敬うべきだと言った。

解説 文の内容に合うのはrespectful「敬意を表す」。respectableは「立派な，尊敬できる」，respectingは「〜について」，respectiveは「それぞれの」という意味。

(6) **正解** ② imaginative　　　　　　　　　　　　　　　▶ 別冊 p.110 **④**

和訳 私は年を取るにつれて想像力が乏しくなったように時々感じる。

解説 文の意味から考えてimaginative「想像力の豊かな」が適切。imaginaryは「想像上の，架空の」，imaginableは「想像しうる」。

(7) **正解** ① high　　　　　　　　　　　　　　　　　　▶ 別冊 p.110 **⑤**

和訳 税金が高すぎるので，彼はこの国では暮らせない。

解説 price「値段」，income「収入」，tax「税金」などお金の量の大小はhigh・lowなどで表す。expensive「高価な」・cheap「安い」は使わない。

(8) **正解** ① a student　　　　　　　　　　　　　　　　▶ 別冊 p.110 **⑤**

和訳 近ごろでは多くの学生が留学したがっている。

解説 〈many a＋単数名詞〉で「多くの〜」の意味を表す。wantsと3単現のsがついているので，④は不適切。

14
形容詞

(9) Nagatomi did very well last season. He has a reputation (　　　) to none in Europe.
① first
② none
③ second
④ third
(明治大)

(10) I want to live in a (　　　) building.
① three-stories'
② three-stories
③ three-story's
④ three-story
(獨協大)

(11) I am more than (　　　) to assist you with your work.
① to will
② will
③ would
④ willing
(中央大)

(12) I am pretty sure the pool (　　　) until 7 p.m.
① being open
② is open
③ to open
④ will open
(近畿大)

(13) (　　　) to go there by car than by train.
① It's more convenient
② That's as convenient as
③ We are more convenient
④ You are the most convenient
(日本大)

(14) It took me more than an hour to get home because of (　　　) traffic.
① heavy
② many
③ much
④ thick
(南山大)

(15) Stress-related illnesses are very (　　　) among middle-aged businessmen.
① uneasy
② popular
③ common
④ sick
(甲南大)

(16) I can't go to the movies with you tonight, because my assignment is (　　　) tomorrow.
① ready
② punctual
③ due
④ timely
(芝浦工大)

(9) 　正解　③ second　　　　　　　　　　　　　　　　　　▶別冊 p.111 ⑥

　和訳　ナガトミは昨シーズンとてもよくやった。彼はヨーロッパで誰にも負けない評判を持つ。

　解説　second to none で「誰にも劣らない」の意味を表す。

(10) 　正解　④ three-story　　　　　　　　　　　　　　　　▶別冊 p.111 ⑥

　和訳　私は 3 階建ての家に住みたい。

　解説　〈数詞 + -（ハイフン）＋ 名詞〉を形容詞として使う場合，名詞は単数形にする。story は「階」の意味。

(11) 　正解　④ willing　　　　　　　　　　　　　　　　　　▶別冊 p.112 ⑦

　和訳　喜んであなたの仕事をお手伝いします。

　解説　be willing to *do* で「〜してもかまわない」の意味。more than を加えてwilling の意味を強調すれば「喜んで〜する」の意味になる。

(12) 　正解　② is open　　　　　　　　　　　　　　　　　　▶別冊 p.113 ⑧

　和訳　確かプールは午後 7 時まで開いているはずだ。

　解説　be sure that ... で「…ということを確信している」の意味を表す。この文ではthat が省略されているが，sure の後ろはSV の形になる。④will open「開く（ことになっている）」は until 7 p.m. と意味的に合わない。

(13) 　正解　① It's more convenient　　　　　　　　　　　▶別冊 p.113 ⑨

　和訳　電車より車でそこへ行く方が便利です。

　解説　convenient「都合がよい，便利な」は，人間を主語にしては使えない。

(14) 　正解　① heavy　　　　　　　　　　　　　　　　　　　▶別冊 p.114 ⑩

　和訳　交通渋滞のせいで家に着くのに 1 時間以上かかった。

　解説　「激しい交通」は heavy traffic。

(15) 　正解　③ common　　　　　　　　　　　　　　　　　　▶別冊 p.114 ⑩

　和訳　ストレスに関係する病気は中年ビジネスマンの間でとてもよく見られる。

　解説　common「普通の，ありふれた」と popular「人気がある」の違いに注意。uneasy は「不安な」。

(16) 　正解　③ due　　　　　　　　　　　　　　　　　　　　▶別冊 p.114 ⑩

　和訳　今夜は君と一緒に映画に行けないんだ，宿題の締め切りが明日だから。

　解説　due は「期限［締め切り］が来て」の意味。punctual は「（人が）時間を守る」。

14

形容詞

問2 与えられた語（句）を並べかえて英文を完成させなさい。ただし，文の最初に
くる語も小文字で表示しています。

(1) 彼女には話したい大事なことがあった。
( ) ( ) ( ) ( ) ( ) ( ) ( ).
① something ② she ③ important ④ had
⑤ to ⑥ about ⑦ talk （東邦大）

(2) 見慣れない人たちがいた。（1語不要）
( ) ( ) ( ) ( ) ( ) ( ).
① were ② not ③ for ④ familiar
⑤ me ⑥ to ⑦ there ⑧ faces （高知大）

(3) 読書のすばらしさに気づいている人は少ない。（1語不要）
( ) ( ) ( ) ( ) ( ) ( ).
① wonderful ② reading ③ few ④ realize
⑤ is ⑥ how ⑦ people ⑧ little （高知大）

(4) かなり多くのアメリカ人が寿司を好んでいる。
( ) ( ) ( ) ( ) sushi.
① a ② Americans ③ few
④ quite ⑤ like （藤田保健衛生大）

(5) The older you get, ( ) ( ) ( ) ( ) ( ) stubborn.
① become ② more likely ③ the
④ to ⑤ you are （自治医大）

(6) 悪い癖はいったん身につくと直りにくい。（1語不要）
( ) ( ) ( ) ( ) ( ) ( ) of when
once acquired.
① are ② bad ③ get ④ habits
⑤ hard ⑥ out ⑦ recover ⑧ to （東京理大）

問2

(1) 正解 ②④①③⑤⑦⑥　　　　　　　　　　　　　　　▶ 別冊 p.109 ❷

(She had something important to talk about.)

解説 「大事な何か」は something important。形容詞は -thing や -one/-body で終わる代名詞の後ろに置く。to talk about は something を修飾する形容詞的用法の不定詞。

(2) 正解 ⑦①⑧②④⑥⑤　　　　　　　　　　　　　　　▶ 別冊 p.109 ❷・p.115 ⑪

(There were faces not familiar to me.)

解説 形容詞句（not 〜 me）が前の名詞（faces）を修飾する形。faces の後ろに that [which] were が省略されていると考えてもよい。be familiar to 〜は「〜によく知られている，〜になじみ深い」の意味。

(3) 正解 ③⑦④⑥①②⑤　　　　　　　　　　　　　　　▶ 別冊 p.110 ❺

(Few people realize how wonderful reading is.)

解説 可算名詞（複数形）の前に置いて「ほとんど〜ない」の意味を表す形容詞は few。little は不可算名詞の前に置く。

(4) 正解 ④①③②⑤　　　　　　　　　　　　　　　　　▶ 別冊 p.110 ❺

(Quite a few Americans like sushi.)

解説 〈quite a few + 可算名詞の複数形〉で「かなり多くの〜」の意味を表す。

(5) 正解 ③②⑤④①　　　　　　　　　　　　　　　　　▶ 別冊 p.112 ❼

(The older you get, the more likely you are to become stubborn.)

和訳 年を取ればとるほど，人はがんこになりやすい。

解説 〈the + 比較級 〜, the + 比較級 ...〉「〜すればするほど…」の後半部分に be likely to *do*「〜しやすい」を使った形。You are likely to become stubborn. の likely を比較級（the more likely）にして前に出す。

語句 stubborn 形 がんこな

(6) 正解 ②④①⑤⑧③⑥　　　　　　　　　　　　　　　▶ 別冊 p.112 ❼

(Bad habits are hard to get out of when once acquired.)

解説 It is hard to get out of bad habits.「悪い習慣から抜け出すのは難しい」という形式主語構文から，下線部を It の位置に移動した形。when once acquired は when they [=bad habits] are once acquired「それらがいったん身につけられたとき」の下線部を省略した形。

語句 acquire 動 〜を身につける，習得する

14
形容詞

発展問題
....

問1 下線部が誤っているものを1つ選びなさい。(5)(7)は，誤りがなければ⑤を選びなさい。

(1) The blue whale is ①the largest alive animal on earth, ②reaching a length of over thirty meters and weighing ③as much as one hundred and twenty midsize cars ④when it is fully matured.
(中央大)

(2) ①It is very tired to ②study for exams, ③because I am not ④good at memorization.
(名城大)

(3) A ①considerate amount of work ②is being done on ③affordable housing, the city government ④has said.
(学習院大)

(4) We spent ①a great deal of time looking through ②a large number of books to help her find ③a little information about it, but she knew ④many of it already.
(中央大)

(5) ①I've been ②on a diet for weeks and ③there are a ④few number of places where I can eat with my friends. ⑤NO ERROR
(早稲田大)

(6) Pork is China's meat ①of choice, ②accounting for nearly three ③fourth of its meat consumption; ④half the world's pigs live in China.
(名古屋外語大)

(7) ①Having made great effort, ②she was possible ③to defeat last year's champion ④and win the championship. ⑤ALL CORRECT
(早稲田大)

解答解説

問1

(1) 正解 ① (the largest alive animal → the largest animal alive) ▶ 別冊 p.109 ❶

和訳 シロナガスクジラは地球上で最大の動物であり，完全に成熟すると体長は30メートル以上，体重は120台の中型車と同程度の重さに達する。

解説 alive「生きている」は名詞の前には置けないので，the largest animal (that is) alive と表現する。

語句 blue whale シロナガスクジラ

(2) 正解 ① (It is very tired to → It is very tiring to) ▶ 別冊 p.110 ❸

和訳 私は暗記が得意ではないので，試験の勉強をするのはとても疲れる。

解説 tired は人間を主語にして使う。tiring は「（仕事などが）人を疲れさせる（性質を持つ）」の意味。

(3) 正解 ① (considerate → considerable) ▶ 別冊 p.110 ❹

和訳 手ごろな価格の住宅供給についてかなりの量の作業が行われているところだ，と市当局は言っている。

解説 文の意味から考えて，considerate「思いやりがある」ではなく considerable「かなりの」が適切。

語句 affordable 形 手ごろな価格の

(4) 正解 ④ (many of → much of) ▶ 別冊 p.110 ❺

和訳 彼女がそれについての少しの情報を見つけるのを手伝うために，私たちはたくさんの本を調べるのに多くの時間を使ったが，彼女はその（情報の）多くをすでに知っていた。

解説 ④many of it の it は information のこと。「多くの情報」は much information だから，その意味を代名詞の much で表す。many は不可算名詞の前には置けない。

(5) 正解 ④ (few number → small number) ▶ 別冊 p.110 ❺

和訳 私は数週間ダイエットをしており，友人と一緒に食事ができる店が少し（だけ）ある。

解説 number「数」の大小は large・small で表す。

(6) 正解 ③ (fourth → fourths) ▶ 別冊 p.111 ❻

和訳 豚肉は中国で好まれる肉であり，中国の肉の消費の4分の3近くを占める。世界の豚の半分が中国にいる。

解説 「4分の1」は a fourth，「4分の3」は three fourths（複数形）。

(7) 正解 ② (she was possible → she was able) ▶ 別冊 p.113 ❾

和訳 懸命に努力して，彼女は去年のチャンピオンを破って優勝できた。

解説 possible は人間を主語にしては使えない。

14 形容詞

145

(8) More and more ①employers are ②taking advantage of job applicants' personal web pages to find out ③whether they are worth ④hired.

(学習院大)

(9) Mary, a ①single mother of three children, has proven herself ②capable to balance the ③responsibilities of childrearing ④with a career in advertising.

(立教大)

問2 日本語を英語に訳しなさい。

(1) 私たちは興奮しすぎてじっと座っていられなかった。
We _____ .

(学習院大)

(2) 恐れずに私に何でも尋ねてください。

_____

(岩手医大)

(3) その都市は美しく保存されたギリシア建築で有名だ。

_____
_____

(日本女子大)

(4) 暗いニュースにはうんざりだわ。何か楽しい話はない？

_____
_____

(日本女子大)

(5) すべての人が自分の将来について心配しているわけではない。
Not everyone _____
_____ .

(学習院大)

解答解説

(8) 　**正解**　④（hired → hiring）　　　　　　　　　　▶別冊 p.113 **9**

　和訳　就職応募者の個人のウェブページを利用して本人が雇うに値するかどうか
　　　を調べる雇用主が増えている。

　解説　be worth 〜ing で「〜される価値がある」の意味を表す。

(9) 　**正解**　②（capable to balance → capable of balancing）　　▶別冊 p.113 **9**

　和訳　３人の子を持つシングルマザーであるメアリーは，自分が育児の責任と広
　　　告業の仕事のバランスを取ることができることを証明している。

　解説　be capable of 〜ing または be able to *do* で「〜できる」の意味を表す。

問2

(1) 　**正解例**　We were so excited that we couldn't sit still [remain seated].

　　　　　　　　　　　　　　　　　　　　　　　　▶別冊 p.110 **3**

　解説　「興奮する」は be excited。so 〜 that ...「とても〜なので…」の構文を使
　　　うか，We were <u>too</u> excited <u>to</u> sit still. の形で表現する。

(2) 　**正解例**　Don't be afraid to ask me anything.　　　　　▶別冊 p.112 **7**

　解説　be afraid to *do* は「怖くて〜できない」の意味。これを否定の命令文で使
　　　えば「怖がらないで〜しなさい」となる。Don't hesitate to 〜，Feel free
　　　to 〜などでもよい。

(3) 　**正解例**　The city is famous [well-known] for its beautifully preserved
　　　structures [works] of Greek architecture.　　　▶別冊 p.115 **11**

　解説　be famous [well-known] for 〜で「〜で有名だ」の意味を表す。「美しく
　　　保存された」は beautifully preserved。

(4) 　**正解例**　I'm (sick and) tired of bad [depressing] news. Are there any topics
　　　that make me [us] happy?　　　　　　　　　　▶別冊 p.115 **11**

　解説　be (sick and) tired of 〜で「〜にうんざりしている」の意味を表す。I'm
　　　fed up with 〜，I've had enough of 〜なども同様の意味で使える。「暗
　　　い」は bad の他，depressing「気分を落ち込ませる」，unpleasant「不
　　　快な」など。「楽しい話」は pleasant topic [story, news] などでもよいが，
　　　正解例のように「私（たち）を楽しくする話題」と表現できる。

(5) 　**正解例**　Not everyone is anxious [concerned, worried] about his or her
　　　[their] future.　　　　　　　　　　　　　　　▶別冊 p.115 **11**

　解説　be anxious [concerned, worried] about 〜などで「〜について心配す
　　　る」の意味を表す。everyone は単数扱いなので，動詞は is。everyone を
　　　受ける所有格の代名詞は正式には his or her だが，their もよく使われる。

14

形容詞

147

Chapter 15 副詞

別冊 p.117〜121

標準問題

問1 ( ) 内に入れるのに最も適切なものを一つ選びなさい。

(1) "How ( ) is that restaurant open?" "It closes at eleven."
① late ② fast ③ lately ④ far (佛教大)

(2) In the old days, people worked very ( ).
① hardiness ② hardy ③ hard ④ hardly (岡山理科大)

(3) I've ( ) finished my homework.
① already ② yet ③ soon ④ ever (北星学園大)

(4) It is very important to leave the house on time. ( ), you may miss the train to school.
① However ② Otherwise ③ Then ④ Therefore (愛知学院大)

(5) The only subject he liked at school was art. He wasn't interested in anything ( ).
① other ② else ③ also ④ neither (佛教大)

(6) I was offered that job at the international company, but I ( ) can't believe it.
① hardly ② seldom ③ still ④ yet (学習院大)

(7) In Japan, a beautiful capital city was built as ( ) as the eighth century.
① early ② fast ③ quick ④ rapid (日本大)

(8) The tired boy is ( ) asleep.
① fast ② most ③ much ④ quick (京都女子大)

解答解説

問1

(1) 正解 ① late   ▶ 別冊 p.117 ①

和訳 「あのレストランはどのくらい遅くまで開いていますか」「11時に閉店します」

解説 late「遅い，遅く」と lately「最近」の違いに注意。

(2) 正解 ③ hard   ▶ 別冊 p.117 ①

和訳 昔は，人々はとても熱心に働いた。

解説 hard「熱心に」と hardly「ほとんど〜ない」の違いに注意。hardy は「がまん強い」という意味の形容詞，hardiness はその名詞形。

(3) 正解 ① already   ▶ 別冊 p.119 ⑧

和訳 私はもう宿題を終えました。

解説 肯定文中で「もう，すでに」の意味を表すのは already。yet は否定文中で「まだ（〜ない）」，疑問文中で「もう（〜しましたか）」の意味を表す。

(4) 正解 ② Otherwise   ▶ 別冊 p.119 ⑧

和訳 家を時間通りに出ることはとても大切だ。さもないと，学校へ行く電車に乗り遅れるかもしれない。

解説 otherwise は「もしそうでなければ」の意味。however は「しかし」，then は「そのとき，それから」，therefore は「だから」。

(5) 正解 ② else   ▶ 別冊 p.119 ⑧

和訳 彼が学校で好きな唯一の科目は美術だった。彼は他の何にも興味がなかった。

解説 「他の」の意味を表す一般的な語は other だが，-thing や -one [-body] で終わる代名詞の場合は後ろに else を加えて「他の」の意味を表す。

(6) 正解 ③ still   ▶ 別冊 p.119 ⑧

和訳 私はその国際企業での仕事を提供されたが，まだそれが信じられない。

解説 still は「今でもなお」の意味。yet は「まだ（〜していない）」の意味で，主に現在完了形の文の最後に置く。

(7) 正解 ① early   ▶ 別冊 p.121 ⑨

和訳 日本では，美しい都が早くも8世紀に建てられた。

解説 「（時期が）早い」は early で表す。fast・quick・rapid は「（動きが）速い」の意味。

(8) 正解 ① fast   ▶ 別冊 p.121 ⑨

和訳 疲れた男の子はぐっすり眠っている。

解説 fast [sound] asleep で「ぐっすり眠って」の意味を表す。

15
副詞

149

(9) (　　　), she thought he was very mean, but she eventually fell in love with him.
　① At first
　② At first hand
　③ First of all
　④ For the first time （藤女子大）

(10) The seminar begins at 2:00 p.m. (　　　), so attendees should come a few minutes early.
　① sharp
　② sharpen
　③ sharply
　④ sharpening （日本女子大）

(11) The lady you were looking for was actually standing (　　　) behind you.
　① exact
　② right
　③ too
　④ ultimately （明治大）

(12) "Do you like classical music?" "Well, (　　　)."
　① certain
　② right
　③ sort of
　④ worth of （愛知学院大）

問2 下線部の意味に最も近いものを一つ選びなさい。

(1) I rent videos <u>once in a while</u>, but I prefer to see movies on the big screen.
　① sometimes
　② often
　③ never
　④ regularly （駒澤大）

(2) On my way back home, the rain came down <u>all at once</u>.
　① continually
　② heavily
　③ sadly
　④ suddenly （日本大）

(3) I see my grandparents <u>every now and then</u>.
　① often
　② regularly
　③ usually
　④ occasionally （東京経済大）

(4) We have forty applicants <u>so far</u>.
　① so long
　② up to now
　③ updated
　④ before long （日本大）

解答解説

(9) **正解** ① At first　　　　　　　　　　　　　　　　　　　　　○ 別冊 p.121 ⑨

和訳 最初彼女は彼がとても意地悪だと思ったが，結局彼に恋した。

解説 at first は「最初（のうち）は」の意味。at first hand は「直接」，first of all は「何よりもまず」，for the first time は「初めて」の意味。

(10) **正解** ① sharp　　　　　　　　　　　　　　　　　　　　　　○ 別冊 p.121 ⑨

和訳 セミナーは午後２時ちょうどに始まるので，出席者は数分早く来てください。

解説 〈時刻＋ sharp〉で「〜きっかりに」の意味を表す。

(11) **正解** ② right　　　　　　　　　　　　　　　　　　　　　　○ 別冊 p.121 ⑨

和訳 君が探していた婦人は実は君のすぐ後ろに立っていた。

解説 right は「ちょうど」の意味の副詞で，behind you を修飾している。ultimately は「最終的に，究極的には」の意味。

(12) **正解** ③ sort of　　　　　　　　　　　　　　　　　　　　　○ 別冊 p.121 ⑨

和訳 「クラシック音楽は好き？」「多少はね」

解説 sort of は「いくぶん，多少」の意味の副詞句。

問2

(1) **正解** ① sometimes　　　　　　　　　　　　　　　　　　　　○ 別冊 p.119 ⑧

和訳 私はたまにビデオを借りるが，大きなスクリーンで映画を見る方が好きだ。

解説 once in a while は「たまに（は），時々（sometimes, occasionally）」の意味。often は「しばしば，よく」，never は「一度も［決して］〜ない」，regularly は「定期的に」の意味。

(2) **正解** ④ suddenly　　　　　　　　　　　　　　　　　　　　○ 別冊 p.119 ⑧

和訳 帰宅の途中で，雨が突然降ってきた。

解説 all at once は「突然（suddenly）」の意味。continually は「絶えず，頻繁に」，heavily は「激しく」，sadly は「悲しいことに」の意味。

(3) **正解** ④ occasionally　　　　　　　　　　　　　　　　　　　○ 別冊 p.121 ⑨

和訳 私は時々祖父母に会う。

解説 every now and then は「時々（sometimes, occasionally）」の意味。regularly は「定期的に」，usually は「通例，たいてい」の意味。

(4) **正解** ② up to now　　　　　　　　　　　　　　　　　　　　○ 別冊 p.121 ⑨

和訳 私たちには今までのところ 40 人の応募がある。

解説 so far は「今までのところ（up to now, until now）」の意味。so long は「非常に長く」。updated は「更新した，最新の」の意味の形容詞。before long は「間もなく，やがて」。

問3 与えられた語（句）を並べかえて英文を完成させなさい。

(1) 彼女はまったく孤独で，カウンセリングをぜひとも必要としている。
She is (　　　) (　　　) (　　　) (　　　) (　　　) (　　　) (　　　).
① and　　　② need　　　③ greatly in　　　④ quite
⑤ of　　　⑥ counseling　　　⑦ alone
(日本大)

(2) The ice was (　　　) (　　　) (　　　) (　　　) (　　　) last winter.
① enough　　　② on　　　③ thick
④ to　　　⑤ walk
(自治医大)

(3) I (　　　) (　　　) (　　　) (　　　), but I (　　　). (1語不要)
① out　　　② thrown　　　③ haven't
④ had　　　⑤ them　　　⑥ should
(青山学院大)

(4) 私の故郷では，ほとんどすべての子どもが歩いて学校に通っていた。(1語不要)
In my hometown, (　　　) (　　　) (　　　) (　　　) (　　　) (　　　)
(　　　) school.
① all　　　② almost　　　③ children　　　④ most
⑤ the　　　⑥ to　　　⑦ walk　　　⑧ would
(日本女子大)

(5) They say (　　　) (　　　) (　　　) (　　　) (　　　) (　　　) (　　　)
fresh ones.
① as　　　② frozen　　　③ much　　　④ same
⑤ taste　　　⑥ the　　　⑦ vegetables
(日本大)

(6) 君はまさに私が捜していた少女です。
You are (　　　) (　　　) (　　　) (　　　) (　　　) have been looking for.
① girl　　　② I　　　③ that
④ the　　　⑤ very
(日本大)

(7) まだしなければならないことがたくさんある。
Much (　　　) (　　　) (　　　) (　　　) (　　　).
① be　　　② done　　　③ has
④ to　　　⑤ yet
(佛教大)

問3

(1) 正解 ④⑦①③②⑤⑥　　　　　　　　　　　　　　　　　　▶別冊 p.117 ❸

　　(She is quite alone and greatly in need of counseling.)

　　解説 quite（副詞）が alone（形容詞）を，greatly（副詞）が in need of counseling（形容詞句）を修飾する形。in need of ～は「～を必要として」の意味。

(2) 正解 ③①④⑤②　　　　　　　　　　　　　　　　　　　　▶別冊 p.117 ❸

　　(The ice was thick enough to walk on last winter.)

　　和訳 去年の冬は上を歩けるくらい氷が厚かった。

　　解説 〈形容詞・副詞 + enough to *do*〉で「～できるくらい十分…」の意味を表す。enough thick と並べないこと。

(3) 正解 ③②⑤①⑥　　　　　　　　　　　　　　　　　　　　▶別冊 p.118 ❹

　　(I haven't thrown them out, but I should.)

　　和訳 私はそれらを（まだ）処分していないが，処分すべきだ。

　　解説 最後の空所には③④⑥が入りうるが，意味から考えて⑥should を入れる。throw out ～「～を捨てる，処分する」の out は副詞だから，目的語が代名詞（them）の場合はその前に置く。

(4) 正解 ②①⑤③⑧⑦⑥　　　　　　　　　　　　　　　　　　▶別冊 p.118 ❻

　　(In my hometown, almost all the children would walk to school.)

　　解説 特定の子どもたちだから，children の前には the が必要。「その子どもたちのうちのほとんど」は，most of the children または almost all (of) the children で表す。almost「ほとんど」は副詞だから，almost the children のように名詞を修飾することはできない。

(5) 正解 ②⑦⑤③⑥④①　　　　　　　　　　　　　　　　　　▶別冊 p.119 ❼

　　(They say frozen vegetables taste much the same as fresh ones.)

　　和訳 冷凍野菜は新鮮な野菜とほとんど同じ味だそうだ。

　　解説 the same は much で修飾し，much the same で「ほとんど同じ」の意味を表す。

(6) 正解 ④⑤①③② 　　　　　　　　　　　　　　　　　　　▶別冊 p.119 ❼

　　(You are the very girl that I have been looking for.)

　　解説 〈the very + 名詞〉で「まさに（その）～」の意味を表す。

(7) 正解 ③⑤④①②　　　　　　　　　　　　　　　　　　　　▶別冊 p.119 ❽

　　(Much has yet to be done.)

　　解説 〈have [has] yet to be + 過去分詞〉で「まだ～されていない」の意味を表す。

15

副詞

問1 下線部が誤っているものを１つ選びなさい。

(1) Jack is ①really an ②incredible funny man, and he always makes ③people ④laugh. (明海大)

(2) Please ①pick up your garbage, ②switch off the lights, ③lock this door with both keys and ④hang up them here. (共立女子大)

(3) It is ①a cause for concern that the number of students going ②to abroad on study exchanges ③has been falling significantly ④in recent years. (学習院大)

(4) When I arrived ①at the station, the old woman said that ②the last train had ③already left two hours ④ago. (明海大)

問2 日本語を英語に訳しなさい。

(1) 彼は結婚して３年後，福岡に引っ越しました。

_____

(愛知学院大)

(2) 私は自分の服装にあまり気を使わない。

I _____ .

(学習院大)

(3) 有名な小説を書いた女性に３日前に会いました。

_____

(愛知学院大)

解答解説

問1

(1) 正解 ②（incredible → incredibly）　　　　　　　　● 別冊 p.117 ②

和訳 ジャックは実に信じられないほど愉快な男で，いつも人々を笑わせる。

解説 funny（形容詞）の程度を強めるには，前に副詞を置く。incredibly「信じられないほど」はvery よりも強い強調の意味を表す副詞。

(2) 正解 ④（hang up them → hang them up）　　　　　　● 別冊 p.118 ④

和訳 自分のごみを拾い，明かりを消し，このドアに両方の鍵をかけ，その鍵をここに掛けてください。

解説 hang up ～「～を掛ける」のupは副詞なので，目的語が代名詞（them）の場合はその前に置く。

(3) 正解 ②（to abroad → abroad）　　　　　　　　　　● 別冊 p.118 ⑤

和訳 交換学生として留学する学生の数が近年著しく減っていることは心配の種である。

解説 abroadは「外国へ」の意味の副詞なので，to は不要。

(4) 正解 ④（ago → before）　　　　　　　　　　　　　● 別冊 p.119 ⑧

和訳 私が駅に着いたとき，その老婦人は最終電車がすでに2時間前に出たと言った。

解説 ago「～前に」は過去形とともに使う。過去完了形のときはbeforeを使う。

問2

(1) 正解例 He moved to Fukuoka three years after he got married.

● 別冊 p.117 ③

解説 「…の3年後に」はthree years after ...で表す。この形では，three yearsがafter以下を修飾する副詞の働きをする。

(2) 正解例 I don't care (very) much about my clothes.　　● 別冊 p.119 ⑦

解説 〈not + (very) much〉で「あまり～ない」の意味を表す。care「気にする」は動詞だから，very単体ではなく，muchで修飾する。I'm not very [so] interested in what to wear.「私は何を着るべきかあまり関心がない」などとも表現できる。

(3) 正解例 Three days ago I met a woman who wrote a famous novel.

● 別冊 p.119 ⑧

解説 three days ago「3日前に」を最後に置くと「3日前に書いた」ように響くので，文頭に置くとよい。I met a woman three days ago who ～でも間違いではないが，関係詞はなるべく先行詞の直後に置く方がよい。

The six paragraphs **[A]**–**[F]** given below make up a passage but are not properly ordered. Moreover, the five parts (ア) – (オ) of paragraph **[A]** are not properly ordered, either. Read the passage and choose the best option from ①–④ for questions 1 and 2. (Words marked with an asterisk (*) are defined below the passage.)

[A]　(ア)　In this article, however, Bateson and colleagues provide the first evidence that a similar relationship between affective state and cognitive bias exists in an invertebrate* species, the honeybee.

　　(イ)　These 'cognitive biases' may thus be useful measures of animal affect. So far, published studies have been of mammals and birds only.

　　(ウ)　The authors raised interesting questions about the interpretation of such studies, and their implications for invertebrate 'emotion'.

　　(エ)　Recently there has been considerable interest in the possibility that the decisions animals make in ambiguous situations reliably reflect the valence (positivity or negativity) of their emotional (affective) state.

　　(オ)　As in depressed or anxious humans, animals in negative affective states are more likely to make negative ('pessimistic') judgments about ambiguous stimuli than those in positive states.

[B] But how can such states be measured? At present, we cannot measure the conscious experience of emotion — the feeling of anxiety or happiness — in other species. However, contemporary research conceptualizes emotions as comprising not just a conscious component, but also behavioral, neural and cognitive components. Changes in these latter three components can be measured objectively, and, therefore, may be useful indicators of such states.

[C] To measure cognitive biases, honeybees were trained on a discrimination task in which one combination of two odours in a 1：9 ratio was presented with a rewarding sugar solution, while another combination of the odours in a 9：1 ratio was presented with a less rewarding (less concentrated) sugar solution or, in separate experiments, an aversive (punishing) bitter solution. In just 12 training trials, many of the bees learnt to extend their probosces* to the 1:9 odour combination in order to drink the associated reward, and to withhold their probosces when the 9：1 odour combination was presented to avoid the punishing or less rewarding outcome.

[D] The next stage of the experiment allowed investigation of cognitive biases by presenting ambiguous odour cues which were intermediate between the two trained odour combinations (odour ratios of 3：7, 1：1, 7：3). Bees responding to these ambiguous stimuli by extending their proboscis could be categorized as showing a more 'optimistic' response than those that did not. Before bees were tested, half were subjected to one minute of vigorous shaking to simulate a dangerous event such as an attack on the hive, and to induce something akin to a negative affective state through exposure to this naturally aversive stimulus.

[E] Do non-human animals have emotions? If so, how can we measure them? And why should we be interested? Society's concerns about animal welfare are rooted in the assumption that animals can experience negative sensations and emotions, and hence suffer. Furthermore, the development of mind-therapy drugs continues to rely on animal models of emotion. Clearly, there are pragmatic and societally important reasons for studying emotional states in animals.

[F] The hypothesis that bees in this shaken state would show a more 'pessimistic' response to ambiguous odour cues than non-shaken bees was supported. They were less likely to extend their probosces to the trained 9：1 odour combination predicting punishment, and to the most similar ambiguous 7：3 odour combination.

[Adapted from Mendl, M., Paul, E.S., and Chittka, L. (2011) Animal behaviour: Emotion in invertebrates? *Current Biology*, Vol. 21, Issue 12, pp. 463-465, 21 June 2011. DOI: 10.1016/j.cub.2011.05.028]
invertebrate*: animals that neither possess nor develop a vertebral column (a backbone)
probosces*: the long, thin noses of some animals (such as an elephant)

(1) Which of the following shows the best (most coherent) sentence order for paragraph A?
　① アーイーウーオーエ　　② イーオーエーアーウ
　③ ウーアーエーオーイ　　④ エーオーイーアーウ

(2) Which of the following shows the best (most coherent) paragraph order for the passage?
　① F－B－C－D－A－E　　② E－B－A－C－D－F
　③ C－B－E－A－F－D　　④ A－C－D－E－B－F

（早稲田大）

解答

(1) ④ エーオーイーアーウ　(2) ② E－B－A－C－D－F

解説

(1)　1.代名詞等の指示語に着目する，2.キーフレーズであるcognitive bias「認知バイアス」の内容をとらえる，3.animals「動物」とinvertebrate species「無脊椎動物」とmammals and birds「哺乳類や鳥類」の関係をとらえる，の3点がポイントになる。まず（**ア**）のIn this article，（**イ**）のThese 'cognitive biases'，（**ウ**）のThe authors「その著者たち」，such studiesは，前の内容を指す働きをするので，冒頭に置く文としては不自然。残る（**エ**）（**オ**）のうち，（**エ**）が文章の主題を導入する内容と考えられるので，これを最初に置く。その後には，具体的な説明を追加する（**オ**）が続く（thoseは前にあるanimalsの反復を避けるための代名詞）。（**オ**）から，動物の感情が刺激への反応のしかたに影響することがわかる。（**イ**）の「認知バイアス」はこの事実を指すので，（**オ**）の次に並べる。（**イ**）は「これまで認知バイアスの研究対象は哺乳類と鳥類だけだった」という内容だから，これに（**ア**）を続ければ「認知バイアスは無脊椎動物（ミツバチ）にもある」という流れになり意味が通じる（厳密にはミツバチもanimalsの一種だが，（**オ**）のanimalsにはミツバチは入っていない）。（**ウ**）のthe authorsは（**ア**）のthis articleの著者たちだと考えられる（また「無脊椎動物」は（**ウ**）と（**ア**）にしか出てこない）ので，これを最後に置けば全体の意味が通る。

(2)　**[E]**で「動物に感情はあるか」という話題を提示し，続いて**[B]**でそれを測定する方法を説明している。さらに**[A]**で「認知バイアス」に言及し，**[C]**と**[D]**でそれを測定するための実験のプロセスを，**[F]**でその結果を述べている。

日本語訳

[A]（**ア**）　しかしこの論文でベイトソンと同僚たちは，感情状態と認知バイアス間に類似の関係が無脊椎動物であるミツバチに存在するという初めての証拠を提供している。

（**イ**）　したがってこれらの「認知バイアス」は，動物の感情の有益な指標かもしれない。今までに発表された研究は，哺乳類と鳥類に関するもののみだった。

（**ウ**）　著者らはこのような研究の解釈と無脊椎動物の「感情」への関わりについて興味深い疑問を提起している。

（**エ**）　最近，動物があいまいな状況で下す決定が，その動物の感情状態の結合価（プラスまたはマイナス）を確実に反映している可能性にかなりの関心が集まっている。

（**オ**）　沈んだ気持ちや不安な気持ちの人間の場合と同様に，マイナスの感情状態にある

動物は，プラスの感情状態の動物に比べて，あいまいな刺激に対してマイナスの（「悲観的な」）判断をする傾向が強い。

[B] しかし，そのような状態はどのようにして測定できるだろうか。現在のところ，他の生物種では感情の意識的な経験（不安や喜び）を測定することはできない。しかし現代の研究は，感情を意識的な要因だけでなく行動，神経，認知の要因から構成されるものと概念化している。これらの後者の3つの構成要素の変化は客観的に測定可能であり，したがってそのような状態の有益な指標となるかもしれない。

[C] 認知バイアスを測定するために，ミツバチに識別する訓練をさせた。その作業では，1：9の割合で混ぜた2つのにおいが砂糖液の報酬とともに与えられ，一方ではその2つのにおいを9：1の割合で混ぜて報酬の少ない（濃度の低い）砂糖液とともに，また別の実験では不快な（罰の）苦い液とともに与えられた。わずか12回の試行訓練で，ハチの多くは関連する報酬（の砂糖液）を飲むために1：9の割合で混ぜたにおいに吻を伸ばし，9：1のにおいが与えられたときは罰や報酬の少ない結果を避けるために吻を伸ばさないようになった。

[D] 実験の次の段階では，2つの訓練されたにおいの組み合わせの中間（匂いの比は3：7，1：1，7：3）のあいまいなにおいのヒントを与えることによって，認知バイアスを調査することができた。吻を伸ばしてこれらのあいまいな刺激に反応するハチは，そうでないハチよりも「楽観的な」反応を示していると分類できた。実験の前に半数を1分間激しく揺さぶって，巣への攻撃のような危険な出来事を模し，この当然不快な刺激にさらされることでマイナスの感情状態に似たものを誘発した。

[E] 人間以外の動物は感情を持つのか。もしそうなら，どのようにしてそれを測定できるのか。また，なぜ私たちはそれに関心を持つべきなのか。動物福祉に関する社会の関心は，動物がマイナスの感覚や感情を経験し，それゆえ苦しむ可能性があるという仮定に基づく。さらに精神治療薬の開発は感情の動物モデルに依存し続けている。動物の感情状態の研究には，明らかに実用的で社会的に重要な理由がある。

[F] このように揺らされた状態のハチは，揺らされていないハチよりもあいまいなにおいのヒントに対してより「悲観的な」反応を示すだろうという仮説が裏づけられた。罰を予測するよう訓練された9：1に混ぜた匂いや，それに最も似たあいまいな7：3に混ぜたにおいに，ハチが吻を伸ばす傾向はより少なかった。

語句

affective state 感情状態／**cognitive bias** 認知バイアス／**mammal** 图 哺乳類／**raise a question** 疑問を提起する／**implication** 图 関わり，影響／**ambiguous** 形 あいまいな／**valence** 图 結合価／**stimuli** < **stimulus** 图 刺激／**contemporary** 形 現代の／**conceptualize** 動 ～を概念化する／**comprise** 動 ～から構成される／**behavioral** 形 行動の／**neural** 形 神経の／**indicator** 图 指標／**discrimination** 图 識別，区別／**odour** 图 におい／**ratio** 图 比／**rewarding** 形 報酬となる，見返りとしての／**solution** 图 溶液／**concentrated** 形 高濃度の／**aversive** 形 嫌悪の／**withhold** 動 ～を控える，保留する／**categorize** 動 ～を分類する／**be subjected to ～** ～を受ける／**vigorous** 形 激しい／**simulate** 動 ～をまねる，シミュレーションする／**hive** 图 （ミツバチの）巣／**akin to ～** ～と同種の／**be rooted in ～** ～に根ざしている／**hence** 副 これゆえに／**pragmatic** 形 実用的な／**hypothesis** 图 仮説

Chapter 16 前置詞

● 別冊 p.122～132

標準問題

問1 （　　　）内に入れるのに最も適切なものを一つ選びなさい。

(1) （　　　）the most rapidly developing countries is Vietnam, which attracts investment from all over the world.
　① Among　　② As far as　　③ Concerning
　④ In　　　　⑤ With regard to
（中央大）

(2) I work for a company （　　　）a financial advisor.
　① as　　　② at　　　③ in
　④ on　　　⑤ to
（武蔵大）

(3) The scenery is beautiful （　　　）description.
　① for　　② above　　③ except　　④ beyond
（畿央大）

(4) Dan gradually became nervous （　　　）the interview.
　① until　　② between　　③ during　　④ while
（群馬大）

(5) I will phone you again （　　　）.
　① two days later　　　　② around two days
　③ in two days　　　　　④ two days before
（中京大）

(6) The bus was late and since there was no announcement, no one knew the reason （　　　）the delay.
　① by　　② for　　③ in　　④ of
（慶應大）

(7) It is clear that my field trip was （　　　）huge importance for my research.
　① in　　② of　　③ on　　④ to
（東京電機大）

(8) Herbert is a man （　　　）few words, but he has a sense of when to say the right thing.
　① for　　② on　　③ in　　④ of
（関西学院大）

解答解説

問1

(1) 正解 ① Among ▶別冊 p.122 ❷

和訳 最も急速に発展している国々の１つはベトナムで，世界中から投資を集めている。

解説 among は「〜のうちの１つ（one of）」の意味で使う用法もある。as far as 〜は「〜（場所）まで」，concerning と with regard to 〜は「〜に関して」。

(2) 正解 ① as ▶別冊 p.122 ❷

和訳 私はある会社に財政顧問として勤めている。

解説 ここでの前置詞 as は「〜として」の意味。

(3) 正解 ④ beyond ▶別冊 p.122 ❷

和訳 その景色は筆舌に尽くしがたいほど美しかった。

解説 beyond description で「筆舌に尽くしがたい」の意味を表す。前置詞の beyond は「〜を越えて」の意味。

(4) 正解 ③ during ▶別冊 p.122 ❷

和訳 ダンは面接の間に少しずつ不安になった。

解説 during は「〜の（時間の）間」。while「…の間」は接続詞だから，後ろには SV の形を置く。

(5) 正解 ③ in two days ▶別冊 p.122 ❷

和訳 ２日後にまたあなたに電話します。

解説 in は「今から〜たてば」の意味。①の two days later は過去や未来の時点を基準にして「その２日後に」の意味を表す。

(6) 正解 ② for ▶別冊 p.122 ❷

和訳 バスが遅れてアナウンスがなかったので，誰も遅れの理由を知らなかった。

解説 the reason for 〜で「〜の理由」の意味を表す。

(7) 正解 ② of ▶別冊 p.122 ❷

和訳 私の現地調査旅行が私の研究にとって極めて重要だったことは明らかだ。

解説 of (huge) importance で「（非常に）重要だ（(very) important）」の意味を表す。〈of + 抽象名詞〉が形容詞の意味を表す用法。

(8) 正解 ④ of ▶別冊 p.122 ❷

和訳 ハーバートは口数の少ない男だが，正しいことを言うべき時をわきまえている。

解説 a man of few words で「口数の少ない男」の意味を表す。〈a man of + (抽象) 名詞〉で「〜な（性質を持つ）人」。

(9) "Today, lunch is (   ) me. Order whatever you like." "Thank you very much."

① for   ② in   ③ on

④ to   ⑤ with   (北里大)

(10) My mother and I often have a chat (   ) a cup of tea.

① out   ② to   ③ over   ④ through   (中部大)

(11) (   ) Jasper's great disappointment, the fireworks were canceled due to rain.

① By   ② On   ③ To   ④ With   (東洋英和女学院大)

(12) The building is (   ) construction.

① behind   ② above

③ under   ④ over   (関西学院大)

(13) As he gave me direct assistance, I did the job with complete (   ).

① speedy   ② perfect

③ early   ④ ease   (福岡大)

(14) These days there has been a rapid increase (   ) commuters who leave their bicycles anywhere they like near railway stations.

① in a number of   ② in the number of

③ of the number in   ④ for the number of   (清泉女子大)

(15) There will be a meeting for this plan (   ) the morning of the 21st.

① for   ② at

③ on   ④ from   (名城大)

(16) I am looking for the key (   ) the door.

① into   ② through

③ with   ④ to   (駒澤大)

(17) Hokkaido is (   ) the north of Aomori.

① at   ② in

③ on   ④ to   (津田塾大)

解答解説

(9) 正解 ③ on　　　　　　　　　　　　　　　　　　　　◉ 別冊 p.122 ❷

和訳「今日のお昼は私のおごりよ。何でも好きなものを注文して」「どうもありがとう」

解説 onには「〜のおごりで」の意味がある。

(10) 正解 ③ over　　　　　　　　　　　　　　　　　　　　◉ 別冊 p.122 ❷

和訳 母と私はよくお茶を飲みながらおしゃべりをする。

解説 overには「〜しながら」の意味がある。

(11) 正解 ③ To　　　　　　　　　　　　　　　　　　　　◉ 別冊 p.122 ❷

和訳 ジャスパーが大変失望したことに，花火は雨で中止された。

解説 〈to 〜's + 感情を表す抽象名詞〉で「〜が…したことには」の意味を表す。

(12) 正解 ③ under　　　　　　　　　　　　　　　　　　　◉ 別冊 p.122 ❷

和訳 そのビルは建設中です。

解説 under constructionで「建設中で」の意味を表す。

(13) 正解 ④ ease　　　　　　　　　　　　　　　　　　　　◉ 別冊 p.122 ❷

和訳 彼が私を直接助けてくれたので，私は全く簡単にその仕事をした。

解説 with easeで「容易に（easily）」の意味を表す。この文では，easeの前に意味を強めるcompleteが加わっている。

(14) 正解 ② in the number of　　　　　　　　　　　　　　◉ 別冊 p.126 ❸

和訳 近ごろ鉄道の駅の近くの好きなところに自転車を放置する通勤客の数が急増している。

解説 increase in the number of 〜で「〜の数における増加」の意味を表す。

(15) 正解 ③ on　　　　　　　　　　　　　　　　　　　　◉ 別冊 p.126 ❸

和訳 21日の朝にこの計画のための会合があります。

解説「朝［午前中］に」はin the morningだが，「〜（特定の日）の朝［午前中］に」は<u>on</u> the morning of 〜で表す。

(16) 正解 ④ to　　　　　　　　　　　　　　　　　　　　◉ 別冊 p.126 ❸

和訳 私はドアの鍵を探している。

解説 a key to 〜で「〜（へ）の鍵」の意味。

(17) 正解 ④ to　　　　　　　　　　　　　　　　　　　　◉ 別冊 p.126 ❸

和訳 北海道は青森の北にある。

解説 to the north of 〜で「〜の北方に」の意味を表す。接しているときは<u>on</u> the north of 〜，内部にあるときは<u>in</u> the north of 〜と言う。

16

前置詞

163

(18) (   ) his brother, John didn't go to university.

① Unlike   ② Beside

③ Different from   ④ Regardless of   （高崎経済大）

(19) We know that a lack of vitamin C results (   ) a disease that affects the gums and teeth and smaller blood vessels.

① in   ② of

③ from   ④ as   （東京薬科大）

(20) I quite (   ) your view on that.

① agree   ② agree with

③ agree against   ④ agree along   （青山学院大）

(21) During the Cold War many Western European nations looked (   ) the United States for guidance on questions of ideology.

① for   ② over

③ to   ④ after   （上智大）

(22) Virginia was (   ) as to what to cook for Leonard and his friends that night.

① at bottom   ② at a loss

③ at last   ④ at trouble   （青山学院大）

(23) Joseph stayed up late last night. (   ), he fell asleep during the mathematics class.

① However   ② As a result

③ Instead   ④ In addition   （群馬大）

(24) There is an increasing trend for young people to give up the fast-food lifestyle (   ) the slow-food movement.

① for lack of   ② in favor of

③ on top of   ④ to begin with   （東京理大）

(25) The road is crowded. We might not arrive (   ) time for the concert.

① at   ② to

③ in   ④ by   （佛教大）

解答解説

(18) 正解 ① Unlike ▶ 別冊 p.122 ❷

和訳 兄とは違って，ジョンは大学へ行かなかった。

解説 unlike は「～とは違って」の意味の前置詞。③は群前置詞ではない。

(19) 正解 ① in ▶ 別冊 p.127 ❹

和訳 ビタミンCの欠乏が歯ぐきと歯と微小血管に影響を与える病気を引き起こすことを私たちは知っている。

解説 result in ～は「～の結果になる，～を引き起こす(cause)」の意味。result from ～「～に起因する」と区別すること。

語句 gum 名 歯ぐき／blood vessel 血管

(20) 正解 ② agree with ▶ 別冊 p.127 ❹

和訳 私はその点であなたの意見に全く賛成です。

解説 agree with ～で「～に賛成する」の意味を表す。「不賛成」の場合は disagree with ～と言う。

(21) 正解 ③ to ▶ 別冊 p.127 ❹

和訳 冷戦の間，多くの西側諸国はイデオロギーの問題に関する指導を米国に頼っていた。

解説 look to O for ～で「～をOに頼る」の意味を表す。

(22) 正解 ② at a loss ▶ 別冊 p.129 ❺

和訳 バージニアは，レナードと彼の友人にその夜何の料理を作るべきか途方に暮れていた。

解説 be at a loss は「途方に暮れている」の意味。後ろにはしばしば（as to +）疑問詞で始まる句や節を置く。as to ～は「～に関して」。

(23) 正解 ② As a result ▶ 別冊 p.129 ❺

和訳 ジョセフは昨晩夜ふかしをした。その結果，数学の授業中に居眠りした。

解説 as a result は「その結果，だから」の意味。however は「しかし」，instead は「その代わりに」，in addition は「それに加えて」。

(24) 正解 ② in favor of ▶ 別冊 p.131 ❻

和訳 若者がスローフード運動に賛同し，ファーストフードの生活スタイルをやめる傾向が強まっている。

解説 in favor of ～は「～に賛成して，～をひいきにして」の意味。for lack of ～は「～の不足［欠乏］のために」，on top of ～は「～に加えて」，to begin with は「最初に，手始めに」。

(25) 正解 ③ in ▶ 別冊 p.131 ❻

和訳 道路が混んでいる。私たちはコンサートに間に合わないかもしれない。

解説 in time for ～で「～に間に合って」の意味を表す。

16
前置詞

問2 下線部の意味に最も近いものを一つ選びなさい。

(1) Thanks to the good weather, we arrived at our destination an hour <u>ahead of schedule</u>.
① other than schedule   ② later than scheduled
③ earlier than scheduled   ④ exactly on schedule   (駒澤大)

(2) My job is to <u>wait on</u> all the customers.
① acknowledge   ② await
③ serve   ④ expect   (駒澤大)

(3) He seemed <u>ill at ease</u> in the presence of women.
① uncomfortable   ② terribly sick
③ easygoing   ④ unusually happy   (国士舘大)

(4) Please make yourself <u>at home</u>.
① kindly   ② lazy   ③ generous   ④ relaxed   (愛知工大)

(5) The suspect of the murder case <u>is at large</u>.
① has been arrested   ② has not been arrested
③ has not been accused   ④ has been accused   (駒澤大)

(6) Well, <u>at any rate</u>, the wedding ceremony will be on Saturday.
① away   ② no way   ③ anyway   ④ faraway   (駒澤大)

(7) Winter vacation is <u>around the corner</u>.
① boring   ② enjoyable   ③ very near   ④ far away   (駒澤大)

(8) After many days of investigation, what a nice surprise to discover a hint to the solution <u>by chance</u> on the Internet!
① accidentally   ② eventually
③ deliberately   ④ occasionally   (獨協医大)

(9) <u>By and large</u>, people tend to see the bright side of things.
① On the whole   ② In this regard
③ On the course   ④ In itself   (駒澤大)

問2

(1) **正解** ③ earlier than scheduled　　　　　　　▶ 別冊 p.122 ❷

　　和訳 好天のおかげで，私たちは予定より１時間早く目的地に着いた。

　　解説 ahead of schedule は「予定より早く」の意味。

(2) **正解** ③ serve　　　　　　　　　　　　　　　▶ 別冊 p.127 ❹

　　和訳 私の仕事はすべてのお客に給仕することです。

　　解説 wait on ～は「～に給仕する（serve）」の意味。wait for ～「～を待つ」と区別すること。acknowledge は「～を認める」，await は「～を待つ，待ち受ける」。

(3) **正解** ① uncomfortable　　　　　　　　　　　▶ 別冊 p.129 ❺

　　和訳 彼は女性の前では気づまりがするように見えた。

　　解説 ill at ease は「落ち着かない（uncomfortable）」の意味。

(4) **正解** ④ relaxed　　　　　　　　　　　　　　▶ 別冊 p.129 ❺

　　和訳 どうぞくつろいでください。

　　解説 at home は「くつろいで（relaxed）」の意味。

(5) **正解** ② has not been arrested　　　　　　　　▶ 別冊 p.129 ❺

　　和訳 その殺人事件の容疑者は逃亡中だ。

　　解説 be at large は「逃亡している，逮捕されていない」の意味。arrest は「逮捕する」，accuse は「告訴する」の意味。

(6) **正解** ③ anyway　　　　　　　　　　　　　　▶ 別冊 p.129 ❺

　　和訳 そうですね，とにかく結婚披露宴は土曜日です。

　　解説 at any rate は「とにかく（anyway）」の意味。

(7) **正解** ③ very near　　　　　　　　　　　　　▶ 別冊 p.129 ❺

　　和訳 冬休みは間近に迫っている。

　　解説 around the corner は「すぐ近くに（ある）」の意味。

(8) **正解** ① accidentally　　　　　　　　　　　　▶ 別冊 p.129 ❺

　　和訳 何日もの調査の末に，インターネットでその解決策のヒントを偶然発見したのは何とうれしい驚きだったことか！

　　解説 by chance [accident] で「偶然（accidentally）」の意味。eventually は「結局は」，deliberately は「故意に」，occasionally は「時折」。

(9) **正解** ① On the whole　　　　　　　　　　　▶ 別冊 p.129 ❺

　　和訳 一般に，人々は物事の明るい面を見る傾向がある。

　　解説 by and large は「概して，一般に（on the whole）」の意味。

16

前置詞

(10) The good old days are gone for good.
① better ② excellently ③ forever ④ sometimes （日本大）

(11) For the time being, the job will make us very busy.
① Eternally ② For now
③ Timelessly ④ For the sake of future （駒澤大）

(12) We should check the temperature and weather in advance when visiting a different country.
① for certain ② eventually
③ beforehand ④ at the moment （中部大）

(13) In the end, Jane won the first prize after practicing hard for the competition.
① Finally ② Definitely ③ Surprisingly ④ Admirably （中部大）

(14) Since there was heavy traffic, the president was not on time for the today's meeting.
① punctual ② late ③ immediate ④ necessary （中部大）

(15) I think I can manage all the housework alone without my mother's help.
① at my disposal ② in my way
③ to myself ④ on my own （国士舘大）

(16) I borrowed my friend's cell phone because mine was out of order.
① broken ② lost ③ spoken ④ bought （亜細亜大）

(17) This is a good report, apart from this mistake.
① except for ② far from ③ in spite of ④ due to （国士舘大）

(18) It snowed for several days on end.
① continuously ② immediately
③ off and on ④ temporarily （長崎大）

(19) The policeman arrested the old lady on the spot.
① fortunately ② immediately ③ severely ④ timely （日本大）

168

解答解説

(10) **正解** ③ forever   ▶ 別冊 p.129 ⑤

和訳 古き良き時代は永遠に過ぎ去ってしまった。

解説 for good で「永遠に（forever）」の意味を表す。

(11) **正解** ② For now   ▶ 別冊 p.129 ⑤

和訳 当面，その仕事で私たちはとても忙しくなるだろう。

解説 for the time being は「さしあたり，当面（for now）」の意味。eternally と timelessly は「永遠に」，for the sake of future は「将来のために」。

(12) **正解** ③ beforehand   ▶ 別冊 p.129 ⑤

和訳 外国を訪ねるときは前もって気温と天候を調べる方がよい。

解説 in advance は「前もって（beforehand）」の意味。for certain は「確実に」，eventually は「最終的に（は）」，at the moment は「現在（のところ）」。

(13) **正解** ① Finally   ▶ 別冊 p.129 ⑤

和訳 大会のために熱心に練習した末に，結局ジェインは1等賞を取った。

解説 in the end は「ついに，結局（finally, at last）」の意味。

(14) **正解** ① punctual   ▶ 別冊 p.129 ⑤

和訳 交通が混雑していたので，社長は今日の会合に時間通りに来なかった。

解説 on time は「時間通りに（punctual）」の意味。

(15) **正解** ④ on my own   ▶ 別冊 p.129 ⑤

和訳 私は母の助けを借りずに全部の家事を一人ですることができると思う。

解説 on *one's* own は「独力で，一人で（alone）」の意味。

(16) **正解** ① broken   ▶ 別冊 p.122 ②

和訳 私は自分の携帯電話が故障したので友人のを借りた。

解説 out of order は「故障して（broken）」の意味。

(17) **正解** ① except for   ▶ 別冊 p.131 ⑥

和訳 このミスを別にすれば，これはよいレポートだ。

解説 apart [aside] from ～は「～を別にすれば（except for）」の意味。far from ～は「～からかけ離れて」，in spite of ～は「～にもかかわらず」，due to ～は「～が原因で」。

(18) **正解** ① continuously   ▶ 別冊 p.129 ⑤

和訳 数日間雪が降り続いた。

解説 on end で「引き続き（continuously）」の意味を表す。immediately は「ただちに」，off and on は「断続的に」，temporarily は「一時的に」。

(19) **正解** ② immediately   ▶ 別冊 p.129 ⑤

和訳 警官はその老婦人を即座に逮捕した。

解説 on the spot は「その場で，すぐに（immediately）」の意味を表す。

16

前置詞

(20) University students have many things to do, but <u>above all</u>, they have to study.

① somewhat frequently   ② quite thoroughly

③ very reasonably   ④ most importantly   (中部大)

(21) It is <u>next to</u> impossible for us to improve our powers of concentration only through meditation.

① almost   ② barely   ③ really

④ seldom   ⑤ surely   (北里大)

(22) The ship was <u>at the mercy of</u> the waves.

① sailing against   ② sinking under

③ powerful with   ④ powerless against   (愛知工大)

(23) <u>For all</u> the animal doctor's efforts, the injured dog could not make a full recovery.

① In place of   ② Without

③ With   ④ In spite of   (亜細亜大)

(24) The reporter spoke to the officer <u>in charge of</u> the investigation.

① following in the footsteps of   ② having responsibility for

③ knowing better about   ④ searching for   (中部大)

(25) We're going to go to that country <u>for the purpose of</u> helping the poor.

① at the mercy of   ② in charge of

③ with a view to   ④ in preference to   (獨協医大)

(26) Mr. Root is going to attend the meeting <u>on behalf of</u> our department.

① demanding   ② praising

③ representing   ④ visiting   (日本大)

(27) Many smaller factories are going out of business <u>on account of</u> the current trade war.

① in spite of   ② no matter

③ regardless of   ④ because of   (亜細亜大)

解答解説

(20) **正解** ④ most importantly ▶ 別冊 p.128 ⑤

和訳 大学生にはすることが多く，特に勉強しなければならない。

解説 above all は「特に，とりわけ」の意味を表す。選択肢中では④の「最も重要なことには」が近い意味。

(21) **正解** ① almost ▶ 別冊 p.128 ⑤

和訳 私たちが瞑想だけで集中力を改善することはほとんど不可能だ。

解説 next to impossible は「ほとんど（almost）不可能で」の意味。

語句 meditation 名 瞑想

(22) **正解** ④ powerless against ▶ 別冊 p.131 ⑥

和訳 その船は波にほんろうされていた。

解説 at the mercy of ～は「～のなすがままにされて」の意味。「～に対して無力（powerless against）だった」と言い換えられる。

(23) **正解** ④ In spite of ▶ 別冊 p.131 ⑥

和訳 獣医の努力にもかかわらず，その傷ついた犬は完全に回復することはできなかった。

解説 for [with] all ～は「～にもかかわらず（in spite of, despite）」の意味。in place of ～は「～の代わりに」。

(24) **正解** ② having responsibility for ▶ 別冊 p.131 ⑥

和訳 記者は調査を担当した役人と話した。

解説 in charge of ～は「～を担当して，～の責任者で」の意味。

(25) **正解** ③ with a view to ▶ 別冊 p.131 ⑥

和訳 私たちは貧しい人々を助ける目的でその国へ行く予定です。

解説 for the purpose of ～ing は「～する目的で（with a view to ～ing）」の意味。at the mercy of ～は「～のなすがままに」。in charge of ～は「～を担当して」。in preference to ～は「～に優先して」。

(26) **正解** ③ representing ▶ 別冊 p.131 ⑥

和訳 ルート氏は私たちの部を代表して会合に出席する予定です。

解説 on behalf of ～で「～を代表して（representing）」の意味を表す。

(27) **正解** ④ because of ▶ 別冊 p.131 ⑥

和訳 多くの小さな工場が，現在の貿易戦争のために廃業している。

解説 on account of ～は「～の（理由の）ために（because of）」の意味。in spite of ～は「～にもかかわらず」，regardless of ～は「～に関係なく」。

16

前置詞

問3 与えられた語（句）を並べかえて英文を完成させなさい。ただし，文の最初に
くる語も小文字で表示しています。

(1) 今週末までに報告書を提出していただけますか。
Would （　　　）（　　　）（　　　）（　　　）（　　　）（　　　）（　　　）
（　　　）of this week?
① by　　　　　　② end　　　　　　③ mind　　　　　④ report
⑤ submitting　⑥ the　　　　　　⑦ you　　　　　　⑧ your　　　　（関西学院大）

(2) 彼は時速90キロで車を運転していました。
He was （　　　）（　　　）（　　　）（　　　）（　　　）（　　　）.
① ninety　　　② hour　　　　③ at
④ driving　　　⑤ per　　　　　⑥ kilometers　　　（昭和薬大）

(3) 今年の1年生は前期に20単位まで受講することができます。
First-year （　　　）（　　　）（　　　）（　　　）（　　　）（　　　）to twenty
credits in the first semester of this year.
① able　　　　② are　　　　　③ students
④ take　　　　⑤ to　　　　　　⑥ up　　　　　（日本大）

(4) （　　　）（　　　）（　　　）（　　　）（　　　）（　　　）.
① out of　　　　② to go abroad　③ alone
④ it's　　　　　⑤ the question　⑥ for you　　　　（日本大）

(5) 緊急の場合に備えて何をすべきかを考慮しておいた方がよい。
We had better （　　　）（　　　）（　　　）（　　　）（　　　）（　　　）
（　　　）（　　　）emergency.
① an　　　　　② do　　　　　③ in　　　　　　④ consider
⑤ to　　　　　⑥ of　　　　　⑦ case　　　　　⑧ what　　　（関西学院大）

(6) 当局は捜査終了がなぜ決定されたか，全く説明をしなかった。
The officials offered no （　　　）（　　　）（　　　）（　　　）（　　　）
（　　　）（　　　）that the investigation was over.
① as　　　　　② determined　③ explanation　④ had
⑤ how　　　　⑥ they　　　　　⑦ to　　　　　　（立命館大）

解答解説
問3

(1) 　正解　　⑦③⑤⑧④①⑥②　　　　　　　　　　　　▶別冊 p.122 ❷

（Would you mind submitting your report by the end of this week?）

解説　by the end of 〜で「〜の終わりまでに」の意味を表す。byは「〜までに」という意味。Would you mind 〜ing? は「〜していただけますか」の意味。

語句　submit 動 〜を提出する

(2) 　正解　　④③①⑥⑤②　　　　　　　　　　　　　　▶別冊 p.122 ❷

（He was driving at ninety kilometers per hour.）

解説　at は「〜の割合で」，per は「〜につき」の意味。

(3) 　正解　　③②①⑤④⑥　　　　　　　　　　　　　　▶別冊 p.122 ❷

（First-year students are able to take up to twenty credits in the first semester of this year.）

解説　up to 〜で「最大で〜まで」の意味を表す。「〜することができる」はbe able to do で表す。

語句　credit 名（授業の）単位／semester 名（2学期制の）学期

(4) 　正解　　④①⑤⑥②③　　　　　　　　　　　　　　▶別冊 p.129 ❺

（It's out of the question for you to go abroad alone.）

和訳　あなたが一人で外国へ行くのは無理です。

解説　out of the question で「問題外で，不可能で（impossible）」の意味を表す。it は後ろの不定詞を指す形式主語。不定詞の意味上の主語は for you で表す。

(5) 　正解　　④⑧⑤②③⑦⑥①　　　　　　　　　　　　▶別冊 p.131 ❻

（We had better consider what to do in case of an emergency.）

解説　in case of (an) emergency で「非常の場合に備えて」の意味を表す。「何をすべきか」は what to do。

(6) 　正解　　③①⑦⑤⑥④②　　　　　　　　　　　　　▶別冊 p.131 ❻

（The officials offered no explanation as to how they had determined that the investigation was over.）

解説　as to 〜で「〜に関して（about）」の意味を表す。how は「どのようにして，なぜ」。「決定した」のは offered の時点から見てさらに過去なので，過去の過去（大過去）を had determined で表す。

語句　investigation 名 捜査，調査

16

前置詞

173

問1 下線部が誤っているものを 1 つ選びなさい。(3)は，誤りがなければ⑤を選びなさい。

(1) ①Beside making saltwater heavier than fresh water of the same
②temperature, salts also ③lower the freezing ④point of water. （学習院大）

(2) The authorities claim that air pollution ①decreased ②for ③roughly 50
percent because ④of their effort. （立教大）

(3) ①Let her know that she ought to ②leave the house until 3 pm ③for us to
make it ④to the show on time. ⑤ALL CORRECT （早稲田大）

(4) The Queen Mother ①lived to be 102, and died ②in the same year of her
daughter Margaret, who ③had been troubled by divorce and ill health
④in her later years. （京都外語大）

(5) A recent study shows that 7 ①for 10 Americans ②classified as political
independents were not very concerned ③that climate change ④would
hurt them. （立教大）

(6) ①No matter ②how rich ③one is, one ④cannot buy happiness ⑤by money. （追手門学院大）

(7) Sea water not only is ①much saltier than river ②water, but it also differs
③from the proportion of the various ④salts. （名古屋外語大）

問1

(1) 正解 ①（Beside → Besides）　▶ 別冊 p.122 ❷

和訳 塩水を同じ温度の淡水よりも重くすることに加えて，塩は水の氷点も下げる。

解説 besideは「〜のそばに」の意味で，位置を表すので文意が通らない。besides「〜に加えて」に変えれば文の意味が通る。

(2) 正解 ②（for → by）　▶ 別冊 p.122 ❷

和訳 当局は彼らの努力によって大気汚染が約50％減少したと主張している。

解説 「〜（の分）だけ」の意味はbyで表す。

(3) 正解 ②（leave the house until 3 pm → leave the house by 3 pm）

▶ 別冊 p.122 ❷

和訳 私たちがショーに時間通りに着くために，彼女は午後3時までに家を出るべきだと彼女に知らせなさい。

解説 untilは「〜まで（ずっと継続している）」の意味。「〜までに」はbyで表す。

(4) 正解 ②（in the same year of → in the same year as）　▶ 別冊 p.122 ❷

和訳 皇太后は102歳まで生きて，後年は離婚と病気に悩まされていた娘のマーガレットと同じ年に死んだ。

解説 the same 〜 as ... で「…と同じ〜」の意味を表す。

(5) 正解 ①（for → out ofまたはin）　▶ 別冊 p.122 ❷

和訳 無党派に分類される10人中7人のアメリカ人が，気候変動が自分たちに害を与えることになるということをあまり懸念していないことが，最近の調査でわかった。

解説 「10（人）のうちの7（人）」は，seven out of [in] tenで表す。

語句 political independents 無党派（層）の人々

(6) 正解 ⑤（by money → with money）　▶ 別冊 p.122 ❷

和訳 たとえどんなに金持ちでも，お金で幸福を買うことはできない。

解説 「（具体的なもの）を使って」はwithで表す。by「〜によって」の後ろには，交通・通信の手段または〜ing「〜すること」を置く。no matter how 〜は「どんなに〜であろうとも」。

(7) 正解 ③（from → in）　▶ 別冊 p.127 ❹

和訳 海水は川の水よりずっと塩辛いだけでなく，さまざまな塩の比率の点でも異なっている。

解説 文の意味から考えて，differ from 〜「〜とは異なる」ではなく differ in 〜「〜の点で異なる」を使う。

語句 proportion 名 割合，比率

16
前置詞

(8) I feel that our students ①could do better than they do now, and ②I hope to be able to guide them ③to the right direction ④over the next few years.

（上智大）

(9) ①Regardless whether or not one ②is experiencing pain, ③twice-a-year examinations by a doctor ④are highly recommended.

（青山学院大）

(10) Hiroshi goes fishing ①to Lake Biwa ②most weekends, but he ③seldom gets ④a good catch.

（関西外大）

問2 日本語を英語に訳しなさい。

(1) 彼女を除いて誰もその数学の問題を解くことができなかった。
Nobody _____
_____.

（学習院大）

(2) この提案に賛成か反対か，はっきり言ってくれればありがたいです。

_____
_____

（日本女子大）

(3) 交通渋滞のため，授業に30分遅れた。
I was 30 minutes _____
_____.

（学習院大）

(4) 過去10年間の統計によると，フランス人は白ワインより赤ワインが好きなようです。

_____
_____
_____

（成城大）

解答解説

(8) 正解 ③（to the right direction → in the right direction）　▶別冊 p.126 ③

和訳 本校の生徒の成績は今よりも上げられると私は感じており，今後の数年間に彼らを正しい方向へ指導できればよいと思っている。

解説 「正しい方向へ」は in the right direction で表す。

(9) 正解 ①（Regardless → Regardless of）　▶別冊 p.131 ⑥

和訳 痛みを経験しているかどうかにかかわらず，医者による1年に2回の検査が強く勧められる。

解説 regardless of 〜で「〜にかかわらず」の意味を表す。

(10) 正解 ①（to Lake Biwa → in Lake Biwa）　▶別冊 p.126 ③

和訳 ヒロシはほとんどの週末に琵琶湖へ釣りに行くが，たくさん釣れることはめったにない。

解説 go 〜ing「〜しに行く」の後ろでは to は使わない。「琵琶湖で釣りをする」と考えて，in（釣りのしかたに応じて on なども）を使う。

問2

(1) 正解例 Nobody except [but] her could [was able to] solve the math problem.　▶別冊 p.122 ②

解説 except [but] で「〜を除いて」の意味を表す。これらは前置詞だから，後ろに置く代名詞は目的格（her）を使う。

(2) 正解例 I'd appreciate it if you would tell me frankly whether you are for or against this proposal.　▶別冊 p.122 ②

解説 for or against 〜で「〜に賛成か反対か」の意味を表す。I'd [I would] appreciate it if you would 〜は「〜していただけるとありがたいのですが」の意味の成句。日本語の意味とは多少ずれるが，I'd like you to tell me 〜，Could you tell me 〜? などを使っても通じる。

(3) 正解例 I was 30 minutes late for my [the] class because of [due to] a traffic jam [heavy traffic].　▶別冊 p.131 ⑥

解説 「〜の（理由の）ために」は，英作文では because of を使えばよい。traffic jam「交通渋滞」は可算名詞だから a が必要。heavy traffic「混雑した交通」とする場合，前に a はつかない（traffic は不可算名詞）。

(4) 正解例 According to the statistics for the past ten years, French people seem to prefer red wine to white wine.　▶別冊 p.131 ⑥

解説 according to 〜で「〜によれば」の意味を表す。「A より B が好きだ」は prefer *B* to *A* または like *B* better than *A* で表す。

16

前置詞

Chapter 17 接続詞

▶ 別冊 p.133～139

標準問題

問1 （　　　）内に入れるのに最も適切なものを一つ選びなさい。

(1) Listening to music helps some people focus (　　　) they study.
　① during　　　② while　　　③ on　　　④ what　　　(南山大)

(2) Costume jewelry is very popular because (　　　) encourages people to buy more of it.
　① of its low price　　　② the price is being low
　③ its low price　　　　④ the price is low
　⑤ is the low price　　　　　　　　　　　　　　　　　(北里大)

(3) John felt guilty, (　　　) he knew that he was partly responsible for his sister missing the bus.
　① for　　　② so　　　③ though　　　④ while　　　(中央大)

(4) I cannot speak Spanish, (　　　) can I read it.
　① also　　　② although　　　③ however　　　④ nor　　　(東京理大)

(5) (　　　) her offer carefully, and you'll understand how generous she is with her money.
　① Consider　　② Considering　③ Considered　④ To consider　(東京理大)

(6) Make sure you do the homework, (　　　) you will be in trouble again.
　① and　　　② then　　　③ or　　　④ for　　　(成城大)

(7) (　　　) are not good at driving is widely believed all over the world.
　① That women　　　　② When women
　③ Women　　　　　　④ If women　　　(中京大)

(8) When walking around Asakusa Station, I was surprised (　　　) so many foreign visitors were there.
　① at　　　② by　　　③ that　　　④ to　　　(日本女子大)

解答解説

問1

(1) **正解** ② while ▶ 別冊 p.133 ❶

和訳 音楽を聞くことは一部の人々が勉強中に集中するのを助ける。

解説 空所の後ろがSVの形（they study）なので，接続詞のwhile「…している間」を入れる。duringは前置詞。

(2) **正解** ③ its low price ▶ 別冊 p.133 ❶

和訳 模造宝飾品は，その安い価格のために人々がさらに買う気になるので，とても人気がある。

解説 because（接続詞）の後ろに〈S(its low price) + V(encourages)〉を置く。encourage O to *do* は「Oを（励まして）〜する気にさせる」。

(3) **正解** ① for ▶ 別冊 p.133 ❷

和訳 ジョンは罪悪感を覚えた，なぜなら彼は妹がバスに乗り遅れたことに対して自分に多少の責任があることを知っていたからだ。

解説 ここでのforは「というのは…だから」の意味の接続詞。

(4) **正解** ④ nor ▶ 別冊 p.133 ❷

和訳 私はスペイン語を話すことも読むこともできない。

解説 norは前の否定的な内容にさらに否定の内容を加える場合に使う。norの後ろはVSの語順（can I）になる。

(5) **正解** ① Consider ▶ 別冊 p.133 ❷

和訳 彼女の申し出を慎重に考えなさい，そうすれば彼女がどれほどお金に気前がよいかがわかります。

解説 〈命令文, and 〜〉で「…しなさい，そうすれば〜」の意味を表す。

(6) **正解** ③ or ▶ 別冊 p.133 ❷

和訳 確実に宿題をしなさい，さもないとまた困ったことになりますよ。

解説 〈命令文, or 〜〉で「…しなさい，さもないと〜」の意味を表す。

(7) **正解** ① That women ▶ 別冊 p.134 ❹

和訳 女性が運転が上手でないことは世界中で広く信じられている。

解説 That women are not good at drivingがS，is believedがV。ここでのthatは主語の働きをする（「…ということ」の意味の）名詞節を作る接続詞。

(8) **正解** ③ that ▶ 別冊 p.134 ❹

和訳 浅草駅を歩き回っていたとき，私はとても多くの外国人客がそこにいたので驚いた。

解説 空所の後ろがSVの形なので，感情を表す形容詞（surprised）の後ろに置いて「〜なので」の意味を表す接続詞のthatを使う。

17

接続詞

(9) Different (　　　) Warren and Graham were, they shared something in common.

① if　　　　② how　　　　③ as　　　　④ unless　　　(慶應大)

(10) (　　　) that I am a teacher myself, I know how hard it is to teach English.

① So　　　　② Now　　　　③ Because　　　④ As　　　(杏林大)

(11) Studying is a kind of habit. (　　　) you've got the habit, you'll never lose it.

① Though　　② Once　　　③ And　　　④ Although　　(名古屋学院大)

(12) (　　　) the temple once stood there is now a big car park.

① That　　　② When　　　③ Where　　　④ While　　(学習院大)

(13) (　　　) I did well in my studies in high school, I was terrible at sports.

① But　　　② Despite　　③ However　　④ While　　(南山大)

(14) We should also consider such cases where people do not use this tool (　　　) they should.

① that　　　　　　　　② as though
③ whether　　　　　　④ the way　　　(福岡大)

(15) As far as starting a family (　　　), the general trend is having children later in life.

① concerns　　　　　　② is concerned
③ is concerning　　　　④ should concern　　　(上智大)

(16) If you want to read English quickly, it matters not what you read, (　　　) how.

① also　　　　　　　　② no matter
③ while　　　　　　　④ but　　　(日本大)

(9) **正解** ③ as　　　　　　　　　　　　　　　　　　　　▶別冊 p.135 **6**

和訳 ウォーレンとグレアムは違っていたが，二人には共通点もあった。

解説 〈形容詞 + as + S + V〉で「…だけれど」の意味を表す。前半は Though [Although] Warren and Graham were different と言い換えられる。

(10) **正解** ② Now　　　　　　　　　　　　　　　　　　　▶別冊 p.136 **7**

和訳 今では私自身が教師なので，英語を教えることがどれほど難しいかを知っている。

解説 Now that ...「今では…なので」は理由を表す。

(11) **正解** ② Once　　　　　　　　　　　　　　　　　　　▶別冊 p.137 **9**

和訳 学習は一種の習慣である。その習慣がひとたび身につけば，決して失うことはない。

解説 once「いったん…すれば」は条件を表す接続詞として使う。

(12) **正解** ③ Where　　　　　　　　　　　　　　　　　　　▶別冊 p.138 **10**

和訳 かつてその寺が立っていたところには，今では大きな駐車場がある。

解説 where は「…のところに」の意味の接続詞として使う。

(13) **正解** ④ While　　　　　　　　　　　　　　　　　　　▶別冊 p.138 **10**

和訳 私は高校で勉強はよくできたが，スポーツはひどく苦手だった。

解説 while は「…である一方で」の意味で使う。but や however は前の内容を受けて「しかし」の意味で使うので不適切。

(14) **正解** ④ the way　　　　　　　　　　　　　　　　　　▶別冊 p.138 **10**

和訳 私たちは人々がこの道具を正しい方法で使わないような場合も考慮すべきだ。

解説 the way ... は「…のように，…のとおりに（as）」の意味の接続詞として使う。the way [as] they should は「彼ら［人々］がこの道具を使うべき（方法の）とおりに」→「正しい方法で」ということ。

(15) **正解** ② is concerned　　　　　　　　　　　　　　　　▶別冊 p.138 **10**

和訳 子作りに関する限り，一般的な傾向は子どもを人生のより遅い時期に持つ［出産の年齢が遅くなっている］ことである。

解説 as far as S is concerned で「S に関する限り」の意味を表す。

(16) **正解** ④ but　　　　　　　　　　　　　　　　　　　　▶別冊 p.139 **11**

和訳 もし速く英語を読みたいなら，何を読むかではなくどう読むかが大切である。

解説 not A(,) but B で「A でなく B」の意味を表す。A に当たるのが what you read「何を読むか」，B に当たるのが how (you read)「どう読むか」。matter は「重要だ」の意味の動詞。

17
接続詞

(17) Many doctors advised their patients (　　　) to eat less meat but to give up alcohol for health.
① both　　　　　　　　　② neither
③ not only　　　　　　　④ that　　　　　　　　　　　（金城学院大）

(18) (　　　) you should be more careful or you must not drive anymore.
① And　　　② Either　　　③ While　　　④ Unless　　　（名古屋学院大）

(19) Jane tried hard to persuade the director, but he remained (　　　) for nor against her proposal.
① either　　　② neither　　　③ never　　　④ not　　　（玉川大）

(20) (　　　) and charcoal exposes users to high levels of particulates and carbon monoxide.
① Wood both on cooking　　　② On both cooking wood
③ Both wood cooking on　　　④ Cooking on both wood　　　（芝浦工大）

問2　各組の文の意味がほぼ同じになるよう，(　　　) 内に入れるのに最も適切なものを一つ選びなさい。(3)の (　　　) 内には与えられた文字で始まる適切な語を入れなさい。

(1) (a) As soon as I glanced at the letter, I found it to be what I had wanted.
(b) (　　　) I glanced at the letter than I found it to be what I had wanted.
① Given that　　　　　　② Hardly had
③ No sooner had　　　　④ Scarcely had　　　（実践女子大）

(2) (a) As far as I know, this film got an Academy Award in 1985.
(b) To the (　　　) of my knowledge, this film got an Academy Award in 1985.
① best　　　　② full
③ point　　　　④ purpose　　　（東京理大）

(3) (a) You must finish your homework before going out to the party tonight.
(b) You may attend the party tonight on (c　　　) that you finish your homework first.　　　（中央大）

(17) 　**正解**　③ not only　　　　　　　　　　　　　　▶別冊 p.139 ⑪

　和訳　多くの医師が，健康のために肉を食べる量を減らすだけでなく飲酒もやめるよう自分の患者に助言した。

　解説　not only *A* but (also) *B* で「A だけでなく B」の意味を表す。

(18) 　**正解**　② Either　　　　　　　　　　　　　　　▶別冊 p.139 ⑪

　和訳　もっと慎重に運転するか，もう運転してはいけません。

　解説　either *A* or *B* で「A か B かのどちらか」の意味を表す。

(19) 　**正解**　② neither　　　　　　　　　　　　　　　▶別冊 p.139 ⑪

　和訳　ジェインは必死に重役を説得しようとしたが，彼は彼女の提案に賛成も反対もしないままだった。

　解説　neither *A* nor *B* で「A も B もどちらも〜ない」の意味を表す。

(20) 　**正解**　④ Cooking on both wood　　　　　　　　▶別冊 p.139 ⑪

　和訳　木でも炭でも燃料にして調理をすれば，使う人は高レベルの微粒子と一酸化炭素にさらされる。

　解説　文の意味から考えて，「料理が利用者を〜にさらす（Cooking exposes users to 〜）」という形にする。expose O to 〜は「O を〜にさらす」，both *A* and *B* は「A と B の両方」。

　語句　charcoal 图 炭，木炭／particulate 图 微粒子／
carbon monoxide 一酸化炭素

17
接続詞

問2

(1) 　**正解**　③ No sooner had　　　　　　　　　　　　▶別冊 p.136 ⑧

　和訳　その手紙をちらりと見るとすぐに，私はそれが自分のほしかったものだとわかった。

　解説　as soon as ... は「…するとすぐに」。no sooner 〜 than ... で言い換えられる。

(2) 　**正解**　① best　　　　　　　　　　　　　　　　　▶別冊 p.138 ⑩

　和訳　私が知る限り，この映画は1985年にアカデミー賞を取った。

　解説　as far as I know は「私の知る限り（to the best of my knowledge）」の意味。

(3) 　**正解**　condition　　　　　　　　　　　　　　　　▶別冊 p.137 ⑨

　和訳　(a) 君は今夜のパーティーに行く前に宿題を終えねばならない。／(b) 君は最初に宿題を終えるという条件で今夜のパーティーに行ってよい。

　解説　on condition that ... で「…という条件で，もし…なら」の意味を表す。

問3 与えられた語（句）を並べかえて英文を完成させなさい。

(1) より高い税金は，人々が懸命に働くことを妨げるかもしれないという点で良くない。

Higher taxes are not good （　　　）（　　　）（　　　）（　　　）（　　　）
（　　　）from working hard.

① that　　　　② discourage　　③ in
④ people　　　⑤ may　　　　　⑥ they　　　　　　　　（日本大）

(2) 当分はその件にふれないことにしよう。

Let's （　　　）（　　　）（　　　）（　　　）（　　　）（　　　）being.

① as　　　　　② for　　　　　③ is　　　　　④ it
⑤ leave　　　　⑥ the matter　⑦ the time　　　　　（藤田保健衛生大）

(3) 暗くなる前に帰ってくるのなら，外出してもよい。

You （　　　）（　　　）（　　　）（　　　）（　　　）（　　　）
（　　　）（　　　）（　　　）（　　　）.

① you　　　　　② are　　　　　③ go　　　　　④ back
⑤ dark　　　　⑥ long　　　　　⑦ out　　　　⑧ can
⑨ before　　　⑩ as　　　　　　⑪ as　　　　　　　　（高知大）

(4) 互いに足りないところを補い合って協力していきましょう。

Let's work together （　　　）（　　　）（　　　）（　　　）（　　　）（　　　）
（　　　）（　　　）other's weaknesses.

① each　　　　② can　　　　　③ for　　　　④ that
⑤ up　　　　　⑥ we　　　　　　⑦ so　　　　⑧ make　　（関西学院大）

(5) 科学技術はとても急速なペースで発展してきたので，企業が時代の流れについていくことは難しい。

Technology has advanced （　　　）（　　　）（　　　）（　　　）（　　　）
（　　　）（　　　）is difficult for companies to remain current.

① a　　　　　② it　　　　　③ such　　　④ pace
⑤ at　　　　　⑥ rapid　　　⑦ that　　　　　　　（日本大）

問3

(1) 正解 ③①⑥⑤②④　　　　　　　　　　　　　　　　　　▶別冊 p.134 ❹

(Higher taxes are not good in that they may discourage people from working hard.)

解説 in that ... で「…という点で」の意味を表す。discourage O from ～ing は「Oに～することを思いとどまらせる」。

(2) 正解 ⑤⑥①④③②⑦　　　　　　　　　　　　　　　　　　▶別冊 p.135 ❻

(Let's leave the matter as it is for the time being.)

解説 leave O as it isで「Oをそのままにしておく」の意味を表す。for the time beingは「当面，当分の間」という意味で，for the momentとも言う。

(3) 正解 ⑧③⑦⑩（または⑪）⑥⑪（または⑩）①②④⑨⑤　　　　▶別冊 p.138 ❿

(You can go out as long as you are back before dark.)

解説 as long as ... で「…の場合に限り（only if）」の意味を表す。you are back は you come back の意味。「外出する」は go out，「暗くなる前に」は before dark。

(4) 正解 ⑦④⑥②⑧⑤③①　　　　　　　　　　　　　　　　　▶別冊 p.139 ⓫

(Let's work together so that we can make up for each other's weaknesses.)

解説 so that S can ～で「Sが～できるように」の意味を表す。make up for ～は「～を補う，～の埋め合わせをする」。

語句 weakness 图 弱点，欠点

(5) 正解 ⑤③①⑥④⑦②　　　　　　　　　　　　　　　　　　▶別冊 p.139 ⓫

(Technology has advanced at such a rapid pace that it is difficult for companies to remain current.)

解説 at a rapid pace「急速なペースで」と such ～ that ...「非常に～なので…」を組み合わせた形。such は a の前に置く。that の後ろは形式主語の it が後ろの（意味上の主語＋）不定詞を指す形。remain current は「時代の流れについていく［遅れないようにする］」。

17

接続詞

問1 下線部が誤っているものを1つ選びなさい。

(1) No matter ①<u>how</u> busy or sleepy ②<u>I am</u>, I ③<u>write in</u> my diary every night before ④<u>go</u> to bed. （佛教大）

(2) The government ①<u>provided</u> hospitality and food ②<u>supply</u> for the settlers, ③<u>despite</u> the settlement did not progress ④<u>easily</u>. （名古屋外語大）

(3) If my friend ①<u>had not called</u> me this morning, I ②<u>might have overslept</u> and ③<u>be late for</u> the interview ④<u>for entering</u> the company. （京都外語大）

(4) ①<u>One of the things</u> that ②<u>you must remember</u> ③<u>is that</u> English ④<u>not so</u> simple. （杏林大）

(5) The puzzle ①<u>looked</u> so complicated ②<u>that</u> I wondered ③<u>that</u> I could solve it ④<u>within</u> the time limit. （佛教大）

(6) Mrs. Smith ①<u>promised to let</u> John ②<u>go to</u> the baseball game ③<u>provided</u> that he ④<u>will have</u> his homework done. （南山大）

(7) Today's temperature ①<u>will rise</u> to 30 degrees, and so I am ②<u>worried that</u> the meat and vegetables for our barbecue ③<u>will go bad</u> unless we ④<u>won't</u> put them in the cooler. （南山大）

問1

(1) 正解 ④ （go → I go [going]）　　　　　　　　　　▶別冊 p.133 ❶

和訳 どんなに忙しかったり眠かったりしても，私は毎晩寝る前に日記を書く。

解説 before が接続詞なら後ろに SV の形が必要だから，before I go to bed とする。前置詞として使うときは before going to bed とする。

(2) 正解 ③ （despite → (al)though）　　　　　　　　　▶別冊 p.133 ❶

和訳 入植は簡単には進まなかったが，政府は入植者に歓待と食料を提供した。

解説 despite「〜にもかかわらず」は前置詞なので，後ろに SV の形は置けない。接続詞の (al)though「…だけれども」であれば後ろにその形を置ける。

(3) 正解 ③ （be late for → been late for）　　　　　　　▶別冊 p.133 ❷

和訳 もし今朝友人が電話してくれなかったら，私は寝過ごしてその会社に入るための面接に遅れたかもしれない。

解説 *A* and *B* の形では，A と B は文法的に対等な要素にする。この文では，might have overslept and been late の下線部が A と B に当たる。

(4) 正解 ④ （not so simple → is not so simple）　　　　▶別冊 p.134 ❹

和訳 君が覚えておかねばならないことの 1 つは，英語はそれほど簡単ではないということだ。

解説 S is that ...「S は…ということだ」の形。that は接続詞だから，後ろには SV の形を置く必要がある。

(5) 正解 ③ （that → if [whether]）　　　　　　　　　　▶別冊 p.135 ❺

和訳 そのパズルはとても複雑そうに見えたので，私は制限時間内にそれを解くことができるだろうかと思った。

解説 意味から考えて，③は「…かどうか」の意味の if [whether] が正しい。wonder は「〜だろうかと思う」の意味の後ろでは that「…ということ」は使わない。

(6) 正解 ④ （will have → has）　　　　　　　　　　　▶別冊 p.137 ❾

和訳 スミスさんは，ジョンが宿題をし終えたら野球の試合に行くのを許可すると約束した。

解説 provided that ... は「…という条件で，もし…なら」の意味。if と同様に，節中では未来のことも現在形で表す。

(7) 正解 ④ （won't put → put）　　　　　　　　　　　▶別冊 p.137 ❾

和訳 今日の気温は30度まで上がるだろうから，クーラーに入れないと私たちのバーベキュー用の肉と野菜が腐るのが心配だ。

解説 unless「…しない限り」は否定の意味を含むので，その節中で not は使わない。unless we put = if we don't put と言い換えられる。

17
接続詞

問2 日本語を英語に訳しなさい。

(1) 重要なのは勝ち負けではなく，どのくらい熱心に取り組むかなのです。

_____

_____

（日本女子大）

(2) 歩きスマホは思っているより危ない。

_____

_____

（福岡女子大）

(3) 忘れるといけないから，ノートに書きとめておきなさい。

_____

_____

（日本女子大）

(4) 私の知る限りでは，彼はそのような誤りをおかしたことがない。

_____

_____

（岩手医大）

(5) 連絡が取りやすいように電話番号を教えておきますね。

_____

_____

（日本女子大）

(6) 私はとても疲れていたので，先週末は家にいました。

_____

_____

（愛知学院大）

解答解説

問2

(1) 正解例 What is important [The important thing] is not whether you win or lose [not] but how hard you try. ▶別冊 p.139 ⑪・p.135 ⑤

解説 What is important is not *A* but *B*.「大切なことは A ではなく B だ」という形を組み立てる（what は関係代名詞）。下線部は *B*, not *A* でもよい。「勝ち負け」は whether you win or lose「勝つか負けるかということ」。一般の人は you（または people）で表す。「取り組む」は，状況に応じて work, practice なども使える。

(2) 正解例 Using a [your] smartphone while [when] (you are) walking is more dangerous than you think (it is). ▶別冊 p.136 ⑧

解説 「歩きスマホ」は using a smartphone while walking「歩きながらスマホを使うこと」と表現できる。一度に 2 つ以上のスマホを使うのは普通ではないので，using smartphones while walking はやや不自然。

(3) 正解例 Write [Put] it down in your notebook in case you forget it. ▶別冊 p.137 ⑨

解説 「書き留める，メモする」は write [put] down。特定の何かを指して「それを書き留めなさい」という状況だから，目的語として it が必要。down は副詞なので，it はその前に置く。「…するといけないから」は in case ... で表す。so that you won't forget it とも表現できる。

(4) 正解例 As far as I know, he has never made such mistakes [a mistake]. ▶別冊 p.138 ⑩

解説 「私の知る限り」は as far as I know（または to (the best of) my knowledge）で表す。「～したことがない」は現在完了〈have never ＋過去分詞〉で表す。

(5) 正解例 I'll tell you [let you know] my (tele)phone number so that we can get [keep] in touch easily. ▶別冊 p.139 ⑪

解説 so that we can ～で「私たちが～する［できる］ように」の意味を表す。「（～と）連絡を取る［取り合っておく］」は get [keep] in touch (with ～)。so that you can call me easily も可能だが，相手の方から連絡してほしいようにも響くので，主語は we にする方がよい。

(6) 正解例 I was so tired that I stayed (at) home last weekend. ▶別冊 p.139 ⑪

解説 so ～ that ... で「とても～なので…」の意味を表す。I was very tired, so I stayed ～や I stayed ～, because I was very tired. も可能。last weekend は文頭または tired の後ろに置いてもよい。

17

接続詞

標準問題

問1 （　　　）内に入れるのに最も適切なものを一つ選びなさい。

(1) I hope Tommy will come back to our village and (　　　).
　① everybody else is so　　　② everybody else do
　③ so does everybody else　　④ do so everybody else　　　　（北里大）

(2) "Actually, I've never used this application." "I haven't, (　　　)."
　① so　　　② too　　　③ either　　　④ neither　　　　（佛教大）

(3) Scarcely (　　　) the experiment before the electricity went off.
　① started us　　　　　　② we would start
　③ had we started　　　　④ we have been started　　　　（名古屋工大）

(4) Children need clear rules about what is allowed and (　　　).
　① who aren't　　　　　② why isn't
　③ what isn't　　　　　④ when should be　　　　（日本大）

(5) I have always wanted to visit Paris, (　　　) of France.
　① is the capital　　　　② that the capital
　③ the capital　　　　　④ which the capital is
　⑤ whose capital is　　　　（北里大）

(6) The Japanese love seafood, and sashimi, (　　　) raw fish, is one of the most popular dishes.
　① and　　　② or　　　③ but　　　④ yet　　　　（福岡大）

(7) Einstein's theory is based on the idea (　　　) energy and matter are the same thing.
　① which　　　② when　　　③ what　　　④ that　　　　（名古屋工大）

解答解説

問1

(1) 正解 ③ so does everybody else　　　　　　　　　▶ 別冊 p.140 ②

和訳 私はトミーが私たちの村へ戻ってくればいいと思っていて，他のみんなも
そう思っている。

解説 〈so + V + S〉で「Sもまたそうだ」の意味を表す。Vは前の動詞に合わせ
る。この文では前がhopeなので，代動詞のdoを使う。

(2) 正解 ③ either　　　　　　　　　　　　　　　　　▶ 別冊 p.140 ②

和訳 「実は，このアプリを一度も使ったことがないんだ」「私もそうよ」

解説 否定文にeitherを加えて「〜もまたそうではない」の意味を表す。Neither
[Nor] have I. とも表現できる。

(3) 正解 ③ had we started　　　　　　　　　　　　　▶ 別冊 p.140 ①

和訳 私たちが実験を始めるか始めないかのうちに，電気が止まった。

解説 scarcely 〜 before ... は「〜するかしないかのうちに…」の意味。通常の
語順では We had scarcely started the experiment before ...（直訳は
「…する前に私たちはほとんど実験を始めていなかった」）。この形から
scarcelyを強調のため文頭に出すと，VSの倒置（had we）が起こる。

(4) 正解 ③ what isn't　　　　　　　　　　　　　　　▶ 別冊 p.141 ④

和訳 子どもたちは許されることと許されないことに関する明確なルールを必要
とする。

解説 what is allowed and what isn't allowed の下線部を（同じ言葉のくり返
しを避けるために）省略した形。

(5) 正解 ③ the capital　　　　　　　　　　　　　　　▶ 別冊 p.141 ⑤

和訳 私はフランスの首都パリを訪ねたいといつも思っている。

解説 Paris と the capital of France は同格の関係。A, Bのように名詞（句）
を2つ並べて「AつまりB，BであるA」の意味を表す。

(6) 正解 ② or　　　　　　　　　　　　　　　　　　　▶ 別冊 p.141 ⑤

和訳 日本人はシーフードを好み，刺身，つまり生の魚は最も人気の高い料理の
1つである。

解説 A, or Bで「A，つまりB」の意味を表す。AとBは同格の関係。

(7) 正解 ④ that　　　　　　　　　　　　　　　　　　▶ 別冊 p.141 ⑤

和訳 アインシュタインの理論は，エネルギーと物質が同じものだという考えに
基づいている。

解説 the idea that ... で「…という考え」の意味を表す。thatは同格節を作る
接続詞。同格節では，thatの後ろが完成した文の形になる。

18

特殊構文など

191

(8) The bad weather (　　　) them from launching the rocket.
① called ② drew ③ forced ④ prevented （関西医大）

(9) "Hi, Jason. It's been a while. What (　　　) you here?" "Hi, Ellen. I came to see my old friend. He lives in this building."
① brings ② gets ③ makes ④ takes （学習院大）

(10) The next four or five years are likely to (　　　) less industrial production.
① doubt ② matter ③ refuse ④ see （大阪薬科大）

問2 各組の文の意味がほぼ同じになるよう，(　　　) 内に入れるのに最も適切なものを一つ選びなさい。(4)(5)の (　　　) 内には適切な語を入れなさい。

(1) (a) According to the newspaper, the minister is going to resign.
(b) The newspaper (　　　) the minister is going to resign.
① says ② gets
③ sees ④ talks （佛教大）

(2) (a) As it was raining, we could not go on a hike.
(b) The rain (　　　) a hike.
① disturbed us from going on ② didn't make us go on
③ enabled us to go on ④ kept us from going on （亜細亜大）

(3) (a) The song takes me back to my happy school days.
(b) The song (　　　) me of my happy school days.
① calls ② reminds
③ remembers ④ recalls （中央大）

(4) (a) Why did you turn down their offer?
(b) (　　　) made you turn down their offer? （長崎県立大）

(5) (a) The teacher said to us, "Where are you going?"
(b) The teacher asked us where we (　　　) going. （東京理大）

192

(8) 　正解　④ prevented　　　　　　　　　　　　　　▶別冊 p.142 ❻

　和訳　悪天候のために彼らはロケットを打ち上げることができなかった。

　解説　prevent O from ～ingで「Oが～するのを妨げる」の意味を表す。

(9) 　正解　① brings　　　　　　　　　　　　　　　　▶別冊 p.142 ❻

　和訳　「こんにちは，ジェイソン。久しぶりね。ここへ何の用で来たの？」「や
　　　　あ，エレン。古い友人に会いに来たのさ。このビルに住んでいるんだ」

　解説　What brings you here?の直訳は「何があなたをここへ連れて来ているの
　　　　か」。takeは「（別の場所へ）連れて行く」の意味。

(10) 　正解　④ see　　　　　　　　　　　　　　　　　　▶別冊 p.142 ❻

　和訳　次の４～５年は，工業生産高が減少しそうだ。

　解説　seeは「（時代や場所が）～を目撃する，～の舞台となる」の意味。

問2

(1) 　正解　① says　　　　　　　　　　　　　　　　　▶別冊 p.142 ❻

　和訳　新聞によれば，その大臣は辞任するそうだ。

　解説　according to ～は「～によれば」。(b)は「新聞が～と言っている」→「新
　　　　聞によると～だそうだ」と表現する。

(2) 　正解　④ kept us from going on　　　　　　　　　▶別冊 p.142 ❻

　和訳　雨が降っていたので，私たちはハイキングに行けなかった。

　解説　(b)は keep O from ～ingで「Oが～するのを妨げる」の意味を表す。

(3) 　正解　② reminds　　　　　　　　　　　　　　　　▶別冊 p.142 ❻

　和訳　その歌を聞くと楽しい学生時代を思い出す。

　解説　(a)の take O back to ～は「Oを～へ連れ戻す」, (b)の remind O of ～は
　　　　「Oに～を思い出させる」の意味。

(4) 　正解　What　　　　　　　　　　　　　　　　　　▶別冊 p.142 ❻

　和訳　あなたはなぜ彼らの申し出を断ったのですか。

　解説　(b)は「何があなたに彼らの申し出を断らせたのか」。〈make ＋ O ＋ 原形不
　　　　定詞〉で「Oに～させる」の意味を表す。

(5) 　正解　were　　　　　　　　　　　　　　　　　　　▶別冊 p.143 ❼

　和訳　先生は私たちに「君たちはどこへ行くところなのか」と言った。

　解説　直接話法を間接話法で表す。(b)では〈ask ＋ O ＋ 疑問詞節〉「Oに～を尋
　　　　ねる」の形を使う。where以下は間接疑問なのでSVの語順になり, asked
　　　　との時制の一致でwereを使う。S(you)がweになる点にも注意。

特殊構文など

18

問3 与えられた語を並べかえて英文を完成させなさい。ただし，文の最初にくる語も小文字で表示しています。

(1) 所有しているものが多すぎて全てにラベルを貼ることができない。
So ( ) ( ) ( ) ( ) ( ) ( ) can't put labels on everything.
① that ② our ③ we
④ are ⑤ possessions ⑥ numerous （日本大）

(2) ( ) the shade of the tree ( ) ( ) cutest puppy ( ) ( ) ever ( ).
① had ② I ③ sat
④ the ⑤ under ⑥ seen （獨協大）

(3) That operation will pose some ( ) ( ) ( ) ( ) ( ) properly.
① done ② if ③ not
④ risks ⑤ serious （名古屋市立大）

(4) 社長がその事故で亡くなったという知らせは彼らを驚かせた。
( ) ( ) ( ) ( ) ( ) ( ) ( ) ( ) ( ) ( ) ( ) ( ).
① was ② them ③ the ④ president
⑤ killed ⑥ surprised ⑦ news ⑧ the
⑨ accident ⑩ that ⑪ the ⑫ in （高知大）

(5) そのマラソンランナーはついにオリンピック大会で競走するという夢を叶えることができた。
The marathon runner finally ( ) ( ) ( ) ( ) ( ) ( ) ( ) Olympic games.
① achieved ② ambition ③ competing ④ his
⑤ in ⑥ of ⑦ the （日本大）

(6) 多額の寄付金があれば私たちはその組織を運営することができるでしょう。
( ) ( ) ( ) ( ) ( ) ( ) ( ) ( ) the organization.
① operate ② us ③ enable ④ large
⑤ will ⑥ a ⑦ donation ⑧ to （昭和大）

194

問3

(1) 正解 ⑥④②⑤①③ ● 別冊 p.140 ❸

　　(So numerous are our possessions that we can't put labels on everything.)

　解説 Our possessions are <u>so numerous</u> that ... の下線部を強調のために文頭に置くと，〈C(So numerous) + V(are) + S(our possessions)〉という倒置形になる。so 〜 that ... は「非常に〜なので…」。

　語句 numerous 形 多数の

(2) 正解 ⑤③④②①⑥ ● 別冊 p.140 ❸

　　(Under the shade of the tree sat the cutest puppy I had ever seen.)

　和訳 その木陰に私がそれまでに見た最もかわいい子犬が座っていた。

　解説 〈場所 + V + S〉の倒置形。通常の語順では The cutest puppy I had ever seen sat under the shade of the tree. となる。

(3) 正解 ⑤④②③① ● 別冊 p.141 ❹

　　(That operation will pose some serious risks if not done properly.)

　和訳 その手術は，適切に行われなければ深刻な危険をもたらすだろう。

　解説 if 以下は if <u>it is</u> not done properly の下線部が省略された形。if, when, though などに続く節中の〈S + be 動詞〉は，S が主節の S と同じ場合には省略することがある。

　語句 pose a risk 危険をもたらす

(4) 正解 ③（または⑧・⑪）⑦⑩⑧（または③・⑪）④①⑤⑫⑪（または③・⑧）⑨⑥② ● 別冊 p.141 ❺

　　(The news that the president was killed in the accident surprised them.)

　解説 the news that ... で「…という知らせ」の意味を表す。that は（「…という」の意味の）同格節を作る接続詞。

(5) 正解 ①④②⑥③⑤⑦ ● 別冊 p.141 ❺

　　(The marathon runner finally achieved his ambition of competing in the Olympic games.)

　解説 ambition of 〜ing で「〜という野心, 夢」の意味を表す。ambition と of 以下は同格の関係。

(6) 正解 ⑥④⑦⑤③②⑧① ● 別冊 p.142 ❻

　　(A large donation will enable us to operate the organization.)

　解説 enable O to *do* で「O が〜するのを可能にする」の意味を表す。

　語句 donation 名 寄付（金）

18

特殊構文など

問1 下線部が誤っているものを１つ選びなさい。

(1) ①On the top of the hill ②stands three buildings: two obelisks, which are ③nicknamed The Witches' Hat, and a ④stone pyramid. （名古屋外語大）

(2) ①Not until the lawyer ②has completed her internship ③she can ④be accepted to work in this law office. （青山学院大）

(3) In ①response to the Industrial Revolution, the hope ②to improving ③the workplace developed ④into a political ideal. （立教大）

(4) I ①have heard a rumor from some of my friends ②if Dave and Nancy ③are going to change schools ④next month. （京都外語大）

(5) ①The chairperson of the committee, Ms. Wada, ②she will deliver ③a ④five-minute speech at the next meeting. （麗澤大）

問2 日本語を英語に訳しなさい。

(1) このことについて相談したいので後で私に電話してくれ，と彼に伝えてください。

_____

_____

（日本女子大）

(2) 先生は私が一人暮らしを始めたと知って，なんでも話し合える友達がいるかどうか尋ねました。

_____

_____

_____

（日本女子大）

問1

(1) **正解** ② （stands → stand）　　　　　　　　　　　▶ 別冊 p.140 ❸

和訳 丘の頂上に３つの建物がある。「魔女の帽子」という愛称を持つ２つの方尖塔と，石のピラミッドだ。

解説 〈場所 + V + S〉の倒置形。Sが複数形（three buildings）なので，standsの -sは不要。

語句 obelisk 名 方尖塔

(2) **正解** ③ （she can → can she）　　　　　　　　　　▶ 別冊 p.140 ❶

和訳 その弁護士は研修期間を終えて初めてこの法律事務所に勤めることが認められる。

解説 否定の副詞節（Not until ～ internship）を文頭に置くと，その後ろは倒置形（can she）になる。

(3) **正解** ② （to → of）　　　　　　　　　　　　　　▶ 別冊 p.141 ❺

和訳 産業革命に呼応して，職場の改善という希望が政治的理念に進展した。

解説 the hope of ～ingで「～するという望み，見込み」の意味を表す。hopeと of以下は同格の関係。

語句 in response to ～　～に反応して

(4) **正解** ② （if → that）　　　　　　　　　　　　　▶ 別冊 p.141 ❺

和訳 デイブとナンシーが来月転校するといううわさを友人の数人から聞いた。

解説 a rumor that ...で「…といううわさ」の意味を表す。thatは「…という」という意味の同格節を作る接続詞。from ～ friendsは挿入句。

(5) **正解** ② （she → 削除）　　　　　　　　　　　　▶ 別冊 p.141 ❺

和訳 委員会の議長である和田さんが次の会議で５分間のスピーチを行います。

解説 The chairperson of the committee と Ms. Wada は同格の関係。Ms. Wadaを取り除いても文が成立するはずだから，sheは不要。

語句 deliver 動 （演説）をする

問2

(1) **正解例** Please tell him (that I want him) to call me (later) because I want to talk about this with him.　　　　　　　　▶ 別冊 p.143 ❼

解説 tell X to do で「Xに～してくれと言う」の意味を表す。

(2) **正解例** My teacher heard [learned, knew] that I had started living [to live] alone and asked (me) if [whether] I had any friends to talk about anything [everything] with.　　　　　　　　　▶ 別冊 p.143 ❼

解説 ask if [whether] ...で「…かどうか尋ねる」の意味を表す。

標準問題

問1 （　　　）内に入れるのに最も適切なものを一つ選びなさい。

(1) The doctor advised Ella to (　　　) dairy foods.
　① catch on to　　　　　② keep away from
　③ make up for　　　　　④ take part in　　　　　　〈東洋英和女学院大〉

(2) Since my mother cooks, my father always washes the dishes and (　　　).
　① puts them away　　　② puts them down
　③ puts them in　　　　④ puts them off　　　　　　〈慶應大〉

(3) You can't take (　　　) what you have said. It's too late.
　① after　　　　② back　　　　③ for　　　　④ up　　　〈武蔵大〉

(4) Thank you for giving me this job. I won't (　　　) you down.
　① give　　　　② let　　　　③ feel　　　　④ set　　　〈南山大〉

(5) I fixed the mirror on your bike with glue. It's not dried yet, so if you touch it, I'm afraid it might (　　　).
　① come down　　② come off　　③ come out　　④ come up　〈岐阜大〉

(6) Their longtime effort finally paid (　　　) and they became rich.
　① in　　　　② off　　　　③ on　　　　④ up　　　〈鹿児島大〉

(7) The fire fighters did their best to put (　　　) the fire.
　① down　　　② off　　　　③ out　　　　④ up　　　〈畿央大〉

(8) After playing supporting roles for a long time, Kenji began to stand (　　　) in the theater world.
　① out　　　② on　　　③ by　　　④ over　　　〈同志社女子大〉

(9) James likes to stay in shape and works (　　　) three times per week.
　① at　　　② by　　　③ in　　　④ out　　　〈武蔵大〉

解答解説

問1

(1) 正解 ② keep away from　　　　　　　　　● 別冊 p.144 ❶

　和訳 医者はエラに乳製品を食べないようにと助言した。

　解説 keep away from ～は「～を遠ざけておく」の意味。advise O to do は「Oに～するよう助言する」。

　語句 dairy food 乳製品

(2) 正解 ① puts them away　　　　　　　　　　● 別冊 p.144 ❶

　和訳 母が料理をするので，父はいつも皿を洗って片づける。

　解説 put away ～は「～を片づける」の意味。

(3) 正解 ② back　　　　　　　　　　　　　　　● 別冊 p.144 ❶

　和訳 言ったことは取り消せない。手遅れだ。

　解説 take back ～は「（言葉など）を取り消す」の意味。

(4) 正解 ② let　　　　　　　　　　　　　　　● 別冊 p.144 ❶

　和訳 私にこの仕事をくれてありがとう。あなたを失望させません。

　解説 let down ～は「～を失望させる（disappoint）」の意味。down は副詞なので，目的語が代名詞（you）の場合はその前に置く。

(5) 正解 ② come off　　　　　　　　　　　　　● 別冊 p.144 ❶

　和訳 君の自転車のミラーを接着剤で直した。まだ乾いていないので，触れると外れるかもしれない。

　解説 come off は「（くっついていたものが）外れる」の意味。come out は「明らかになる，（市場に）出る」，come up は「出てくる，生じる」。

(6) 正解 ② off　　　　　　　　　　　　　　　● 別冊 p.144 ❶

　和訳 彼らの長期の努力はついに実り，彼らは金持ちになった。

　解説 pay off は「（努力などの）成果があがる，利益を生む」の意味。

(7) 正解 ③ out　　　　　　　　　　　　　　　● 別冊 p.144 ❶

　和訳 消防士たちは火を消すために最善を尽くした。

　解説 put out ～は「（火や明かりなど）を消す」の意味。put off ～は「～を延期する（postpone）」。

(8) 正解 ① out　　　　　　　　　　　　　　　● 別冊 p.144 ❶

　和訳 長い間脇役を演じた後，ケンジは演劇界で頭角を現し始めた。

　解説 stand out は「目立つ」の意味。stand by は「待機する」。

(9) 正解 ④ out　　　　　　　　　　　　　　　● 別冊 p.144 ❶

　和訳 ジェイムズは体形を保つのが好きで，週に3回トレーニングをしている。

　解説 work out は「トレーニングをする」の意味。stay in shape は「体形を保つ，シェイプアップする」。

19

その他の重要事項

(10) It's quite hard for new companies to (　　) to customers' expectations.
① make with　　　　　　　② look after
③ get away　　　　　　　④ live up　　　　　　　(関西学院大)

(11) If you don't know the meaning of a word, you can (　　) it up in a dictionary.
① look　　② clean　　③ hold　　④ make　　(西南学院大)

(12) In the San Francisco area, Asians (　　) about half the foreign-born population.
① make up　　② rise up　　③ stand up　　④ build up　　(昭和女子大)

(13) "Could you (　　) in the car park next to the station tonight?" "No problem. What time will your train arrive?"
① hold me up　　　　　　② pick me up
③ put me up　　　　　　④ show me up　　(学習院大)

(14) My brother put on a lot of weight last year, so he took (　　) jogging recently. He looks much fitter now.
① away　　② off　　③ on　　④ up　　(学習院大)

(15) The new supermarket has (　　) a lot of changes in the town.
① brought about　　　　　② brought along
③ brought out　　　　　④ brought up　　(岐阜大)

(16) I think getting (　　) with people is as important as being independent.
① along　　② by　　③ out　　④ up　　(学習院大)

(17) My parents said that they would (　　) me no matter what decision I make.
① stand by　　　　　　　② stand down
③ stand out　　　　　　④ stand over　　(岐阜大)

(18) Surprisingly, military spending used to (　　) for more than 20% of the GDP in that country.
① account　　② call　　③ pass　　④ settle　　(武蔵大)

解答解説

(10) **正解** ④ live up　　　　　　　　　　　　　　▶ 別冊 p.144 ①

和訳 新しい会社が顧客の期待に応えるのは非常に難しい。

解説 live up to ～「～の期待に応える」の意味。

(11) **正解** ① look　　　　　　　　　　　　　　　　▶ 別冊 p.144 ①

和訳 単語の意味を知らなければ，それを辞書で調べることができる。

解説 look up ～は「～を（辞書などで）調べる」の意味。up は副詞なので，目的語が代名詞（it）の場合はその前に置く。

(12) **正解** ① make up　　　　　　　　　　　　　　▶ 別冊 p.144 ①

和訳 サンフランシスコ地区では，アジア人が外国生まれの人口の約半分を占める。

解説 make up ～は「～を構成する（compose, constitute）」の意味。

(13) **正解** ② pick me up　　　　　　　　　　　　　▶ 別冊 p.144 ①

和訳 「今夜駅の隣の駐車場へ車で迎えに来てもらえる？」「いいよ。電車は何時に着くの？」

解説 pick up ～は「（人）を車で迎えに行く（collect）」の意味。up は副詞なので，目的語が代名詞（me）の場合はその前に置く。

(14) **正解** ④ up　　　　　　　　　　　　　　　　　▶ 別冊 p.144 ①

和訳 兄は去年体重がとても増えたので，最近ジョギングを始めた。今は前よりずっと健康そうに見える。

解説 take up ～は「～を（趣味として）始める（start）」の意味。

語句 fit 形 健康で

(15) **正解** ① brought about　　　　　　　　　　　▶ 別冊 p.146 ②

和訳 新しいスーパーマーケットは町に多くの変化をもたらした。

解説 bring about ～は「～を引き起こす，もたらす（cause）」の意味。

(16) **正解** ① along　　　　　　　　　　　　　　　　▶ 別冊 p.146 ②

和訳 人々と仲良くやっていくことは，自立することと同じくらい大切だと思う。

解説 get along [on] (well) with ～は「～と仲良くやっていく」の意味。

(17) **正解** ① stand by　　　　　　　　　　　　　　▶ 別冊 p.146 ②

和訳 両親は私がどんな決断を下しても私を応援すると言った。

解説 stand by ～は「～を支援する（support）」の意味。

(18) **正解** ① account　　　　　　　　　　　　　　　▶ 別冊 p.146 ②

和訳 驚くべきことに，その国では以前は軍事費が GDP の 20％以上を占めていた。

解説 account for ～は「～の割合を占める」の意味。

19

その他の重要事項

(19) Politicians should (　　　) from abusive language and strange behavior.
① be avoided
② be refrained
③ refrain
④ have avoided
（西南学院大）

(20) When there is no hope left, will you believe (　　　) miracles?
① at
② by
③ for
④ in
⑤ on
（早稲田大）

(21) Realizing his opponent was too strong, the chess player (　　　) in and admitted defeat.
① brought
② gave
③ put
④ turned
（学習院大）

(22) You should not be (　　　) by a dishonest salesman.
① taken back
② taken in
③ taken off
④ taken up
（藤女子大）

(23) She asked the shop clerk whether she could (　　　) the dress displayed in the window.
① bring with
② give in
③ take over
④ try on
（名城大）

(24) The poor cat lay dead in the middle of the road, (　　　) by a truck.
① picked up
② approached
③ met
④ run over
（北星学園大）

(25) Not only talent but also hard work (　　　) his success in business.
① contributed to
② took in
③ applied for
④ gave way
（名城大）

(26) To improve business performance, the company decided to (　　　) to drastic measures.
① handle
② imply
③ estimate
④ resort
（関西学院大）

(27) I think it is important to (　　　) with this complicated problem.
① tease
② cope
③ make
④ boast
（関西医大）

(28) I need to buy some curtains (　　　) the new wallpaper in my bedroom.
① to go with
② to go to
③ to go by
④ to go for
（南山大）

解答解説

(19) **正解** ③ refrain ▶ 別冊 p.146 ②
和訳 政治家は暴言や奇行を慎むべきだ。
解説 refrain from ～は「～を控える，慎む」の意味。
語句 abusive 形 口汚い

(20) **正解** ④ in ▶ 別冊 p.146 ②
和訳 望みが残っていないとき，あなたは奇跡を信じますか。
解説 believe in ～は「～の存在［価値］を信じる」の意味。

(21) **正解** ② gave ▶ 別冊 p.146 ②
和訳 敵が強すぎると悟り，そのチェスプレイヤーは屈服して敗北を認めた。
解説 give in [way] は「屈服する，負ける（yield）」の意味。

(22) **正解** ② taken in ▶ 別冊 p.146 ②
和訳 不誠実な販売員にだまされないようにすべきだ。
解説 take in ～は「～をだます（deceive）」の意味。

(23) **正解** ④ try on ▶ 別冊 p.146 ②
和訳 彼女はショーウィンドウに陳列されたドレスを試着してもいいかと店員に尋ねた。
解説 try on ～は「～を試着する」の意味。

(24) **正解** ④ run over ▶ 別冊 p.146 ②
和訳 その気の毒な猫は，トラックにひかれて道路の真ん中で死んで（横たわって）いた。
解説 run over ～は「（車が）～をひく」の意味。

(25) **正解** ① contributed to ▶ 別冊 p.146 ②
和訳 才能だけでなく努力も，彼のビジネスの成功の要因だった。
解説 contribute to ～は「～に貢献する，～の要因となる」の意味。

(26) **正解** ④ resort ▶ 別冊 p.146 ②
和訳 ビジネスの業績を改善するために，その会社は抜本的な手段に訴えることに決めた。
解説 resort to ～は「（しばしば好ましくない手段）～に訴える」の意味。

(27) **正解** ② cope ▶ 別冊 p.146 ②
和訳 この複雑な問題に対処することは大切だと思う。
解説 cope with ～は「～をうまく処理する」の意味。

(28) **正解** ① to go with ▶ 別冊 p.146 ②
和訳 私は寝室の新しい壁紙に合うカーテンを買う必要がある。
解説 go with ～は「～と調和する（match）」の意味。

(29) Don't ( ) till tomorrow what you can do today.
① bring off　　　　　　　② get off
③ put off　　　　　　　　④ take off　　　　　　　(國學院大)

(30) There is no ( ) for taste. Some people like history and literature, but others like physics and chemistry.
① driving　　　　　　　② accounting
③ limiting　　　　　　　④ communicating　　　　(亜細亜大)

(31) Be it ever so humble, there's no place ( ) home.
① as　　　② at　　　③ like　　　④ than　　　(学習院大)

(32) "I'll pass next time!" "I hope so, but it's ( ) said than done."
① better　　　② difficult　　　③ easier
④ easy　　　⑤ more difficult　　　　　　　　(武蔵大)

(33) Richard has had a bad time lately. First, he was fired by his boss, then his wife left him, and yesterday he had an accident. To describe his luck, we can use the following proverb that says, ( ).
① "He who shoots often, hits at last"
② "Don't count your chickens before they're hatched"
③ "Time and tide wait for no man"
④ "He who runs after two hares will catch neither"
⑤ "When it rains, it pours"　　　　　　　　(北里大)

(34) Miki : These days I get up early in the morning and enjoy jogging around the park.
Jane : You used to jog in the evening. What made you change your mind?
Miki : Well, I think fresh air in the morning is good for my health.
Jane : You're right. "( )."
① Birds of a feather flock together
② A bird in the hand is worth two in the bush
③ The early bird catches the worm
④ An old eagle is better than a young bird　　　　(青山学院大)

(29) 　正解　③ put off　　　　　　　　　　　　　　　　▶別冊 p.144 ❶

　和訳　今日できることを明日に延ばすな。

　解説　put off 〜は「〜を延期する（postpone）」の意味。get off 〜は「〜から降りる」，take off 〜は「〜を脱ぐ，取り除く（remove）」。

(30) 　正解　② accounting　　　　　　　　　　　　　　　▶別冊 p.146 ❷

　和訳　趣味は説明できない。歴史や文学が好きな人もいれば，物理学や化学が好きな人もいる。

　解説　There is no 〜ingは「〜できない」，account for 〜は「〜を説明する（explain）」。Some people 〜, others ... は「〜な人もいれば…な人もいる」。

(31) 　正解　③ like　　　　　　　　　　　　　　　　　　▶別冊 p.150 ❸

　和訳　たとえどんなに粗末でも，わが家に勝るところはない。

　解説　be it ever so humbleは however humble it is [may be] の意味。

(32) 　正解　③ easier　　　　　　　　　　　　　　　　　▶別冊 p.150 ❸

　和訳　「次は合格するぞ」「そうだといいけれど，言うは易く行うは難しだよ」

　解説　It's easier said than done. は「言うは易く行うは難し」の意味。

(33) 　正解　⑤ "When it rains, it pours"　　　　　　　　▶別冊 p.150 ❸

　和訳　リチャードは最近ひどい目にあっている。最初に上司に解雇され，次に妻に出て行かれ，昨日は事故にあった。彼の運を表現するには次のことわざを使うことができる。「不幸は重なる［泣きっ面に蜂］」だ。

　解説　⑤は「降るときは土砂降りだ」の意味。It never rains but it pours. とも言う。①は「下手な鉄砲も数撃ちゃ当たる」，②は「捕らぬ狸の皮算用」，③は「歳月人を待たず」，④は「二兎を追う者は一兎をも得ず」の意味。

(34) 　正解　③ The early bird catches the worm　　　　▶別冊 p.150 ❸

　和訳　ミキ：最近は朝早く起きて公園のまわりをジョギングしているの。

　　　　ジェイン：前は夕方に走っていたわよね。どうして心変わりしたの？

　　　　ミキ：そうね，朝の新鮮な空気は健康にいいと思うの。

　　　　ジェイン：そのとおりよ。「早起きは三文の徳」ね。

　解説　③は「早起きの鳥は虫をつかまえる」の意味。①は「類は友を呼ぶ」，②は「明日の百より今日の五十」，④は「老いた鷲は若い鳥に勝る」の意味。

19

その他の重要事項

問2 下線部の意味に最も近いものを一つ選びなさい。

(1) The men almost caught the wolf alive, but then it got away.
　① died　　　　　　　　② attacked
　③ escaped　　　　　　④ approached　　　　　　（関東学院大）

(2) To throw away hazardous waste is prohibited in this area.
　① reduce　　　　　　② dump
　③ discourage　　　　④ distribute　　　　　　　（日本大）

(3) My company made the decision to do away with the dress code.
　① accept　　　　　　② acquire
　③ abolish　　　　　　④ accompany　　　　　　（中部大）

(4) All she had to fall back on was her own experience.
　① develop　　　　　② rely on
　③ respect　　　　　④ try on　　　　　　　　　（日本大）

(5) It is difficult for me to turn down the proposal.
　① offer　　② receive　　③ refuse　　④ welcome　（日本大）

(6) George is worried about his health, so he is trying to cut down on sweets.
　① reduce　　　　　　② discard
　③ take pleasure in　④ break out　　　　　　　（日本大）

(7) Linda looks down on her classmates.
　① delights　　② deprives　　③ despises　　④ detects　（国士舘大）

(8) You should turn off your cell phone during a movie.
　① call off　　　　　② switch off
　③ subject to　　　　④ turn to　　　　　　　　（亜細亜大）

(9) A terrible fire broke out in downtown New York this morning.
　① fought badly　　　② ran
　③ was extinguished　④ started suddenly　　　（中部大）

問2

(1) **正解** ③ escaped   ▶ 別冊 p.144 ❶

和訳 その男たちはオオカミをほとんど生け捕りにしかけたが、そのあとオオカミは逃げた。

解説 get away は「逃げる（escape）」の意味。

(2) **正解** ② dump   ▶ 別冊 p.144 ❶

和訳 危険な廃棄物を捨てることはこの地域では禁止されている。

解説 throw away ～は「～を捨てる（dump, discard）」の意味。

語句 hazardous 形 危険な

(3) **正解** ③ abolish   ▶ 別冊 p.144 ❶

和訳 私の会社は服装規定を廃止する決定をした。

解説 do away with ～は「～を廃止する（abolish）」の意味。

(4) **正解** ② rely on   ▶ 別冊 p.144 ❶

和訳 彼女が頼れるのは自分の経験だけだった。

解説 fall back on ～は「～を頼る（depend on, rely on）」の意味。直訳は「彼女が頼るべく持っていたすべてのものは彼女自身の経験だった」。

(5) **正解** ③ refuse   ▶ 別冊 p.144 ❶

和訳 その提案を断ることは私には難しい。

解説 turn down ～は「～を断る（refuse, reject）」の意味。

(6) **正解** ① reduce   ▶ 別冊 p.144 ❶

和訳 ジョージは自分の健康を心配しているので、甘いものを減らそうとしている。

解説 cut down on ～は「～を減らす（reduce）」の意味。discard は「捨てる、廃棄する」、take pleasure in ～は「～を楽しむ」。

(7) **正解** ③ despises   ▶ 別冊 p.144 ❶

和訳 リンダは彼女のクラスメイトたちを軽蔑している。

解説 look down on ～は「～を軽蔑する（despise）」の意味。

(8) **正解** ② switch off   ▶ 別冊 p.144 ❶

和訳 映画の間は携帯電話の電源を切るべきだ。

解説 turn off ～は「～の電源を切る（switch off）」の意味。call off ～は「～を中止する（cancel）」。

(9) **正解** ④ started suddenly   ▶ 別冊 p.144 ❶

和訳 けさニューヨークの繁華街で大火事が起こった。

解説 break out は「（火事や戦争などが）起こる」の意味。

(10) You will need the ability to initiate and <u>carry out</u> original research and to work effectively in a team.

① approach　　② conduct　　③ expand　　④ study (日本大)

(11) These birds are in danger of <u>dying out</u>.

① distinction　　　　　② distraction

③ exclusion　　　　　④ extinction (日本大)

(12) It took Susan some time to <u>figure out</u> how to use her new computer.

① install　　　　　② create

③ understand　　　　　④ play (中部大)

(13) Dr. Lee asked me to <u>fill out</u> the document.

① complete　　　　　② turn in

③ start over　　　　　④ go over (亜細亜大)

(14) It was hard for me to <u>pick out</u> just one book from the list.

① bring　　② send　　③ change　　④ choose (千葉工大)

(15) We cannot <u>rule out</u> the possibility that she won't say yes.

① change　　② exclude　　③ free　　④ turn (日本大)

(16) Sarah looked <u>worn out</u> after the meeting.

① disappointed　　　　　② disturbed

③ embarrassed　　　　　④ exhausted (東京経済大)

(17) They decided to <u>bring up</u> their children in Hawaii.

① keep　　② protect　　③ put　　④ raise (日本大)

(18) This table <u>takes up</u> too much space in my office.

① resembles　　　　　② occupies

③ participates　　　　　④ organizes (千葉工大)

(19) She hasn't <u>turned up</u> yet though she promised to.

① answered　　　　　② appeared

③ finished　　　　　④ returned (愛知工大)

解答解説

(10)　**正解**　② conduct　　　　　　　　　　　　　　　　▶ 別冊 p.144 ❶

　和訳　君は斬新な研究を開始して実行し，チーム内で効果的な役目を果たす能力を必要とするだろう。

　解説　carry out 〜は「〜を実行する（conduct）」の意味。

　語句　initiate 動 〜を始める

(11)　**正解**　④ extinction　　　　　　　　　　　　　　　▶ 別冊 p.144 ❶

　和訳　これらの鳥は絶滅の危機にある。

　解説　die out は「絶滅する（become extinct）」の意味。extinction は「絶滅」。

(12)　**正解**　③ understand　　　　　　　　　　　　　　　▶ 別冊 p.144 ❶

　和訳　スーザンは新しいコンピュータの使い方を理解するのにいくらか時間がかかった。

　解説　figure [make] out 〜は「〜を理解する（understand）」の意味。

(13)　**正解**　① complete　　　　　　　　　　　　　　　　▶ 別冊 p.146 ❷

　和訳　リー博士［医師］は私にその文書に記入するよう頼んだ。

　解説　fill out [in] 〜は「〜に記入する（complete）」の意味。

(14)　**正解**　④ choose　　　　　　　　　　　　　　　　　▶ 別冊 p.144 ❶

　和訳　リストの中から 1 冊だけ本を選ぶのは私には難しかった。

　解説　pick out 〜は「〜を選ぶ（choose, select）」の意味。

(15)　**正解**　② exclude　　　　　　　　　　　　　　　　　▶ 別冊 p.144 ❶

　和訳　私たちは彼女がイエスと言わない可能性を排除できない。

　解説　rule out 〜は「〜を除外する（exclude）」の意味。

(16)　**正解**　④ exhausted　　　　　　　　　　　　　　　　▶ 別冊 p.144 ❶

　和訳　サラは会議の後で疲れ切っているように見えた。

　解説　worn out は「消耗している（exhausted）」の意味。

(17)　**正解**　④ raise　　　　　　　　　　　　　　　　　　▶ 別冊 p.144 ❶

　和訳　彼らは自分の子どもたちをハワイで育てることに決めた。

　解説　bring up 〜は「（人）を育てる（raise, rear）」の意味。

(18)　**正解**　② occupies　　　　　　　　　　　　　　　　▶ 別冊 p.144 ❶

　和訳　このテーブルは私のオフィスの空間を占め過ぎている。

　解説　take up 〜は「〜を占有する（occupy）」の意味。

(19)　**正解**　② appeared　　　　　　　　　　　　　　　　▶ 別冊 p.144 ❶

　和訳　彼女は約束したのにまだ現れていない。

　解説　turn [show] up は「現れる（appear），来る（come）」の意味。

その他の重要事項 19

(20) However fast you may walk, you can't catch up with him.

① excuse ② chance ③ overtake ④ exercise （愛知工大）

(21) After reading the book, I came up with a possible solution.

① got off ② took out ③ held up ④ thought of （名城大）

(22) We looked up to the new president as an ideal leader.

① welcomed ② respected

③ stared at ④ despised （駒澤大）

(23) She was very hard at work in order to make up for her husband's repeated failures.

① condemn for ② compensate for

③ conceive ④ complain （駒澤大）

(24) I can't put up with children shouting while I'm studying.

① allow ② agree ③ stand ④ wait （国士舘大）

(25) The detective is to set about the investigation tomorrow.

① begin ② complete ③ widen ④ establish （日本大）

(26) She had to leave the office earlier than usual because she had to look after her elderly mother at home.

① look for ② look up to

③ take after ④ take care of （獨協医大）

(27) Could you explain why you behaved like that last night?

① take account of ② give account

③ account for ④ account （駒澤大）

(28) Fred said that this sort of work called for great patience.

① refrained ② reminded ③ required ④ resumed （国士舘大）

(29) Some golfers made for the clubhouse when the thunder rolled.

① found out ② looked for

③ moved toward ④ started from （日本大）

解答解説

(20)　**正解**　③ overtake　　　　　　　　　　　　　　▶ 別冊 p.144 **❶**

　和訳　どんなに速く歩いても，君は彼には追いつけない。

　解説　catch up with ～は「～に追いつく（overtake）」の意味。

(21)　**正解**　④ thought of　　　　　　　　　　　　　　▶ 別冊 p.144 **❶**

　和訳　その本を読んだ後で，私は可能な解決策を思いついた。

　解説　come up with ～は「～を思いつく（think of）」の意味。

(22)　**正解**　② respected　　　　　　　　　　　　　　▶ 別冊 p.144 **❶**

　和訳　私たちは新しい社長を理想的な指導者として尊敬した。

　解説　look up to ～は「～を尊敬する（respect）」の意味。despise は「～を軽蔑する（look down on ～）」。

(23)　**正解**　② compensate for　　　　　　　　　　　　▶ 別冊 p.146 **❷**

　和訳　彼女は夫の度重なる失敗の埋め合わせをするために，とても熱心に仕事をした。

　解説　make up for ～は「～の埋め合わせをする（compensate for）」の意味。

(24)　**正解**　③ stand　　　　　　　　　　　　　　　　▶ 別冊 p.144 **❶**

　和訳　勉強中に子どもたちが大声を出すのに耐えられない。

　解説　put up with ～は「～に耐える（stand）」の意味。

(25)　**正解**　① begin　　　　　　　　　　　　　　　　▶ 別冊 p.146 **❷**

　和訳　刑事は明日，調査を開始する予定だ。

　解説　set about ～は「～に着手する（begin, start）」の意味。

(26)　**正解**　④ take care of　　　　　　　　　　　　　▶ 別冊 p.146 **❷**

　和訳　彼女は家で高齢の母親の世話をしなければならなかったので，ふだんより早く職場を出なければならなかった。

　解説　look after ～は「～の世話をする（take care of）」の意味。

(27)　**正解**　③ account for　　　　　　　　　　　　　　▶ 別冊 p.146 **❷**

　和訳　昨夜なぜあのような振る舞いをしたのか説明してもらえますか。

　解説　account for ～は「～を説明する（explain）」の意味。take account of ～は「～を考慮する」。

(28)　**正解**　③ required　　　　　　　　　　　　　　　▶ 別冊 p.146 **❷**

　和訳　この種の仕事には強い忍耐力が必要だとフレッドは言った。

　解説　call for ～は「～を要求する，必要とする（require）」の意味。

(29)　**正解**　③ moved toward　　　　　　　　　　　　　▶ 別冊 p.146 **❷**

　和訳　雷が鳴ったときクラブハウスへ向かうゴルファーたちもいた。

　解説　make for ～は「～の方へ向かう」の意味。find out ～は「～を発見する，わかる」，look for ～は「～を探す」。

19

その他の重要事項

(30) Mary has been trying to <u>get in touch with</u> you.

① catch   ② contact   ③ find   ④ follow   (日本大)

(31) If we don't <u>submit</u> our final reports to the teacher in class next Wednesday, we'll be in trouble.

① take over   ② hand in

③ give up   ④ turn off   (関東学院大)

(32) My brother decided to <u>major in</u> Ancient Greek at university after our family traveled to Greece.

① search out   ② specialize in

③ strike out   ④ sum up   (中部大)

(33) We have to <u>investigate</u> this case first.

① look after   ② go into

③ look into   ④ take care of   (国士舘大)

(34) You should <u>carry on</u> working.

① continue   ② keep out

③ look down   ④ finish   (関東学院大)

(35) You will soon <u>get over</u> the shock of your miserable accident.

① mourn   ② overcome   ③ resign   ④ overtake   (愛知工大)

(36) His car must be <u>gone over</u> before it can be driven.

① borrowed   ② examined   ③ scrapped   ④ sold   (日本大)

(37) If he is <u>going through</u> an emotionally upsetting period in his life, we do need to know why.

① analyzing   ② experiencing

③ supporting   ④ reviewing   (日本大)

(38) Now that I have found a job, I can <u>dispense with</u> his financial help.

① do without   ② set up

③ ask for   ④ refer to   (名城大)

解答解説

(30) **正解** ② contact   ▶ 別冊 p.146 ②

和訳 メアリはずっと君に連絡を取ろうとしている。

解説 get in touch with ～は「～に連絡を取る（contact）」の意味。

(31) **正解** ② hand in   ▶ 別冊 p.146 ②

和訳 来週の水曜日の授業で先生に最終レポートを提出しなければ，私たちは困ったことになるだろう。

解説 hand in ～は「～を提出する（submit）」の意味。

(32) **正解** ② specialize in   ▶ 別冊 p.146 ②

和訳 家族でギリシャへ旅行した後，兄は大学で古代ギリシャを専攻することに決めた。

解説 major [specialize] in ～は「～を専攻する」の意味。

(33) **正解** ③ look into   ▶ 別冊 p.146 ②

和訳 私たちはこの事例を最初に調査しなければならない。

解説 look into ～は「～を調査する（investigate, examine）」の意味。

(34) **正解** ① continue   ▶ 別冊 p.146 ②

和訳 君は働き［勉強し］続けるべきだ。

解説 carry on ～ingは「～し続ける（continue ～ing）」の意味。

(35) **正解** ② overcome   ▶ 別冊 p.146 ②

和訳 君は悲惨な事故のショックをすぐに克服するだろう。

解説 get over ～は「～に打ち勝つ，～を克服する（overcome）」の意味。mournは「悲しむ，嘆く」，resignは「辞任する，断念する」，overtakeは「追いつく［追い越す］」。

(36) **正解** ② examined   ▶ 別冊 p.146 ②

和訳 彼の車は乗る（ことができる）前に検査されねばならない。

解説 go over ～は「～を検査する（examine），見直す（review）」の意味。

(37) **正解** ② experiencing   ▶ 別冊 p.146 ②

和訳 もし彼が感情的に不安定な人生の時期を経験しているなら，私たちはその理由を知る必要がある。

解説 go through ～は「～を経験する（experience）」の意味。

(38) **正解** ① do without   ▶ 別冊 p.146 ②

和訳 今では仕事を見つけたので，私は彼の金銭的援助なしでやっていける。

解説 dispense with ～は「～なしで済ます（do without）」の意味。

問3 各組の文の意味がほぼ同じになるよう，（　　　）内に適切な語を入れなさい。

(7)〜(9)は（　　　）内に入れるのに最も適切なものを一つ選びなさい。

(1) (a) My grandfather passed away when he was 80.

(b) My grandfather（　　　）at the age of 80.　　　　（長崎県立大）

(2) (a) The game was cancelled because of heavy snow.

(b) The game was（　　　）off because of heavy snow.　　　　（長崎県立大）

(3) (a) I cannot understand her at all.

(b) I cannot make her（　　　）at all.　　　　（中京大）

(4) (a) Ten minutes later, a taxi pulled up in front of her house.

(b) Ten minutes later, a taxi（　　　）in front of her house.　　　　（中京大）

(5) (a) I will enter the upcoming tennis tournament this summer.

(b) I will（　　　）（　　　）（　　　）the upcoming tennis tournament this summer.　　　　（大阪教育大）

(6) (a) I ran into my high school teacher last weekend.

(b) I（　　　）to see my high school teacher last weekend.　　　　（中京大）

(7) (a) This girl is just like her mother in every respect.

(b) This girl takes（　　　）her mother in every respect.

① into　　　　② for　　　　③ off　　　　④ after　　　　（中央大）

(8) (a) After a long discussion, we could finally solve the difficult problems.

(b) After a long discussion, we could finally（　　　）out the difficult problems.

① jump　　　　② lose　　　　③ single　　　　④ work　　　　（東京理大）

(9) (a) Damage from the earthquake amounted to five hundred million yen.

(b) Damage from the earthquake（　　　）five hundred million yen.

① arrived　　　　② attained　　　　③ gained　　　　④ reached　　　　（東北医科薬科大）

解答解説

問3

(1) 正解 died　　　　　　　　　　　　　　　　▶ 別冊 p.144 ❶
　和訳 私の祖父は80歳で亡くなった。
　解説 pass awayは「亡くなる（die）」の意味。at the age of 〜は「〜歳のときに」。

(2) 正解 called　　　　　　　　　　　　　　　▶ 別冊 p.144 ❶
　和訳 試合は大雪で中止された。
　解説 call off 〜は「〜を中止する（cancel）」の意味。because of 〜は「〜のために，〜のせいで」。

(3) 正解 out　　　　　　　　　　　　　　　　▶ 別冊 p.144 ❶
　和訳 私は彼女の言うことが全く理解できない。
　解説 make out 〜は「〜を理解する（understand）」の意味。outは副詞なので，目的語が代名詞（her）の場合はその前に置く。

(4) 正解 stopped　　　　　　　　　　　　　　▶ 別冊 p.144 ❶
　和訳 10分後に，タクシーが彼女の家の前で止まった。
　解説 pull upは「停車する（stop）」の意味。

(5) 正解 sign up for　　　　　　　　　　　　▶ 別冊 p.144 ❶
　和訳 この夏の今度のテニス大会に参加します。
　解説 sign up for 〜は「〜に申し込む，参加する（enter）」の意味。
　語句 upcoming 形 もうすぐやって来る

(6) 正解 happened　　　　　　　　　　　　　▶ 別冊 p.146 ❷
　和訳 私は先週末に高校の先生と偶然会った。
　解説 ran into 〜は「〜と偶然会う（happen to see）」の意味。

(7) 正解 ④ after　　　　　　　　　　　　　　▶ 別冊 p.146 ❷
　和訳 この女の子はすべての点で母親にそっくりだ。
　解説 take after 〜は「〜に似ている（be like, resemble）」の意味。in every respectは「あらゆる点で」。

(8) 正解 ④ work　　　　　　　　　　　　　　▶ 別冊 p.144 ❶
　和訳 長い議論の末，私たちはついにそれらの難しい問題を解決することができた。
　解説 work out 〜は「〜を解決する（solve）」の意味。

(9) 正解 ④ reached　　　　　　　　　　　　▶ 別冊 p.146 ❷
　和訳 地震の被害は5億円に達した。
　解説 amount to 〜は「（総計が）〜に達する（reach）」の意味。

問4 与えられた語（句）を並べかえて英文を完成させなさい。

(1) 大統領は増大する退陣要求に直面しています。
The President （　　　）（　　　）（　　　）（　　　）（　　　）（　　　）
down.
① calls　　　　② facing　　　　③ increased
④ is　　　　　⑤ step　　　　　⑥ to　　　　　　　　　　　（中央大）

(2) 現金がなくなったときに備えて彼女は常にクレジットカードを携帯している。
She always carries her credit card （　　　）（　　　）（　　　）（　　　）
（　　　）（　　　）（　　　）（　　　） cash.
① in　　　　② her　　　　③ runs　　　　④ she
⑤ with　　　⑥ of　　　　⑦ out　　　　⑧ case　　　（関西学院大）

(3) 成功の秘訣は，大きな困難に直面しても望みを失わない勇気にあるのです。
The key to success lies in the courage （　　　）（　　　）（　　　）（　　　）
（　　　）（　　　）（　　　）（　　　） of great difficulty.
① not　　　　② up　　　　③ hope　　　　④ in
⑤ to　　　　⑥ the　　　　⑦ give　　　　⑧ face　　　（関西学院大）

(4) 私は新聞に面白い記事を見つけました。
I （　　　）（　　　）（　　　）（　　　）（　　　）（　　　）（　　　）.
① newspaper　② came　　　③ article　　　④ the
⑤ an　　　　⑥ in　　　　⑦ across　　　⑧ interesting
　　　　　　　　　　　　　　　　　　　　　　　　　　　　　（大阪歯科大）

(5) こぼれたミルクを嘆いても無駄。
It is （　　　）（　　　）（　　　）（　　　）（　　　） milk.
① crying　　　② no　　　　③ over
④ spilt　　　　⑤ use　　　　　　　　　　　　　　　　　　（日本大）

(6) A bird （　　　）（　　　）（　　　）（　　　）（　　　） in the bush.
① two　　　　② the hand　　③ having
④ in　　　　⑤ is　　　　　⑥ worth　　　　　　　　　（畿央大）

216

問4

(1) 　正解　④②③①⑥⑤　　　　　　　　　　　　　　　　　　▶ 別冊 p.144 ❶

(The President is facing increased calls to step down.)

解説　step down で「辞任する（resign）」の意味を表す。face は「〜に直面する」の意味の動詞。call はここでは「要求」の意味の名詞。

(2) 　正解　⑤②①⑧④③⑦⑥　　　　　　　　　　　　　　　　　▶ 別冊 p.144 ❶

(She always carries her credit card with her in case she runs out of cash.)

解説　run out of 〜 で「〜がなくなる, 尽きる」の意味を表す。in case ... は「…だといけないので」。

(3) 　正解　①⑤⑦②③④⑥⑧　　　　　　　　　　　　　　　　　▶ 別冊 p.144 ❶

(The key to success lies in the courage not to give up hope in the face of great difficulty.)

解説　give up hope で「望みをあきらめる［捨てる］」の意味を表す。否定形の不定詞（not to give up）が前の名詞（courage）を修飾する形。in the face of 〜 は「〜に直面して」。

(4) 　正解　②⑦⑤⑧③⑥④①　　　　　　　　　　　　　　　　　▶ 別冊 p.146 ❷

(I came across an interesting article in the newspaper.)

解説　come across 〜 で「（物）を偶然見つける,（人）に出くわす」の意味を表す。

(5) 　正解　②⑤①③④　　　　　　　　　　　　　　　　　　　　▶ 別冊 p.150 ❸

(It is no use crying over spilt milk.)

解説　It is no use 〜ing. で「〜してもむだだ」の意味を表す。over は「〜に関して」の意味。

(6) 　正解　④②⑤⑥③①　　　　　　　　　　　　　　　　　　　▶ 別冊 p.150 ❸

(A bird in the hand is worth having two in the bush.)

和訳　手の中の 1 羽の鳥はやぶの中の 2 羽を持つ価値がある［明日の百より今日の五十］。

解説　このことわざは having のない形が普通。having を入れるとすれば, worth の後ろしかない。worth 〜ing で「〜する価値がある」の意味を表す。

空欄の(1)〜(10)に入れるのに，もっとも適当なものを①〜④の中から一つ選びなさい。

Wild tea bushes grew in southern China, where Stone Age people first began to make tea by drying tea leaves and then putting them in hot water. By about 2000 BC, people in southern China were growing tea bushes on farms. Southern China seems to be the only place where people （ 1 ） wild tea bushes for farming, and everybody else got their tea bushes from those first tea farmers. （ 2 ） the time of the Han Dynasty*, about 200 BC, Chinese doctors were telling sick people to drink tea as a kind of medicine. People also offered tea to guests in their homes. Families that were （ 3 ） poor to buy tea offered their guests hot water.

Around 600 AD, when the armies of the Sui Dynasty （ 4 ） South China, they brought tea-drinking back with them to northern China. In northern China, the word for tea was "chai." Tea was a luxury, and mostly men drank it, while women only prepared it in those days.

Fifty years （ 5 ）, Islamic traders along the Silk Road brought tea from northern China to the Middle East, where it soon became a popular drink. People in the Middle East had just begun to get sugar from India, so they began to put sugar in their tea, but people in China drank their tea （ 6 ） sugar.

When European travelers first began coming to China in the 1600s AD, Chinese people offered them tea to drink. The English word "tea" comes from the South Chinese word "te" （ 7 ） tea. These Europeans took lots of tea back to Europe, where tea became very popular. Tea had now spread to every corner of the world. However tea bushes, which need to be hot and dry, wouldn't （ 8 ） well in Europe's wet, cold climate, （ 9 ） the Europeans had to keep buying all their tea from China. To keep from paying high prices for Chinese tea, the British, who had conquered India, began to grow tea there in the 1700s, and soon a lot of the world's tea came from India. By the 1900s, the British were （ 10 ） growing tea across the Indian Ocean in Kenya, and the Portuguese were growing tea in Mozambique.

＊ Dynasty 王朝

(1) ①beat　　　　②cultivated　　③cut down　　④picked off

(2) ①When　　　　②While　　　　③Till　　　　④By

(3) ①so　　　　　②much　　　　③very　　　　④too

(4) ①conquered　②treated　　　③became　　　④introduced

(5) ①behind　　　②later　　　　③passed　　　④have passed

(6) ①no　　　　　②none of　　　③without　　　④less

(7) ①for　　　　　②as　　　　　③of　　　　　④to

(8) ①raise　　　　②rise　　　　③grow　　　　④bring

(9) ①and in addition　②in the end　　③so　　　　④however

(10) ①also　　　　②nearly　　　③rarely　　　④often

（同志社女子大）

解答
(1) ② cultivated　(2) ④ By　(3) ④ too　(4) ① conquered　(5) ② later
(6) ③ without　(7) ① for　(8) ③ grow　(9) ③ so　(10) ① also

解説

(1) 「人々が野生の茶の木を農業用に〜した」「他の誰もが最初のtea farmers（茶の作り手たち）から茶の木を手に入れた」という文脈から考えて，②cultivated「栽培した」が適切。①beatは「打った」，③cut downは「切り倒した」，④picked offは「摘み取った」の意味。

(2) 空所の後ろが名詞句なので，接続詞のwhenやwhileは入らない。前置詞であるtill「〜まで」とby「〜までに」のうち，意味の面からbyが適切。この段落の第2文にBy about 2000 BCとあることもヒントになる。

(3) 選択肢はどれも程度を強調する副詞だが，後ろのto buyに着目して，〈too 〜 to do〉「〜すぎて…できない」の形を作る。文全体は「貧しすぎて茶を買えない家庭は客に湯を出した」という意味になる。

(4) 「軍隊が中国南部を〜したとき」という文脈から考えて，①conquered「征服した」が適切。②treatedは「扱った」，③becameは「（〜に）なった」，④introducedは「紹介［導入］した」の意味。

(5) 動詞passedを含む③④を入れてFifty years passed [have passed] とした場合，コンマの後ろ（Islamic 〜 East）が完成した文の形になっているので，文と文とがコンマで結ばれた形になる。一般に2つの文を結びつけるには接続詞が必要であり，たとえばI read a book, it was interesting.のような文は誤り。したがって③④は入らない。②を入れればfifty years laterが「（それから）50年後に」となり意味が通る。①behindは「（〜の）後ろに」。

(6) 「中東の人々は茶に砂糖を入れた。しかし〜」という内容から考えて，空所にwithoutを入れれば「中国の人々は砂糖なしで茶を飲んだ」となり文脈に合う。形の上からも，空所には前置詞が入るはずだと推測できる（選択肢のうち前置詞はwithoutだけ）。

(7) 前置詞forは「（言葉が）〜を表す」の意味。第2段落第2文のthe word for tea was "chai"「茶を表す言葉はchaiだった」がヒントになる。

(8) 文脈から考えて，「茶の木はヨーロッパの気候ではうまく育たない」とすれば意味が通る。したがって空所に入る語はgrow「育つ」。

⑼　空所の前が「茶の木はヨーロッパの気候ではうまく育たない」，後ろが「ヨーロッパ人は中国から茶を買い続けねばならなかった」という内容だから，空所に so「だから」を入れれば意味が通る。

⑽　空所に also「〜もまた」という副詞を入れれば，「イギリスは（インドだけでなく）ケニアでも茶を栽培した」という内容になり文脈に合う。

日本語訳

　野生の茶の木は中国南部に生育しており，そこで石器時代の人々が茶の葉を乾燥させ湯に入れることによって最初に茶を作り始めた。紀元前2000年頃までに，中国南部の人々は畑で茶の木を栽培していた。中国南部は人々が農業用に野生の茶の木を栽培した唯一の場所らしく，他の誰もがそれらの最初の茶の作り手たちから茶の木を入手した。漢王朝の紀元前200年頃までには，中国の医師は病人に薬の一種として茶を飲むようにと言っていた。人々は家の客にも茶を出した。貧しすぎて茶を買えない家庭では，客に湯を出した。

　西暦600年頃に隋王朝の軍隊が南中国を征服し，中国北部に喫茶の習慣を持ち帰った。中国北部では，茶を表す言葉はchaだった。茶はぜいたく品で，主に男性が飲んでおり当時の女性は茶を用意するだけだった。

　50年後，シルクロード沿いのイスラム商人たちが中国北部から中東に茶を持ちこみ，茶は現地ですぐに人気の高い飲み物になった。中東の人々はインドから砂糖を手に入れ始めたばかりだったので，茶に砂糖を入れるようになったが，中国の人々は砂糖を入れずに茶を飲んだ。

　ヨーロッパの旅行者たちが西暦1600年代に最初に中国に来るようになったとき，中国人は彼らに飲むための茶を出した。teaという英単語は，中国南部で茶を表すteという語に由来する。これらのヨーロッパ人は多くの茶をヨーロッパへ持ち帰り，現地で茶は非常に人気となった。茶は今や世界の隅々にまで広がっていた。しかし茶の木は暑く乾燥している必要があり，ヨーロッパの湿った寒い気候ではうまく育たないので，ヨーロッパ人は彼らが飲むすべての茶を中国から買い続けねばならなかった。中国茶に高い料金を払うのを防ぐために，すでにインドを征服していたイギリスは1700年代にインドで茶の栽培を始め，まもなく世界の茶の多くがインド産になった。1900年代までにイギリスはインド洋の向こうのケニアでも茶を栽培しており，ポルトガル人はモザンビークで茶を栽培していた。

語句

bush 图 低木，茂み／**BC** 紀元前（〜年）／**Han** 图 漢／**AD** 紀元［西暦］（〜年）／**army** 图 軍隊／**Sui** 图 隋／**luxury** 图 ぜいたく品／**mostly** 圓 主に，たいてい／**Islamic** 形 イスラム（教）の／**keep ～ing** 〜し続ける／**keep from ～ing** 〜するのを避ける，防ぐ／**Kenya** 图 ケニア／**the Portuguese** 图 ポルトガル人たち／**Mozambique** 图 モザンビーク

出典一覧：

基礎英文法問題精講

別冊 精講編

4訂版

中原道喜 著

佐藤誠司 補訂

旺文社

基礎英文法問題精講

別冊 精講編

4訂版

中原道喜 著
佐藤誠司 補訂

旺文社

精講編 目次

Chapter 1　文型と動詞

Chapter 2　時制

Chapter 3　助動詞

Chapter 4　受動態

Chapter 5 仮定法

Chapter 6 不定詞

Chapter 7 動名詞

Chapter 8 分詞

Chapter 9 関係詞

Chapter 10　比較

Chapter 11　疑問，否定など

Chapter 12　名詞・冠詞

Chapter 13　代名詞

Chapter 14 形容詞

Chapter 15 副詞

Chapter 16 前置詞

Chapter 17 接続詞

Chapter 18 特殊構文など

Chapter 19 その他の重要事項

Chapter 1　文型と動詞

▶ 本冊 p.6〜21

① 文の要素

英語の文は，原則として主語（**S**=Subject）と**述語動詞**（**V**=Verb）を含む。動詞の後ろに**補語**（**C**=Complement）や**目的語**（**O**=Object）を置くこともある。この4つと**修飾語**（**M**=Modifier）を合わせて，文の要素と呼ぶ。

> 例　_SI _Vbought _Oa book _Myesterday. 私は昨日，本を買った。

② 品詞と文の要素の関係

品詞とは，単語を意味や使い方に応じて分類したもの。主な品詞には，**名詞**（例：house），**代名詞**（例：he），**動詞**（例：have），**助動詞**（例：can），**形容詞**（例：big），**副詞**（例：very），**冠詞**（例：the），**接続詞**（例：and），**前置詞**（例：in）がある。

文の要素と品詞の関係は，次のようになる。

文の要素	S	V	O	C	M
品詞	名詞	動詞	名詞	名詞 形容詞	形容詞 副詞

※「名詞」には「代名詞」を含む。「動詞」は「助動詞＋動詞」の場合もある。

> 例　_SKei _Vplays _Otennis _Mwell. ケイは上手にテニスをする。
> 　　[名詞]　[動詞]　　[名詞]　　[副詞]

③ 文型と自動詞・他動詞

■基本5文型 ･･･

文型とは，動詞（V）の後ろにどんな文の要素を置くかに応じてグループ分けしたもの。基本的な文型は次の5つである。

S＋V（第1文型）	例　_SNobody _Vcame. 誰も来なかった。
S＋V＋C（第2文型）	例　_SThis soup _Vis _Cgood. このスープはおいしい。
S＋V＋O（第3文型）	例　_SI _Vlike _Osports. 私はスポーツを好む。
S＋V＋O＋O（第4文型）	例　_SShe _Vgave _Ome _Oa book. 彼女は私に本をくれた。
S＋V＋O＋C（第5文型）	例　_SWe _Vcall _Ohim _CHide. 私たちは彼をヒデと呼ぶ。

■自動詞，他動詞 ･･

後ろにO（目的語）を置く動詞を**他動詞**，置かない動詞を**自動詞**と言う。多くの動詞

は自動詞・他動詞の両方の用法を持ち，異なる文型で使う。

> 例 _SThe soup _V**tasted** _Csalty. そのスープは塩辛い味がした。【SVC ⇒ V は自動詞】
> 例 _SShe _V**tasted** _Othe soup. 彼女はそのスープの味見をした。【SVO ⇒ V は他動詞】

数は少ないが，自動詞と他動詞とで形が異なる場合もある。

原形	過去形	過去分詞	現在分詞
☑ lie [lai] 自 横になる，ある	lay [lei]	lain [lein]	lying
☑ lay [lei] 他 ～を横にする，置く	laid [leid]	laid	laying
☑ rise [raiz] 自 上がる	rose [rouz]	risen [rizn]	rising
☑ raise [reiz] 他 ～を上げる	raised	raised	raising

※ lie には「うそをつく」の意味もある。活用は lie-lied-lied-lying。

> 例 She **lay** on the bed. 彼女はベッドに横になった。【自動詞】
> ≒ She **laid** _Oherself on the bed. 【他動詞】
> 例 Prices are **rising**. 物価が上がっている。【自動詞】
> 例 The government **raised** _Othe tax rate. 政府は税率を引き上げた。【他動詞】

そのほか，活用形が紛らわしい動詞や，すべての活用形が同じ動詞にも注意。

> ☑ find-found-found 見つける / found-founded-founded 設立する
> ☑ fly-flew-flown 飛ぶ / flow-flowed-flowed 流れる
> ☑ cost-cost-cost ～の費用がかかる   ☑ hurt-hurt-hurt 傷つける
> ☑ quit-quit-quit やめる   ☑ spread-spread-spread 広がる   など

④ 目的語と補語

目的語（O） は，他動詞の後ろに置かれ，動詞が表す動作や行為などを受ける対象を表す。「～を」や「～に」の意味になるものが多い。（⇒ ⑩）

> 例 _SI _V**ate** _Otwo hamburgers. 私は 2 つのハンバーガーを食べた。
> 例 _SWe _V**entered** _Othe café. 私たちはその喫茶店に入った。

補語（C） は，主語（S）または目的語（O）の意味を補って文を完成させる働きを持つ。第 2 文型（**SVC**）では〈S ＋ be 動詞 ＋ C〉の関係が，第 5 文型（**SVOC**）では O と C の間に「O が C である［する］」という関係が成り立つ。

> 例 _SShe _V**looks** _Chappy.
> 彼女はうれしそうに見える。
> ▶ happy（形容詞）が S（＝「彼女」）を説明する働きをしている。形容詞は O にはならないから（⇒ ❷），happy は O ではなく C。She is happy. という関係が成り立っている。

例 _SThe song _V**made** _Oher _Ca popular singer.
その歌が彼女を人気歌手にした。

▶ a popular singer が O（=「彼女」）を説明する働きをしている。O と C の間に，「彼女は人気歌手だった（She was a popular singer.）」という関係が成り立っている。

⑤ 修飾語

修飾とは，くわしく説明すること。修飾語には次の 2 種類がある。

- **形容詞**：名詞を修飾する。
- **副詞**：名詞以外のものを修飾する。

例 He has an **expensive** camera. 彼は高価なカメラを持っている。
[形容詞]

▶ expensive（形容詞）が camera（名詞）を修飾。

例 She lives **alone**. 彼女は一人で暮らしている。
[副詞]

▶ alone（副詞）が lives（動詞）を修飾。副詞は C にはならないから（⇒②），alone は修飾語。

⑥ 句と節

文の一部となる語群のうち，〈**S ＋ V**〉の関係を含むものを**節**，含まないものを**句**と言う。名詞・形容詞・副詞の働きをする語群は，それぞれ句と節に分けられる。

例 ① _SI _Vremember _O**reading this book**. 【　　　は名詞句・節】
② _SI _Vremember _O**that I read this book**.
この本を読んだことを覚えている。

▶ ①は〈S ＋ V〉を含まないので句，②は〈S（I）＋ V（read）〉を含むので節。

例 ① _SI _Vhave _Oa smartphone **made in China**. 【　　　は形容詞句・節】

② _SI _Vhave _Oa smartphone **which was made in China**.

私は中国で作られたスマートフォンを持っている。

▶ ①は〈S ＋ V〉を含まないので句，②は〈S（which）＋ V（was made）〉を含むので節。

例 ① _SI _Vvisited _ORome **during my trip to Europe**. 【　　　は副詞句・節】

② _SI _Vvisited _ORome **while I was traveling to Europe**.

私はヨーロッパ旅行中にローマを訪ねた。

▶ ①は〈S ＋ V〉を含まないので句，②は〈S（I）＋ V（was traveling）〉を含むので節。

7 句動詞

動詞と前置詞や副詞などが組み合わさって，1つの動詞に相当する働きをするものを**句動詞**と言う。(⇒ Ch. 15, 16)

> 例 ₛThey ᵥ**called off** ₒthe game. 彼らは試合を中止した。
> ▶ call off ～「～を中止する（cancel）」

8 S＋V（第1文型）

第1文型は，〈S＋V〉の構造を持つ。〈S＋V＋M〉の形で使うことが多い。

> 例 ₛThis flower ᵥis dying. この花は枯れかけている。
> 例 ₛMy brother ᵥlives ₘin Nagoya. 兄は名古屋に住んでいる。

9 S＋V＋C（第2文型）

第2文型は〈S＋V＋C〉の構造を持ち，次の2種類に大別できる。Vがbe動詞以外の場合は，be動詞に置き換えても意味が通じる。

- ・**Cが名詞のとき**：S＝Cの関係を表す。
- ・**Cが形容詞のとき**：「SはCの状態だ」という意味を含む。

> **第2文型で使う主な動詞**
> ☑ be動詞，become / get ～になる　☑ look* ～に見える
> ☑ sound* ～に聞こえる　☑ feel* ～に感じられる　☑ smell* ～なにおいがする
> ☑ taste* ～な味がする　☑ keep / remain / stay ～のままである
> ☑ seem / appear ～のように思われる　☑ prove / turn out ～とわかる
> ※ 五感を表す動詞（*で示したもの）は，後ろに名詞を置くときはlikeやofを伴う。

> 例 ₛMy sister ᵥbecame ᴄa nurse. 【Cが名詞】
> 姉は看護師になった。
> ▶ my sister = a nurse という関係を表す。

> 例 ₛMy sister ᵥbecame [got] ᴄsick. 【Cが形容詞】
> 姉は病気になった。
> ▶「姉は病気の状態だ（った）」の意味を含む。My sister was sick. と言い換えても意味が通じる。

> 例 ₛThe building ᵥlooked like ᴄa haunted house.
> その建物はお化け屋敷のように見えた。
> ▶ look は五感を表す動詞。後ろが名詞なので like を伴う。

■「～になる」の意味の慣用表現

「～になる」の意味は，さまざまな動詞を使って形容詞と慣用的に結びつくものが多い。

9

- ☑ **come true**（夢などが）実現する　 ☑ **fall ill [asleep]** 病気になる［眠りこむ］
- ☑ **go bad** 悪くなる，腐る　 ☑ **grow old** 年をとる
- ☑ **run short (of ～)**（～が）不足する　 ☑ **turn pale**（顔色が）青ざめる

⑩ S + V + O（第3文型）

第3文型は〈**S + V + O**〉の構造を持つ。Oは名詞句や名詞節の場合もある。

> 例 ₛI ᵥ**stopped** ₒwatching TV.【Oが名詞句】
> 私はテレビを見ることをやめた。

> 例 ₛI didn't ᵥ**know** ₒthat she was in the hospital.【Oが名詞節】
> 私は彼女が入院していることを知らなかった。

第3文型で使う動詞の多くは「～を…する」という意味を表す。次の動詞の後ろには，誤って前置詞を入れがちなので注意。

後に前置詞を置かないよう注意を要する動詞
- ☑ **approach** ～に近づく　 ☑ **attend** ～に出席する
- ☑ **discuss** ～について議論する（talk about）　 ☑ **enter** ～に入る
- ☑ **leave** ～から出発する（start from）　 ☑ **marry** ～と結婚する（get married to）
- ☑ **mention** ～について述べる（refer to）
- ☑ **reach** ～に到着する（get to, arrive at）　 ☑ **resemble** ～に似ている
- ☑ **answer** ～に答える　 ☑ **consider** ～について考える
- ☑ **contact** ～に連絡する　 ☑ **excel** ～に勝る　 ☑ **follow** ～について行く
- ☑ **inhabit** ～に住む　 ☑ **obey** ～に従う　 ☑ **survive** ～より長生きする

> 例 We **discussed** the matter. ≒ We talked about the matter.
> 私たちはその問題について話し合った。

> 例 She **married** a lawyer. ≒ She got married to a lawyer.
> 彼女は弁護士と結婚した。

逆に，「～を…する」という意味を表すとき，動詞の後ろに前置詞が必要な場合があるので注意すること。これらは（他動詞の働きをする）句動詞と考えてよい。

後に前置詞を置き忘れないよう注意を要する動詞
- ☑ **ask for ～** ～を求める（⇒⑫）　 ☑ **graduate from ～** ～を卒業する
- ☑ **hope for ～** ～を望む　 ☑ **knock on [at] ～** ～をノックする　　 など

> 例 Everyone **hopes** <u>for</u> peace.
> すべての人が平和を望んでいる。

⓫ S＋V＋O₁＋O₂（第4文型）

第4文型は〈**S＋V＋O₁＋O₂**〉の構造を持つ。O₁は人，O₂は物のことが多い。2つのOを入れ換えると，原則として〈O₂＋**to**＋O₁〉または〈O₂＋**for**＋O₁〉の形になる。ただし，2つのOを入れ換えることのできない動詞もある。

第4文型で使う主な動詞

①2つのOを入れ換えた場合，**to**を使うもの
- ☑ **give** 与える　☑ **lend** 貸す　☑ **send** 送る　☑ **show** 示す
- ☑ **teach** 教える　☑ **tell** 伝える

②2つのOを入れ換えた場合，**for**を使うもの
- ☑ **buy** 買う　☑ **cook** 料理する　☑ **choose** 選ぶ　☑ **find** 見つける
- ☑ **make** 作る　☑ **get** 手に入れる

③2つのOを入れ換えられないもの
- ☑ **cost** 〜の費用がかかる　☑ **take** 〜の時間がかかる
- ☑ **save / spare** 〜を省いてやる

※ 相手を必要とする行為を表す動詞は①to，一人でもできる行為を表す動詞は②forと覚えるとよい。

例 ₛI ᵥ**gave** ₒ₁my boyfriend ₒ₂some chocolate.【① **to**を使うもの】
　≒ I **gave** some chocolate **to** my boyfriend.
　私は恋人にチョコレートをあげた。

例 ₛI ᵥ**made** ₒ₁my boyfriend ₒ₂a birthday cake.【② **for**を使うもの】
　≒ I **made** a birthday cake **for** my boyfriend.
　私は恋人に誕生日ケーキを作ってあげた。

例 ₛThe repairs ᵥ**cost** ₒ₁us ₒ₂200 dollars.【③ 入れ換えられないもの】
　[× The repairs cost 200 dollars to [for] us.]
　その修理に私たちは200ドルかかった。

第4文型では使えない動詞に注意。これらは「（人）に」の意味を〈**to**＋人〉で表す。

第4文型をとらない動詞

☑ **apologize** 謝罪する　☑ **complain** 不平を言う　☑ **explain** 説明する
☑ **suggest / propose** 提案する

例 Please **explain** to me [× me] the meaning of this proverb.
　≒ Please **explain** the meaning of this proverb **to** me.
　このことわざの意味を私に説明してください。

■〈S＋V＋O₁＋O₂〉の形で使う慣用表現 ・・・・・・・・・・・・・・・・・・・・・・・・・・・・・・・・・・

☐ do ～ damage [harm, good]

　≒ do damage [harm, good] to ～　～に害［害, 利益］を与える

　例 The typhoon **did** [×gave] the area **great damage**.

　　≒ The typhoon **did great damage to** the area.

　　台風はその地区に大きな害を与えた。

☐ ask ～ a favor ≒ ask a favor of ～　～（人）に頼みごとをする

　例 May I **ask** you **a favor**? ≒ May I **ask a favor of** you?

　　1つお願いがあるのですが。

⑫ S＋V＋O＋C（第5文型）

第5文型は〈**S＋O＋C**〉の構造を持つ。Cには名詞・形容詞などを置く。Cが名詞のときは〈O＝C〉の関係を含む。Cが形容詞のときは〈O＋be動詞＋C〉の関係が成り立つ。

> **第5文型で使う動詞の例**
> ☐ **call** OをCと呼ぶ　☐ **name** OをCと名づける　☐ **find** OがCだとわかる
> ☐ **get** OをC（の状態）にする　☐ **make** OをCにする　☐ **consider** OをCと考える
> ☐ **keep** OをC（の状態）に保つ　☐ **leave** OをC（の状態）に（放置）しておく
> ☐ **prefer** OがCであることを好む　☐ **have** OをCにしておく

　例 ₛWe ᵥ**named** ₒthe dog ꜀Spotty.【Cが名詞】

　　私たちはその犬をスポッティーと名づけた。

　　▶ the dog ＝ Spotty の関係を表す。

　例 ₛMy mother ᵥ**keeps** ₒthe kitchen ꜀clean.【Cが形容詞】

　　母は台所をきれいに保っている。

　　▶「The kitchen is clean. の状態を保つ」ということ。

Cは分詞や不定詞などの場合もある。OとC間には〈S＋V〉に準じた関係が成り立つ。

　例 ₛI ᵥ**want** ₒyou ꜀to join our club.【Cが不定詞】

　　君に私たちのクラブに入ってほしい。

　　▶「私は『君が私たちのクラブに入ること』を望む」ということ。

⑬ There で始まる文

〈**There ＋ be動詞 ＋ S ＋ 場所**〉の形で「～（場所）にSがある」という意味を表す。

　例 **There** ᵥis ₛa park ₘnear our school. 私たちの学校の近くに公園がある。

　　▶ there はこの形の文を作るための一種の記号であり、「そこに」という意味ではない。なお、A park is near our school. は不自然な文。

cf. ₛ**The** park ᵥ**is** ₘnear our school.

その公園は私たちの学校の近くにある。

▶「Sは～（場所）にある」の意味は、〈S＋be動詞＋場所〉で表す。

❗ the, my, this などのついた名詞は、〈There＋be動詞＋S〉のSには使えない。

例 **There has been** a lot of argument about the problem.

その問題に関してはこれまで多くの議論があった。

▶ be動詞が現在完了形になっている。S（argument）が単数形なのでhasを使う。

〈There＋be動詞＋S〉のSのあとに分詞が置かれ、「Sが～している［されている］」という意味を表す場合がある。

例 **There were** ₛsome boys **swimming** in the river. 【現在分詞】

何人かの少年が川で泳いでいた。

▶ Some boys were swimming in the river. とも言えるが、Thereで始まる文の方が自然。

例 **There was** ₛnothing **left** in the refrigerator. 【過去分詞】

冷蔵庫の中には何も残っていなかった。

▶ 直訳は「冷蔵庫の中には何も残されていなかった」。

〈**There**＋自動詞＋S〉で「Sが～している（状態だ）」という意味を表す場合がある。

〈There＋自動詞＋S〉の形で使う動詞

☑ **exist** 存在している　☑ **live** 住む　☑ **remain** 残っている

☑ **stand** 立っている　　など

例 **There remain** a lot of problems unsolved.

未解決の問題がたくさん残っている。

⑭ V＋O＋for ～

〈V＋O＋for ～〉の形で**賞罰**の意味を表す動詞がある。この**for**は**理由**を表す。

〈V＋O＋for ～〉の形で使う動詞① 賞罰

☑ **apologize to** ～に謝罪する　☑ **admire** 称賛する　☑ **blame** 非難する

☑ **criticize** 批判する　☑ **excuse / forgive** 許す　☑ **praise** ほめる

☑ **punish** 罰する　☑ **scold** しかる　☑ **thank** 感謝する

例 They **blamed** him **for** his failure.

彼らは彼の失敗を責めた。

例 (I) **thank** you **for** your help. ≒ I appreciate your help.

助けていただいて感謝します。

▶ thankの目的語は人、appreciate「感謝する」の目的語は事柄である点に注意。

「非難［告発］する」の意味を表す**accuse**は**of**と，**charge**は**with**と結びつく。

> 例 They **accused** him **of** theft. ≒ They **charged** him **with** theft.
> 彼らは彼を窃盗で告発した。

〈V + O + for 〜〉の形で**交換**の意味を表す動詞がある。この**for**は**交換**を表す。

┌───┐
〈V + O + for 〜〉の形で使う動詞② 交換

☑ **change / exchange** 交換する ☑ **buy** 買う ☑ **pay** 支払う
☑ **take / mistake** 間違える ☑ **substitute** 代用する
└───┘

> 例 I **paid** 90 yen **for** the used book. ≒ I **bought** the used book **for** 90 yen.
> 私はその古本に90円払った［その古本を90円で買った］。

> 例 Her mother is sometimes **taken for** her sister.
> 彼女の母は時々彼女の姉と間違えられる。

■**〈V + O + for 〜〉の形で使うそのほかの表現** ･･････････････････

☑ **ask (O) for 〜** （Oに）〜を求める

> 例 She **asked** (her parents) **for** help. 彼女は（親に）援助を求めた。

☑ **leave (O) for 〜** 〜に向けて（Oを）出発する

> 例 I'm **leaving** (Japan) **for** Italy tomorrow.
> 私は明日イタリアへ向けて（日本を）発つ。

☑ **search** （+場所）**+ for 〜** 〜を（求めて場所を）探す

> 例 He **searched** (the room) **for** the missing key.
> [× He searched the missing key.]
> 彼はなくしたカギを（見つけようとして部屋を）探した。

☑ **take O for granted** Oを当然のことと考える

> 例 We **take** freedom of speech **for granted**.
> 私たちは言論の自由を当然のことと考えている。(⇒ Ch. 13 ❹)

⑮ V + O + from 〜

〈V + O + from 〜ing〉で「Oが〜するのを妨害する」という意味を表す動詞がある。

┌───┐
〈V + O + from 〜ing〉の形で使う動詞（妨害）

☑ **stop** 止める ☑ **keep / prevent** 妨げる，防ぐ ☑ **prohibit** 禁止する
☑ **discourage** 思いとどまらせる
└───┘

> 例 Illness **kept** [**prevented**] him **from** attend**ing** the reception.
> ≒ He couldn't attend the reception because of illness.
> 彼は病気のせいでレセプションに出席できなかった。

■ **〈V＋O＋from ～〉の形で使うそのほかの表現** ·······················

☑ **order O from ～** Oを～に注文する

　例 I **ordered** the book **from** [× to] Amazon.　私はその本をアマゾンに注文した。

☑ **protect O from [against] ～** Oを～から守る

　例 We must **protect** the environment **from** pollution.

　　私たちは環境を汚染から守らねばならない。

☑ **tell [distinguish] A from B** AをBと区別する　(distinguish between A and B)

　例 Can you **tell [distinguish]** natural fish **from** farmed fish?

　　≒ Can you distinguish between natural (fish) and farmed fish?

　　天然魚を養殖魚と区別できますか。

⑯ V＋O＋into ～

〈V（＋O）＋into ～〉で**変化**の意味を表す動詞がある。この **into** は**変化の結果**を表す。

> **〈V（＋O）＋into ～〉の形で使う動詞（変化）**
>
> ☑ **change / turn / convert** 変わる，変える　☑ **cut** 切る　☑ **divide** 分ける
> ☑ **make** 加工する　☑ **put / translate** 翻訳する

　例 The rain **turned into** snow.　雨が雪に変わった。

　例 She **cut** the cake **into** eight pieces.　彼女はケーキを 8 つに切り分けた。

■ **〈V＋O＋into ～〉の形で使うそのほかの表現** ·······················

☑ **talk O into ～ing** O（人）を説得して～させる

　例 She **talked** her father **into** buy**ing** [× to buy] her a new smartphone.

　　彼女は父親を説得して新しいスマートフォンを買ってもらった。

　　▶ into の代わりに out of を使うと「説得して～をやめさせる」の意味になる。

☑ **force O into ～ing** O（人）にむりやり～させる

☑ **deceive [fool, trick] O into ～ing** O（人）をだまして～させる

☑ **put O into practice** Oを実行する　(carry out)

　例 He decided to **put** the idea **into practice**.

　　彼はその考えを実行することに決めた。

☑ **take O into account [consideration]** Oを考慮に入れる(consider, take account of)

　例 You should **take** the weather **into account**.　君は天候を考慮に入れるべきだ。

⑰ V＋O＋of ～

〈V＋O＋of ～〉の形で「Oから～を取り除く」といった意味を表す動詞がある。**of** は**分離**を表す。

例 They **cleared** the road **of** snow.
　　彼らは道路から雪を取り除いた。

例 Anger **deprived** him **of** his reason.
　　怒りが彼から理性を奪った［怒りのため彼は理性を失った］。

■〈V + O + of 〜〉の形で使うそのほかの表現 ・・・・・・・・・・・・・・・・・・・・・・・・

☑ remind O of 〜 O（人）に〜を思い出させる

例 This photo **reminds** me **of** my childhood.
　　≒ I remember my childhood when I see this photo.
　　この写真を見ると私は子どものころを思い出す。

☑ inform O of 〜 O（人）に〜を知らせる

例 Please **inform** me **of** your schedule.
　　あなたの予定を私に知らせてください。

⑱ V + O + as 〜

〈V + O + as 〜〉の形で「O を〜と（して）…する」といった意味を表す動詞がある。

例 They **regarded** him **as** a good leader.　彼らは彼をよい指導者と考えた。

⑲ V + O + on 〜

☑ concentrate [focus] (O) on 〜 （O を）〜に集中する

例 I **concentrated** my attention **on** the screen.　私は画面に注意を集中した。

☑ congratulate O on 〜 O（人）の〜を祝福する

例 We **congratulated** him **on** his success.　私たちは彼の成功を祝った。

▶ 特定の日などを祝うのは celebrate。

☑ impose O on 〜 O を〜に押しつける

例 Don't **impose** your opinion **on** others.　自分の意見を他人に押しつけるな。

☑ spend O on 〜 O を〜に費やす

例 He **spends** a lot of money **on** books.　彼は本に大金を費やしている。

⑳ V + O + to 〜

☑ **admit O to [into]** 〜 Oが〜に入るのを許す

例 He was **admitted to** a prestigious college. 彼は名門大学に合格した。

☑ **attribute O to** 〜 Oの原因を〜だと考える

例 He **attributed** his success **to** good luck.
彼は自分の成功を幸運のせいだと考えた。

☑ **compare O to [with]** 〜 Oを〜と比較する

例 He **compared** the copy **to** the original. 彼は写しを原本と比べた。

▶ compare O to 〜は「Oを〜にたとえる」の意味でも使う。

☑ **devote [dedicate] O to** 〜 Oを〜に捧げる

例 He **devoted** all his energy **to** the study. 彼はその研究に全精力を捧げた。

☑ **expose O to** 〜 Oを〜にさらす

例 Don't **expose** your skin **to** strong sunshine.
強い日光に肌をさらしてはいけない。

☑ **leave O (up) to** 〜 Oを〜に任せる

例 **Leave** the matter **to** me. その件は私に任せてください。

☑ **owe O to** 〜 Oを〜に負っている，Oは〜のおかげだ

例 I **owe** my success **to** my family. 私が成功したのは家族のおかげだ。

▶ I owe him some money. 「彼にいくらかお金を借りている」のようにも使う。

☑ **adapt [adjust] (O) to** 〜 〜に適応する，Oを〜に適応させる

例 She tried to **adjust** (herself) **to** the new environment.
彼女は新しい環境に順応しようとした。

☑ **apply (O) to** 〜 〜に当てはまる，Oを〜に当てはめる

例 You cannot **apply** the rule **to** this case.
≒ The rule doesn't **apply to** this case.
そのルールはこの場合には当てはまらない。

☑ **lead (O) to** 〜 〜に通じる，Oを〜へ導く

例 This path **leads** (you) **to** the beach. この小道は海岸に通じている。

☑ **bring O to light** Oを明らかにする，暴露する（reveal）

cf. come to light 明らかになる

例 The journalist **brought** the truth **to light**. その記者は真実を暴露した。

☑ **bring O home to** 〜 （人）にOを痛感させる

例 The experience **brought home to** him how important health was.
その経験は健康がいかに大切かを彼に痛感させた。

▶ Oに当たるhow以下（名詞節）を後ろへ回した形。

☑ **put O to use** Oを利用する

例 The device will be **put to** practical **use** in a few years.
その装置は数年後には実用化されるだろう。

㉑ V + O + with ～

〈V + O + with ～〉で「Oを～といっしょにする」といった意味を表す動詞がある。

〈V+O+with ～〉の形で使う動詞

☑ **connect** つなぐ   ☑ **associate** 連想する   ☑ **combine** 結合する
☑ **confuse** 混同する   ☑ **mix** 混ぜる   ☑ **share** 共有する

例 Please **connect** me **with** [to] Mr. Smith.
スミスさんに（電話を）つないでください。

▶ connect は with の代わりに to を用いることもできる。

■**〈V+O+with ～〉の形で使うそのほかの表現** ・・・・・・・・・・・・・・・・・・・・・・・・・・・・・・

☑ **help (O) with ～** （Oの）～を助ける，手伝う

例 Can you **help** (me) **with** my work? [× Can you help my work?]
（私の）仕事を手伝ってくれる？

☑ **replace O with ～** Oを～と取り換える

例 It's time to **replace** the battery **with** a new one.
電池を新しいのに取り換えるころだ。

☑ **provide [supply]** *A* **with** *B* ≒ **provide [supply]** *B* **for** *A* AにBを供給する

例 They **provided** <u>the victims</u> **with** <u>food</u>.
≒ They **provided** <u>food</u> **for** <u>the victims</u>.
彼らは被災者に食糧を供給した。

▶ Oを入れ替えたときの前置詞の違いに注意。for の代わりに to も使う。

㉒ V + O + その他の前置詞 + ～

☑ **advise [warn] O against ～ing** ～しないようOに忠告［警告］する

例 They **warned** the boys **against playing** baseball in the park.
≒ They warned the boys <u>not to play</u> baseball in the park.
彼らは少年たちに公園で野球をしないよう警告した。

☑ **estimate O at ～** Oを～（の金額）と見積もる

例 The repair cost was **estimated at** 300 dollars.
修理費用は300ドルと見積もられた。

☑ **have O in mind** Oを考えている

☑ **have O in common (with ～)**（～と）Oを共有している
   例 The two animals **have** a lot **in common with** each other.
   　その２つの動物はお互いに多くの共通点を持つ。
☑ **keep [bear] O in mind** Oを心に留めておく
   例 **Keep** my advice **in mind**. 私の助言を覚えておきなさい。
☑ **learn O by heart** Oを暗記する（memorize）
   例 I've **learned** this passage **by heart**. 私はこの一節を暗記した。
☑ **know O by name [sight]** Oを名前で［見て］知っている
☑ **take O by surprise** Oを驚かせる

㉓ 意味や使い方の違いに注意すべき動詞

■ become / come

becomeの後ろには名詞や形容詞を置く。「～するようになる」の意味は**come to *do***で表し，×become to *do*とは言わない。
   例 He **came** [×became] **to like** the town. 彼はその町が好きになった。
   ▶「～するようになる」はget to *do*で表すこともある。

■ borrow / lend / rent / owe

borrow「借りる」と**lend**「貸す」は，無料での貸し借りに使うのが普通。**rent**は「有料で借りる［貸す］」。**owe**は「（お金などを）借りている」という状態を表す。
   例 I **borrowed** some books from the library. 図書館で本を何冊か借りた。
   例 I **lent** a friend my bicycle. 私は友人に自転車を貸してやった。
   例 I **rent** this apartment for 50,000 yen a month.
   　このアパートは月５万円で借りている。

■ doubt / suspect

doubt「～だろうかと疑う［～ではないと思う］」，**suspect**「～だろうと（怪しく）思う」。
   例 I **doubt** if he has a girlfriend. 彼に恋人がいるかどうか疑わしい。
   ▶ ifの代わりにthatを使うと，「彼には恋人はいないと思う」の意味。
   例 I **suspect** that he has a girlfriend. 彼には恋人がいるだろうと思う。

■ fit / suit / match

fitは「大きさが適合する」，**suit**は「物が人に似合う（become）」，**match**は「物と物とが調和する」の意味。
   例 This suit **fits** me. このスーツは（大きさが）私にぴったりだ。
   例 That tie **suits** [becomes] you. そのネクタイは君に似合う。
   例 That tie **matches** your suit. そのネクタイは君のスーツに合う。

19

■go / come, take / bring

「相手のところへ行く」は，goではなく**come**で表す。同様に「相手のところへ～を持って行く」は，takeではなく**bring**で表す。

例 What time shall I **come** [× go] to your office?

何時にそちらの事務所にうかがいましょうか。

例 Should I **bring** anything to the party?

パーティーには何か持って行く方がいいですか。

▶ パーティーの場所が相手の家なら bring を，別のパーティー会場なら take を使う。

■want / hope / wish

これらは，後ろに置く形がそれぞれ次のように異なる。

	want	hope	wish
+ to *do*	○	○	○
+ O + to *do*	○	×	○
+ that節	×	○ [直説法]	○ [仮定法]

例 I **want** [× hope] <u>him</u> to come. 彼に来てほしい。

例 I **hope** [× want] (that) he <u>can</u> come. 彼が来られればいいと思う。

例 I **wish** (that) he <u>could</u> come. 彼が来られればいいのに（実際は来られない）。

▶ hope は単なる希望を，wish は実際とは逆の願望を表す。（⇒ **Ch. 5 ❼**）

■say / tell

say は発言内容に重点があるので後ろには that で始まる節を置く。**tell** は「人に伝える」という意味に重点があるので後ろには〈人＋that ～〉の形を置く。（⇒ **Ch. 18 ❼**）

例 He **said** that he was hungry. 空腹だ，と彼は言った。

例 He **told** <u>me</u> that he was hungry. 空腹だ，と彼は私に言った。

▶ He said to me, "I'm hungry." とも表現できる。

■steal / rob

steal「～を（こっそり）盗む」の後ろには，対象となる物を置く。**rob** は〈rob *A* of *B*〉の形で「A（人など）から B（物）を奪う」の意味を表す。（⇒**⓱**）

例 Someone **stole** my bag.

誰かが私のバッグを盗んだ。

▶ 受動態は My bag was stolen.「私のバッグは盗まれた」。

例 Someone **robbed** me **of** my bag.

誰かが私のバッグを奪った。

▶ 受動態は I was robbed of my bag.「私はバッグを奪われた」。

writeは文字を書く場合に，**draw**はペンなどで線画を描く場合に使う。

例 I'll **draw** [× write] a map to my house for you.

　私の家までの地図を描いてあげよう。

　　▶ 絵の具で絵を描く場合はpaintを使う。

㉔ 注意すべき意味を持つ動詞

たとえば**matter**には，「問題」という一般的な意味のほかに，「重要だ」という動詞の意味もある。このような動詞は，文脈から正しい意味を判断しなければならない。

☑ **address** 取り組む，話しかける　☑ **become** 似合う（suit）
☑ **book** 予約する　☑ **buy** 信じる　☑ **count** 重要だ　☑ **drive** 駆り立てる
☑ **expect**（人・電話などが）来るだろうと思う　☑ **face**（直）面する
☑ **fine** 罰金を課す　☑ **go**（ことわざなどが）〜と言っている（say）
☑ **head** 向かう　☑ **help** 避ける　☑ **last** 続く　☑ **make** 〜になる（become）
☑ **meet**（要求などに）応じる　☑ **miss** 〜が（い）なくて寂しく思う
☑ **raise** 育てる，（資金を）調達する　☑ **run** 経営する　☑ **see** わかる，確かめる
☑ **stand** 耐える（bear / endure / tolerate）　☑ **sentence** 判決を下す
☑ **travel**（音・光などが）進む　☑ **work** 正常に機能する　　など

例 Age doesn't **matter** for this job.

　≒ Age isn't important for this job.

　この仕事には年齢は重要ではない。

例 I've **booked** the restaurant. レストランに予約しました。

例 What **counts** is teamwork. 重要なのはチームワークだ。

例 He was **fined** for speeding. 彼はスピード違反で罰金を取られた。

例 As the proverb **goes**, practice makes perfect.

　ことわざにもある通り，習うより慣れろだ。

例 It can't be **helped**. どうしようもない［避けられない］。

例 The meeting **lasted** for five hours. 会議は5時間続いた。

例 We can't **meet** your request. ご要望にはお応えできません。

例 I can't **stand** this heat. この暑さはがまんできない。

例 Light **travels** faster than sound. 光は音よりも速く進む。

例 The escalator isn't **working** [× moving] right now.

　エスカレーターは今動いていない。

Chapter 2　時制

▶ 本冊 p.22〜29

❶ 現在形・現在進行形と過去形・過去進行形

> ・**現在形**：現在の状態，一般的事実，習慣的行為などを表す。
> ・**現在進行形**：行為や出来事が，現時点で進行中であることを表す。

例 I **practice** the piano every day.【現在形（習慣的行為）】
私は毎日ピアノを練習している。

例 I **am practicing** the piano now.【現在進行形】
私は今ピアノを練習している（ところだ）。

> ・**過去形**：過去のある時点における状態，過去の（習慣的または1回限りの）行為・
> 　　　　　出来事などを表す。
> ・**過去進行形**：行為や出来事が，過去のある時点で進行中であったことを表す。

例 I **watched** the news on TV yesterday.【過去形（過去の行為）】
私は昨日テレビでそのニュースを見た。

例 I **was watching** the news on TV when you called me.【過去進行形】
君が電話をくれたとき，私はテレビでそのニュースを見ていた。

　▶ 過去進行形は，when とともに「…のとき〜していた」の形でよく使われる。

❷ 進行形にしない動詞

「状態」や五感による「知覚」などを表す動詞は，進行形では使わない。

進行形では使わない主な動詞

〈状態〉☑ be動詞　☑ belong to 〜 〜に所属している　☑ contain 含む
　　　☑ consist of 〜 〜から成る　☑ know 知っている　☑ like 好む
　　　☑ own 所有している　☑ resemble 似ている　☑ seem 〜に思われる
〈知覚〉☑ hear 聞こえる　☑ look 〜に見える　☑ see 見える
　　　☑ smell 〜なにおいがする

例 I **belong** [× am belonging] **to** the tennis club.　私はテニス部に所属している。

例 I **was watching** [× seeing] a soccer game.　私はサッカーの試合を見ていた。

　❗ watch や look at 〜は進行形にできるが，see「見える」は進行形にしない。同様に，listen to 〜
　　「〜に耳を傾ける」は進行形にできるが，hear「聞こえる」は進行形にしない。

意味に応じて現在形と現在進行形を使い分ける動詞がある。

例 I'm **having** lunch right now.
私は今ちょうど昼食をとっている。

　▶ have は「持っている」の意味では進行形にしないが，「食べる」の意味のときは進行形にできる。

22

例 My family **lived** [**was living**] in Osaka when I was a child.
私が子どものころ，私の家族は大阪に住んでいた。

▶ live「住んでいる」は状態を表す動詞だが，一時的な状態を強調するときは進行形にできる。think「考え（てい）る」，wear「身につけている」なども同様。

時・条件を表す副詞節で未来を表す現在形

「時」や「条件」を表す**副詞節**では，未来のことも現在形で表す。

> **時・条件を表す副詞節を導く主な接続詞**
> 〈時〉☑ when 〜するとき　☑ after 〜した後で　☑ before 〜する前に
> 　　　☑ until / till 〜するまで　☑ as soon as 〜するとすぐに
> 　　　☑ by the time 〜するまでに
> 〈条件〉☑ if もし〜なら　☑ unless 〜でない限り　☑ in case 〜しないように

例 I'll call you when I **get** [× will get] to the station. 【時を表す副詞節】
駅に着いたら電話します。

▶ 「駅に着く」のは未来の出来事だが，will は使わない。

例 I'll stay at home if it **rains** [× will rain] tomorrow. 【条件を表す副詞節】
明日もし雨が降れば，家にいます。

▶ 「明日雨が降れば」は未来についての仮定だが，will は使わない。

時・条件を表す副詞節では，未来完了形の代わりに現在完了形を使う。（⇒ ❽）

例 I'll lend you this book when I've [× I'll have] **finished** reading it.
この本を読み終えたら，君に貸してあげよう。
　　　　　　　　　　　　　　　　　　　　　　　　　　　【時を表す副詞節】

▶ 「この本を読み終えたら」は未来に行為が完了した状態になることを表すが，will は使わない。

when が「いつ」（疑問詞），if が「〜かどうか」の意味を表す名詞節を作るときは，未来のことは will を使って表す（上のルールが適用されないため）。

例 Let me know when you **will get** to the station. 【名詞節】
いつ駅に着くか私に知らせてください。

▶ when 以下は，When will you get to the station? を間接疑問にした形。（⇒ Ch. 11 ❷）

例 I don't know if it **will rain** tomorrow. 【名詞節】
明日雨が降るかどうかはわからない。

▶ ここでの if は whether「〜かどうか」の意味だから，〈条件〉ではない。（⇒ Ch. 17 ❺）

未来（の予定）を表す形

未来のある時点で「〜することになっている，〜する予定だ」という意味を表すには，次のような形を使う。

① will	② be going to *do*	③ 現在形	④ 現在進行形

⑤ 未来進行形〈will be + 〜ing〉　　⑥ be 動詞 + to *do*

たとえば「祭りは 5 月 3 日に行われる（予定だ）」は，次のように表現できる。

例① They **will have** a festival on May 3. 【will】
> ▶ 祭りの告知に使われる（will は未来の出来事であることを表す）。

例② They **are going to have** a festival on May 3. 【**be going to *do***】
> ▶「祭りを開く方へ（事態が）進んでいる」ということ。予定を表す一般的な表現。

例③ They **have** a festival on May 3. 【現在形】
> ▶ 現在形は，暦や時刻表などで日時の確定した予定を表す。

例④ They **are having** a festival on May 3. 【現在進行形】
> ▶「祭りの準備が進行中だ」というニュアンス。現在進行形は，比較的近い未来の予定を表す。

例⑤ They **will be having** a festival on May 3. 【未来進行形〈wil be + 〜ing〉】
> ▶ 未来進行形は「自然の成り行きで（または誰かが決めた予定に従い）〜することになっている」。

例⑥ They **are to have** a festival on May 3. 【**be 動詞 + to *do***】
> ▶「〜することになっている」の意味を表すフォーマルな表現。（⇒ Ch. 6 ⑫）

■ **未来を表すそのほかの表現** ・・・

be going to *do* は，近い未来を表し「〜しそうだ」の意味でも使う。

例 We **are going to be** busy next week. 来週は忙しくなりそうだ。

未来進行形には，「（未来のある時点で）〜しているだろう」の意味もある。

例 Tomorrow afternoon, we **will be having** a barbecue.
明日の午後には，私たちはバーベキューをしているだろう。

☑ **be about to *do*** ちょうど〜しかけている，今にも〜しそうだ

例 I **was about to leave**, when the telephone rang.
ちょうど出発しようとしていたとき電話が鳴った。

⑤ 現在完了形

現在完了形〈**have [has]** + **過去分詞**〉は過去の行為や出来事の影響を受けた現在の状態を表す。一般に「完了・結果」「経験」「（状態の）継続」の 3 用法に分類される。

例 I **have lost** my passport. 【完了・結果】
パスポートをなくした。
> ▶「なくす」という出来事が完了し，その結果「今はパスポートを持っていない」という状態を表す。

例 I **have seen** this movie twice (before). 【経験】
私はこの映画を（以前）2 回見たことがある。
> ▶「見る」という行為の結果を，現時点で経験として持っているということ。

例 We **have known** each other <u>for</u> ten years. 【継続】

私たちは10年前から知り合いだ。

▶ 継続を表す現在完了形は，for「〜の間」やsince「〜以来」とともに使うのが普通。

例 We **have lived** here <u>since</u> [× after, from] 2005. 【継続】

私たちは2005年からここに住んでいる。

▶ afterやfromは現在完了形とともには使わない。

■ **現在完了形の否定文・疑問文** ・・・・・・・・・・・・・・・・・・・・・・・・・・・・・・

否定文はhave [has] の後にnotなどを置く。疑問文はhave [has] を主語の前に置く。

例 I **haven't finished** my homework <u>yet</u>. 【完了・結果】

まだ宿題を終えていない。

▶ yetは，否定文で「まだ（〜ない）」，疑問文で「もう（〜しましたか）」の意味。(⇒ **Ch. 15** ❽)

例 I**'ve never had** Thai food. 【経験】

タイ料理は一度も食べたことがない。

▶ I haven't had ...だと「まだ食べていない」という完了・結果の意味になる。

例 **Have** you <u>ever</u> **had** Thai food? 【経験】

今までにタイ料理は食べたことがありますか。

▶ everは「今までに」。経験を尋ねる疑問文で使う。(⇒ **Ch. 15** ❽)

例 <u>How long</u> **have** you **lived** here? 【継続】

ここにはどのくらい（の期間）住んでいますか。

▶ I have lived here <u>for ten years</u>.「私はここに10年住んでいる」の下線部を尋ねる形。

■ **現在完了形を用いた表現** ・・・・・・・・・・・・・・・・・・・・・・・・・・・・・・・・・・・・・・

☑ **have [has] been to 〜** 〜へ行ったことがある

例 I **have been** [× gone] **to** South Korea three times. 【経験】

私は韓国へ3回行ったことがある。

❗ have [has] gone（to 〜）は「（〜へ）行ってしまった（今ここにはいない）」（完了・結果）。

☑ **This is the first time S have [has] ＋過去分詞** Sが〜するのはこれが初めてだ

例 **This is the first time** I've (ever) **had** Thai food. 【経験】

タイ料理を食べるのはこれが初めてだ。

▶ have hadは，経験を表す現在完了形。「2回目だ」ならthe second timeと言う。

☑ **〜（年数などの期間）have passed since ...** …以来〜（期間）が経過している

例 Ten years **have passed since** he died. 彼が死んで10年になる。【継続】

≒ **It is [has been]** ten years **since** he died. (⇒ **Ch. 13** ❷)

≒ He **has been** dead **for** ten years. ▶「彼は10年間死んだ状態だ」ということ。

≒ He died ten years ago. 彼は10年前に死んだ。

⑥ 現在完了進行形

現在完了進行形〈**have [has] been** + 〜**ing**〉は，出来事や行為が過去から現在まで継続している状態を表す。進行形にしない動詞は，現在完了進行形にも使わない。

> 例 I **have been studying** since 8 a.m.　午前８時からずっと勉強している。

> 例 It **has been raining** for three days.　３日間雨が降り続いている。

> cf. I **have had** [× have been having] a cold for a week.
> 　　１週間ずっとかぜをひいている。
> > ▶ have a cold「かぜをひいている」のhaveは「持っている」の意味だから進行形にしない。

⑦ 現在完了形では使わない副詞

過去の特定の時点を表す副詞（句・節）は，過去形とともに使う。現在完了形や現在完了進行形の文では使わない。

> **現在完了形の文では使わない副詞（句）**
> 〜 ago「〜前」，yesterday「昨日」，last week「先週」，when「いつ」　など

> 例 I **caught** [× have caught] a cold last week.　先週かぜをひいた。
> > ▶ I have had a cold since last week.「先週からずっとかぜをひいている」は可。

> 例 When **did** you see [× have you seen] the movie?
> 　　いつその映画を見たのですか。
> > ▶ I saw the movie a few years ago.「2，3年前にその映画を見た」の下線部を尋ねる形。

⑧ 過去完了形・過去完了進行形・未来完了形

■過去完了形　⋯⋯⋯⋯⋯⋯⋯⋯⋯⋯⋯⋯⋯⋯⋯⋯⋯⋯⋯⋯⋯⋯⋯⋯⋯⋯⋯⋯⋯⋯⋯⋯⋯

過去完了形〈**had** + **過去分詞**〉は，現在完了形を過去にスライドさせて考えればよい。過去の特定の時点での（それ以前の出来事や行為の影響を受けた）状態を表す。現在完了形と同様，「完了・結果」「経験」「（状態の）継続」の３つの用法がある。

> 例 When we moved out, we **had lived** in the town for five years.【継続】
> 　　その町から引っ越したとき，私たちはそこに５年間住んでいた。
> > ▶ 下線部が「過去のある時点」を特定している。had livedは，それ以前からその時点に至るまでの状態の継続を表す。

〈**S + V（過去形）** + **that ...**〉の文のthat節で過去完了形を使うと，その出来事や行為がVの時点よりさらに前の時点で起きたことを表す。この用法を大過去とも言う。

> 例 I realized that I **had made** a mistake.【大過去】
> 　　私はミスをしていたことに気づいた。
> > ▶ had madeは，realized「気づいた」の時点よりもさらに前の出来事であることを表す。

cf. At that time, people **believed** [× had believed] that the earth was flat.

当時，人々は地球が平らだと信じていた。

> ❗ 過去完了形を使うのは，「過去のある時点よりさらに前の時点」が意識されているときに限る。過去のある時点での事実を述べているにすぎない場合などは，過去形を使う。

■ 過去完了進行形

過去完了進行形〈**had been** + **〜ing**〉は，過去の特定の時点まで（それ以前から）継続していた出来事や行為を表す。

> 例 The gate finally opened. We **had been waiting** for two hours.
>
> やっと門が開いた。私たちは（それまで）2時間ずっと待ち続けていた。
>
> ▶「門が開いた時点」で，それ以前から行為が継続していたことを表す。

■ 未来完了形

未来完了形〈**will have** + **過去分詞**〉は現在完了形を未来にスライドさせて考える。

> 例 I'll **have cleaned** the room by the time you come back. 【完了・結果】
>
> あなたが戻るまでに，部屋をそうじし（終え）ておきます。
>
> ▶「あなたが戻る（未来の）時点」で行為が完了した状態であることを表す。

> 例 We **will have lived** here for five years by next April. 【継続】
>
> 来年の4月にはここに5年住んだことになる。
>
> ▶ 未来の時点（来年の4月）まで継続している（はずの）状態を表す。

⑨ 時制の一致

〈**S + V**（**+ O**）**+ that** [疑問詞] **...**〉の文で，Vが過去形なら，that [疑問詞] 節の動詞・助動詞も過去形（または過去完了形）にする。これを**時制の一致**と言う。

> 例 She **said** that the manager **was** out.　部長は外出中だと彼女は言った。
>
> 　[過去形]　　　　　　　　　[過去形]
>
> ▶「彼女が発言した時点」と「部長が外出中だった時点」とは同じ。

> 例 She **said** that she **had bought** a new car.　新車を買ったと彼女は言った。
>
> 　[過去形]　　　　　[過去完了形]
>
> ▶ 彼女が「新車を買った」のは，発言した時点より前。

節内の動詞が時制の一致を受けないこともある。

> 例 She **said** that she **is** [was] going to America to study next year.
>
> 来年アメリカへ留学する予定だと彼女は言った。
>
> ▶ 発言の時点でも現時点でも同じ事実や予定などを表すとき。

> 例 She **said** that she **was** born in 2001.　自分は2001年生まれだと彼女は言った。
>
> ▶ 彼女が「生まれた」のは発言の時点より前だが，過去完了形ではなく過去形を使う方が普通。

Chapter 3 助動詞

▶ 本冊 p.30〜37

① will, shall の一般的な用法

■ will の一般的な用法 ·······

will は，未来に確実に起こること「〜することになっている」，推量「〜だろう」，自分の意志「〜しよう（と今決めた）」を表す。

例 We **will** have a test next Monday. 【未来に確実に起こること】
来週の月曜日にテストがある。

例 "**Will** we be in time?" "No, we **won't**." 【推量】
「私たちは間に合うだろうか」「いや，間に合わないだろう」
▶ will not の短縮形は won't。

例 **I'll** be back in a few minutes. 【自分の意志】
数分で戻ります。
▶ 意志を表す will は，I または we を主語にして使うのが普通。たとえば He will study abroad. は「彼は留学することになっている［留学するだろう］」の意味であり，「彼は留学するつもりだ」なら He is going to study abroad. などと表現する。

■ shall の一般的な用法 ·······

shall は，主に相手の意志を尋ねる場合に使う。**Shall I 〜?** は「（私が）〜しましょうか」，**Shall we 〜?** は「（一緒に）〜しましょうか」の意味。

例 **Shall I** open the window? 窓を開けましょうか。
≒ Do you want [Would you like] me to open the window?

例 **Shall we** wait until he comes? 彼が来るまで待ちましょうか。
≒ Why don't we wait until he comes?
▶ shall は主にイギリス英語で使われる。アメリカ英語では（shall は堅苦しく響くので）should で代用することも多い。

② will, would の特殊な用法／慣用表現

■ will, would の特殊な用法 ·······

will, would は，主語の強い意志・固執「どうしても〜しようとする」や，習性・習慣「〜する［した］ものだ」の意味を表す。(⇒❼)

例 He **will** have his own way. 【強い意志・固執】
彼は自分の思い通りにしようとする。

例 This door **won't** open. 【強い意志・固執】
このドアはどうしても開かない。
▶ this door のような無生物を主語にすることもある。

例 Accidents **will** happen. 事故というものは起こるものだ。【習性】

例 On Sundays, we **would** get up early and go fishing.【習性・習慣】

日曜日には，私たちはよく早起きして釣りに出かけたものだ。

▶ 過去の習慣を表すwouldは，しばしばoften, usuallyなどの頻度を表す副詞（句）を伴う。

■ **will, would** を用いた慣用表現 ・・

☑ **S will do.** S でかまわない，間に合う

例 Any pen **will do**. どんなペンでもかまいません。

≒ Any pen is [will be] OK [fine].

☑ **would rather ~ (than ...)** （…するよりも）むしろ～したい

例 I **would rather** stay at home (**than** go out) today.

今日は（外出するよりも）むしろ家にいたい。

例 I **would rather not** go out today. 今日は外出したくない。

❗ would ratherの否定文は，notをratherの前に置かないこと。

③ should, ought to

should, ought to は義務・当然「～すべきだ，～するほうがよい」の意味。

例 You **should** [**ought to**] study harder.【義務・当然】

君はもっと熱心に勉強すべきだ。

▶ 強制の度合いの強さは，おおむね should < ought to < had better < have to < must となる。

例 You **shouldn't** [**ought not to**] go there.【義務・当然】

君はそこへ行くべきではない。

❗ ought toの否定文は，notをtoの前に置く。

■ **that** 節で用いる **should** ・・・

should は，驚き・当然などの感情や判断を表す文の that 節で用いる。

例 It is <u>natural [strange]</u> that she **should** be angry.
　　　　　[感情・判断を表す形容詞]

≒ It is natural [strange] that she **is** angry.

彼女が怒っているのは当然［不思議］だ。

should は，提案・命令・要求などを表す文の that 節でも用いる。should を取り除いて，動詞の原形を使うこともある（この原形を**仮定法現在**と言う）。

この形で使う「提案・命令・要求」を表す動詞
☑ **advise** 助言する　　☑ **insist** （強く）要求する　　☑ **require** 要求する
☑ **suggest** 提案する　　☑ **propose** 提案する　　☑ **order** 命令する
☑ **demand** 要求する　　☑ **recommend** 推薦する　　など

例 We proposed [ordered, demanded] that he (**should**) start at once.
  [提案・命令・要求を表す動詞]

私たちは彼がすぐ出発することを提案 [命令，要求] した。

  ❗ shouldを取り除いた場合，主節の動詞が過去形（proposed）であってもthat節では原形（start）を使う。startedやstartsは使わない。

necessary「必要な」，**essential**「不可欠な」などの形容詞を使った形式主語構文でも，〈should＋動詞の原形〉または仮定法現在を使う。

例 It is necessary that we (**should**) be more careful.

私たちはもっと注意深くする必要がある。

④ can, could, be able to

■ can, be able to ································

canは，能力・可能「〜できる」や可能性「〜でありうる」の意味を表す。能力・可能の意味は**be able to**でも表せる。可能性の意味では普通，否定文・疑問文で使う。

例 He **can't** solve the problem.【能力・可能】

  ≒ He **is not able to** solve the problem.

彼はその問題を解くことができない。

  ▶ 否定文は，話し言葉ではcan't，書き言葉ではcannot [× can not]を使うのが普通。

例 You **will be able to** pass the test.【能力・可能（未来）】

君はその試験に合格できるだろう。

  ▶ 助動詞を2つ並べては使えないので，× will canとは言えない。will be able to 〜「〜できるだろう」，may be able to 〜「〜できるかもしれない」の形を覚えておくとよい。

例 He **can't** [**couldn't**] be ill.【可能性（否定文）】

  ≒ It is not possible that he is ill.

彼は病気であるはずがない。

例 **Can** [**Could**] it be true?【可能性（疑問文）】

  ≒ Is it possible that it is true?

それは本当でありうるだろうか。

  ▶ 一般に助動詞の過去形を使うと控えめでていねいな響きになるので，couldを使うことも多い。

■ could ································

couldは，「〜できた」や「〜でありうる」などの意味を表す。

例 I **was able to** [× could] pass the exam.【能力・可能】

私はその試験に合格できた。

  ❗「過去に1回限りの行為ができた」の意味ではcouldは使わない。「合格できなかった」という否定の意味では I couldn't pass the exam. と言える。

例 Accidents **can** [**could**] happen.【可能性（一般的なもの）】

事故は起こりうる。

例 The rumor **could** [× can] be true.【可能性（個別のもの）】

そのうわさは本当かもしれない。

▶ canは肯定文では一般的な可能性のみを表す。couldは個別の可能性も表せる。

例 **Could** [**Can**] you help me?【依頼】

手伝ってもらえますか。

▶ couldを使う方がていねい。「〜してもらえますか」の意味を表す主な表現をていねいな度合いの高い順に並べると，Could you 〜? > Would you 〜? > Will you 〜? > Can you 〜?となる。

■**can**を使った慣用表現 ・・

☑ **cannot 〜 too ...** どんなに…に〜してもしすぎではない

例 You **cannot** be **too** careful when you choose your friends.

≒ You **cannot** be careful **enough** when you choose your friends.

友人を選ぶときはどんなに注意してもしすぎではない。

▶ 直訳は「あなたは友人を選ぶときは注意しすぎることはできない」。enoughと結びつけて「十分に注意することはできない→どんなに注意しても足りない」のような言い方もする。

⑤ may, might, must, have [has] to の一般的な用法

■**may, might**の一般的な用法 ・・・

mayは，許可「〜してもよい」や推量「〜かもしれない」の意味を表す。推量の意味では**might**も使う。

例 You **may** go. 君は行ってもよい。【許可】

≒ You are allowed to go.

例 It **may** [**might**] be cold outside. 外は寒いかもしれない。【推量】

≒ Maybe it is cold outside.

▶ mightを使う方が控えめな響きになるが，意味はほとんど同じ。

■**must, have [has] to**の一般的な用法 ・・・・・・・・・・・・・・・・・・・・・・・・・・・・・・・・・・・・・

mustは，義務「〜せねばならない」や推量「〜に違いない」の意味を表す。義務の意味では**have [has] to**も使う。

例 You **must** go. 君は行かなければならない。【義務】

≒ You **have to** go.

例 I **had to** go. 私は行かなければならなかった。【義務（過去）】

▶ mustには過去形がないのでhad toで表す。

例 I **will have to** go. 私は行かなければならないだろう。【義務（未来）】

▶ 助動詞を2つ並べては使えないので，× will mustとは言えない。

▶ くだけた会話では，have [has] to の代わりに have [has] got to とも言う（主にイギリス英語だが，アメリカでも使用が増えている）。

例 It **must** be cold outside. 外は寒いに違いない。【推量】

　≒ I'm sure it is cold outside.

　▶ have [has] to も「～に違いない」の意味で使うことがある。

■**must の意味との対比に注意すべき表現** ·······························

☑ **must not** ～ ～してはいけない / **don't have to** *do* ～する必要はない

☑ **must** ～に違いない / **cannot** ～のはずがない

例 You **mustn't** come. 君は来てはいけない。【禁止】

　You **don't have [need] to** come. 君は来る必要はない。【不必要】

　▶ 1 つめの文は must（義務を持つ）+ not come（来ない），2 つめの文は don't have（持たない）+ to come（来ること［義務］）ということ。

例 It **must** be true. それは本当に違いない。

　It **cannot** be true. それは本当であるはずがない。

⑥ **may** の特殊な用法

● **譲歩の may（フォーマルな表現）** ·······························

may は，「たとえ～でも」「～ではあるが」と譲歩を表す節や文で使うことがある。

例 Whatever you (**may**) say, I don't believe you.

　たとえ君が何と言おうと，君の言うことは信じない。

　▶ 日常的には may を省く（直説法を使う）のが普通。

例 He **may** be clever, but he isn't wise.

　彼は頭が切れるかもしれないが，聡明ではない。

　▶ may と but がセットで「～かもしれないが，しかし…」という意味を表す。

■ **祈願文の may** ·······························

〈May + S + V（原形）〉の形で表す祈願文と呼ばれるフォーマルな表現がある。

例 **May** you be happy. ご多幸をお祈りします。

■ **may, might を使った慣用表現** ·······························

☑ **may well** ～ ～するのも当然だ；たぶん～する

例 She **may well** be angry. 彼女が怒っているのも当たり前だ。

　≒ It is natural that she is [should be] angry.

　≒ She has every [good] reason to be angry.

例 The rumor **may well** be true. そのうわさはたぶん本当だろう。

☑ **may [might] as well** ~ **(as ...)**

（…するくらいなら）～した方がいい，～しても同じことだ

例 We **may [might] as well** go (**as** stay here).

私たちは（ここにいるくらいなら）行った方がいい。

▶ may は許可「～してもよい」の意味で，「ここにいること」と「行くこと」の許容度に大きな差はないことを表す。

7 used to

〈**used to** ＋動詞の原形〉で「以前は～した［だった］ものだ」という意味になる。

例 I **used to** [would] sit up late at night. 【習慣的な行為】

以前はよく夜ふかしをした（今では夜ふかしをしない）。

▶ used to は［júːstə］と発音する。

例 There **used to** [× would] be a theater near here. 【習慣的な状態】

以前はこのあたりに劇場があった。

▶ used to は過去の習慣的な行為・状態を表す。would は原則として行為についてだけ用いる。

■ **used to を使った3つの形** ・・・

次のよく似た3つの形の違いに注意。

> ☑ **be used to** ＋～ing ～することに慣れている
> ☑ **be used to** ＋動詞の原形 ～するために使われる
> ☑ **used to** ＋動詞の原形 以前は～した［だった］ものだ

例 I **am used to sitting** up late. 夜ふかしには慣れている。

▶ 形容詞の used「慣れている」（発音は［juːst］）の後ろに to「～に（対して）」を加えた形。to は前置詞だから，後ろには動名詞を置く。be accustomed to とも言う。

例 Wheat **is used to make** bread. 小麦はパンを作るのに使われる。

▶ be used「使われる」（受動態）の後ろに，to make「作るために」（目的を表す副詞的用法の不定詞）を加えた形。used は use「使う」の過去分詞で，発音は［juːzd］。

8 had better

〈**had better** ＋動詞の原形〉で「～する方がよい」の意味になる。

例 You **had better** stay at home. 君は家にいた方がよい。

❗ stay の前に to を入れないこと。

▶ 会話では you'd [I'd, we'd] better ～のように短縮形を使う。

例 You **had better not** go out. 君は出かけない方がよい。

❗ not を better の前に置かないこと。would rather not・had better not・ought not to の not の位置に注意。

▶ had better は should よりも強い強制の含みを持つ。特に you had better 〜は「〜しないとどうなっても知らないぞ」という強迫的な響きを持つことがあるので,「君は〜するほうがいい」は you should 〜で表すか, I think you had better 〜などと言うのが無難。

⑨ need, dare

need と dare には,〈**need ＋動詞の原形**〉「〜する必要がある」,〈**dare ＋動詞の原形**〉「あえて［思い切って］〜する」という助動詞の用法がある。

例 You **needn't** buy the book. 君はその本を買う必要はない。
　　≒ You <u>don't need [have] to</u> buy the book.
　　▶ 助動詞の need「〜する必要がある」は,主に（イギリス英語の）否定文・疑問文で使われる。肯定文では,2 つめの文のように一般動詞として使うのが普通。

例 He **dared not** tell her the truth. 彼は彼女に真実を言う勇気がなかった。
　　≒ He <u>didn't dare to</u> tell her the truth.
　　▶ 助動詞の dare「あえて〜する」は,主に否定文・疑問文で使われる。ただし, How dare you 〜!「よくも（図々しく）〜できるな」, I dare say 〜「たぶん〜だろう」（主にイギリス英語）などの定型的な形以外では,一般動詞として使うのが普通。

⑩ 助動詞＋have ＋過去分詞

■**may [might], must, cannot, could (not)＋have＋過去分詞** ⋯⋯⋯
これらの助動詞に〈**have ＋過去分詞**〉を続けると,過去のことがらに対する現時点での推量を表す。

例 He **may have been** ill then. ≒ Maybe he <u>was</u> ill then.【**過去のことに対する推量**】
　　彼はその時病気だったのかもしれない。
cf. He **may be** ill. ≒ Maybe he <u>is</u> ill.【**現在のことに対する推量**】
　　彼は今病気かもしれない。
例 He **must have been** ill. 彼は病気だったに違いない。
　　≒ It is certain [I'm sure] that he <u>was</u> ill.
例 He **cannot [couldn't] have been ill**. 彼が病気だったはずがない。
　　≒ It is impossible that he <u>was</u> ill.
例 He **could have been** ill. 彼は病気だった可能性がある。
　　▶ この文では could の代わりに can は使えない。(⇒ ❹)

■**should [ought to]＋have＋過去分詞** ⋯⋯⋯⋯⋯⋯⋯⋯⋯⋯⋯⋯
例 He **should [ought to] have seen** a doctor.
　　彼は医者にみてもらうべきだったのに。
　　▶「〜すべきだったのに（実際にはそうしなかったのが残念だ）」の意味。

■ **need not [needn't]＋have＋過去分詞** ·································

例 You **needn't have hurried**.

　　君は急ぐ必要はなかったのに。

　　▶「～する必要はなかったのに（実際にはそうした）」の意味。

⑪ 付加疑問と助動詞

■ **付加疑問** ···

付加疑問は，主に「～ですね」と相手に確認や同意を求める場合に使う。肯定文のあとでは否定形に，否定文のあとでは肯定形になる。

例 You <u>can</u> swim, **can't you?**【肯定文→否定形】

　　あなたは泳げますね。

　　▶ 文末を下降調で（普通の文のように）読めば「～ですね」（確認），上昇調で（疑問文のように）読めば「～ですか」（質問）の意味になる。

例 You <u>don't</u> smoke, **do you?**【否定文→肯定形】

　　あなたはたばこを吸いませんね。

■ **Let's ～，命令文の付加疑問** ································

Let's ～ には **shall we?** を，命令文には **will you?** を加える。

例 Let's sit down, **shall we?**【Let's ～ → shall we?】

　　座ろうよ。

例 Don't forget, **will you?**【命令文→ will you?】

　　忘れるなよ。

⑫ 文を強調する do，代動詞の do

■ **文を強調する do** ···

do [does，did] を動詞の原形の前に置き，その内容が事実であることを強調することがある。

例 I **do** <u>love</u> you. ぼくは本当に君を愛している。

　　≒ I really love you.

命令文の前に do を置いて「ぜひ～してください」という意味を表すことがある。

例 **Do** <u>come</u> to see us anytime. ぜひ私たちにいつでも会いに来てください。

■ **代動詞の do** ···

前の動詞（＋目的語など）の反復を避けるため，do [does, did] を使うことがある。

例 "Who broke the window?" "Tom **did** [＝broke it]."

　　「誰が窓ガラスを割ったのですか」「トムです」

3

助動詞

Chapter 4 受動態

▶ 本冊 p.38〜45

① 能動態と受動態

受動態（**be動詞＋過去分詞**）は「〜される」という意味を表す。一方，「〜する」という意味を表す形を**能動態**と言う。能動態の文のOが，受動態の文ではSになる。

> 例 _SJack _V**loves** _OBetty. ジャックはベティを愛している。【能動態】
> ⇒ _SBetty **is loved** by Jack. ベティはジャックに愛されている。【受動態】

by「〜によって」は，受動態が表す動作の主体を明示したいときに使う。

> 例 The hotel **was built** in 2010. そのホテルは2010年に建てられた。
> ▶ 誰によって建てられたかは重要ではないから，by 〜は必要ない。

受動態のbe動詞は，時制に応じてさまざまな形を使う（⇒ ⑥）。助動詞を伴うときは，〈**助動詞＋be＋過去分詞**〉の形になる。

> 例 The movie **will be released** next week.
> その映画は来週公開されることになっている。

② 受動態を使った否定文・疑問文など

受動態の否定文は，be動詞の後ろにnotを置く。疑問文は，be動詞を主語の前に置く。ただし，疑問詞が主語の疑問文は，その後ろに〈be動詞＋過去分詞〉を置く。

> 例 The schedule **wasn't changed**. 予定は変更されなかった。【否定文】
> 例 **Was** the schedule **changed**? 予定は変更されましたか。【疑問文】
> 例 **Who was** the book **written by**?
> ⇒ By whom was the book written?
> その本は誰によって書かれましたか。
> ▶ 下の文By whom ...はフォーマルな書き言葉。
> 例 What **was stolen**? 何が盗まれたのですか。【疑問詞が主語】
> ▶ whatが主語なので，その後ろに受動態〈be動詞＋過去分詞〉を置く。

■ 命令文の受動態

命令文の受動態は〈**let＋O＋be＋過去分詞**〉「Oが〜されるようにする」で表す。

> 例 **Let it be done** at once. それをすぐにさせなさい。
> ▶ ただし，Do it at once.「それをすぐにしなさい」と能動態で表現するのが普通。

③ SVO₁O₂（第4文型），SVOC（第5文型）の受動態

「能動態のO＝受動態のS」という関係から，SVO（第3文型）以外にも，SVO₁O₂（第4文型），SVOC（第5文型）のOを主語にして受動態の文を作ることができる。

■ **SVO₁O₂（第4文型）の受動態** ·····························

次の①→②のように，2つのOを入れ換えることができる（⇒ Ch. 1⓫）。① ②の□の
Oを主語にすると，①' ②'の2つの受動態の文ができる。

> 例 ① ₛThe teacher ᵥ**gave** ₒ₁ | the students | ₒ₂ a lot of homework. 【能動態】
> ② The teacher **gave** | a lot of homework | to the students. 【能動態】
> 先生は生徒たちに多くの宿題を与えた。
>
> ①' ₛ| The students | **were given** a lot of homework (by the teacher).
> 生徒たちは（先生によって）多くの宿題を与えられた。 【①の受動態】
> ②' ₛ| A lot of homework | **was given** to the students (by the teacher).
> 多くの宿題が（先生によって）生徒たちに与えられた。 【②の受動態】

■ **SVOC（第5文型）の受動態** ·····························

この場合，能動態のCは受動態のVの後ろに置く。

> 例 ₛHe ᵥ**named** ₒthe baby ꜀Emma. 彼はその赤ん坊をエマと名づけた。【能動態】
> ⇒ ₛThe baby ᵥ**was named** ꜀Emma. その赤ん坊はエマと名づけられた。【受動態】

SVOCのCが分詞（句）の場合も，受動態の文は同じ要領で作る。

> 例 ₛThey ᵥ**kept** ₒhim ꜀**waiting** outside. 彼らは彼を外で待たせた。【能動態】
> ⇒ ₛHe ᵥ**was kept** ꜀**waiting** outside. 彼は外で待たされた。【受動態】
> ▶ keep + O + ～ing「Oを～しているままに保つ→Oに～させておく」（⇒ Ch. 8❹）

❹ 〈V + O + to *do*〉の受動態

〈V + O + to *do*〉のOを主語にした受動態の文は，〈S + **be動詞** + **過去分詞** + **to *do***〉
の形になる（⇒ Ch. 6❼）。この形で使われる動詞とその意味を覚えておこう。

> 例 ₛThey ᵥ**asked** ₒme **to make** a speech. 彼らは私にスピーチをするよう頼んだ。
> 【能動態】
>
> ₛI ᵥ**was asked to make** a speech. 私はスピーチをするよう頼まれた。【受動態】

☑ **be allowed [permitted] to *do*** ～することを許される

☑ **be asked to *do*** ～するよう頼まれる

☑ **be expected to *do*** ～すると予想［期待］される

☑ **be forced [obliged] to *do*** ～するよう強制される［せざるを得ない］

☑ **be required [requested] to *do*** ～するよう求められる［する必要がある］

☑ **be told to *do*** ～するよう言われる［命じられる］

☑ **be estimated to *do*** ～すると見積もられている

☑ **be advised to *do*** ～することが勧められる［望ましい］

☑ **be known to *do*** ～する［である］ことが知られている

■〈**be 動詞＋過去分詞＋to** *do*〉**の慣用表現** ・・・・・・・・・・・・・・・・・・・・・・・・・・・・・

☑ **be supposed to** *do* ～することになっている，～しなければならない

> 例 You **are supposed to take off** your shoes here.
> ここでは靴を脱ぐことになっています［脱いでください］。

⑤ 〈V＋O＋*do*〉の受動態

使役動詞の make「～させる」や知覚動詞の see「見える」，hear「聞こえる」などは，〈**V＋O＋原形不定詞**〉の形で使う（⇒ Ch. 6 ⑨）。この O を主語にした受動態の文では，原形不定詞の前に **to** を入れる。

> 例 ₛThey ᵥ<u>**made**</u> ₒ<u>him</u> **work** hard. 彼らは彼を懸命に働かせた。【能動態】
> ₛ<u>He</u> ᵥ<u>**was made to work**</u> hard. 彼は懸命に働かされた。【受動態】
>
> 例 They **saw** him **enter** the house. 彼らは彼がその家に入るのを見た。【能動態】
> He **was seen to enter** the house. 彼はその家に入るのを見られた。【受動態】

⑥ 完了形・進行形と受動態の組み合わせ

■**完了形＋受動態：〈have [has，had]＋been＋過去分詞〉** ・・・・・・・・・・・・・・・・・

> 例 They have postponed the game. 彼らは試合を延期した。【能動態】
> The game **has been postponed**. 試合は延期された。【受動態】
>
> ▶ 完了進行形〈have [has, had] been ～ing〉と混同しないこと。

■**進行形＋受動態：〈be 動詞＋being＋過去分詞〉** ・・・・・・・・・・・・・・・・・・・・・

> 例 They are repairing the bridge. 彼らは橋を修理しているところだ。【能動態】
> The bridge **is being repaired**. 橋は修理されているところだ。【受動態】

⑦ 句動詞の受動態

〈動詞＋前置詞〉などの形の句動詞は，次のように１つの動詞とみなして受動態を作る。

> 例 Everyone looked up to him. みんなが彼を尊敬した。【能動態】
> He **was** <u>**looked up to**</u> **by** everyone. 彼はみんなに尊敬された。【受動態】

> ☑ **be looked up to by** ～ ～に尊敬される
> ☑ **be spoken to by** ～ ～に話しかけられる
> ☑ **be laughed at by** ～ ～に笑われる　　など

take care of ～「～の世話をする」のような〈動詞＋名詞＋前置詞〉の形の句動詞からは，次のような２つの受動態ができる。

> 例 They **took** <u>good care of</u> <u>the patient</u>. 彼らはその患者を十分に世話した。
> 　　　　　　　　① 　　　　　　② 　　　　　　　　　　　　　　【能動態】

②を主語⇒ The patient **was taken good care of**.
　　　　その患者は十分に世話された。

①を主語⇒ Good care **was taken of** the patient.
　　　　十分な世話がその患者になされた。

8 It is said that ...型の受動態

They [People] say (that) ...「人々は…と言う，…だそうだ」などの能動態の文から
は，次のような2種類の受動態の文を作ることができる。

例 **They say that** Mr. Hara is a good manager.【能動態】

① **It is said that** Mr. Hara is a good manager.【受動態】

② Mr. Hara **is said to be** a good manager.【受動態】

原氏はすぐれた管理者だと言われている。

▶ ①は能動態の下線部を，形式主語のitを使って置き換えた形。②はthat節の主語(Mr. Hara)を
文全体の主語にした形。このときはbe saidの後ろに不定詞を置く。

It is said that ...型の受動態を作る主な動詞

「言う」など：☑ **say** 言う　　☑ **report** 報告する　　☑ **rumor** うわさする

「考える」など：☑ **think** 考える　　☑ **believe** 信じる　　☑ **expect** 期待する

---

9 受動態に続く前置詞で注意が必要なもの

☑ **be caught in** 〜　〜（雨・渋滞など）にあう

例 I **was [got] caught in** a shower on the way.　途中でにわか雨にあった。

☑ **be covered with** 〜　〜でおおわれている

例 The ground **was covered with** snow.　地面は雪でおおわれていた。

☑ **be filled with** 〜　〜で満たされている

☑ **be crowded with** 〜　〜で混雑している

☑ **be known to [for, as, by]** 〜

例 The island **is known to** foreign tourists.【（人）に知られている】
その島は外国人観光客に知られている。

例 The island **is known for** its beautiful beach.【（理由）で知られている】
その島は美しい海岸で知られている。

例 The island **is known as** a winter resort.【〜として知られている】
その島は冬場のリゾート地として知られている。

例 A man **is known by** the company he keeps.【〜によってわかる】
人は付き合う仲間を見ればわかる。

受動態

☑ **be made of [from, into]** ～

例 This table **is made of** stone. このテーブルは石でできている。

▶ 材質が変化しない材料には of を使う。

例 Cheese **is made from** milk. チーズはミルクから作られる。

▶ 材質が変化する原料には from を使う。

例 Milk can **be made into** cheese. ミルクはチーズに加工できる。

▶ into の後ろには変化の結果を置く。（⇒ Ch. 1 ⑯）

⑩ 受動態に関するその他の注意

■ **be 動詞の代わりに get を使う受動態** ・・・・・・・・・・・・・・・・・・・・・・・・・・・・・・・

受動態には，「～される」（**動作**）と「～されている」（**状態**）の2つの意味がある。前者の意味を明らかにしたいときは，be 動詞の代わりに **get** を使う。

例 He **got injured** in the accident. 彼はその事故で負傷した。

■ **日本語の「～する」を英語では受動態で表す表現** ・・・・・・・・・・・・・・・・・・・・

> ☑ **be delayed** 遅れる　☑ **be [get] dressed** 服を着ている［着る］
> ☑ **be [get] hurt [injured]** けがをする　☑ **be killed**（災害や戦争などで）死ぬ
> ☑ **be located**（～に）位置する　☑ **be seated** 着席する（⇒ Ch. 13 ❼）　　など

例 She **was dressed** in white. 彼女は白い服を着ていた。

例 Our school **is located** on the hill. 私たちの学校は丘の上にある。

例 He **was seated** on the chair. ≒ He sat on the chair. 彼はいすに座った。

■ **能動態の形で「～される」という受動の意味を含む表現** ・・・・・・・・・・・・・・・・・

☑ **take place** 行われる（be held）

例 The meeting will **take** [× be taken] **place** tomorrow.

会合は明日行われることになっている。

☑ **sell well** よく売れる

例 The book **sold** [× was sold] **well**. その本はよく売れた。

☑ **be to blame** 責められるべきだ

例 Nobody **is to blame** for the accident. その事故は誰のせいでもない。

■ **そのほかの注意すべき表現** ・・・・・・・・・・・・・・・・・・・・・・・・・・・・・・・・・・・・・・・

☑ **be composed [comprised] of** ～ ≒ **consist of** ～ ～から成る

例 The club **consists of** 30 members.

≒ The club **is composed of** 30 members.

そのクラブは30人の会員から成る［構成されている］。

Chapter 5 仮定法

① 直説法と仮定法

・**直説法**：ことがらを事実として述べる形のこと。普通の文では直説法を使う。
・**仮定法**：ことがらを自分の頭の中で考えた想像や願望として述べる形のこと。仮定
法は if「もし〜なら」とともに使うことが多いが，そうでない場合もある。

5
仮定法

② 仮定法過去（ifを使うもの）

仮定法過去は，動詞や助動詞の過去形を使い，「現在の事実の反対」や「起こる可能性
の低い未来のことがら」を述べる形のこと。

> **ifを使った仮定法過去の基本形**
> If S$_1$ + V$_1$ [過去形]，S$_2$ + V$_2$ [would/could/might + 原形]
> 「もしS$_1$がV$_1$なら，S$_2$はV$_2$だろう／できるだろう／かもしれない」

例 **If** I **had** a girlfriend, my school life **would be** happier. 【仮定法過去】
<u>　　if節 [条件節]　　</u>　　　　　　<u>　主節 [帰結節]　</u>

　　もしぼくに恋人がいれば，学校生活はもっと楽しいだろう。

cf. I **don't have** a girlfriend, so my school life **isn't** very happy. 【直説法】

　　ぼくには恋人がいないので，学校生活があまり楽しくない。

　▶ 仮定法過去のif節が，「現在の事実の反対」を表している。

例 **If** she **were** [was] my girlfriend, my school life **would be** happier.

　　もし彼女がぼくの恋人なら，学校生活はもっと楽しいだろう。　　　　【仮定法過去】

　❗ 仮定法過去のif節中では，主語が何であってもbe動詞はwereを使うのが原則。ただし，口語で
　　は主語がIや3人称単数ならwasも使う。

例 **If** he **could drive** a car, he **might get** the job. 【仮定法過去】

　　もし彼が車を運転できれば，その仕事につけるかもしれない（のだが）。

　❗ if節でcould（助動詞の過去形）を使うこともある。

　▶ 「彼は実際には車を運転できないので，その仕事につけないだろう」という意味を含む。

cf. **If** he **can drive** a car, he **may get** the job. 【直説法】

　　もし彼が車を運転できれば，その仕事につけるかもしれない。

　▶ 「彼が車を運転できるかどうかは知らないが，もし運転できるなら〜」ということ。if節は，事実
　　かどうか五分五分の条件を表す。なお，mayの代わりにmightを使うことも可能。

例 What **would** you **do if** you **won** a million yen in a lottery? 【仮定法過去】

　　もし宝くじで100万円当たったら，何をしますか。

　▶ 仮定法過去のif節が，「起こる可能性の低い未来のことがら」を仮定している。起こる可能性があ
　　ると考えていれば，直説法を使ってWhat <u>will</u> you do if you <u>win</u> 〜?と表現する。

❸ 仮定法過去完了（ifを使うもの）

仮定法過去完了は，過去完了形を使い，「過去の事実の反対」を述べる形のこと。

> **ifを使った仮定法過去完了の基本形**
> If S_1 + V_1 [過去完了形]，S_2 + V_2 [would/could/might + have + 過去分詞]
> 「もしS_1がV_1だったなら，S_2はV_2だっただろう／できただろう／だったかもしれない」

例 **If** I **had had** a girlfriend, my high school life **would have been** happier.
もしぼくに恋人がいれば，高校生活はもっと楽しかっただろう。　　　【仮定法過去完了】

cf. I **didn't have** a girlfriend, so my high school life **wasn't** very happy.
ぼくには恋人がいなかったので，高校生活はあまり楽しくなかった。　　　【直説法】

▶ 仮定法過去完了のif節が，「過去の事実の反対」を表している。

❹ 仮定法過去と仮定法過去完了を組み合わせた形

if節で過去のこと，主節で現在のこと（あるいはその逆）を述べる形がある。

例 **If** I **had caught** the train, I **would be** at home now. 【仮定法】
　　if節 [仮定法過去完了]　　　　　主節 [仮定法過去]

もし電車に間に合っていれば，私は今ごろ家にいただろう。

≒ I **didn't catch** the train, so I'm not at home now. 【直説法】

私は電車に間に合わなかったので，今家にはいない。

▶ if節で過去のことを仮定し，主節で現在のことを述べている。

例 **If** I **were** rich, I **could have lent** him some money then. 【仮定法】
　if節 [仮定法過去]　　　　　　　　主節 [仮定法過去完了]

もし私が金持ちなら，そのとき彼にいくらかお金を貸せたのだが。

≒ I'm **not** rich, so I **couldn't lend** him (any) money then. 【直説法】

私は金持ちではないので，そのとき彼にお金を貸せなかった。

▶ if節で現在の事実の反対を仮定し，主節で過去のことを述べている。

❺ if S should 〜／if S were to 〜

起こる可能性が（比較的）低いことがらを仮定するとき，if節に**should**や**were to**を使うことがある。

☑ **if S should 〜** 万一〜なら

例 **If** he **should** retire, who **would [will] take over** his business?
万一彼が引退したら，誰が彼の商売を引き継ぐのだろう。

▶ 主節では，仮定法過去（would）も直説法（will）も使える。主節が命令文などの場合もある。

42

☑ if S were to ~ もし~なら

例 **If** I **were to** propose to her, what answer **would** she **give** to me?

もしぼくが彼女にプロポーズしたら，彼女はどう答えるだろう。

　▶ 主節では仮定法過去を使う。

6 ifを使わない仮定

仮定法は，主語や副詞（句・節）に「もしも」の意味が含まれる場合にも使われる。

例 A wise man **wouldn't do** such a thing. 【主語に「もしも」の意味】

賢明な人ならそんなことはしないだろう。

　▶ 主語が「もし賢明な人なら」という仮定の意味を含む。

例 In your place, I **would have said** no. 【副詞句に「もしも」の意味】

君の立場なら，私はノーと言っただろう。

　▶ 副詞句が「もし私が君の立場なら（if I had been in your place）」という仮定の意味を含む。下線部を省略することもできる。その場合は I が「もし私なら」の意味を含む。

■条件の意味を含む語 ･･

☑ otherwise もしそうでなければ

例 I ran to the station. **Otherwise**, I **would have missed** the train.

　　　　　　　≒ **If** I **hadn't run** to the station

私は駅まで走った。そうしなければ，電車に乗り遅れていただろう。

☑ with ~ もし~があれば

例 **With** a little more effort, he **might have succeeded**.

　≒ **If** he **had made** a little more effort

もう少し努力していれば，彼は成功したかもしれない。

7 I wish＋仮定法／If only＋仮定法

wish は「～ならよいのに」という事実とは逆の願望を表し，wish に続く節では仮定法過去または仮定法過去完了を使う。I wish の代わりに **If only** を使うこともある。

☑ I wish [If only] S₁ + V₁ [過去形] S₁ が（今）V₁ ならよいのに

例 **I wish** she **were** [× is] my girlfriend. 【仮定法過去】

彼女がぼくの恋人ならいいのに。

≒ I'm sorry she **isn't** my girlfriend. 【直説法】

彼女がぼくの恋人でないのが残念だ。

　▶ 仮定法過去が，「現在の事実とは反対」を表す。

　❗ ほぼ同じ意味だが，If only の方が I wish よりもやや強い言い方。

例 **I wish** I **could** [× can] **speak** English fluently.

≒ **If only** I **could speak** English fluently!

英語を流ちょうに話せればいいのに。

▶ wishに続く節では，couldやwouldを使うこともある。

☑ **I wish [If only]** S₁ + V₁ [過去完了形] S₁が（過去の時点で）V₁ならよかったのに

例 **I wish** you **had come** [× came] to our party. 【仮定法過去完了】

君がぼくたちのパーティーに来てくれればよかったのに。

≒ I'm sorry you **didn't come** to our party. 【直説法】

君がぼくたちのパーティーに来なかったのが残念だ。

▶ 仮定法過去完了が，「過去の事実とは反対」を表す。なお，「君が来られればよかったのに」ならI wish you could have come ... となる。

⑧ as if [though] ＋仮定法

仮定法は，**as if [though]** が導く節にも使われ，事実と反対のことを表す。

☑ **as if [though]** ＋仮定法（実際はそうではないが）まるで〜である [あった] かのように

例 He speaks English **as if [though]** he **were** a native speaker. 【仮定法過去】

彼はまるでネイティブスピーカーのように英語を話す。

▶ 実際には，特に確信の度合いが高いときは，直説法（as if he is ...）も使われる。

例 He speaks English **as if [though]** he **had lived** in America for a long time. 【仮定法過去完了】

彼はまるでアメリカに長い間住んでいたかのように英語を話す。

⑨ if の省略による倒置

仮定法のifが省略されると，後ろの〈S + V〉が〈V + S〉の（疑問文と同じ）語順になる。この形でSの前に置かれるのは，**were，should，had** の3語。

例 **Were I** rich, I could have my own house.

= **If I were** rich

私が金持ちなら，マイホームを持つことができるのに。

例 **Should he** tell her the truth, she would be shocked to death.

= **If he should** tell her the truth

万一彼が彼女に真実を話せば，彼女は死ぬほどショックを受けるだろう。

例 **Had he** told her the truth, she would have been shocked to death.

= **If he had** told her the truth

もし彼が彼女に真実を話していたら，彼女は死ぬほどショックを受けただろう。

⑩ 仮定法を使った慣用表現

☑ **It is time** + 仮定法過去 〜してもよいころだ

例 **It is** (about/high) **time** you **had** a haircut.

君は（そろそろ／とっくに）髪を切ってもいいころだ。

▶「君は実際には髪を切っていない（から早く切りなさい）」という意味を含む。

☑ **would rather** + 仮定法過去 （どちらかと言えば）〜ならよいのに

例 I **would rather** you **came** tomorrow.

あなたが明日来てくれるといいのですが。

☑ **Would you mind if I** + 仮定法過去? 〜してもかまいませんか

例 **Would you mind if I turned on** the air-conditioner?

エアコンをつけてもかまいませんか。

▶「（実際に行う可能性は低いけれど）もし私がエアコンをつけたなら〜」というニュアンスの控えめな表現。Do you mind if I turn on the air-conditioner? とも言う。

☑ **I would appreciate it if you would [could]** 〜

〜していただけるとありがたいのですが

例 **I would appreciate it if you would call** me tomorrow.

明日私に電話していただけるとありがたいのですが。

▶「（万一）あなたが〜するなら，私はそれに感謝するのですが」の意味。

☑ **could have** + 過去分詞 〜しようと思えばできたのだが

例 I **could have lent** him some money, but I didn't.

私は彼に金を貸そうと思えば貸せたのだが，貸さなかった。

▶「（もし）その気になれば」という意味を含む。

☑ **if it were not for** 〜 ≒ **without** 〜 ≒ **but for** 〜 もし（今）〜がなければ

例 **If it were not for** this map, we **might get** lost.

≒ **Were it not for** this map, we **might get** lost.

≒ **Without [But for]** this map, we **might get** lost.

この地図がなければ，私たちは道に迷うかもしれない。

▶ 主節では仮定法過去を使う。2番目の文は if が省略されて倒置が起きた形。（⇒ ⑨）

☑ **if it had not been for** 〜 ≒ **without** 〜 ≒ **but for** 〜

もし（あのとき）〜がなかったら

例 **If it had not been for** this map, we **might have gotten** lost.

≒ **Had it not been for** this map, we **might have gotten** lost.

≒ **Without [But for]** this map, we **might have gotten** lost.

この地図がなかったら，私たちは道に迷ったかもしれない。

▶ 主節では仮定法過去完了を使う。2番目の文は if が省略されて倒置が起きた形。（⇒ ⑨）

Chapter 6　不定詞

● 本冊 p.56〜65

❶ 不定詞の形と働き

不定詞の基本形は〈**to + 動詞の原形**〉。不定詞の働きは「**名詞的用法**」「**形容詞的用法**」「**副詞的用法**」の 3 つに大別される。

❷ 名詞的用法の不定詞

名詞的用法の不定詞は,「〜すること」の意味を表す名詞句を作る。

例 ₛI ᵥwant ₒ**to buy** the new game.　私はその新しいゲームを買いたい。

▶ want「〜を欲する」+ to buy the new game「その新しいゲームを買うこと」の意味。

例 ₛIt ᵥis ₒdifficult **to solve** this puzzle.　このパズルを解くのは難しい。

▶ 形式主語の it が後ろの to solve this puzzle「このパズルを解くこと」を指す。(⇒ **Ch. 13 ❸**)

❸ 形容詞的用法の不定詞

形容詞的用法の不定詞は,名詞の後に置き「〜するための,〜すべき」の意味を表す。

例 I didn't have time **to have** lunch today.

今日は昼食をとる(ための)時間がなかった。

例 I have a lot of work **to do** today.

今日はやる(べき)仕事が多い。

例 He was the first man **to climb** the mountain.

彼はその山に登った最初の人だった。

▶ the first [last] ... to *do*「〜した最初[最後]の…」

例 This is a comfortable office **to work in**.

これは働くのに気持ちのいいオフィスだ。

❗ 形容詞的用法の不定詞は,前置詞で終わることもある。

例 They have no house **in which to live**.　彼らには住む(ための)家がない。

≒ They have no house **to live in**.

▶ 前置詞つきの形容詞的用法の不定詞は,〈前置詞 + which + to *do*〉で表すこともある(文語表現)。

❹ 副詞的用法の不定詞

副詞的用法の不定詞は,動詞や文全体を修飾する。**目的,結果,感情の原因,判断の根拠,程度,条件**などを表す。

例 We went to the shop **to buy** some camping equipment.　【目的】

私たちはキャンプ用品を買うためにその店へ行った。

例 The girl grew up **to be** a famous writer.　【結果】

その少女は成長して(その結果)有名な作家になった。

46

例 I was <u>surprised</u> **to hear** the news.【感情の原因】

私はその知らせを聞いて驚いた。

▶ この用法の不定詞は，surprised「驚いた」のように感情を表す形容詞の後ろに置いて使う。

例 He must be a genius **to make** such a great invention.【判断の根拠】

そんな大発明をするとは，彼は天才に違いない。

例 **To hear** her speak English, you would take her for an American.【条件】

≒ **If** you **heard** her speak English

彼女が英語を話すのを聞けば，彼女をアメリカ人だと思うだろう。

不定詞

■ 副詞的用法の不定詞の慣用表現 ··

☑ **in order to** *do* ≒ **so as to** *do* ～するために

例 We are raising money **in order to make** a national organization.【目的】

≒ We are raising money **so as to make** a national organization.

我々は全国的な組織を作るために資金を集めている。

▶「目的」の意味を明確にしたいときはこのような形を使う。in order to *do* の方が普通。

☑ **... only to** *do* …したが結局～

例 I went all the way to the shop **only to find** it was closed.【結果】

私はその店へはるばる行ったが，結局閉まっていた。

☑ **It is** ＋性格を表す形容詞＋ **of** ＋人＋ **to** *do* ～するとは（人）は…だ

例 **It was** <u>careless</u> **of** [× for] him **to make** such a mistake.【判断の根拠】

≒ He was careless **to make** such a mistake.

そんなミスをするとは彼は不注意だった。

▶ この形で使う性格を表す形容詞には，clever「利口な」, foolish/stupid「愚かな」, kind/nice「親切な」, wise「賢明な」などがある。

☑ **too** ＋形容詞・副詞＋ **to** *do* ～するには…すぎる

例 It's **too** hot **to study**.【程度】

暑くて勉強できない。

≒ It's <u>so</u> hot <u>that</u> I can't study.

▶ so ～ that ...「非常に～なので…」(⇒ Ch. 17 ⑪)

☑ 形容詞・副詞＋ **enough to** *do* ≒ **so** ＋形容詞・副詞＋ **as to** *do* ～できるほど…

例 It's **hot enough to go** swimming in the sea.【程度】

海に泳ぎに行けるくらい暑い。

≒ It's **so hot as to go** swimming in the sea.

≒ It's <u>so</u> hot <u>that</u> you can go swimming in the sea.

❗ 語順に注意。× enough hot は誤り。名詞のときは <u>enough money</u> to buy it「それを買うのに十分なお金」のように enough を前に置くこともできる。(⇒ Ch. 15 ❸)

⑤ 不定詞の意味上の主語

不定詞の表す動作などの主体（＝不定詞の意味上の主語）が文全体の主語と異なるときは，不定詞の前にそれを置く。

> 例 I want **my father to buy** me a motorcycle. 父にオートバイを買ってほしい。
>
> ▶ my father は to buy の意味上の主語。

意味上の主語(X)は，しばしば for X の形で表す。

> 例 It is difficult **for me to save** a million yen.【名詞的用法】
>
> 私が［私にとって］100万円貯金するのは難しい。
>
> ▶ It is ＋形容詞＋ for X to do.「Xが［Xにとって］〜することは…だ」（⇒ **Ch. 13 ❸**）
>
> 例 There is no reason **for you to apologize**.【形容詞的用法】
>
> 君が謝る（べき）理由はない。
>
> 例 The apartment was too small **for them to live in**.【副詞的用法】
>
> そのアパートは彼らが住むには狭すぎた。
>
> 例 The room was large enough **for them to have** a party.【副詞的用法】
>
> その部屋は彼らがパーティーを開くのに十分な広さがあった。

⑥ V ＋ to *do*

たとえば hope to *do*「〜することを望む」は〈他動詞＋不定詞〉，go to see him「彼に会いに行く」は〈自動詞＋不定詞〉だが，以下は一種の成句と考えてよい。

> ☑ **cannot afford to *do*** 〜する（お金の）余裕がない ☑ **come to *do*** 〜しに来る，〜するようになる ☑ **decide to *do*** 〜することに決める ☑ **fail to *do*** 〜できない，しない ☑ **happen to *do*** たまたま〜する ☑ **hesitate to *do*** 〜するのをためらう ☑ **intend [mean, plan] to *do*** 〜するつもりだ
> ☑ **manage to *do*** どうにか〜できる ☑ **pretend to *do*** 〜のふりをする
> ☑ **seem [appear] to *do*** 〜のように思われる ☑ **tend to *do*** 〜する傾向がある
> ☑ **want [would like] to *do*** 〜したい

> 例 I **cannot afford (to buy)** such an expensive ticket.
>
> そんなに高いチケットを買うお金はない。
>
> 例 I **happened to have** a camera with me then.
>
> 私はそのときたまたまカメラを持っていた。

⑦ V ＋ O ＋ to *do*

V ＋ O ＋ to *do* の形も同様に，一種の成句と考えてよいものがある。

> ☑ **advise O to *do*** Oに〜するよう助言する　☑ **allow O to *do*** Oが〜するのを許す　☑ **ask O to *do*** Oに〜するよう頼む　☑ **cause O to *do*** Oが〜する原因となる　☑ **enable O to *do*** Oが〜するのを可能にする　☑ **expect O to *do*** Oが〜するのを期待する　☑ **force O to *do*** Oにむりやり〜させる
> ☑ **get O to *do*** Oに〜してもらう　☑ **tell O to *do*** Oに〜するように言う
> ☑ **want [would like] O to *do*** Oに〜してもらいたい

例 They **allowed** him **to go** home. 彼らは彼が帰宅するのを許した。

　≒ He was allowed to go home. 彼は帰宅することを許された。

例 The Internet has **enabled** people **to communicate** with each other easily.
インターネットは人々が容易に連絡を取り合うことを可能にした。

⑧ 疑問詞＋to *do*

〈疑問詞 + **to *do***〉の形は「〜すべきか」の意味を含む。この形で使う疑問詞は, how, what, which, where, when など。

例 Tell me **how to use** this app. このアプリの使い方を教えて。

　▶ how to use は「どのようにして使うべきか → 使い方」の意味。

例 I don't know **what to do**. どうすればいいのかわからない。

　≒ I don't know what I should do.

接続詞の whether「〜かどうか」も, 同様の形で使う。

例 I can't decide **whether to buy** the dictionary (or not).
その辞書を買うべきかどうか決められない。

⑨ 原形不定詞

原形不定詞とは to をつけずに動詞の原形を使う不定詞のこと。次の2つの形に注意。

- ・**知覚動詞** + O + 原形不定詞「Oが〜するのを…する」
- ・**使役動詞** + O + 原形不定詞「Oに〜させる」

■**知覚動詞**・・

☑ **see [hear] + O + 原形不定詞** Oが〜するのが見える [聞こえる]

例 I **saw** a lot of children **swim** in the pool.
多くの子どもたちがプールで泳ぐのが見えた。

　▶ swim の代わりに swimming も使える（⇒ **Ch. 8 ④**）。hear なども同様。

例 I **heard** someone **call** my name.
誰かが私の名前を呼ぶのが聞こえた。

　▶ feel「感じる」, watch「見る」, listen to 〜「〜を聞く」なども同様の形で使う。

■使役動詞 ···

☑ **make** + O + 原形不定詞 Oにむりやり〜させる（force + O + to *do*）

🔲 His joke **made** everyone **laugh**. 彼の冗談はみんなを笑わせた。

☑ **let** + O + 原形不定詞 Oが〜するのを許す（allow + O + to *do*）

🔲 **Let** me **pay** the bill. 勘定は私に支払わせてください。

☑ **have** + O + 原形不定詞 O（専門家など）に〜してもらう（get + O + to *do*）

🔲 I **had** my teacher **check** my composition. 先生に作文を点検してもらった。

☑ **help** + O + **(to)** *do* Oが〜するのを助ける

🔲 I **helped** my mother **(to) make** dinner. 母が夕食を作るのを手伝った。

> ▶ to不定詞も原形不定詞もどちらも可能だが，toはしばしば省略される。また，Oを省略してI helped (to) make dinner.「夕食作りを手伝った」と言うことも可能。

⑩ 完了不定詞

〈**to have** + 過去分詞〉の形の不定詞のことを**完了不定詞**と言う。V（述語動詞）の時点より前の時点のことを表す。

🔲 The machine seems **to have been** broken.【完了不定詞】

≒ It seems that the machine was [has been] broken.

その機械は（過去に［今までずっと］）壊れていたらしい。

> ▶ 完了不定詞は，V（この文ではseems）の時点から見た過去または現在完了を表す。

cf. The machine seems **to be** broken.【（普通の）不定詞】

≒ It seems that the machine is broken.

その機械は（今）故障しているらしい。（⇒ Ch. 13 ❻）

🔲 He was said **to have been** an excellent player.【完了不定詞】

≒ It was said that he had been an excellent player.

彼は（以前は）優秀な選手だったと（当時）言われていた。

cf. He was said **to be** an excellent player.【（普通の）不定詞】

≒ It was said that he was an excellent player.

彼は優秀な選手だと（当時）言われていた。

> ▶ Vの時点と不定詞の表す時点とが同じときは，普通の不定詞を使う。

⑪ 不定詞の否定形・進行形・受動態，代不定詞

■不定詞の否定形 ···

不定詞の否定形は，〈**not** + **to** *do*〉の形で表す。

🔲 Be careful **not to fall**. 転ばないよう気をつけなさい。

🔲 The teacher told us **not [never] to be** late.

先生は私たちに（決して）遅刻しないようにと言った。

☑ **so as not to** *do* ≒ **in order not to** *do* 〜しないために

例 They took a taxi **so as not to be** late. 彼らは遅れないようにタクシーを使った。

≒ They took a taxi <u>so that</u> they <u>would not</u> be late. (⇒ **Ch. 17 ⑪**)

■ **不定詞の進行形** ···

不定詞と進行形を組み合わせると，〈**to be** + **〜ing**〉の形になる。

例 He seems **to be leaving** school. 彼は学校をやめるらしい。

■ **不定詞の受動態** ···

不定詞と受動態を組み合わせると，〈**to be** + **過去分詞**〉の形になる。

例 Nobody wants **to be criticized**. 批判されたい人は誰もいない。

■ **代不定詞** ···

同じ言葉のくり返しを避けるために，不定詞の内容をtoだけで表すことがある。この形を**代不定詞**と言う。

例 You can go out if you <u>want **to**</u>. 外出したければしてもよろしい。

= <u>want to go out</u>

⑫ be 動詞+to *do*

〈**be** 動詞 + **to** *do*〉が助動詞に準じた働きを持ち，**予定**，**可能**，**義務**，**意志**などの意味を表すことがある（フォーマルな表現）。

例 The event **is to be held** on May 3. 【予定】

≒ The event <u>is going to be held</u> on May 3.

そのイベントは5月3日に行われる予定です。(⇒ **Ch. 2 ④**)

例 Not a star **was to be seen** in the cloudy sky. 【可能】

≒ Not a star <u>could be seen</u> in the cloudy sky.

曇った空には星は1つも見えなかった。

例 You **are to observe** the school rules. 【義務】

≒ You <u>are supposed to observe</u> the school rules.

校則は順守しなければならない。(⇒ **Ch. 4 ④**)

例 If you **are to win**, you must practice harder. 【意志】(if節で)

もし君が勝ちたいなら，もっと熱心に練習すべきだ。

⑬ 不定詞を含む慣用表現

■ **独立不定詞** ···

不定詞で始まる成句が，文全体を修飾する副詞の働きをすることがある。自分の見方や意見などを表すことが多い。

☑ **to begin [start] with** 初めに，第一に

☑ **to be frank [honest] (with you)** 率直［正直］に言えば

☑ **to make matters worse** さらに悪いことに　☑ **to be sure** 確かに

☑ **to put it briefly [mildly, another way]** 手短に［穏やかに，別の言葉で］
言えば　☑ **to say the least of it** 控えめに言っても

☑ **to tell (you) the truth** 実を言うと　☑ **needless to say** 言うまでもなく

☑ **strange to say** 奇妙な話だが　☑ **so to speak** いわば（as it were）

例 **To begin with**, we are short of money.
第一に，我々にはお金が足りない。

例 **To make matters worse**, it began to rain.
さらに悪いことに，雨が降り出した。

例 **To put it briefly**, they have failed. 簡単に言えば，彼らは失敗した。

例 **Needless to say**, the hardworking student passed the exam.
≒ It goes without saying that the hardworking student passed the exam.
その勤勉な学生は，もちろん試験に合格した。(⇒ Ch. 7 ❼)

例 Okonomiyaki is, **so to speak**, Japanese pizza.
お好み焼きは，いわば日本のピザです。

■ **そのほかの不定詞を含む慣用表現** ···

☑ **All S can do is (to) *do*** 〜せざるを得ない
　≒ **S have no (other) choice but to *do***
　≒ **There is nothing for it but to *do***
　≒ **S can do nothing but *do***

例 ①**All we could do was (to) wait** for the next bus.
≒ ②**We had no (other) choice but to wait** for the next bus.
≒ ③**There was nothing for it but to wait** for the next bus.
≒ ④**We could do nothing but wait** for the next bus.
私たちは次のバスを待つしかなかった。

▶ to の有無に注意。①は「私たちにできるすべてのことは，次のバスを待つことだった」の意味。②は「私たちは次のバスを待つこと以外の選択肢を持っていなかった」(choice の代わりに alternative も使う)。

☑ **All S have to do is (to) *do*** ≒ **S have only [only have] to *do***
　〜しさえすればよい

例 **All you have to do is (to) do** your best.
≒ **You have only to do** your best.
君は全力を尽くしさえすればよい。

52

Chapter 7　動名詞

▶ 本冊 p.66～73

❶ 動名詞の働き

動名詞（動詞の原形＋ing）は「～すること」の意味を表す。動名詞（で始まる句）は名詞の性質を持ち，文中で**S・O・C・前置詞の目的語**いずれかの働きをする。

> 例 _S**Seeing** _V**is** _C**believing**. 見ることは信じることだ［百聞は一見にしかず］。【S・C】

> 例 _S**We** _V**enjoyed** _O**talking**. 私たちは会話［話すこと］を楽しんだ。【O】

> 例 She is good **at** singing. 彼女は歌うことが上手だ。【前置詞の目的語】

> cf. He was sure of success [× succeeding]. 彼は成功を確信していた。

> ❗ successは抽象名詞。このように抽象名詞が使えるときは，動名詞は使わない。

> 例 _S**Reading** comics _Vis [× are] fun. マンガを読むのは楽しい。

> ❗ 動名詞で始まる句が主語のときは，単数扱いする。

❷ 動名詞と不定詞の違い①

不定詞の名詞的用法も「～すること」の意味だが，動名詞との間には次の違いがある。

- 動名詞は前置詞の目的語になれるが，不定詞はなれない。

> 例 She is good at singing (× to sing).
> 彼女は歌うことが上手だ。

- 動名詞・不定詞のどちらも後ろに置ける他動詞と，どちらか一方しか後ろに置けない他動詞がある。

> 例 It **began raining [to rain]**, so we **stopped playing** [× to play] tennis.
> 雨が降り出したので，私たちはテニスをするのをやめた。

> ▶ beginの後ろには動名詞も不定詞も置ける。stop「やめる」の後ろには動名詞しか置けない。

> 例 We **enjoyed** talking (× to talk).／I **want** to go (× going) there.
> 私たちは会話を楽しんだ。／私はそこへ行きたい。

後ろに動名詞も不定詞も置ける主な他動詞

☑ begin / start 始める　☑ continue 続ける　☑ like / prefer 好む
☑ love 愛する

後ろに動名詞だけを置ける主な他動詞

☑ avoid 避ける　☑ consider 考慮する　☑ enjoy 楽しむ　☑ finish 終える
☑ give up あきらめる　☑ mind いやがる　☑ practice 練習する
☑ stop / quit やめる　☑ deny 否認する　☑ dislike 嫌う　☑ escape 免れる
☑ imagine 想像する　☑ miss しそこなう　☑ postpone / put off 延期する
☑ suggest 提案する

※後ろに不定詞だけを置ける他動詞は，⇒ Ch. 6 ❹ 参照。

③ 動名詞と不定詞の違い②

後ろに動名詞も不定詞も置けるが，それぞれ意味が異なる動詞がある。

	☑ forget	☑ remember	☑ try	☑ stop
＋動名詞	〜したことを忘れる	〜したことを覚えている	試しに〜してみる	〜するのをやめる
＋不定詞	〜し忘れる	〜することを覚えておく	〜しようとする	立ち止まって［手を休めて］〜する

> 例 I'll never **forget having** a wonderful time with you here. 【＋動名詞】
> ここであなたとすばらしい時を過ごしたことは決して忘れません。
>> ▶ forget に続く動名詞は，既に終わったことを表す。
>
> 例 I **forgot to call** her yesterday. 【＋不定詞】
> きのう彼女に電話し忘れた。
>> ▶ forget に続く不定詞は，これから行う［まだ終わっていない］ことを表す。

例 I **tried to open** [×opening] the door, but couldn't.
私はそのドアを開けようとしたが，できなかった。
> ▶ 動名詞を使うと「開けてみた」の意味になるので，but 以下と意味的に合わない。

例 We should **stop to think** [×thinking] about the risks of global warming.
私たちは地球温暖化のリスクについてじっくり考えるべきだ。
> ▶ stop「立ち止まる」（自動詞）＋ to think「考えるために」（目的を表す副詞的用法の不定詞）ということ。動名詞を使うと「考えるのをやめる」という不自然な意味になる。

④ to ＋動名詞

to（前置詞）の後ろに動名詞を置く形がある。不定詞と混同しやすいので注意。

☑ **be used to** 〜ing 〜することに慣れている（⇒ Ch. 3 ❼）

例 She **is used to speaking** in public. 彼女は人前で話すことに慣れている。

☑ **look forward to (X)** 〜ing （Xが）〜するのを楽しみにしている

例 I'm **looking forward to seeing** you next spring.
来年の春にあなたにお会いできるのを楽しみにしています。

☑ **prefer** A **to** B B より A の方を好む

例 I **prefer watching** movies on TV **to going** to a movie theater.
≒ I prefer to watch movies on TV rather than to go to a movie theater.
映画館へ行くよりテレビで映画を見る方が好きだ。
> ▶ prefer A to B の形を使うときは，（to の重複を避けて）A も B も動名詞にする。

☑ **be devoted to** 〜ing 〜することに専念している

54

☑ **object to (X) ～ing**（X）が～することに反対する
☑ **What do you say to ～ing?** ～（するの）はどうですか（How about ～?）
☑ **when it comes to ～ing** ～することになると

⑤ 動名詞の意味上の主語

動名詞の表す行為などの主体が文全体の主語と異なるときは，動名詞の前に意味上の主語を置く。

例 I don't like **my father making** bad jokes.
私は父が下手な冗談を言うのが好きではない。

▶ my fatherがないと「（自分が）下手な冗談を言いたくない」という意味になる。

☑ **Do you mind me [my] ～ing?** ～してもかまいませんか。

例 **Do you mind me opening** the window?　窓を開けてもいいですか。
≒ Do you mind if I open the window?

▶ 直訳は「あなたは私が窓を開けることをいやがりますか」。動名詞の意味上の主語が代名詞のときは，目的格または所有格にする（目的格の方が口語的）。

⑥ 完了動名詞，動名詞の否定形，受動態

■ **完了動名詞** ··

〈**having ＋過去分詞**〉の形の動名詞を**完了動名詞**と言う。この形はV（述語動詞）の時点より前の時点のことを表す。

例 I'm sorry for **having broken** the chair.　いすを壊してごめんなさい。
≒ I'm sorry (that) I broke [have broken] the chair.

▶「すまなく思っている」のは今のこと。「いすを壊した」のはそれより前のこと。

■ **動名詞の否定形** ··

動名詞の否定形は，〈**not ＋～ing**〉の形で表す。完了動名詞の否定形は，〈**not having ＋過去分詞**〉となる。

例 **Not eating** vegetables is bad for your health.
野菜を食べないのは体に悪い。

例 I'm sorry for **not having answered** your e-mail.
あなたのメールに返事を出さなくてごめんなさい。

■ **動名詞の受動態** ··

動名詞と受動態を組み合わせると，〈**being ＋過去分詞**〉の形になる。

例 He narrowly escaped **being fired**.
彼は解雇されるのをかろうじて免れた。

⑦ 動名詞を含む慣用表現

☑ **cannot help ～ing** ≒ cannot (help) but *do* ～しないではいられない

例 Everyone **couldn't help feeling** sorry for the children.

≒ Everyone couldn't (help) but feel sorry for the children.

誰もがその子どもたちを気の毒に思わずにいられなかった。

▶ cannot but *do* は堅い言い方で，butの前にhelpを入れる方が普通。なお，この形のhelpは「避ける（avoid）」の意味。

☑ **feel like ～ing** ～したい気がする

例 I don't **feel like going** for a walk. 散歩には行きたくない。

☑ **in ～ing** ～するとき

例 You should be careful **in choosing** your friends.

友人を選ぶときは注意すべきだ。

▶ 日常的には when choosing your friends が普通の言い方。

☑ **on ～ing** ～するとすぐに

例 **On arriving** at the hotel, he called his family.

ホテルに着くとすぐに，彼は家族に電話をかけた。(⇒ Ch. 17 ❻)

☑ **need ～ing** ≒ need to be + 過去分詞 ～される必要がある

例 This watch **needs repairing**. ≒ This watch needs to be repaired.

この時計は修理する必要がある。

☑ **There is no ～ing** ～できない

例 **There is no denying** the fact. ≒ It is impossible to deny the fact.

その事実を否定することはできない。

☑ **It goes without saying that ...** …は言うまでもない

例 **It goes without saying that** health is above wealth.

≒ Needless to say, health is above wealth.

健康が富に勝ることは言うまでもない。(⇒ Ch. 6 ⓭)

☑ **It is no use ～ing** ≒ There is no point [sense] (in) ～ing ～してもむだだ

例 **It is no use crying** over spilt milk.

≒ **There is no point crying** over spilt milk.

≒ It is useless [of no use] to cry over spilt milk.

こぼれたミルクのことで泣いてもむだだ［覆水盆に返らず］。

▶ What's the use [good, point] of doing such a thing?「そんなことをして何になるのか［何にもならない］」のような言い方もある（修辞疑問文）。(⇒ Ch. 11 ❶)

☑ **X［名詞］+ of *one's* own ～ing** 自分で～したX

例 This is a picture **of my own painting**. これは私が自分で描いた絵です。

Chapter 8 分詞

▶ 本冊 p.74〜81

1 分詞の基本

分詞は動詞の活用形の一種で，**現在分詞**（原形＋ing）と**過去分詞**がある。

- ・**現在分詞の意味**：「〜している（進行）／〜する（能動）」
- ・**過去分詞の意味**：「〜し終えている（完了）／〜される（受動）」

分詞の働きは，次の3つに大別できる。

①**V（述語動詞）の一部**となる。

　is eating（現在進行形），is eaten（受動態）など。（⇒ Ch. 2 ❶）

②**形容詞に準じた働きをする**（名詞を修飾する／C（補語）になる）。

　※分詞が形容詞に転化したもの（分詞形容詞）がある。たとえば，brokenはもともとbreakの過去分詞だが，「壊れている」という意味の形容詞として使われる。

③**副詞に準じた働きをする**（**分詞構文**）。

2 分詞＋名詞

名詞を修飾する1語の分詞は，原則として**名詞の前**に置く。

- ・**現在分詞＋X（名詞）**：「〜しているX，（習慣的に）〜するX」
- ・**過去分詞＋X（名詞）**：「〜されるX，〜し終えているX」

例 The **decreasing** population is a serious problem.【現在分詞】

減少しつつある人口は深刻な問題だ。

▶「（習慣的に）〜するX」の例は，a flying fish「トビウオ」など。

例 The **stolen** picture hasn't been found yet.【他動詞の過去分詞】

盗まれた絵はまだ見つかっていない。

▶ 他動詞の過去分詞は「〜され（てい）る，〜された」（受動）の意味を表す。

例 There were a lot of **fallen** leaves on the road.【自動詞の過去分詞】

道路にはたくさんの枯れ葉が落ちていた。

▶ 自動詞の過去分詞は「〜し終えている」（完了）の意味を表す。ほかにa retired teacher「引退した教師」など。例は多くない。

cf. The police apologized to the people **concerned**. 警察は関係者に謝罪した。

▶ the people concerned ＝ the people who are concerned「関係している人々」

❗ このように1語の分詞（形容詞）が名詞の後ろに置かれることがある。

3 名詞＋分詞句

名詞を修飾する2語以上の分詞句は，**名詞の後ろ**に置く。

例 He has a lot of friends **working abroad**. 彼には外国で働く多くの友人がいる。

≒ He has a lot of friends who work abroad.

例 He has a car **made in Italy**. 彼はイタリアで作られた車を持っている。

　≒ He has a car that was made in Italy.

④ 補語の働きをする分詞

■ S + V + C（C＝分詞）···

〈S + V + C〉のC（補語）として，分詞を使うことがある。

例 sThe baby vkept c**crying**. 赤ちゃんは泣き続けた。

　▶ keep (on) 〜ing「〜し続ける」

■ S + V + O + C（C＝分詞）···

〈S + V + O + C〉のCとして，分詞を使うことがある。このタイプの表現は，「OがCしている［される］状況を〜する」という意味でとらえるとよい。

☑ keep + O + 〜ing［過去分詞］Oを〜している［される］ままに保っておく

例 sThey v**kept** ome c**waiting** for a long time.
彼らは私を長時間待たせた。

例 Please **keep** me **informed** of any information about the matter.
その問題に関するどんな情報でも私に知らせ（続け）てください。

☑ leave + O + 〜ing Oを〜しているままに（放置）しておく

例 Someone **left** the water **running**. 誰かが水を流しっぱなしにした。

☑ leave + O + un-過去分詞 Oが〜されないままにしておく

例 You had better **leave** it **unsaid**. それは言わずにおく方がよい。

☑ 知覚動詞 + O + 〜ing［過去分詞］Oが〜している［される］のを…する

例 I **saw** some boys **playing** soccer in the park.
公園で何人かの男の子たちがサッカーをしているのが見えた。

　▶ *do* は「1つのまとまった行為を（最後まで）見る」，*doing* は「進行中の行為を見る」という意味になる。

例 I **heard** my name **called**.
私は自分の名前が呼ばれるのが聞こえた。

☑ catch + O + 〜ing Oが〜しているのを見つける

例 The teacher **caught** a student **cheating**.
先生はある生徒がカンニングをしているのを見つけた。

☑ have [get] + O + 過去分詞 Oを〜してもらう，Oを〜される

例 I want to **have** [get] my computer **repaired**.
私はコンピュータを修理してもらいたい。

例 I **had** my bicycle **stolen**. 私は自転車を盗まれた。

　❗ × I was stolen my bicycle. とは言えない（対応する能動態が × Someone stole me my bicycle. という誤った文だから。steal は SVOO の形では使えない）。（⇒ **Ch. 4 ❸**）

☑ **have + O + 現在分詞** Oに〜させておく

例 I **have** the baby **sleeping** in the next room.
　赤ちゃんは隣の部屋で眠らせています。

☑ **make *oneself* understood [heard]** 自分の話を理解させる［声を届かせる］

例 I couldn't **make myself understood** in English.　私の英語は通じなかった。

▶「自分が（相手に）理解される状況を作ることができなかった」ということ。

⑤ 分詞構文（基本形）

分詞構文とは，主に分詞（で始まる句）が文の内容に説明を加える**副詞の働き**をするものを言う。分詞で始まる分詞構文では，その分詞が表す行為などの主体は文全体の主語に一致する。分詞句の基本的な意味は「〜して［されて］いる**状況を伴って**」。時・理由・条件などの意味に近い場合もある。

例 The hurricane hit the area, **causing** great damage.
　ハリケーンはその地域を襲い，大きな損害を引き起こした。

▶「大きな損害を引き起こす状況を伴って」の意味。

例 **Being** poor, John couldn't propose to her.
　貧乏だったジョンは，彼女にプロポーズできなかった。

▶「貧乏な状況で」の意味。John, being poor, couldn't propose to her. とも言える。

例 **Seen** from the sky, the island looks very beautiful.
　空から見れば，その島はとても美しい。

▶「（島が）空から見られた状況で」と考えて，過去分詞を使う。

例 The old man sat [looked happy] **surrounded** by his grandchildren.
　その老人は孫たちに囲まれて座っていた［うれしそうに見えた］。

▶「（老人が）孫たちに囲まれた状況で」の意味。

例 **Born** in Hawaii, she speaks English well.
　ハワイ生まれなので，彼女は英語を上手に話す。

例 **Unable** to persuade his father, he asked his mother for help.
　父親を説得することができず，彼は母親に助けを求めた。

▶ Being unable to 〜とも言う。「〜できない状況で」の意味。このように分詞構文に準じた，形容詞で始まる形がある。

⑥ 独立分詞構文

分詞構文の分詞が表す動作の主体（分詞の意味上の主語）が文全体の主語と異なるときは，それを分詞の前に置く。この形を**独立分詞構文**と言う。

例 **The scene being** very scary, she changed the channel.
　そのシーンはとても怖かったので，彼女はチャンネルを変えた。

例 **Nothing else left** to discuss, they finished the meeting.

話し合うことが他に何も残っておらず，彼らは会議を終えた。

❗ It being Sunday「日曜日だったので」，There being no time「時間がなかったので」のように It や There で始まる形もある。

❼ 分詞構文と否定，完了の組み合わせ

■ 否定形の分詞構文 ・・

分詞に否定を加えるときは，〈**not ＋分詞**〉の形にする。

例 **Not knowing** his phone number, she couldn't contact him.

彼の電話番号を知らなかったので，彼女は彼に連絡できなかった。

■ 完了形の分詞構文 ・・

現在分詞と完了形を組み合わせると，〈**having ＋過去分詞**〉になる。

例 **Having seen** the movie before, she knew its story.

その映画は前に見たことがあったので，彼女は筋を知っていた。

▶「知っていた」時点より「見た」時点の方が前。この形を完了（形）分詞と言うこともある。完了不定詞や完了動名詞と理屈は同じ。（⇒ **Ch. 6 ⑩・Ch. 7 ❻**）

例 **Never having seen** the movie before, she didn't know its story.

その映画は前に見たことがなかったので，彼女は筋を知らなかった。

▶ not や never は完了（形）分詞の前に置くのが原則。

❽ with を使った（付帯状況を表す）構文

with の後ろに〈O ＋ C〉に相当する形を置いて，「O が C する［である，される］状況を伴って」（**付帯状況**）の意味を表すことができる。この C の位置には，形容詞・前置詞句・分詞（句）などを置く。

例 Don't speak **with** your mouth **full**. 【形容詞】

口を（食べ物で）いっぱいにして話してはいけない。

例 He left his car **with** the engine **running**. 【現在分詞】

彼はエンジンをかけたまま車を離れた。

▶「エンジンが動いている状況を伴って」の意味。

例 He was sitting **with** his legs **crossed**. 【過去分詞】

彼は足を組んで座っていた。

▶「足が交差された状況を伴って」の意味。with *one's* eyes closed「目を閉じて」も覚えておこう。

❾ 分詞構文がもとになった表現

もとは分詞構文であったものが，前置詞（句）・副詞句などとして使われることがある。

〈前置詞（句）〉☑ **compared to [with]** 〜 〜と比べて
　　☑ **considering / given** 〜 〜を考慮すれば（※後ろにthat節を伴うこともある）
　　☑ **depending on** 〜 〜しだいで　☑ **including** 〜 〜を含めて
　　☑ **judging from** 〜 〜から判断すれば
　　☑ **regarding / concerning** 〜 〜に関して
　　☑ **speaking [talking] of** 〜 〜について言えば
〈副詞句〉☑ **generally [strictly] speaking** 一般的に［厳密に］言えば
　　☑ **all things considered** すべてのことを考慮すれば
　　☑ **weather permitting** 天候が許せば
　　☑ **such being the case** そういう事情なので
〈接続詞〉☑ **granted (that)** 〜 仮に〜だ（と認める）としても

例 **Considering** her age, her performance was excellent.
　年齢を考慮すれば，彼女の演技は優秀だった。

例 The schedule may be changed **depending on** the weather.
　予定は天候しだいで変わるかもしれない。

例 The price is 1,100 yen, **including** tax.
　価格は税込みで1,100円です。
　　▶ including tax は tax <u>included</u> とも言う（「税が含まれた状態で」の意味の独立分詞構文）。

⑩ 分詞を含む慣用表現

☑ **be busy 〜ing** 〜するのに忙しい
　例 **I'm busy doing** my homework. 私は宿題をするのに［宿題で］忙しい。
　　≒ I'm busy with my homework.

☑ **go 〜ing** 〜しに行く
　例 We **went skiing** in Hokkaido. 私たちは北海道へスキーをしに行った。
　　▶ in の代わりに to を使うことはできない。（⇒ **Ch. 16 ❸**）

☑ **have difficulty [trouble] 〜ing** ≒ **have a hard time 〜ing**
　〜するのに苦労する
　例 He **had trouble finding** a hotel. 彼はホテルを見つけるのに苦労した。
　　≒ He **had a hard time finding** a hotel.
　　▶ 〜ing の前に in を入れることもある。have no difficulty [trouble] (in) 〜ing は「簡単に〜する」。

☑ **spend + O + 〜ing** 〜してO（時）を過ごす
　例 I **spent** last Sunday **playing** games all day.
　　先週の日曜日は1日中ゲームをして過ごした。

Chapter 9 関係詞

● 本冊 p.82〜93

① 関係詞の種類と基本的な働き

疑問詞（who, whatなど）は，**関係詞**としての用法も持つ。形の上では，関係詞は「**疑問詞と同じ形のもの**」と，「**疑問詞＋ever（複合関係詞）**」とに分けられる。（⇒ ⑨）

関係詞で始まる意味のかたまりはSVの関係を含む節である。関係詞（疑問詞と同じ形のもの）が作る節の働きには主に次の3つがある。

> ① 前の名詞を修飾する【制限用法】
> ② 前の名詞に補足説明を加える【非制限用法】
> ③ 全体が名詞の働きをする

関係詞自体の品詞には，**関係代名詞・関係副詞・関係形容詞**の3種類がある。

② 関係代名詞（制限用法）

who, whom, whose, which, thatは，前の名詞を修飾する節を作る。これらの関係詞節によって修飾を受ける名詞を，**先行詞**と言う。関係代名詞の形は，「先行詞は人か人以外か」「節中でどんな働きをするか」の2点によって決まる。

	主格	所有格	目的格
先行詞が人	who / that	whose	who(m) / that
先行詞が人以外	which / that	whose	which / that

■主格の関係代名詞

関係代名詞が節中で主語の働きをするときは，先行詞が人なら主に**who**，人以外なら**which**または**that**を使う。主語の働きをする代名詞の形を主格と言う。

例 I have a friend **who** studies Chinese.【先行詞が人】
　私には中国語を勉強している友人がいる。

　▶ I have a friend. + He/She studies Chinese. と考える。下線部をwhoに置き換えて考えると，関係詞節でwhoは主語の働きをしていることがわかる。

例 I have a dog **which** has a long tail.【先行詞が人以外（動物）】
　私はしっぽの長い犬を飼っている。

　▶ 先行詞が人以外だから，which（またはthat）を使う。

例 The man and his dog **that** lived next door moved out.【先行詞が人＋人以外】
　隣に住んでいた男性と犬は引っ越した。

　▶ 先行詞が〈人＋人以外〉の場合はthatを用いる。who / whichは不可。

例 She is one of the students **who have** [× has] passed the test.
彼女はそのテストに合格した生徒の１人だ。

❗ 先行詞（the students）は複数だから，hasではなくhaveを使う。

例 I saw a movie **(which was) made** about a hundred years ago.
私は約100年前に作られた映画を見た。

▶ 〈主格の関係代名詞＋be動詞＋分詞〉の形では，波下線部分を省略できる。

■ 所有格の関係代名詞 ···

whoseは，先行詞が人でも人以外でも使う。〈whose ＋ X〉は「（先行詞）のX」の意味を含む。人以外の場合，**of which**を使って表現することもある。（⇒ ❹）

例 I have a friend **whose** sister is a voice actor.
私にはお姉さんが声優をしている友人がいる。

▶ I have a friend. + His/Her sister is a voice actor. と考える。

■ 目的格の関係代名詞 ···

関係代名詞が節中で目的語の働きをするときは，先行詞が人なら**who(m)/that**，人以外なら**which/that**を使う。ただし，特に話し言葉では省略することが多い。

例 The movie **(which)** I saw yesterday was exciting.
私がきのう見た映画はわくわくした。

▶ The movie was exciting. + I saw it yesterday. と考える（it = the movie）。

例 Math is the only subject **(that)** I'm good at. 数学は私が得意な唯一の科目だ。

▶ 関係詞節が前置詞で終わることがある。先行詞は前置詞の目的語に相当する。

❸ 非制限用法の関係代名詞

who, **whom**, **whose**, **which**は，前の名詞に補足説明を加える節を作ることもできる。この使い方を**非制限用法**と言い，関係代名詞の前にはコンマを置く。

cf. I visited a city **which** is popular among foreign tourists. 【制限用法】
私は外国人観光客に人気のある都市を訪ねた。

▶ which以下は先行詞の意味を限定している（たとえばa big cityのbigに相当する）。

例 I visited Kyoto, **which** is popular among foreign tourists. 【非制限用法】
私は京都を訪ねたが，京都は外国人観光客に人気がある。

▶ I visited Kyotoだけで意味が完結しており，which以下は京都に対する補足説明。

whichには，前の句や節の内容を先行詞とする使い方がある。

例 I forgot to call her, **which** [× that] made her angry.
私は彼女に電話し忘れて，そのことが彼女を怒らせた。

▶ whichの先行詞は「私が彼女に電話し忘れたこと」。thatにはこの用法はない。

④ 前置詞+関係代名詞

〈前置詞 + **which/whom**〉が，ひとまとまりの関係詞として働くことがある。

例 ①That is a house **in which** [× that] a famous writer used to live.
≒ ②That is a house (**which/that**) a famous writer used to live **in**.
あれは以前ある有名な作家が住んでいた家だ。

▶ That is a house. + A famous writer used to live in it. ということ。it を which に置き換え，in which を前に出したのが①の形。日常的には②which/that を省略した形を使う。

❗ × in that という形は誤り。that は前置詞の後ろには置けない。

例 ①This is a proverb **whose meaning** I don't know.
≒ ②This is a proverb **the meaning of which** I don't know.
≒ ③This is a proverb **of which the meaning** I don't know.
≒ ④This is a proverb (**which/that**) I don't know **the meaning of**.
これは私が意味を知らないことわざだ。

▶ ①は This is a proverb. + I don't know its meaning. と考える。②は This is a proverb. + I don't know the meaning of it. から考える。②③は堅い言い方。

例 They were surprised at **the ease with which** he solved the problem.
彼が簡単にその問題を解いたことに彼らは驚いた。

▶ He solved the problem with ease [=easily]. をもとにして考える。(⇒ **Ch. 16** ❷)

■ 非制限用法独特の表現 ···

〈数や部分を表す語 + **of which/whom** など〉を非制限用法で使うことがある。

例 My uncle has three sons, **none of whom** are married.
おじには息子が3人いるが，3人とも結婚していない。

▶ of の前に置かれるのは，数詞，all, some, many, both, either, neither, none など。

⑤ 関係副詞

関係副詞 **where, when, why** は，前の名詞を修飾する節を作る。これらの関係詞は節中で副詞の働きをし，〈前置詞+関係代名詞〉で言い換えられる。

先行詞	場所	時	理由
関係副詞	where	when	why

例 That is a house **where** [**in which**] a famous writer used to live.
あれは以前ある有名な作家が住んでいた家だ。

▶ That is a house. + A famous writer used to live there. この文で，where は省略不可能。

例 This is a year (**when** [**in which**]) the Olympic Games will be held.
今年はオリンピックが開かれる年だ。

▶ This is a year. + The Olympic Games will be held then [in it]. ということ。whenは省略可能。またthatで言い換えてもよい。

例 I have two reasons (**why [for which]**) I want to be a lawyer.
私には弁護士になりたい理由が２つある。

▶ I have two reasons. + I want to be a lawyer for them. ということ。whyは省略可能。またthatで言い換えてもよい。

■注意すべき**where**の用法 ···

whereの先行詞が「場所」ではないことがある。

例 There are cases **where [in which]** this rule doesn't apply.
このルールが当てはまらない場合がある。

! whereは，case「場合」，situation「状況」，position「立場」，job「仕事」などを先行詞にできる。

〈場所を表す先行詞 + which〉の形に注意。

例 Rome is one of the cities **which** [× where] I want to visit.
ローマは私が訪ねてみたい都市の１つです。

! I want to visit the cities. の下線部は名詞だから，where（関係副詞）ではなくwhich（関係代名詞）で置き換える。

■先行詞の省略 ···

the place where, the time when, the reason whyの先行詞（二重下線部）は省略されることがある。

例 That's (the reason) **why** we had to cancel our trip.
そういうわけで私たちは旅行を解約しなければならなかった。

■関係副詞の非制限用法 ···

whereと**when**は，非制限用法でも使う。

例 We went to Nagasaki, **where** we stayed for three days.
≒ We went to Nagasaki, and we stayed there for three days.
私たちは長崎へ行き，そこに３日間滞在した。

例 My uncle was born in 1964, **when** the Olympics were held in Tokyo.
おじは1964年に生まれたが，それは東京でオリンピックが開かれた年だ。

■関係副詞**how** ···

☑ **the way (that [in which]) S + V** ≒ **how S + V** SがVする方法

例 This is **the way (that/in which)** I persuaded him.
≒ This is **how** I persuaded him.
これが，私が彼を説得した方法だ [私はこのようにして彼を説得した]。

⑥ 関係代名詞 what

関係代名詞の **what** は名詞節を作るのが基本で，the thing(s) that で言い換えられる。what で始まる節は，S・O・C または前置詞の目的語の働きをする。

> 例 ₛI ᵥcan't believe ₒ**what** he said.
> 私は彼の言ったことが信じられない。
>
> ▶ what he said = the thing(s) that he said

> 例 I'm sorry for **what** I have done.
> 私は自分のしたことを申し訳なく思う。
>
> ▶ what で始まる節が前置詞（for）の目的語になっている。

■関係代名詞 what を使った慣用表現 ･･････････････････････････

☑ **what S is [was, used to be]** 現在［以前］の S（の姿）

> 例 My town is quite different from **what it was** 20 years ago.
> 私の町は20年前（の姿）とは全く違っている。

☑ **what is called 〜** 〜と呼ばれているもの，いわゆる〜

> 例 He works for **what is called** a "black" company.
> 彼はいわゆる「ブラック」な会社に勤めている。

☑ **what is + 比較級** さらに〜なことに

> 例 **What was worse**, I had a stomachache.
> さらに悪いことに，私はおなかが痛くなってきた。

☑ **A is to B what C is to D** A の B に対する関係は，C の D に対する関係と同じだ

> 例 Parks are to the city **what** lungs are **to** the body.
> 公園と都市の関係は，肺と身体の関係と同じだ。

☑ **what with A and B** A やら B やらで

> 例 **What with** the rain **and** the wind, they stopped playing soccer.
> 風やら雨やらで，彼らはサッカーをするのをやめた。

⑦ その他の注意すべき関係代名詞

■I think/believe などの挿入 ･････････････････････････････････

〈I think (that) S + V.〉のような文の S を関係代名詞に置き換えた形がある。結果的に，関係詞節中に I think などの節が挿入されたような形になる。

> 例 This is a song **which I think** will become a big hit.
> これは私が大ヒットするだろうと思う歌だ。
>
> ▶ This is a song. + I think it will become a big hit. と考える。it を which に置き換えて前の文に続けた形。think のほか believe, say なども同様の形を作る。

例 Do **what you think** is right. 自分が正しいと思うことをしなさい。

▶ Do the thing. + You think it is right. から，前の例文と同じ要領で Do the thing which you think is right. という文ができる。この下線部を what で置き換えた形。

■ 先行詞が人で that を使う場合 ･･･････････････････････････

関係詞が節中で be 動詞に続く補語の働きをするときは，先行詞が人でも **that** を使う。

例 He is not the boy **that** [× who] he was ten years ago.

彼は 10 年前にそうであったような少年ではない。

▶ He is not the boy. + He was it [=a boy] ten years ago. と考える。

■ 関係代名詞の働きをする than, but, as ････････････････

than, **but**, **as** が関係代名詞の働きをすることがある。

例 You shouldn't carry **more** money **than** is necessary.

必要以上のお金を持ち歩かない方がいい。

▶ 先行詞に比較級が含まれる場合は，（主格の）関係代名詞として than を使う。

例 There is **no** rule **but** has exceptions. 例外のない規則はない。

≒ There is **no** rule **that** doesn't have exceptions.

▶ but は否定の意味を含む。先行詞に no などが含まれ，二重否定の形になる。なお，関係代名詞の but は今日ではことわざ以外にはほとんど使わない。

☐ **as is often the case with** ～ ～にはよくあることだが

≒ **as is usual with** ～ ～には普通のことだが

例 **As is often the case with** him, he forgot to lock his car.

彼にはよくあることだが，車のカギをかけ忘れた。

▶ as の先行詞はコンマの後ろの内容。He forgot to lock his car, as/which is often the case with him. とも表現できる。

⑧ 関係形容詞

■ 関係形容詞 which ･･････････････････････････････････

〈（前置詞＋）**which** ＋名詞〉がひとまとまりの関係詞の働きをすることがある。この which は（後ろに名詞があるので）**関係形容詞**という。

例 It may rain tomorrow, **in which case** we won't be able to go on a picnic.

明日は雨が降るかもしれず，その場合私たちはピクニックに行けないだろう。

▶ which は前の内容を指す。in which case「その場合には」は一種の成句。

■ 関係形容詞 what ･･････････････････････････････････

〈**what (little/few)** ＋名詞〉は「（少ないが）全部の～」の意味を表す。

例 He lost **what (little) money** he had.

彼は持っていた（少ないが）全部の金を失った。

⑨ 複合関係詞

〈疑問詞 + ever〉の形の関係詞のことを**複合関係詞**という。**名詞節**「どんな〜でも」を作るものと，**副詞節**「たとえ〜でも」を作るものとがある。副詞節「たとえ〜でも」の意味は〈**no matter + 疑問詞**〉でも表せる。

■ 疑問代名詞 + ever（whoever, whomever, whosever, whatever, whichever）

これらは，名詞節と副詞節両方の用法を持つ。

例 I'll believe **whatever** you say.【名詞節】

≒ I'll believe **anything (that)** you say.

君の言うことは何でも信じよう。

例 **Whatever** you say, I won't believe you.【副詞節】

≒ **No matter what** you (may) say, I won't believe you.

君がたとえ何を言おうと，私は君の言うことを信じない。

▶「たとえ〜でも」（譲歩）の意味を表す節では，mayを使うことがある（堅い表現）。

例 I'll give this used camera **to whoever** [× whomever] wants it.【名詞節】

この中古カメラをほしい人なら誰にでもあげよう。

▶ wantsの主語の働きをするのでwhoever（=anyone who）を使う。to whoeverの形に注意。

■ 疑問副詞 + ever（whenever, wherever, however）

これらは，副詞節の用法のみを持つ。また接続詞としても使う。

> ☑ **whenever** たとえいつ〜しても（no matter when），〜するときはいつでも
> ☑ **wherever** たとえどこへ〜しても（no matter where），〜する所ならどこでも
> ☑ **however** たとえどんなに〜しても（no matter how）

例 **Wherever** you go, you can find a convenience store.

≒ **No matter where** you (may) go, you can find a convenience store.

たとえどこへ行っても，コンビニは見つかる。

例 **Whenever** my aunt comes to see us, she gives me something.

おばは，私たちに会いに来るときはいつでも，私に何かくれる。

▶ この文のwheneverは「〜するときはいつでも」の意味の接続詞。

例 **However hard** he tried [× However he tried hard], he could not answer the question.

どんなに熱心にやってみても，彼はその問いに答えられなかった。

❗ 形容詞・副詞はhoweverの直後に置く。

Chapter 10 比較

▶ 本冊 p.94〜103

1 比較の3つの形式

あるものと別のものの程度を比べる場合，以下に示す形容詞・副詞の3つの形を使う。

- ・**原級**：2つのものの程度が同じであることを表す。
- ・**比較級**：2つのものの程度の大小関係を表す。
- ・**最上級**：3つ以上のもののうち程度が最大であることを表す。

2 比較変化

原級は変化しないもとの形。比較級と最上級は次のような形になる。

	原級	比較級	最上級
①規則変化（短い語）	tall	tall**er**	tall**est**
②規則変化（長い語）	difficult	**more** difficult	**most** difficult
③不規則変化	good	**better**	**best**

① 1音節の語（および2音節の語の一部）は，語尾に -er・-est を加える。easy-easi**er**-easi**est**，big-big**ger**-big**gest** などのバリエーションもある。

② 2音節以上の語は，原則として more・most を前に置く。

③ 一部の語は不規則な形の比較級・最上級を持つ。

■不規則変化型の主な形容詞・副詞

原級	比較級	最上級
good / well	better	best
bad / ill	worse	worst
many / much	more	most
late	later 後の【時間】 latter 後者の【順序】	latest 最も遅い，最新の【時間】 last 最後の【順序】
far	farther より近い【距離】 further さらなる【程度】	farthest / furthest 最も遠い【距離】

例 The **latter** [× later] half of the novel was boring.
その小説の後半は退屈だった。

例 I've just heard the **latest** [× last] news on TV.
テレビで最新のニュースをたった今聞いたところだ。

例 For **further** [× farther] information, please visit our website.
さらに詳しい情報をお知りになりたいときは，当社サイトをごらんください。

10

比較

③ 原級を使った比較の基本

〈**A ... as + 原級 + as B**〉は，「AはBと同じくらい〜」という意味。

例 My brother is **as tall as** I am.　弟は私と同じくらいの背の高さだ。

例 It is **as warm** today **as** (it was) yesterday.　今日は昨日と同じくらい暖かい。

〈**A ... not as/so + 原級 + as B**〉は，「AはBほど〜でない」という意味。

例 It isn't **as warm** today **as** (it was) yesterday.　今日は昨日ほど暖かくない。

▶ 1つめのasの代わりにsoも使えるが，asの方が普通。

④ 比較級を使った比較の基本

〈**A ... 比較級 + than B**〉は，「AはBよりも〜」という意味。

例 The book was **more interesting than** I expected.
その本は予想したよりも面白かった。

例 Could you show me **larger** ones?　もっと大きいのを見せてもらえますか。

▶ 比較の対象が省略された形。

⑤ 最上級を使った比較の基本

最上級は「程度が最大だ」という意味。形容詞の最上級の前にはtheをつける。

例 Russia is **the largest** country in the world.　ロシアは世界一広い国だ。

▶「〜（の範囲）の中で」はin〜で表す。

例 ①My father is **the tallest** of the three men in this photo.
≒ ②Of the three men in this photo, my father is **the tallest**.
私の父はこの写真の3人の男性のうちで一番背の高い人です。

▶ tallestの後ろにmanを補って考える。「〜（複数のもの）のうちで」はofで表す。

例 She practices (**the**) **hardest** in our club.
彼女は私たちのクラブで一番熱心に練習する。

❗ 副詞の最上級の前には，theをつけてもつけなくてもよい。

⑥ 倍数の表現

「〜倍」の意味は，〈**数詞 + times + as + 原級 + as**〉の形で表す。「2倍」はtwo times
のほかtwiceも使う。「3倍」以上はthree times，four times，…。「半分」はhalf。
「3分の1」はa [one] third。

例 ①This room is **two times [twice] as large as** mine.
≒ ②This room is **two times larger than** mine.
≒ ③This room is **two times the size of** mine.
この部屋は私の部屋の2倍広い。

▶ ②では〈twice + 比較級〉は不可。③は〈数字 + times + 尺度を表す名詞 + of〉の形。size「大きさ」のほかnumber「数」，amount「量」，height「高さ」などもこの形で使える。

例 He earns **three times as much money as** you (do).
彼は君の３倍のお金をかせぐ。

▶ 名詞を修飾するmany・muchは名詞の前に置く。× three times money as much asは不可。

7 more·most ⇔ less·least

■more・most ···

moreは，比較級を作る記号（-erの代わり）として使うだけでなく，many/muchの比較級としても使う。**most**も同様にmany/muchの最上級としても使う。

例 He has **more friends** than I do [have]. 彼には私より多くの友人がいる。

▶ more はmanyの比較級。than I do のdoはhasを受ける代動詞（have も可）。（⇒ **Ch. 3 ⑫**）

例 My father eats **the most** in my family. 父は家族で一番たくさん食べる。

▶ mostはmuchの最上級。

■**less・least** ··

less・leastはmore・mostの対義語で，lessは「より〜でない」，leastは「最も〜ではない」の意味。また，littleの比較級・最上級としても使う。

例 He studies **less hard** than before.
≒ He doesn't study **as hard as** before. 彼は以前ほど熱心に勉強していない。

例 The candidate is **the least likely to** win the election.
その候補者は最も選挙に勝ちそうにない。

▶ be likely to do「〜しそうだ」を利用した形。most likelyなら「最も〜しそうだ」。

■**more, lessを含む慣用表現** ··

☑ **more than** + 数詞 〜より多い ⇔ **less than** + 数詞 〜より少ない

例 I sleep for **more [less] than** seven hours a day.
私の１日の睡眠時間は７時間より多い[少ない]。

8 程度の差の表し方

■**程度の差を表す語句＋比較級** ··

比較級を使って２つのものの程度を比べる場合，程度の差（の大きさ）を表す語句は比較級の前に置く。

例 He is five centimeters **taller** than I am.
≒ He is **taller** than I am **by** five centimeters.
彼の身長は私より５センチ高い。

▶ byは「〜の分だけ」の意味で，差を表す。

10

比較

71

■ **比較級の意味を強める副詞（句）** ・・・

> ☑ **much, a lot, far** ＋比較級 ～より<u>はるかに</u>…
>
> ☑ **even, still** ＋比較級 ～より<u>さらにいっそう</u>…

例 The musical was **much [far] better** than I had expected.
そのミュージカルは，私が予想していたよりはるかによかった。

例 There were **many** [× much] **more people** in the theater than I had expected. 劇場には私が予想したよりずっと多くの人々がいた。

❗ 後ろの名詞が複数のときは，much more ではなく many more を使う。

例 It's cold today, but it will be **even colder** tomorrow.
今日は寒いが，明日はさらに寒くなるだろう。

■ **最上級の意味を強める副詞（句）** ・・・

> ☑ **much, by far** ＋最上級 <u>断然最も～だ</u>

例 This is **by far the best** restaurant in our town.
ここは私たちの町で断然一番おいしいレストランだ。

▶ This is <u>the very best</u> restaurant in our town. とも言う。

⑨ the＋比較級

■ **of the two を含む2者間の比較** ・・・
後ろに of the two がある2者間の比較では，比較級に the をつける。

例 Lisa is **the taller of the two** girls.　リサは2人の女の子のうち背の高い方だ。

■ **〈the＋比較級〉を含む慣用表現** ・・
☑ **(all) the** ＋比較級＋ **because [for]** ～ ～だからますます…

例 I like him **all the better because** he has faults [**for** his faults].
彼には欠点があるのでますます私は彼が好きだ。

☑ **none the less because [for]** ～ ～だがそれでもなお…

例 I like him **none the less because** he has faults [**for** his faults].
彼には欠点があるが，それでもなお私は彼が好きだ。

☑ **The** ＋比較級＋ S_1 ＋ V_1, **the** ＋比較級＋ S_2 ＋ V_2. S_1 が V_1 すればするほど，S_2 は V_2 する

例 **The more** we learn, **the better** we realize our ignorance.
学べば学ぶほど，私たちは自分の無知がよくわかる。

例 **The more books** you read, **the wiser** you will become.
たくさんの本を読めば読むほど，君は賢明になるだろう。

❗ more は many の比較級だから，books の前に置く。× The more you read books は不可。

10 注意が必要な比較表現

■同一（人）物における比較 ··

同一（人）物が持つ性質同士を比べるときは，1音節の形容詞・副詞でも more を使って比較級を作る。また，最上級には the をつけない。

> **例** He is **more wise** [× wiser] than clever.【比較級】
> 彼は頭が切れるというよりも賢明だ。

> **例** This lake is **deepest** [× the deepest] at that point.【最上級】
> この湖はあの地点が最も深い。

■「～よりも」の意味を to で表す表現 ······································

☑ **be senior [junior] to** ～ ～より年上［年下］だ

> **例** He is two years **senior to** me. 彼は私より2歳年上です。
> ≒ He is two years **my senior**. ≒ He is two years **older than** me [I am].

☑ **be superior [inferior] to** ～ ～より優れて［劣って］いる

☑ **prefer** *A* **to** *B* B より A を好む

☑ **prior to** ～ ～より前に（before）

11 原級・比較級を使って最上級の意味を表す形

☑ *A* **is** + 比較級 + **than any other** + 単数名詞. A は他のどの～よりも…だ
☑ *A* **is as** + 原級 + **as any** + 単数名詞. A はどの～にも劣らず…だ
☑ **No (other)** + 単数名詞 + **is** + 比較級 + **than** *A*. A より…な～はない
☑ **No (other)** + 単数名詞 + **is as** + 原級 + **as** *A*. A ほど…な～はない

> **例** Mt. Fuji is **the highest** mountain in Japan.【最上級】
> ≒ Mt. Fuji is **higher than any other** mountain in Japan.
> ≒ Mt. Fuji is **as high as any** mountain in Japan.
> ≒ **No (other)** mountain in Japan is **higher than** Mt. Fuji.
> ≒ **No (other)** mountain in Japan is **as high as** Mt. Fuji.
> 富士山は日本で一番高い山だ。

☑ **Nothing is as** + 原級 + **as** *A*. A ほど～なものはない
☑ **Nothing is** + 比較級 + **than** *A*. A ほど～なものはない
☑ *A* **is** + 比較級 + **than anything else**. A は他の何よりも～だ

> **例** Time is **the most precious** (thing).【最上級】
> ≒ **Nothing is as precious as** time.
> ≒ **Nothing is more precious than** time.
> ≒ Time is **more precious than anything else**.
> 時間は最も貴重なものだ。

▶ Nothing is [There is nothing] like a glass of water after running. 「走った後の1杯の水にまさるものはない」のような言い方もある。

☑ **can't [couldn't] + 比較級** これほど〜なことはない（だろう）

例 The weather **couldn't** be **better**. これほどの好天はないだろう [最高の天気だ]。

▶ 文末に than this を補って考える。「天気がこれ以上によいことはありえない」の意味。過去のことなら The weather <u>couldn't have been better</u>.「最高の天気だった」とする。

例 I **can't** agree **more**. 大賛成です。

▶「これ以上賛成することはできない」ということ。

⑫ 原級を使った慣用表現

☑ **as + 原級 + as 〜** 〜も（の）

例 The fact was known **as early as** in the eighteenth century.
その事実は早くも18世紀には知られていた。

▶ 原級の形容詞・副詞の程度の大きさを強調する言い方。

☑ **as + 原級 + as possible ≒ as + 原級 + as S can** (Sが) できるだけ〜

例 He ran **as fast as possible**. ≒ He ran **as fast as he could**.
彼はできるだけ早く走った。

▶ as soon as possible「できるだけ早く」もよく使う表現。ASAP と略記する。

☑ **as + 原級 + a [an] X as ever lived** 史上まれにみる〜な X

例 He is **as great a soccer player as ever lived**.
彼は史上まれにみる偉大なサッカー選手だ。

☑ **not so much A as B ≒ B rather than A** AというよりむしろB

例 ①He is **not so much** <u>a singer</u> **as** <u>an actor</u>. 彼は歌手というよりむしろ俳優だ。
≒ ②He is <u>an actor</u> **rather than** <u>a singer</u>.

▶ ①は「彼が歌手である程度＜彼が俳優である程度」ということ。

☑ **cannot so much as 〜** 〜さえできない

例 I **cannot so much as** remember my own phone number.
私は自分の電話番号さえ覚えられない。

☑ **without so much as 〜ing** 〜さえしないで

例 They parted **without so much as saying** good-bye.
彼らはさよならも言わずに別れた。

⑬ 比較級を使った慣用表現

☑ **like A better than B ≒ prefer A to B** BよりAの方が好きだ

例 I **like** soccer **better than** baseball. ≒ I **prefer** soccer **to** baseball.
私は野球よりサッカーの方が好きです。

☑ **know better (than to *do*)** （〜しないだけの）分別を持つ

例 I **know better than to believe** such a story.
　≒ I am not such a fool as to believe such a story.
　ぼくはそんな話を信じるほどばかではない。

例 You should **know better**. そんなばかなことをしてはいけない。
　▶ than以下を省略することも多い。

☑ **no longer [more]** 〜 ≒ **not** 〜 **any longer [more]** もはや〜ない

例 She **no longer** loved her boyfriend.
　≒ She did**n't** love her boyfriend **any longer**.
　彼女はもう恋人を愛してはいなかった。

☑ **much [still] less** 〜 ≒ let alone 〜 まして〜ではない

例 The old man cannot walk, **much less** run.
　≒ The old man cannot walk, let alone run.
　その老人は歩くことができず、まして走ることはできない。

☑ **more or less** 多かれ少なかれ，だいたい

例 They are **more or less** the same age. 彼らはだいたい同じ年齢だ。

☑ **no＋比較級 (…) than** 〜 〜（の程度で）しかない

例 The stone was **no bigger than** an egg.
　≒ The stone was as small as an egg.
　その石は卵ほどの大きさしかなかった。
　▶ 比較級の形容詞の意味を強く否定する言い方。〈as＋反対の意味の形容詞＋as〉で言い換え可。

例 They are **no richer than** they were ten years ago.
　≒ They are as poor as they were ten years ago.
　彼らは10年前と同様に（少しも）金持ちではない［貧しい］。

例 He had **no more than** ten dollars.
　≒ He had only [as little as] ten dollars.
　彼はわずか10ドルしか持っていなかった。

例 **No fewer [less] than** 50,000 people came to the event.
　≒ As many as 50,000 people came to the event.
　5万人もの人がそのイベントに来た。

☑ *A* **is no more** *B* **than** *C* **(is).** AはCと同様にBではない

例 A whale is **no more** a fish **than** a horse (is).
　クジラは馬と同様に魚ではない［クジラが魚でないのは，馬が魚でないのと同じだ］。

☑ *A* **is no less** *B* **than** *C* **(is).** AはCと同様にBだ

例 A whale is **no less** a mammal **than** a horse (is).
　クジラは馬と同様にほ乳動物だ。

⑭ 最上級を使った慣用表現

☑ like ～ (the) best ～が一番好きだ

例 I **like** soccer **(the) best** of all sports.
全部のスポーツのうちでサッカーが一番好きです。

☑ the ＋序数詞＋最上級＋X（上から数えて）～番目に…なX

例 Osaka is **the third largest city** in Japan.
大阪は日本で3番目に大きな都市だ。

☑ S is the ＋最上級＋X＋(that) I have ever ～ Sは私が今までに～した最も…なXだ

例 ①This is **the most beautiful picture (that) I have ever seen**.
これは私が今までに見たことのある一番美しい絵だ。

≒ ②I **have never seen such** a beautiful picture (**as** this).
私はこんなに美しい絵を今までに見たことがない。

▶ ①では ever，②では never を使う点に注意。

☑ at least ～ 少なくとも ↔ at most ～ 多くとも［せいぜい］～

例 The work will take **at least** a week.
≒ The work will take **not less than** a week.
その仕事には少なくとも1週間かかるだろう。

例 He sleeps (for) **at most** five hours a day.
≒ He sleeps (for) **not more than** five hours a day.
彼は1日にせいぜい5時間しか眠らない。

☑ at the latest 遅くとも

例 I'll be back by three **at the latest**.
遅くとも3時までに戻ります。

☑ at best よくても，せいぜい

例 This is a second-rate movie **at best**.
これはせいぜい二流の映画だ。

☑ at *one's* best 最高の状態だ，最盛期だ

例 The roses are **at their best** now.
バラは今が盛りだ。

☑ do [try] *one's* best 最善を尽くす

例 It's important to **do your best** in everything.
何事にも最善を尽くすことが大切だ。

☑ make the most [best] of ～ ～を最大限に［せいぜい最大限に］利用する

例 **Make the most of** your time.
時間を最大限に利用しなさい。

● 本冊 p.108〜117

① さまざまな疑問文

■付加疑問（文）

平叙文の文末に，do you?やisn't it?などの2語の疑問形を加えたものを，**付加疑問（文）**と言う。肯定文には否定の，否定文には肯定の疑問形を加える。「〜ですね」と確認したり念を押したりするのに使われる。（⇒ **Ch. 3 ⑪**）

> 例 "You are tired, **aren't you?**" "Yes, I am. / No, I'm not."
> 　「あなたは疲れていますね」「はい（疲れている）/ いいえ（疲れていない）」
> 例 "You aren't tired, **are you?**" "<u>Yes</u>, I am. / <u>No</u>, I'm not."
> 　「あなたは疲れていませんね」「<u>いいえ</u>（疲れている）/ <u>はい</u>（疲れていない）」
> 　❗ 返答は内容が肯定ならYes，否定ならNoを使う。

■否定疑問（文）

aren'tやisn'tなどn'tを含む語を最初に置いて，「〜ではありませんか」と尋ねる疑問文を**否定疑問（文）**と言う。

> 例 "**Aren't you** tired?" "<u>Yes</u>, I am. / <u>No</u>, I'm not."
> 　「あなたは疲れていませんか」「<u>いいえ</u>（疲れている）/ <u>はい</u>（疲れていない）」
> 　❗ 否定文に続く付加疑問の場合と同様，返答は内容が肯定ならYes，否定ならNoを使う。

■聞き返す表現

相手の発言を受けて，〈**動詞［助動詞］＋ S?**〉の形で聞き返すことができる。

> 例 "I went to Kyoto last week." "**Did you?**"
> 　「先週京都へ行きました」「そうですか」
> 　▶ Did you (go to Kyoto last week)?の意味。

■修辞疑問（文）

疑問文の形で，反語的に「〜だろうか，いや〜ではない」という否定の意味を表すものを**修辞疑問（文）**と言う。whoやhowで始まる場合が多い。

> 例 **Who cares**? ≒ <u>Nobody</u> cares. 誰が気にするだろうか［誰も気にしない］。
> 例 **Who doesn't** love her? ≒ <u>Everybody</u> loves her.
> 　誰が彼女を愛さないだろうか［誰もが彼女を愛する］。
> 　▶ 修辞疑問にnotが含まれるときは，実質的には肯定の意味になる。

② 間接疑問（文）

疑問文がほかの文の一部となったものを，**間接疑問（文）**と言う。間接疑問内の語順は〈S + V〉になる。

例 Do you know **who** he is? 彼が誰だか知っていますか。

▶ Who is he? という疑問文が，別の文の一部になったもの。is he → he is と語順が逆転する。

例 I don't know **what** happened. 何が起きたのか私は知らない。

▶ What happened? という疑問文はもともと〈S + V〉の語順だから，間接疑問もそのまま。

■if, whetherを使う間接疑問（文）

疑問詞を使わない（Yes/Noで答える）疑問文を間接疑問にするときは，**if**や**whether**「～かどうか」を使う。(⇒ Ch. 17❺)

例 I don't know **if** he is married. 私は彼が結婚しているかどうか知らない。

■疑問詞+do you think+S+V?

例 **Who do you think** ₛshe ᵥloves? 彼女は誰を愛していると思いますか。

▶「誰か」を尋ねている。Do you think □□? の □□ の位置に Who does she love? を間接疑問（who she loves）にして入れ，質問の焦点である who を文頭に移動した形。suppose「思う」, say「言う」なども同様の形で使う。

cf. Do you know **who** she loves? 彼女が誰を愛しているか知っていますか。

▶ 普通の間接疑問。Yes/Noの答えを求めている。

③ 疑問詞 what

whatは，「何」（疑問代名詞）のほかに「何の，どんな」（疑問形容詞）の意味でも使う。その場合は後ろに名詞を置く。

例 **What** subject do you like best? どの科目が一番好きですか。

■whatを使った慣用表現

☑ **What is S like?** Sはどのようなものか。

例 **What is** your new teacher **like?** あなたの新しい先生はどんな人ですか。

例 ①**What is** it **like** to live in America?

アメリカでの暮らしはどのようなものですか。

②I wonder **what** it **is like** to live in America.

アメリカでの暮らしはどのようなものだろうか。

▶ ①はSの位置に形式主語のitを置いた形（it = to live in America）。②は①を間接疑問にした形で，is it → it is と語順が変わる。

☑ **What [How] about ～?** ≒ **What do you say to ～?** ～（するの）はどうだろう。

例 **What about** going for a drive? ≒ **What do you say to** going for a drive?

ドライブに行くのはどうだろう。

▶ toの後ろに動詞を置くときは，動名詞にする。(⇒ Ch. 7❹)

☑ **What do you think of [about] ～?** ～についてどう思いますか。

例 **What** [× How] **do you think of** his opinion? 彼の意見をどう思いますか。

78

☑ **What ~ for?** 何のために，なぜ～ですか。

🔲 **What** do you study English **for?** ≒ Why do you study English?

あなたは何のために［なぜ］英語を勉強するのですか。

▶ for「～のために」は理由を表す。for some reason「ある理由で」などのforと同じ。

☑ **What has become [will become] of ~?** ～はどうなった［なるだろう］か。

🔲 **What has become of** him? ≒ What has happened to him?

彼はどうなりましたか。

☑ **What do you call ~?** ≒ **How do you say ~?** ～を何と呼び［言い］ますか。

🔲 **What do you call** this fish in English?

≒ **How do you say** this fish in English?

この魚を英語で何と［どう］言いますか。

☑ **What ... do with ~?** ～をどう（処理）しますか。

🔲 **What** are you going to **do with** the money?

そのお金をどうする［使う］つもりですか。

☑ **What if ...?** もし…したらどうなるだろう［どうしよう］。

🔲 **What if** our bus is late? ≒ What should we do if our bus is late?

もしバスが遅れたらどうしよう。

④ 疑問詞 how

howには，「どのようにして」（方法），「どんな具合で」（様態），「どのくらい」（程度）
の意味がある。

🔲 **How** did you get the ticket?【方法】

どうやってその切符を手に入れたのですか。

🔲 **How** do I look in this dress?【様態】

この服は私に似合いますか［この服を着て私はどんな具合に見えますか］。

▶ この意味のhowは，be動詞やSVCの動詞とともに使う。

🔲 **How long** is this tunnel? このトンネルはどのくらいの長さですか。【程度】

▶ この意味では，howの後ろに形容詞・副詞を置く。

■ 程度を尋ねる〈how＋形容詞・副詞〉・・・・・・・・・・・・・・・・・・・・・・・・・・・・・・・・・

☑ **How often ...?**（頻度） ☑ **How soon [late] ...?**（時間）
☑ **How far ...?**（距離） ☑ **How high ...?**（高さ）
☑ **How many X ...?**（数） ☑ **How much ...?**（量） など

🔲 "**How often** do the buses run?" "Every fifteen minutes."【頻度】

「バスはどのくらいの頻度で走っていますか」「15分おきです」

例 "**How soon** will the bus come?" "In a few minutes." 【時間】

「バスはあとどのくらいで来ますか」「数分後です」

例 **How high** is that building? ≒ **What is the height of** that building?

あのビルはどのくらいの高さですか。 【高さ】

例 **How much** is this bag? ≒ **What** [× How much] **is the price of** this bag?

このバッグの値段はいくらですか。 【量】

❗ 抽象名詞を使って数値の大きさを尋ねるときは，howではなくwhatを使う。distance「距離」，length「長さ」，population「人口」，weight「重さ」なども同じ形で使う。

■**how を使った慣用表現** ・・・・・・・・・・・・・・・・・・・・・・・・・・・・・・・・・・・

☑ **How do you like ～?** ～はいかがです［気に入りました］か。

例 **How do you like** this restaurant? このレストランはいかがですか。

☑ **How do you feel (about ～)?** （～は）どんな感じですか。

例 **How do you feel about** this picture? この絵をどう思いますか。

☑ **How come + S + V?** なぜ～ですか。

例 **How come** ₛyou ᵥare here? ≒ **Why** ᵥare ₛyou here?

あなたはなぜここにいるのですか。

▶ 語順の違いに注意。How (does it) come (that) you are here?をもとにした形。

⑤ 疑問詞 why を使った慣用表現

☑ **Why don't you ～?** ～してはどうですか。～すればいいのに。

例 **Why don't you** see a doctor? 医者にみてもらえばいいのに。

☑ **Why don't we ～?** ～しませんか。

例 **Why don't we** go swimming? ≒ Let's go swimming.

泳ぎに行きませんか。

☑ **Why not?** いいですとも。

例 "How about going swimming?" "**Why not?**"

「泳ぎに行かない？」「いいとも」

⑥ 疑問・否定の強調

☑ **at all / in the world / on earth / ever** いったい（全体）【疑問の強調】

例 What **on earth** are you talking about?

いったい何の話をしているの？

☑ **at all / whatever / by no means / in the least** など

全く（～ない）【否定の強調】

例 I have nothing **at all** [**whatever**] to do with the matter.

私はその件とは全く何の関係もない。

例 This question is **by no means** difficult.　この問題は少しも難しくない。

例 I'm <u>not</u> **in the least** scared.　ちっともこわくないよ。

例 I <u>don't</u> **have the least idea** what to do.　どうすればいいか全くわからない。

> ▶ have no idea「全くわからない」を強調して，not have the least [slightest/faintest] idea と言うことがある。この形では，最上級が「～さえ（even）」の意味を表す。

7 否定の意味を含む副詞など

> ☑ **hardly，scarcely**（程度が）ほとんど～ない
> ☑ **seldom，rarely** めったに～ない
> ☑ **little，few**（数量が）ほとんどない（⇒ **Ch. 14 ❺**）

例 I was tired and could **hardly** walk.　私は疲れてほとんど歩けなかった。

例 My grandfather **seldom** goes out.
　≒ My grandfather **hardly ever** goes out.
　私の祖父はめったに外出しない。

> ▶ hardly ever は never よりも弱い否定を表す。

☑ **seldom [rarely], if ever，**～ まずめったに～ない（頻度が非常に少ない）

例 She **seldom, if ever,** makes mistakes.　彼女はまずめったにミスをしない。

> ▶ if ever は「たとえ（一度でも）あるとしても」の意味。

☑ **little [few], if any，**～ まずほとんど～ない（数・量が非常に少ない）

例 There is **little, if any,** room for doubt.　疑いの余地はまずほとんどない。

8 部分否定と全体否定

■部分否定 ....

not と組み合わせて，「全部が［完全に］～だというわけではない」という**部分否定**の意味を表す，「全部」「完全」などの意味を含む語句がある。

> ☑ **all** 全部（の）　☑ **every** すべての　☑ **both** 両方　☑ **always** 常に
> ☑ **necessarily** 必ず　☑ **completely** 完全に　など

例 **Not all** the students passed the test.
　≒ **Some** students did**n't** pass the test.
　そのテストには全生徒が合格したわけではない。

☑ **not** ～ **(just) because** ...（単に）…だからといって～だというわけではない

例 He did**n't** go to the hospital **because** he was sick.
　彼は病気だったから病院へ行ったわけではない。

> ▶ not は go ではなく because 以下を否定している。

> ☑ **not + any = no** 少しも～ない　☑ **not + either = neither** どちらも～ない
> ☑ **not + ever = never** 決して［一度も］～ない

例 I **don't** like **either** of the ties. ≒ I like **neither** of the ties.
どちらのネクタイも気に入らない。

⑨ さまざまな否定の形

■**not** による否定を表す節の代用 ‥‥‥‥‥‥‥‥‥‥‥‥‥‥‥‥‥‥‥‥‥‥‥‥‥‥

☑ **I'm afraid not.**（残念ながら［申し訳ないが］）～ではないと思う。

例 "Will it be sunny tomorrow?" "**I'm afraid not**."
「明日は晴れるだろうか」「（残念ながら）晴れないと思う」

▶ I'm afraid (that it will) not (be sunny tomorrow). を短くした形。hope「望む」, suppose「思う」なども同様の形で使う。

■**mind** を使った疑問文に対する応答 ‥‥‥‥‥‥‥‥‥‥‥‥‥‥‥‥‥‥‥‥‥‥‥‥

例 "Do you mind if I turn on the air-conditioner?" "**Of course not**."
「エアコンをつけてもかまいませんか」「いいですよ」

▶ Of course I don't mind.「もちろん私はかまわない」の意味。Not at all. なども使う。

■注意すべき否定語の位置 ‥‥‥‥‥‥‥‥‥‥‥‥‥‥‥‥‥‥‥‥‥‥‥‥‥‥‥‥‥‥

例 ①**Nobody** likes selfish people. 誰もわがままな人々を好まない。
○②Selfish people are**n't** liked by **anybody**.
×③Selfish people are liked by nobody. わがままな人々は誰にも好かれない。

▶ 否定語はできるだけ前に置く。①を受動態で言い換えた文は，③ではなく②。

■二重否定の表現 ‥‥‥‥‥‥‥‥‥‥‥‥‥‥‥‥‥‥‥‥‥‥‥‥‥‥‥‥‥‥‥‥‥‥

☑ **never [cannot] ... without ～ing** …すれば必ず～する

例 ①I **never** see this photo **without remembering** my childhood.
≒ ②**Whenever** I see this photo, I remember my childhood.
私はこの写真を見るといつも子どもの頃を思い出す。

▶ ①の直訳は「私は子どもの頃を思い出さずにはこの写真を決して見ない」。

■否定語を使わずに否定の意味を表す表現 ‥‥‥‥‥‥‥‥‥‥‥‥‥‥‥‥‥‥‥‥‥

☑ **the last X to *do*** 決して～しない X

例 He is **the last man to make** jokes. 彼は決して冗談を言わない人だ。
≒ He never makes jokes.

▶ last は「最後の」→「最も～しそうにない」の意味。

☑ **far from** ～ ≒ **anything but** ～ 決して～ではない

例 ①He is **far from** a good leader. 彼は決してよい指導者ではない。

≒ ②He is **anything but** a good leader.

▶ ①は「彼はよい指導者から遠く離れている」，②は「彼はよい指導者以外のどんなものでもある（がよい指導者では決してない）」の意味。

⑩ 命令文・感嘆文など

■命令文 ·····

肯定の命令文「～しなさい」は，動詞の原形を最初に置く。否定の命令文「～してはいけない」は〈**Don't**＋動詞の原形〉で表す。

例 If I'm late, **start** the meeting without me.
もし私が遅れたら，私抜きで会合を始めてください。

❗命令文の前に副詞句・節などを置く場合がある。この場合も動詞の原形になる。

例 **Don't be** afraid. こわがらないで。

■Let's＋動詞の原形 ·····

〈**Let's**＋動詞の原形〉は「～しよう」と人を誘うときに使う。「～するのはやめよう」は，〈**Let's not**＋動詞の原形〉で表す。

例 **Let's not play** tennis today.
今日はテニスをするのはやめよう。

■命令文を利用した譲歩の表現 ·····

命令文を副詞節として使い，「たとえ～でも」（譲歩）の意味を表すことがある。

☑ **come what may** たとえ何が起ころうと
☑ **believe it or not** 信じようと信じまいと
☑ **be it ever so humble** たとえどんなに粗末でも

例 **Come what may**, I won't change my mind.
≒ Whatever may happen, I won't change my mind.
たとえ何が起ころうと，私は決心を変えない。（⇒ Ch. 9 ❾）

■感嘆文 ·····

感嘆文は，〈**How**＋形容詞［副詞］＋**S**＋**V!**〉または〈**What (a/an)**（＋形容詞）＋名詞＋**S**＋**V!**〉の形で，「何と～だろう！」という感嘆の気持ちを表す。

例 **How hot** (it is)! 何て暑いんだろう。

▶ SVはしばしば省略される。

例 **What a beautiful picture** (this is)! （これは）何て美しい絵だろう。

Chapter 12 名詞・冠詞

❶ 可算名詞と不可算名詞

名詞には，数えられる（countable）**可算名詞**（C̲）と数えられない（uncountable）**不可算名詞**（U̲）とがある。U̲の前にはa/anをつけず，複数形にもしない。

> **例** We had **lunch** [× a lunch] before noon.
> 私たちは正午前に昼食をとった。
> ▶ lunch・breakfast・dinnerなどはU̲だからaをつけない。

> **例** There wasn't <u>much</u> **furniture** [× many furnitures] in the room.
> その部屋にはあまり（多くの）家具がなかった。
> ▶ furnitureはU̲だから複数形にしない。manyはC̲の前に置くので不適切。（⇒ Ch. 14 ❺）

■ 可算名詞（C̲）··

複数形は，単数形に-(e)sを加えて作るのが原則だが，child → **children**のような不規則な複数形もある。**sheep**「ヒツジ」，**deer**「シカ」など，単数形と複数形が同じ形のものもある。また，単数形が-sで終わる名詞もある。

> **単数形が-sで終わる名詞（前にaをつける）**
> ☑ **means** 手段　☑ **species**（生物）種　☑ **series** 連続　　など

> **例** I take the bus as <u>a</u> **means** of transportation.
> 私は交通手段としてバスを使っている。

■ 不可算名詞（U̲）··

U̲を数える必要があるときは，**a piece of** 〜などを使う。

> **例** I have **two pieces of** <u>toast</u> [× two toasts] for breakfast.
> 私は朝食にトーストを2枚食べる。
> ▶「トースト」は日本語では1枚，2枚と数えるが，英語のtoastは不可算名詞。

> **可算名詞と混同しやすい不可算名詞**
> ☑ **advice** 忠告　☑ **bread** パン　☑ **furniture** 家具　☑ **information** 情報
> ☑ **baggage** / **luggage** 手荷物　☑ **equipment** 設備，装置
> ☑ **evidence** 証拠　☑ **fun** 楽しみ　☑ **homework** 宿題　☑ **lunch** 昼食
> ☑ **news** 知らせ　☑ **staff** 職員団　☑ **toast** トースト　☑ **traffic** 交通
> ☑ **weather** 天気　☑ **work** 仕事

> **例** He went to Tokyo to find **work** [a job].
> 彼は仕事を見つけるために東京へ行った。
> ▶ workはU̲なのでaは不要。jobはC̲なのでaが必要。

$\boxed{U}$の前に形容詞があると，具体性が増して$\boxed{C}$になり，a/anをつけることが多い。しかし，前に形容詞があっても a/an がつかない$\boxed{U}$もある。

> 例 We had **a late lunch** today. 私たちは今日は遅い昼食をとった。

> 例 I have **good** [× a good] **news** for you. 君にいい知らせがあるんだ。

② 慣用的に複数形を用いるもの（相互複数）

2人の人間や2つの物の関係する行為などを表すときは，名詞を複数形にする。

☑ be on good [friendly] terms with ～ ～と親しい［友好的な］間柄だ

> 例 I'm on good terms with my colleagues.
> 私は同僚たちと親しい間柄だ。

☑ change trains 電車を乗り換える　☑ change hands 持ち主が変わる

☑ make friends (with ～)（～と）仲良くなる

☑ shake hands (with ～)（～と）握手する

☑ take turns ～ing 交代で～する

> 例 We **took turns** driving. 私たちは交代で運転した。

③ 名詞の単数・複数形などに関して注意を要するもの

■数や値段などの単数形／複数形 ・・

hundred, thousand などを使って具体的な数字を表すときは，複数形にしない。

> 例 She paid two **hundred** [× hundreds] **dollars** [× dollar] for the dress.
> 彼女はそのドレスに200ドル払った。
>
> ▶ hundreds of ～「何百もの～」のように概数を表すときは複数形。dollar「ドル」は複数形にする（yen「円」は複数形も yen）。

■〈one of＋複数形〉「～のうちの1つ［人］」 ・・・・・・・・・・・・・・・・・・・・・・・・・・・・・・・・・・

one of の後には複数形が続く。また，この形が主語のときは単数扱いとなる。

> 例 **One of** the most popular British rock **bands** [× band] **is** [× are] coming to Japan.
> 最も人気の高いイギリスのロックバンドの1つが日本に来る。

■X（名詞）＋修飾語 ・・・

〈X（名詞）＋修飾語〉が主語のとき，X（名詞）が単数か複数かで動詞の形が決まる。

> 例 **Vegetables** sold at the market **are** [× is] all fresh.
> その市場で売られている野菜は全部新鮮だ。

■2つから成る品物 ・・

2つ（の部分）から成る品物は，品物としては1つでも複数形にする。

☑ **glasses** めがね   ☑ **jeans** ジーンズ   ☑ **scissors** はさみ   ☑ **shoes** 靴
☑ **pants / trousers** ズボン   　など

例 Where **are** [× is] my **glasses**? 私のめがねはどこにあるの？
例 I bought **two pairs of jeans** at the shop.
　私はその店で2本のジーンズを買った。
　▶ 数えるときはa pair of ～を使う。

■the police「警察」
the police「警察」は常に複数として扱われる。
　例 **The police have** [× has] arrested the criminal. 警察は犯人を逮捕した。

■(e)sのついた複数形の名詞の所有格
(e)sのついた複数形の名詞の所有格は，アポストロフィの後ろのsを省略する。
　例 Ten **minutes'** [× minute's] walk took us to the beach.
　　10分歩いて私たちは海岸に着いた [10分の歩行が私たちを海岸へ連れて行った]。

④ 形の紛らわしい名詞

☑ **advice** 忠告 / **advise** 動 忠告する   ☑ **means** 手段 / **meaning** 意味
☑ **cloth** 布 / **clothes** 服 / **clothing** 衣類
☑ **contact** 接触，連絡 / **contract** 契約 / **contrast** 対照
☑ **effect** 効果，影響 / **affect** 動 影響する
☑ **attendance** 出席 / **attention** 注意   ☑ **success** 成功 / **succession** 継続
☑ **weight** 重さ / **weigh** 動 ～の重さがある

　例 Staying up late at night has a bad **effect** on your health.
　≒ Staying up late **affects** your health. 夜ふかしは健康に悪影響を与える。

⑤ 意味に注意すべき名詞

意外な意味を持つ名詞
☑ **the case** 実情，真相   ☑ **order** 命令，注文，順序，秩序   ☑ **rest** 休息，残り
☑ **approach** 方法，取り組み方   ☑ **break** 休憩   ☑ **change** 小銭，おつり
☑ **company** （人と）一緒にいること   ☑ **fault** （～の）せい，責任   ☑ **turn** 順番
☑ **measure / step** 方策，手段   ☑ **must** 絶対に必要なもの   ☑ **place** 代わり
☑ **right** 権利   ☑ **stranger** （その土地に）不案内な人   ☑ **room** 余地
☑ **term** 間柄，用語，期間，条件   ☑ **interest** 利子，利息

例 That isn't **the case** in Japan. ≒ That doesn't apply to Japan.

それは日本ではそう（真相）ではない［それは日本には当てはまらない］。

例 Arrange the names in alphabetical **order**.

名前をアルファベット順に並べなさい。

例 I can't relax in his **company**. 彼と一緒にいるとくつろげない。

例 He borrowed the money at high **interest**. 彼は高い利子でその金を借りた。

例 We have to take some **measures**. 何か対策を取らねばならない。

例 There is a lot of **room** for improvement. 大いに改善の余地がある。

意味の違いに注意すべき名詞

【約束】☑ appointment（面会の）約束　☑ promise 行為の［何かをするという］約束　☑ engagement 正式な取り決め（婚約など）

【客】☑ customer 店の客　☑ guest 招待客やホテルの宿泊客　☑ client 弁護士などの専門職に仕事を依頼する客　☑ passenger 乗客　☑ audience 観客，聴衆

【料金】☑ fare 運賃　☑ price 物の値段　☑ charge サービスなどの料金　☑ fee 専門職への報酬　☑ tuition 授業料　☑ cost 費用　☑ pay 給料　☑ bill 勘定（書）

例 I have an **appointment** [× promise] with a client at 2.

依頼人と2時に約束がある。

例 The restaurant is losing its **customers**.

そのレストランはお客が減りつつある。

例 The bus **fare** has been raised. バス料金が値上がりした。

6 〈動詞＋名詞〉の慣用表現

単語同士の慣用的な結びつきを，**コロケーション**と言う。たとえば「部屋**に入る**」は**enter** a room だが，「風呂**に入る**」は**take [have]** a bath である。このような知識は英語を使う上で非常に大切なので，動詞ごとにまとめて覚えよう。

■catch＋名詞

☑ **catch [draw, attract]** ～'s attention ～の注意を引く　☑ **catch fire** 火がつく

☑ **catch [have] a cold [(the) flu]** かぜ［インフルエンザ］にかかる［かかっている］

例 I often **catch a cold**. 私はよくかぜをひく。

☑ **catch [get, take] hold of** ～ ～をつかまえる，つかむ（hold）

☑ **catch sight of** ～ ～を見つける ⇔ lose sight of ～ ～を見失う

☑ **catch a train** 電車に間に合う ⇔ miss a train 電車に乗り遅れる

例 I managed to **catch the train**. ≒ I managed to be in time for the train.
私は何とか電車に間に合った。

■give＋名詞 ···

☑ give (〜) an answer [a reply]（人に）返事をする
☑ give 〜 a hand（人）を手助けする
　例 Can you **give** me **a hand**? ≒ Can you help me?　手伝ってくれる？
☑ give 〜 a ride（人）を車に乗せてやる
☑ give rise to 〜 〜を引き起こす（cause）
☑ give way (to 〜)（〜に）道を譲る，屈服する（give in, yield）
　例 He **gave way to** his anger.　彼は怒りを抑えられなかった。

■have＋名詞 ···

☑ have access to 〜 〜を利用［入手］できる
☑ have an accident 事故にあう
☑ have a 〜 dream 〜な夢を見る
　例 I **had** [× saw] a strange **dream** last night.　ゆうべ変な夢を見た。
☑ have a headache 頭が痛い　☑ have fun 楽しむ
☑ have an effect [influence] on 〜 〜に影響を与える
　例 The theme park will **have** [× give] a positive **effect on** the local economy.
そのテーマパークは地域経済にプラスの影響を与えるだろう。
☑ have no idea 知らない，わからない　☑ have no say 発言権がない
☑ have a 〜 time 〜な時を過ごす
　例 We **had** [× spent] a good **time** at the party.
私たちはパーティーで楽しい時を過ごした。
☑ have a big mouth おしゃべりだ
☑ have *one's* (own) way 自分の思い通りにする
☑ have words with 〜 〜と口論する（argue, quarrel）

■hold＋名詞 ···

☑ hold *one's* breath 息を止める　☑ hold the line 電話を切らずに待つ
☑ hold [have, give] a party パーティーを開く
　例 We are going to **hold** [× open] a welcome **party** for you next week.
私たちは来週あなたの歓迎会を開く予定です。
☑ hold *one's* tongue 口をつぐむ

■keep＋名詞 ···

☑ keep company with 〜 〜と付き合う　☑ keep a diary 日記をつける

☑ **keep an eye on** 〜 〜を見張っておく（watch）

☑ **keep early hours** 早寝早起きをする

☑ **keep a promise** 約束を守る ⇔ break a promise 約束を破る

■**lose＋名詞** ･･･

☑ **lose a game** 試合に負ける ⇔ win a game 試合に勝つ

例 We **lost the game** by one point. 私たちは1点差で試合に負けた。

☑ **lose (*one's*) face** 面目を失う ⇔ save (*one's*) face 面目を保つ

☑ **lose *one's* temper** 激怒する⇔ keep [hold] *one's* temper 怒りを抑える

☑ **lose *one's* way** 道に迷う（get lost）

☑ **lose weight** やせる ⇔ gain [put on] weight 太る

例 I'm on a diet to **lose weight**. 減量するためにダイエットをしている。

■**make＋名詞** ･･

☑ **make an attempt** 試みる　☑ **make a (phone) call** 電話をかける

☑ **make coffee [tea]** コーヒー［お茶］を入れる

☑ **make a decision** 決定する（decide）

☑ **make a [no] difference** 差が出る［出ない］

例 It will **make no difference** which date you choose.

どの日を選んでも差は出ないでしょう。

☑ **make efforts [an effort]** 努力する

☑ **make (both) ends meet** 赤字を出さずにやっていく

例 Prices were so high that they found it difficult to **make ends meet**.

物価が高すぎて，彼らは赤字を出さずに暮らすのが難しかった。

▶「収支表の収入と支出の端の数字を合わせる」がもとの意味。bothは入れないのが普通。

☑ **make an excuse** 言い訳をする　☑ **make a face** 顔をしかめる

☑ **make fun of** 〜 ≒ pull 〜's leg 〜をからかう（tease）

☑ **make an impression on** 〜 〜に印象を与える

☑ **make a mistake** 間違える

例 I realized that I had **made a mistake** [× missed] after the exam was over.

試験が終わったあとでミスをしたことに気づいた。

▶ missは「〜を（見）逃す」などの意味の他動詞。「ミスをする」の意味では使わない。

☑ **make a living** 生計を立てる

☑ **make [earn] money** 金をもうける　☑ **make a noise** 音を立てる

☑ **make progress** 進歩する

例 Your English skills are **making** steady **progress**.

君の英語力は着実に進歩している。

☑ **make a promise** 約束する　☑ **make room for** 〜　〜のために場所を空ける

☑ **make sense** 意味をなす，筋が通る

☑ **make a speech [presentation]** 演説［発表］をする

☑ **make use of** 〜　〜を利用する（utilize）

☑ **make [find]** *one's* **way** 前進する［苦労して進む］

■play＋名詞 ··

☑ **play catch** キャッチボールをする

　例 Let's **play catch** (× ball). キャッチボールをしよう。

☑ **play sports** スポーツをする

☑ **play a** 〜 **part [role] (in ...)** （…で）〜な役割を果たす

　例 The Internet **plays an** important **part in** our life.

　　インターネットは私たちの生活の中で重要な役割を果たしている。

☑ **play a trick on** 〜　〜をだます，〜にいたずらをする

■take＋名詞 ··

☑ **take advantage of** 〜　〜を利用する

☑ **take [have] a bath [shower]** 入浴する［シャワーを浴びる］

☑ **take [have] a break [rest]** 休憩する

　例 Let's **take [have] a** coffee **break**. 休憩してコーヒーにしよう。

　　▶ take と have の両方が使える場合，アメリカ英語では take，イギリス英語では have が一般的。

☑ **take care of** 〜 ≒ look after 〜　〜の世話をする

☑ **take a chance** 一か八かやってみる　☑ **take charge of** 〜　〜を担当する

☑ **take effect** 効力を生じる　☑ **take an interest in** 〜　〜に興味を持つ

☑ **take [have] a look (at** 〜**)** （〜を）見る　☑ **take medicine** 薬を飲む

☑ **take [have] a nap** 仮眠する　☑ **take part in** 〜　〜に参加する（participate in）

☑ **take a picture** 写真を撮る　☑ **take pains** 苦労する

☑ **take place** 行われる（be held），起こる（happen）

　例 The meeting will **take place** next Monday. 会合は来週の月曜日に行われる。

　例 How did the accident **take place**? その事故はどのようにして起きたのか。

☑ **take** 〜*'s* **place** （人）の代理を務める　☑ **take [run] a risk** 危険を冒す

☑ **take the responsibility (for** 〜**)** （〜の）責任を取る

☑ **take a trip** 旅行する　☑ **take [have] a vacation** 休暇を取る

■その他の動詞＋名詞 ··

☑ **bear fruit** （努力などが）実を結ぶ　☑ **call the roll** 出席をとる

☑ **change** *one's* **mind** 心変わりする

☑ **commit a crime [an error]** 罪［過ち］を犯す

☑ **consult a dictionary [lawyer]** 辞書をひく［弁護士に相談する］

☑ **do the dishes** 皿を洗う　☑ **do the shopping** 買い物をする

☑ **do [get, take] exercise** 運動する　☑ **drop ～ a line** (人) に一筆 (手紙を) 書く

☑ **find fault with ～** ～のあらさがしをする（criticize）

☑ **get rid of ～** ～を捨てる，処分する（throw away, dispose of）

☑ **grab a bite** 軽い食事をする　☑ **kill time** 時間をつぶす

☑ **lead [live] a ～life** ～な生活を送る

> 例 I want to **lead** [× send] a leisurely **life** in the country.
> いなかでのんびりした生活を送りたい。

☑ **lay an egg** 卵を生む　☑ **meet [make] a deadline** 締め切りに間に合う

☑ **meet ～'s demand [request]** ～の要求に応える

☑ **pay [give] attention to ～** ～に注意を払う

☑ **pay a visit to ～** ～を訪問する（visit）

☑ **put emphasis [stress] on ～** ～を強調する（emphasize）

☑ **see a doctor** 医者にみてもらう

> 例 You should **see a doctor** soon.　君は早く医者にみてもらう方がいい。

☑ **see the sights (of ～)** （～を）見物する

☑ **set the table** 食卓のしたくをする ⇔ **clear the table** 食卓を片付ける

☑ **solve [work out] a problem** 問題を解く　☑ **split a bill** 割り勘にする

☑ **sprain** *one's* **ankle** 足首をねんざする

☑ **suffer damage** 害を被る

> 例 The district **suffered** (× from) great **damage** because of the typhoon.
> その地区は台風によって大きな害を受けた。

☑ **support** *one's* **family** 家族を養う　☑ **tell a lie** うそをつく

☑ **watch** *one's* **step [language]** 足元［言葉］に気をつける

⑦ 冠詞の使い方（基本）

可算名詞の単数形の前には，原則として a [an] または the が必要。

- ・**a [an]**：同じ種類のもののうち不特定の1つを表す。
- ・**the**：1つに特定できるものを表す。

> 例 I have **a** cute cat.　私はかわいいネコを飼っている。

> 例 I got **a** [× the] ticket for the concert.
> 私はそのコンサートのチケットを手に入れた。
> ▶「コンサートのチケット」はたくさんあり，そのうちの不特定の1枚だからaを使う。

例 I waited for **an** [× a] <u>hour</u> there. 私はそこで1時間待った。

　　▶ a は，母音で始まる語の前では an に変わる。hour [auər] は母音で始まるので an を使う。

cf. This is **a** [× an] <u>useful</u> device. これは役に立つ装置だ。

　　▶ useful [juːsfl] の [j] は子音だから，a を使う。

例 Could you open **the** window? 窓を開けてもらえますか。

　　▶ どの窓を指すかが相手にも特定できるという前提で the を使う。

Ⓤ（不可算名詞）の前には a [an] はつかない。また，1つに特定できるものでない限り the もつかない。

例 ① **History** is an interesting subject. 歴史は面白い科目だ。

　② I want to study **the history** of China. 私は中国の歴史を学びたい。

　　▶ ①は歴史（学）一般の意味だから無冠詞。②は特定の歴史だから the がつく。

Ⓒの中には，本来の機能を表すときはⓊとして扱うものがある。

例 I go to **high school**.
私は高校に通っている。

　　▶ school は基本的にはⒸだが，「教育機関としての学校」を表すときは冠詞をつけない。watch television「テレビを見る」も同様（見るのは番組であってテレビの機械ではない）。

⑧ 冠詞の使い方（発展）

■ a [an]「～につき（≒per）」「同じ（≒the same）」

例 She goes to the gym twice **a** week.【～につき】
彼女は週に2回（スポーツ）ジムに通っている。

例 They are of **an** age.【同じ】
彼らは同い年だ。

■ the が必要なもの／不要なもの

スポーツ名の前には the をつけない。楽器名の前には the をつける。

例 He plays **golf**. 彼はゴルフをする。【スポーツ名】

例 She plays **the** guitar. 彼女はギターをひく。【楽器名】

　　▶ ほかにも，the east「東」，the country「いなか」など慣用的に the をつける名詞がある。

■ the only「ただ1つの」, the same「同じ」, the very「まさにその」

only, same, very などの前には the をつける。

例 She was **the only** child of the millionaire.
彼女はその百万長者のただ一人の子だった。

　　▶「彼女は一人っ子だった」は She was <u>an only</u> child.（「一人っ子」は世の中にたくさんいるから）。

■ all/some/most/many/none など＋of＋the＋名詞 ·············

all of, some of, most of, many of, none of などの後ろに続く名詞には，the（または所有格など）をつける。

> 例 **All of <u>the</u> members** agreed with him. メンバー全員が彼に賛成した。
>
> ▶ All of members は誤り。of を使わずに，All members は可能。

■〈the＋形容詞〉「～な人々」·······························

形容詞に the をつけて「～な人々」の意味を表すことがある。

> 例 **The rich** are not always happy. ≒ Rich people are not always happy.
>
> 金持ちが常に幸福だとは限らない。
>
> ▶ 過去分詞が形容詞化した語も同様。たとえば the injured ＝ injured people「けが人」。これらは複数扱いする。

■〈by＋交通・通信の手段〉·····························

〈by＋交通・通信の手段〉では無冠詞の名詞を使う。

> 例 We went there **by car**. 私たちは車でそこへ行った。
>
> ▶ この形の car は，「車という交通手段」の意味。train, bus, ship, plane などの交通手段や phone, mail などの通信手段も，by の後ろでは冠詞をつけない。

> **cf.** We went there in my car. 私たちは私の車でそこへ行った。
>
> ▶「私の車に乗って」の意味で，car は物としての車。この場合は in を使う。

⑨ 冠詞を使った慣用表現

☑ **the number of** ～ ～の数 / **a number of** ～ いくつかの～，多くの～

> 例 **The number of** part-time workers <u>is</u> increasing.
>
> 非常勤労働者の数が増えている。
>
> ▶ 主語の中心は number だから，単数扱い。

> 例 **A number of** part-time workers <u>have</u> lost their jobs.
>
> 一定数［多く］の非常勤労働者が失業した。
>
> ▶ a number of ＝ some, many だから，主語を複数扱いする。

☑ **by the＋**（数量・時間などの）単位を表す名詞 ～単位で，～ごとに

> 例 They are paid **by the hour**.
>
> 彼らの給料は時給で支払われる。
>
> ▶ この形で使うその他の名詞は，dozen「ダース」，gram「グラム」，week「週」など。

■「～の腕をつかむ」型の表現 ·····························

☑ **catch [hold, seize, take]＋人＋by the arm [hand]** ～の腕［手］をつかむ

☑ **hit＋人＋on the head** ～の頭をたたく

☑ kiss + 人 + on the cheek ～の頬にキスする
☑ look [stare] + 人 + in the face ～の顔をじっと見つめる

  例 Someone **caught** me **by the arm**.

    ≒ Someone caught my arm.

  誰かが私の腕をつかんだ。

    ▶ 「誰かが私をつかんだ＋腕の部分を」という形。catchの代わりにhold, seize, takeも使える。これらの表現では，前置詞（by, on, in）の使い分けに注意。

❿ a friend of mine 型の表現

所有格やthisなどは，冠詞の代わりをする。たとえばa car, my car, this car とは言えるが，これらを２つ重ねて×a my car, ×this my carのようには言えない。その場合は〈of +「～のもの」を表す（代）名詞〉を名詞の後ろに置く。(⇒ Ch. 13 ❶)

  例 **A friend of mine** has been in the hospital.

  私の友人の１人が入院している。

    ▶ ×a <u>my friend</u>は誤り。myをof mineに変えて後ろへ置く。

  例 **A friend of my father's** [× father] has been in the hospital.

  私の父の友人の１人が入院している。

    ▶ ×a <u>my father's</u> friendは誤り。下線部をof my father'sに変えて後ろへ置く。

⓫ 冠詞の位置に注意すべき表現

☑ as [how, so, too] + 形容詞 + a [an] + 名詞
☑ such + a [an] + 形容詞 + 名詞

  例 ①It was **so large a garden** that I got lost.

  ≒ ②It was **such a large garden** that I got lost.

  それはとても広い庭だったので私は道に迷った。

    ▶ ①は堅い言い方で，②が普通。

  例 It was **too difficult a book** for children.

  ≒ The book was too difficult for children.

  それは子どもには難しすぎる本だった。

☑ all [both, double, twice, half など] + the + 名詞

  例 **All the** [× The all] **money** was lost.

  そのお金は全部なくなった。

  cf. **Both my** [× My both] **grandparents** are dead.

  私の祖父母はどちらも亡くなっています。

    ▶ 所有格, this/that, these/those なども，theと同じ位置に置く。

Chapter 13 代名詞

◉ 本冊 p.126〜137

① 人称代名詞

■ 人称代名詞の格 ・・・

代名詞（や名詞）は，文中での働きに応じて**主格・所有格・目的格**という 3 つの形
（例：he-his-him）を持つ。

> 例 The art museum is famous for **its** [× it's] beautiful garden. 【所有格】
> その美術館は美しい庭で有名だ。
>
> ❗ its（所有格）を it's（=it is）と混同しないこと。

> 例 Tom's father bought **him** a bike. ≒ Tom's father bought a bike for **him**.
> トムの父親は彼に自転車を買ってやった。 　　　　　　　　　　　　　　　　　【目的格】
>
> ▶ 前置詞（for）の後ろには目的格を置く。

■ 所有代名詞 ・・・

「〜のもの」は所有代名詞で表す。たとえば「私のもの」は mine。

> 例 That umbrella is **mine**, not **his** [× him].
> その傘は彼のものではなく私のものだ。
>
> ▶ mine=my umbrella, his=his umbrella。

② **it** のさまざまな用法

it は前にある単数のものを指すほか，it を「それ」とは訳さない，次のようなさまざ
まな用法を持つ。

- **時，天候，距離，明暗，寒暖**などを表す文の主語になる。
- その場の**状況**を漠然と表す。
- **形式主語，形式目的語**の it。後ろにある不定詞などを指す。(⇒ ❸・❹)
- **強調構文**を作る。(⇒ ❺)
- 〈**It + V + that** 〜〉の形の文を作る。(⇒ ❻)

> 例 **It**'s five thirty now.　今は 5 時半だ。【時】

> 例 **It**'s raining outside.　外は雨が降っている。【天候】

> 例 How far is **it** from here to the station? 【距離】
> ここから駅までどのくらい距離がありますか。

> 例 **It**'s getting dark [cold]. 【明暗・寒暖】
> 暗く [寒く] なってきた。

> 例 Please come whenever **it** is convenient for you. 【状況】
> ご都合のいいときにいつでも来てください。

13
代名詞

■**it を使った慣用表現** ・・・

☑ **It is [has been] X（期間）since ～** ～以来Xの期間が経過している

   例 **It's been** two years **since** we moved here.

    私たちがここに引っ越してから2年になります。

☑ **It will not be long before S V（現在形）** まもなく～するだろう

   例 **It won't [will not] be long before** spring comes.

    ≒ Spring will come soon [before long]. もうすぐ春が来る。

    ▶ beforeの節中では未来のことも現在形で表す（⇒ **Ch. 2 ❸**）。「春が来る前に長い時間はかからないだろう」ということ。beforeの代わりにuntilも使える。

☑ **when it comes to ～** ～のことになると

   例 **When it comes to** pop groups, he never stops talking.

    アイドルグループのことになると，彼は決して話をやめない。

    ▶ 状況を表すitの例。toの後ろに動名詞を置くこともある。（⇒ **Ch. 7 ❹**）

☑ **make it** うまくいく，間に合う，都合がつく

   例 We **made it** for the concert.

    ≒ We were in time for the concert. 私たちはコンサートに間に合った。

☑ **as it were** いわば

   例 He is, **as it were** [so to speak], a walking dictionary.

    彼はいわば生き字引［歩く辞書］だ。

☑ **before S knows it** いつの間にか

   例 She fell asleep **before she knew** [was aware, conscious of] **it**.

    彼女はいつの間にか眠り込んだ。

☑ **call it a day** （その日の仕事などを）切り上げる

☑ **come to think of it** 考えてみれば，そう言えば

☑ **take it easy** 気楽にやる

❸ 形式主語の it

主語の位置に置かれたitが，後ろの不定詞・that節などを指す形がある。このitを**形式主語**と言う。

☑ **It is ＋ 形容詞・名詞 ＋ (for X) to do** Xが［Xにとって］～することは…だ。

   例 **It is** difficult (**for** children) **to understand** this book.

    （子どもが）この本を理解するのは難しい。

    ▶ itは後ろの不定詞（to understand ～）を指す。for childrenは不定詞の意味上の主語（⇒ **Ch. 6 ❺**）。このほか，itが後ろの動名詞（句）を指すこともある。

   例 **It is** a mistake **to think** in that way.

    そのように考えるのは間違いだ。

☑ **It is**＋形容詞・名詞＋**that** S V ～ということは…だ。

例 **It is** natural **that** she is angry with you. 彼女が君に怒っているのは当然だ。

≒ **It is** natural **for** her **to be** angry with you.

☑ **It is**＋形容詞＋**whether [if]** S V ～かどうかは…だ。

例 **It is** doubtful **whether** she can become a pro singer.

彼女がプロ歌手になれるかどうかは疑わしい。

④ 形式目的語の it

SVOCのO（目的語）の位置に置かれたitが，後ろの不定詞・that節などを指すことがある。このitを**形式目的語**と言う。この形で使う主な動詞は，**find**「OがCだとわかる」，**make**「OをCにする」，**think**「OがCだと思う」など。

例 ₛHe ᵥ**found** ₒit ꜀difficult **to persuade** his parents.

彼は両親を説得するのが難しいとわかった。

▶ it = to persuade his parents。

例 ① ₛI ᵥ**thought** ₒit ꜀strange **that** he didn't answer my e-mail.

≒ ② ₛI ᵥthought ₒ(that) it was strange that he didn't answer my e-mail.

彼が私のメールに返答しないのは変だと思った。

▶ ①は形式目的語のitが後ろのthat節を指す形。②はSVO。日常的には②を使う。

■形式目的語の it を使った慣用表現 ･･････････････････････････

☑ **make it a rule to** *do* ～することにしている

例 He **makes it a rule to do** 50 pushups every day.

≒ He is in the habit of doing 50 pushups every day.

彼は毎日腕立て伏せを50回することにしている。

☑ **take it for granted that ...** …を当然のことと考える

例 We **take it for granted that** it is dark at night.

私たちは夜が暗いのは当然だと考える。

☑ **see to it that ...** …であるよう取り計らう，注意する

例 **See to it that** there aren't any spelling errors.

つづりミスが1つもないよう注意しなさい。

☑ **make it clear that ...** …ということを明らかにする

例 I'll **make it clear that** it's not my fault.

私のせいではないことを明らかにしよう。

☑ **hear it said that ...** …と言われるのを聞く

例 We often **hear it said that** AI will deprive some people of their jobs.

人工知能が一部の人々から仕事を奪うだろうと言われるのを私たちはよく聞く。

☑ **owe it to X that ...** …はXのおかげだ

例 He **owed it to** his father **that** he succeeded in life.
　彼が人生で成功したのは父親のおかげだった。

☑ **Rumor has it that ...** うわさでは…らしい。

例 **Rumor has it that** the mayor took a bribe.
　うわさでは市長はわいろを受け取ったらしい。

⑤ 強調構文

〈It is X that ...〉の形でXを強調して，「…なのはXだ」の意味を表す形を**強調構文**と言う。Xの位置には，S・O・副詞句などを置く。

例 Jack met Betty at the café. ジャックはカフェでベティに会った。

→ ①**It was** Jack **that [who]** met Betty at the café. 【**S**を強調】
　カフェでベティに会ったのはジャックだった。

→ ②**It was** Betty **that [who(m)]** Jack met at the café. 【**O**を強調】
　ジャックがカフェで会ったのはベティだった。

→ ③**It was** at the café **that** [× where] Jack met Betty. 【副詞句を強調】
　ジャックがベティに会ったのはカフェ（で）だった。

　▶ 強調する「X」の部分が人のときは，thatの代わりにwhoを使うこともある。

■強調構文と形式主語構文との違い・・・・・・・・・・・・・・・・・・・・・・・・・・・・・

・It is ＋副詞（句・節）＋ that ... ⇨ **強調構文**
・It is ＋形容詞＋ that ... ⇨ **形式主語構文**
・It is ＋名詞＋ that ... ⇨ **両方の可能性がある**。It is と that を取り除いたときに，残ったパーツで文が完成できれば強調構文，そうでなければ形式主語構文。

例 **It was** this fact **that** the scientist discovered. 【強調構文】
　その科学者が発見したのは，この事実だった。

　▶ It was と that を取り除いて，残ったパーツで文ができる（The scientist discovered this fact.）。

例 **It is** a well-known fact **that** smoking causes lung cancer. 【形式主語構文】
　喫煙が肺ガンを引き起こすのはよく知られた事実だ。

　▶ It is と that を取り除いて，残ったパーツを組み立てても完全な文にならない。

■〈It is X that ...〉のXを尋ねる疑問文〈疑問詞 is it that ...?〉・・・・・・・・

例 **Who was it that** Jack met at the café?
　ジャックがカフェで会ったのは誰でしたか。

　▶ It was Betty that Jack met at the café. の下線部を尋ねる疑問文。

■〈**It is X that ...**〉の**X**の一部が後ろに置かれる場合 ·······················

例 **It was** <u>not good luck</u> **that** brought him success <u>but his constant effort</u>.
彼に成功をもたらしたのは，幸運ではなく彼の不断の努力だった。

▶ It was <u>not good luck but his constant effort</u> that brought him success. の下線部（強調される部分）が長いので，but 以下を後ろへ回した形。〈not *A* but *B*〉は「Aでなく B」の意味。(⇒ **Ch. 17 ⓫**)

■ 強調構文を用いた慣用表現 ···

☑ **It is not until ～ that ...** ～になって初めて…。

例 ①**It was not until** this morning **that** I heard the news.
≒ ②I didn't hear the news <u>until this morning</u>.
≒ ③<u>Not until this morning</u> did I hear the news.
私は今朝になって初めてその知らせを聞いた。

▶ ①は，②の下線部（X）を It is X that ... の形で強調した形。「否定語はできるだけ前に置く」というルールに従って，not は until の前に置く（⇒ **Ch. 11 ⓽**）。③は否定の副詞を文頭に置いて〈V＋S〉の疑問文と同じ語順になる倒置が起きた形（⇒ **Ch. 18 ❶**）。

例 **It is not until** we lose our health **that** we realize its importance.
≒ We <u>don't</u> realize the importance of our health <u>until</u> we lose it.
私たちは健康を失って初めてその大切さを知る。

▶ until を接続詞として使った形。

❻ 〈**It＋V＋to**不定詞・**that**節など〉の文

☑ **It takes (X) ＋時間＋ to do.** (Xが)～するのに―（の時間）がかかる。

例 **It took** (them) three days **to repair** the roof.
≒ **It took** three days (for them) **to repair** the roof.
≒ They took three days to repair the roof.
≒ The roof took (them) three days to repair.
(彼らが) 屋根を修理するのに３日かかった。

▶ it は後ろの不定詞を指す形式主語と考えてよい。

cf. **How long did it take** (them) to repair the roof？【時間を尋ねる疑問文】
(彼らが) 屋根を修理するのにどのくらい（時間が）かかりましたか。

☑ **It costs (X) ＋金額＋ to do.** (Xが)～するのに―（の金額）がかかる。

例 **It cost** (them) 500 dollars **to repair** the roof.
≒ The roof cost (them) 500 dollars to repair.
彼らが屋根を修理するのに 500 ドルかかった。

cf. **How much did it cost** (them) to repair the roof？【金額を尋ねる疑問文】
(彼らが) 屋根を修理するのにどのくらい（金額が）かかりましたか。

☑ **It doesn't matter ＋疑問詞節 / whether 節 / if 節** たとえ…でも問題ではない。

例 **It doesn't matter** (to me) **which** team wins.
≒ It makes no difference (to me) which team wins.
どちらのチームが勝とうと（私には）どうでもよい。

例 **It matters little if** you make a few mistakes.
少しミスをしても大した問題ではない。

☑ **It is said that S V.** ≒ S is said to *do*. Sは～だと言われている。

例 **It is said that** the species is in danger of extinction.
≒ The species is said to be in danger of extinction.
その生物種は絶滅の危機に瀕していると言われている。

☑ **It seems that S V.** ≒ S seems to *do*. Sは～のように思われる。

例 **It seems that** the driver was drunk. 運転手は酒を飲んでいたらしい。
≒ The driver seems to have been drunk.
▶ seemsの時点から見た過去の出来事は，完了不定詞で表す（⇒ **Ch. 6 ❿**）。appear「～のように思われる」，happen「たまたま～する」なども同様の形で使う。

☑ **It occurs to X that ...** …という考えがX（人）の頭に浮かぶ。

例 **It** never **occurred to** him **that** he might fail.
彼は自分が失敗するかもしれないとは全く思わなかった。

☑ **It follows (from X) that ...** （Xから）当然…ということ［結果］になる。

例 **It follows from** the evidence **that** the suspect is guilty.
その証拠から容疑者は当然有罪だということになる。

☑ **It turns out that ...** …だとわかる［判明する］。

例 **It turned out that** the drug was very effective.
その薬にはとても効果があるとわかった。

☑ **It remains to be seen ＋疑問詞節 / whether 節 / if 節** …はまだわからない。

例 **It remains to be seen whether** the event will take place as scheduled.
そのイベントが予定通りに行われるかどうかはまだわからない。

❼ 再帰代名詞

再帰代名詞は「～自身」の意味を表す。主な使い方は次の2つ。

・**動詞や前置詞の目的語**の働きをする。
・**「自分で」**の意味を表す（副詞的に使う）。

例 The singer killed **himself**. その歌手は自殺した。**【動詞の目的語】**

例 Take care of **yourself**. 体に気をつけなさい。**【前置詞の目的語】**

例 I made this doghouse **myself**. 私が自分でこの犬小屋を作った。**【自分で】**
▶ この文のmyselfは by myself「独力で」の意味。

■〈動詞＋*oneself*〉の慣用表現 ・・・・・・・・・・・・・・・・・・・・・・・・・・・・・・・・・・・

☑ **cannot bring** *oneself* **to** *do* ～する気になれない

　例 I **couldn't bring myself to call** her. 私は彼女に電話する気になれなかった。

☑ **devote** *oneself* **to** ～ ～に専念する

　例 She **devoted herself to** the study. ≒ She was devoted to the study.
　　彼女はその研究に専念した。

☑ **enjoy** *oneself* 楽しむ

　例 We **enjoyed ourselves** at the party. 私たちはパーティーで楽しんだ。

　　❗ × We enjoyed at the party. は誤り。 ○ We enjoyed the party. は正しい。

☑ **help** *oneself* **to** ～ ～を自由に取って飲食する

　例 **Help yourself to** anything you like.
　　好きなものを何でも取って食べてください。

☑ **make** *oneself* **at home** くつろぐ

　例 Please **make yourself at home**. くつろいでください。

☑ **pride** *oneself* **on** ～ ～を誇りに思う

　例 He **prides himself on** his career. 彼は自分の経歴に誇りを持っている。
　　≒ He is proud of his career. ≒ He takes pride in his career.

　　❗ それぞれの表現の前置詞の違いに注意。

☑ **seat** *oneself* 着席する

　例 They **seated themselves**. ≒ They were seated. 彼らは着席した。（⇒ **Ch. 4 ⑩**）

■〈前置詞＋*oneself*〉の慣用表現 ・・・・・・・・・・・・・・・・・・・・・・・・・・・・・・・

☑ **by** *oneself* 独力で（alone），ひとりでに

　例 The door opened **by itself**. ドアはひとりでに開いた。

☑ **for** *oneself* 自分で，自分のために

　例 He cooks **for himself**. 彼は自炊している。

☑ **beside** *oneself* **(with ～)** （～で）我を忘れて

　例 He was **beside himself with** joy. 彼は喜びで我を忘れた。

☑ **in itself** 本来は，それ自体は

　例 Entering college isn't a goal **in itself**.
　　大学に入ることはそれ自体が目的ではない。

☑ **keep ～ to** *oneself* ～を秘密にしておく

　例 **Keep** it **to yourself**. それは秘密にしておきなさい。

⑧ one

同じ名詞のくり返しを避けるために（あるいは何を指すかが相手にわかっているとき），〈a [an] ＋単数名詞〉を **one** で代用することがある。

例 I don't have a camera, so I want to buy **one** [=a camera].
私はカメラを持っていないので，1つ買いたい。

cf. I have a camera. I bought **it** [=the camera] last month.
私はカメラを持っている。それは先月買った。

例 I don't like this (tie). Could you show me some brighter **ones**?
これ［このネクタイ］は気に入らない。もっと明るい色のを見せてください。

❗ 複数のときはonesを使う。ones = ties。

例 This dictionary is cheaper than **the one** I bought at an online auction.
この辞書は私がネットオークションで買ったのより安い。

▶ the one = the dictionary。

cf. "We are running out of sugar." "I'll go and buy **some** [× one]."
「砂糖が切れそうよ」「買いに行ってくるよ」

❗ oneは不可算名詞の代わりには使えない。sugarは不可算名詞。

⑨ that, those

同じ名詞のくり返しを避けるために，〈the＋単数名詞〉をthatで代用することがある。しばしば**that of** 〜の形で使う。

例 The population of Japan is larger than **that** [=the population] **of** Britain.
日本の人口はイギリスの人口より多い。

例 Prices in many countries are lower than **those** [=prices] in Japan.
多くの国の物価は日本の物価より安い。

▶ 複数名詞はthoseで代用する。

■**those**を使った慣用表現 ・・
☑ those who 〜 〜する人々

例 Heaven helps **those who** help themselves. 天は自ら助くる者を助く。

⑩ another, the other など

■**another, others** ・・
anotherは「別の不特定の1つ」を表す（＜ an + other）。**others**はその複数形で，「別の不特定のいくつか」の意味。「他人（other people）」の意味でも使う。また，another, otherは形容詞としても使う。

例 Show me **another**. 別のを（1つ）見せてください。

例 Show me some **others**. 別のを（いくつか）見せてください。

例 I don't care what **others** say. 他人が何と言おうと気にしない。

例 May I ask you **another** question? 別の質問を1つしてもいいですか。【形容詞】

■the other, the others ···

特定の複数のものについて，**the other**は「残りの１つ」，**the others**は「残りの全部」を表す。

> **例** One of the twins is a boy, and **the other** is a girl.
> そのふたごの一方は男の子で，もう一方は女の子だ。

> **例** He objected to the plan, but (all) **the others** were in favor of it.
> 彼はその計画に反対したが，残りは（全員）それに賛成だった。

■another, otherを使った慣用表現 ·····································

☑ **another** ＋ 数詞 ＋ **X**［複数形の名詞］ もう〜つのX

> **例** It will take **another three days** to finish the work.
> その仕事を終えるにはもう３日かかりそうだ。
>
> ▶ anotherのan-はもともと「１つ」の意味だが，この形では複数形を後ろに置く。

☑ **one (〜) after another** 次々に〜

> **例** He answered **one** question **after another**. 彼は次々に質問に答えた。

☑ *A* **is one thing, and [but]** *B* **is another.** AとBは別だ

> **例** Making a plan **is one thing**, **but** carrying it out **is another**.
> ≒ Making a plan is different from carrying it out.
> 計画を立てることとそれを実行することは別だ。

☑ **each other / one anther** お互い

> **例** They shook hands <u>with</u> **each other**. 彼らはお互いに握手をした。
>
> ▶ each otherは副詞ではなく代名詞なので，withが必要。

☑ **Some 〜; others ...** 〜なものもあれば…なものもある。

> **例** **Some** people like jazz; **others** like classical music.
> ジャズが好きな人もいればクラシック音楽が好きな人もいる。

☑ **other than 〜** 〜以外の

> **例** I've never been to foreign countries **other than** South Korea.
> 私は韓国以外の外国へは行ったことがない。

☑ **none other than 〜** 〜にほかならない

☑ **the other way around** 逆（向き）に

⑪ some, any, something, anythingなど

■some, any ···

some, anyは，主に代名詞または形容詞として使う。漠然とした数量を表す**形容詞の**some**は主に肯定文で，** any **は否定文，疑問文で使う。**

> **例** I have **some** close friends. 私には親しい友人が何人かいる。【肯定文】

> **例** I don't have **any** close friends. 私には親しい友人は１人もいない。【否定文】

例 Do you have **any** close friends?　親しい友人が（何人か）いますか。【疑問文】

例 Would you like **some** more tea?　お茶をもう少しいかがですか。【疑問文】

▶ 相手から「イエス」の答えを期待する問いでは，some を使う。

代名詞の **some** や，「ある〜」「中には〜なものもある」の意味の some は，否定文や疑問文でも使う。

例 **Some** of my friends [**Some** people] don't eat meat.
私の友人の何人か［一部の人々］は，肉を食べない。

肯定文中の **any** は，主に「どんな〜でも」の意味を表す。

例 Ask me **any** question.　私にどんな質問でもしてください。

例 You can come **any** time.　いつでも来てかまいません。

■ **something，anything，nothing** など ·······························

something は「何か」。**anything** は，肯定文なら「何でも」，否定文では「何も（〜ない）」，疑問文では「何か」。また，**nothing** は「何も〜ない」の意味。

例 I'll buy **something** to read.　何か読むものを買います。

例 I'll buy you **anything** you want.　ほしいものを何でも買ってあげよう。

例 I don't have **anything** to eat.
≒ I have **nothing** to eat.　食べるものは何も持っていない。

例 Do you have **anything** to eat?　何か食べるものを持っていますか。

▶ 同様に someone/somebody は「誰か」。anyone/anybody は，肯定文なら「誰でも」，否定文では「誰も（〜ない）」，疑問文では「誰か」。

■ **something，anything，nothing** などを使った慣用表現 ··············

☑ Something is wrong [the matter] with 〜.　〜の具合が悪い。

例 **Something is wrong with** the copier.
≒ There is something wrong with the copier.
≒ The copier is out of order.　コピー機は具合が悪い［故障している］。

cf. **Is there anything wrong with** the car?　車の調子が悪いのですか。

cf. **What's wrong [the matter] (with** the car)?
（車は）どうした［どこの具合が悪い］のですか。

☑ have something to do with 〜　〜と（何か）関係がある

例 He seems to **have something** [a lot] **to do with** the scandal.
彼はそのスキャンダルと何か［大いに］関係があるらしい。

cf. He doesn't **have anything to do with** the scandal.
≒ He **has nothing to do with** the scandal.
彼はそのスキャンダルとは何の関係もない。

☑ **something else** 何かほかのもの / **someone else** 誰かほかの人

例 I don't know. Ask **someone else**. 知らないよ。誰かほかの人に聞いて。

例 Is there **anything else** to do? 何かほかにすることがありますか。

　▶ たとえば something else を × some other thing とは言わない。(⇒ **Ch. 15 ❺**)

例 That isn't my umbrella. It's **someone else's** [× someone's else].
それは私の傘ではない。ほかの誰かのだ。

　❗ someone else の所有格は someone else's。

☑ **anything but** 〜 決して〜ではない (⇒ **Ch. 11 ❾**)

例 The problem is **anything but** easy.
≒ The problem isn't easy at all. その問題は決して簡単ではない。

☑ **nothing but** 〜 〜以外の何物でもない，〜にすぎない (only)

例 She is **nothing but** an ordinary student.
≒ She is only an ordinary student. 彼女は普通の学生にすぎない。

☑ **do nothing but** ＋動詞の原形 〜ばかりする

例 The girls **do nothing but talk** about their boyfriends.
その女の子たちは自分たちの恋人の話ばかりしている。

☑ **to say nothing of** 〜 〜は言うまでもなく (not to mention, let alone)

例 He can't buy a car, **to say nothing of** a house.
≒ He can't buy a car, not to mention [let alone] a house.
彼は車を買えないし，家はもちろん買えない。

☑ **leave nothing to be desired** 申し分ない

例 Her speech **left nothing to be desired**.
≒ Her speech was perfect. 彼女のスピーチは申し分なかった。

　▶ leave much [a lot] to be desired は「大いに改善の余地がある」。

☑ **something like** 〜 〜のようなもの，およそ〜 (about)

☑ **something of** 〜 ちょっとした〜 ⇔ not much of 〜 大した〜ではない

☑ **if anything** どちらかと言えば

☑ **for nothing** 無料で ((for) free, free of charge)

☑ **see nothing of** 〜 〜に会わない ⇔ see much of 〜 〜によく会う

⑫ all

all「全部（の）」は，主に代名詞・形容詞として使う。可算名詞の前にも不可算名詞の前にも置ける。

例 **All** (of) the <u>shops</u> <u>were</u> closed. 全部の店が閉まっていた。

　▶ all shops も可。× all of shops, × the all shops は誤り (⇒ **Ch. 12 ❽, ⓫**)。後ろの名詞が複数形なら複数扱いする。

例 **All** (of) the <u>money</u> <u>was</u> stolen.　お金は全部盗まれた。

　▶ 後ろの名詞が単数形なら単数扱い。some, most, half, the rest「残り」なども同様。

例 **All** that I want is health.　私がほしいのは健康だけだ。

　▶ allで始まる文が「〜だけ」の意味を含むことがある。（⇒ **Ch. 6 ⑬**）

■allを使った慣用表現 ・・

☑ **all the same** それでもやはり，どちらでも同じことだ

例 It is **all the same** which route you take.　どちらの経路を使っても同じことだ。

　≒ It doesn't matter which route you take.（⇒ **❻**）

☑ **all but** 〜 ほとんど〜も同然だ（almost）

例 The work is **all but** finished.

　≒ The work is almost finished.

その仕事は終わったも同然だ。

☑ **all day (long)** 1日中（ずっと）

☑ **all of a sudden** 突然（suddenly）

⑬ each, every

each「それぞれ（の）」は，代名詞・形容詞・副詞として使う。**every**「全部の」は形容詞としてのみ使うことに注意。

例 **Each [Every]** student has to make a presentation.　【形容詞】

それぞれの生徒［全生徒］が発表しなければならない。

例 **Each** [× Every] of the students has to make a presentation.　【代名詞】

生徒たちの（うち）それぞれが発表しなければならない。

　▶ everyは代名詞としては使えないから，× every of 〜は誤り。

形容詞の**each，every**の後ろには，可算名詞の単数形を置く（単数扱い）。**all**の後ろには，可算名詞なら複数形を置く（複数扱い）。

例 **Every** <u>student</u> <u>has</u> taken the test.

　≒ **All** (the) <u>students</u> <u>have</u> taken the test.　全生徒がそのテストを受けた。

■everyを使った慣用表現 ・・・

☑ **every ＋数詞＋複数形の名詞** 〜ごとに，〜おきに

例 The Olympic Games are held **every four years**.

オリンピックは4年ごとに開かれる。

☑ **every other ＋単数形の名詞** 1つおきの〜

例 The magazine is published **every other week**.

その雑誌は隔週で発行される。

⑭ both, either, neither

both, either, neitherは主に代名詞・形容詞で，2つのものや人に関して使う。**both**は「両方」，**either**は「どちらか一方（の〜）」。**neither**は「どちらも〜ない」。**not + either = neither**という関係がある。（⇒ Ch. 11 ❻）

例 She loves **both** (of) the men. ≒ She loves **both** men.
彼女は両方の男性を愛している。

例 She will marry **either of** the men. ≒ She will marry **either** man.
彼女はその男性のどちらかと結婚するだろう。

❗ either of/neither ofの後ろは複数形，either/neither（形容詞）の後ろは単数形を置く。

例 She will marry **neither of** the men.
≒ She won't marry **either of** the men.
彼女はその男性のどちらとも結婚しないだろう。

例 **Neither of** the men was/were handsome.
≒ **Neither** man was handsome.
どちらの男性もハンサムではなかった。

❗ either of/neither of 〜が主語の場合は，単数または複数扱いする。either/neither 〜が主語のときは，単数扱いする。

■eitherを使った慣用表現 ···

☑ **on either side [end] (of 〜)** ≒ on both sides [ends] (of 〜) 〜の両側［端］に

例 There is an entrance **on either side of** the building.
ビルの両側に入り口がある。

☑ **Either (〜) will do.** どちら（の〜）でもかまわない。

例 "Would you like tea or coffee?" "**Either will do** [is OK]. Thank you."
「お茶とコーヒーのどちらを飲む？」「どちらでもいいよ。ありがとう」

⑮ none

noneは主に代名詞として使い，「1人［1つ］も〜ない」の意味。**none of** 〜の形で使うことが多い。

例 **None** [× No one] **of** my family members has/have a driver's license.
私の家族のうち誰も運転免許を持っていない。

▶ 主語のeither of/neither of/none of 〜は，単数または複数扱いする。

例 I wanted to drink some milk, but there was **none** left.
ミルクを飲みたかったが，少しも残っていなかった。

▶ none=no milk。noneは人以外にも使う。

☐ It's [That's] none of your business. 君の知ったことではない。

例 "You should reduce some weight." "**That's none of your business.**"

「君は体重を減らす方がいい」「大きなお世話だ」

▶ That's no business of yours. / Mind your own business. とも言う。

⑯ so, such

so は代名詞か副詞として使う。代名詞としては，**think so**「そう思う」，**say so**「そう言う」など特定の動詞と結びつけて使う。

例 "Will the rain stop soon?" "I hope **so.**"

「雨はすぐやむだろうか」「やむといいね」

▶ I hope <u>that the rain will stop soon.</u> の下線部を so で置き換えた形。

例 It will take an hour **or so** to clean the room.

部屋を掃除するのに 1 時間かそこらかかるだろう。

▶ ～ or so「～かそこら」

such は主に代名詞・形容詞として使う（⇒ Ch. 12 ⓫・17 ⓫）。代名詞としては「そのようなもの」の意味。次の表現の最初の 2 つの such は代名詞。

■**such を使った慣用表現** ··

☐ **as such** そういうものとして

例 He is a VIP, and should be treated **as such.**

彼は要人であり，要人として扱われるべきだ。

▶ as such=as a VIP。この形では one の代わりに such を使う。

☐ **Such is S that ...** S は大変なものなので…。

例 _C**Such** _V**was** _Shis anger **that** no one dared to talk to him.

≒ He was so angry that no one dared to talk to him. （⇒ Ch. 18 ❸）

彼の怒りは大変なものだったので，誰も彼と話す勇気がなかった。

☐ **such ～ as ...** …するような～

例 He isn't **such** a selfish man **as** you might think.

彼は君が思っているかもしれないような利己的な男ではない。

▶ such は形容詞，as は接続詞（または関係代名詞）。

☐ **such as ～** たとえば～のような

例 I want to travel to European countries **such as** France or Italy.

フランスやイタリアのようなヨーロッパの国へ旅行したい。

▶ like「～のような」の方がくだけた語。

Chapter 14 形容詞

▶ 本冊 p.138〜147

❶ 形容詞の2つの働き（限定用法・叙述用法）

形容詞は，**限定用法**（名詞を修飾する）と**叙述用法**（Cになる）を持つ。

> 例 He has a **red** car.　彼は赤い車を持っている。【限定用法】

> 例 His car is ｃ**red**.　彼の車は赤い。【叙述用法】

ほとんどの形容詞は限定・叙述両方の用法を持つが，どちらかのみのものもある。

> 例 She has an **elder [older]** sister.　彼女には姉がいる。【限定用法】

> 例 Her sister is three years **older** [× elder] than her.【叙述用法】
>
> 姉は彼女より3歳年上だ。
>
> ❗ elder「年上の」は限定用法でしか使わないが，oldは限定・叙述用法の両方で使う。

叙述用法でしか使わない形容詞

☑ **afraid** 恐れている　　☑ **alive** 生きている　　☑ **alike** 似ている

☑ **alone** たった一人で　　☑ **asleep** 眠っている　　など

> 例 I can't touch **live** [× alive] fish.　私は生きた魚には触れない。【限定用法】

> 例 This fish is **alive**.　この魚は生きている。【叙述用法】
>
> ▶ live [laiv]「生きている」（限定のみ）/ alive「生きている」（叙述のみ）

> 例 They have **similar** [× alike] tastes.　彼らは似た趣味を持つ。【限定用法】

> 例 Their tastes are **alike [similar]**.　彼らの趣味は似ている。【叙述用法】
>
> ▶ similar「似ている」（限定・叙述）/ alike「似ている」（叙述のみ）

cf. He is **like** [× alike] a child.　彼は子どもみたいだ。
>
> ▶ like「〜に似ている」（前置詞）。alikeにはこの意味はない。

❷ 形容詞の位置

限定用法の形容詞の位置は，原則，1語なら名詞の前，2語以上なら後ろに置く。

> 例 She had a sister **two years older**.　彼女には2歳年上の姉がいた。
>
> ▶ She had a sister (who was) two years older (than her). の意味。

1語の形容詞を名詞（や代名詞）の後ろに置くことがある。たとえば，**-thing**や**-one**の形の代名詞は1語の形容詞を後ろに置く。また，**-able**で終わる形容詞は名詞の後ろに置くことがある。

名詞+1語の形容詞の例

☑ **something cold** 何か冷たいもの　　☑ **a room available** 利用できる部屋

☑ **people present** 出席者　　☑ **people concerned** 関係者たち

---

③ 感情を表す形容詞

「人に～な感情を起こさせる」という意味の他動詞には次のようなものがある。

> bore（人）を退屈させる，confuse（人）を混乱させる，disappoint（人）を失望させる，excite（人）を興奮させる，interest（人）の興味を引く，
> please（人）を喜ばせる，surprise（人）を驚かせる，tire（人）を疲れさせる，
> relax（人）をくつろいだ気分にさせる　など

これらの過去分詞，現在分詞がもとになった形容詞は，それぞれ次のような意味を表す。

- ・**過去分詞**がもとになった形容詞：「（人が）～な気持ちだ」
- ・**現在分詞**がもとになった形容詞：「（事物が）人を～な気持ちにさせるような」

> 例 They were **excited** to see the game.【過去分詞→形容詞】
> 彼らはその試合を見て興奮した。

> 例 The game was **exciting**. ≒ It was an **exciting** game.【現在分詞→形容詞】
> その試合はわくわくする［人を興奮させる］ものだった。

④ 同じ語から派生した「形の紛らわしい」形容詞

- ☑ considerable かなりの / considerate 思いやりのある
- ☑ economic 経済（学）の / economical 安上がりな
- ☑ favorable 有利な / favorite 大好きな
- ☑ imaginable 想像しうる / imaginary 架空の / imaginative 想像力の豊かな
- ☑ industrial 産業の，工業の / industrious 勤勉な
- ☑ literate 読み書きのできる / literal 文字通りの / literary 文学の
- ☑ regrettable 残念な / regretful 後悔している
- ☑ respectable 尊敬できる / respectful 敬意を表して / respective それぞれの
- ☑ sensible 分別のある / sensitive 敏感な
- ☑ successful 成功して / successive 引き続いた

⑤ 数量の大小を表す形容詞

数量を表す主な形容詞は次のように使い分ける。

	＋可算名詞	＋不可算名詞
たくさんの	many / a lot of a large number of	much / a lot of a large amount of
少しの	(a) few / a small number of	(a) little / a small amount of

例 There were **many** [**a lot of** / **lots of** / **plenty of** / **a large number of**] people in the stadium. スタジアムには多くの人々がいた。

例 **A few** members agreed with him. 彼に賛成するメンバーも少しはいた。

例 **Few** members agreed with him. ≒ **Only a few** members agreed with him. 彼に賛成するメンバーはほとんどいなかった。

▶ a few, a little「少しある」は肯定的な意味。few, little「少ししかない」は否定的な意味。

■ 数量を表す表現 ·····························

☑ **many a** ＋単数名詞 多くの〜

例 **Many a** student has [× have] failed the exam.
多くの学生がその試験に落ちた。

❗ この形が主語のときは，単数扱いする。フォーマルな表現。

☑ **quite a few [little]** 〜 （かなり）多くの〜（many [much]）

例 I made **quite a few** mistakes. 私は多くのミスをした。

☑ **a couple of** 〜 ２つ（か３つ）の〜，少しの〜（a few）

例 The work will take **a couple of** days. その仕事には２〜３日かかるだろう。

☑ **a good [great] many** 〜，**a (large) number of** 〜 多くの〜（可算名詞の前）

☑ **a good [great] deal of** 〜，**a huge sum of** 〜 多くの〜（不可算名詞の前）

例 They spent **a huge [large, vast] sum of** money on the project.
彼らはそのプロジェクトに多額の資金を費やした。

■ large/small ·····························

数量の概念を含む名詞は，**large/small** で数値の大小を表す。

> ☑ **number** 数 ☑ **amount** 量 ☑ **population** 人口 など

例 The population of Japan is becoming **small** [× few, × little].
日本の人口は少なくなりつつある。

■ high/low ·····························

お金の量に関する名詞には，**high/low** などを使う。

> ☑ **income** 収入 ☑ **salary** 給料 ☑ **price** 値段 など

例 The price of eggs is **lower** [× cheaper] today than usual.
今日は卵の値段がふだんより安い。

6 数詞の表現

〈**数詞** ＋ **-（ハイフン）** ＋ **名詞**〉の形の形容詞では，名詞を単数形にする。

例 He took a **two-week** [× two-weeks] <u>vacation</u>. 彼は2週間の休暇を取った。

例 They had a **six-year-old** [× six-years-old] <u>son</u>. 彼らには6歳の息子がいた。

分数は〈**分子** +（**ハイフン** +）**分母**〉で表す。**分母は序数詞**を使い，分子が「2以上」のときは複数形にする。「2分の1」はa half，「4分の1」はa quarter。

例 About **two-thirds** of the club members attended the meeting.
クラブ員の約3分の2がその会合に出席した。

■**序数詞を含む慣用表現** ·······························

☑ for the first time 初めて　☑ for the first time in ～ ～ぶりに
☑ first of all まず第一に（to begin with）　☑ on second thought(s) よく考えた結果
☑ at first hand 直接に（directly）⇔ at second hand 間接的に（indirectly）
☑ second to none 誰にも劣らない

例 She is **second to none** in math. 彼女は数学では誰にも負けない。

❼ 形容詞+to *do*

〈形容詞 + to *do*〉の形には，いくつかのパターンがある。たとえば感情を表す形容詞の後ろには，その感情の原因を表す不定詞を置ける。（⇒ Ch. 6 ❹）

例 I was **sad** <u>to hear</u> the news. その知らせを聞いて悲しかった。

形式主語構文のitの位置に，文末の（他動詞または前置詞の）目的語を移動できる場合がある。この形が可能な形容詞には次のようなものがある。

> ☑ easy 簡単な　☑ difficult / hard 難しい　☑ impossible 不可能な
> ☑ comfortable 心地よい　☑ dangerous 危険な　☑ pleasant 楽しい　など

例 It is **easy to use** <u>these scissors</u>. ≒ <u>These scissors</u> are **easy to use**.
このはさみを使うのは簡単だ［このはさみは使いやすい］。

cf. It is **necessary to change** <u>this plan</u>. [× <u>This plan</u> is necessary to change.] この計画は変更する必要がある。

❗ necessaryはこのタイプの形容詞ではないから，×の言い換えはできない。

上記の形容詞は原則として形式主語構文で使い，人を主語にできない。

例 It is **difficult** for her **to do** the task. [× She is difficult to do the task.]
彼女がその仕事をするのは難しい。

▶ ×の文は，It is difficult to do the task her. という言い換えができないから誤り。

例 It is **difficult to persuade** <u>her</u>. ≒ <u>She</u> is **difficult to persuade**.
彼女を説得するのは難しい。

▶ このように文末の「人」をitの位置に置ける場合のみ，人を主語にした文が可能。

112

■〈**be**＋形容詞＋**to** *do*〉の慣用表現 ···

☑ **be afraid to** *do* こわくて～できない

☑ **be eager [anxious] to** *do* ～したくてたまらない

☑ **be free to** *do* 自由に～できる

☑ **be likely to** *do* ～しそうだ ⇔ **be unlikely to** *do* ～しそうにない

☑ **be reluctant [unwilling] to** *do* ～するのをいやがる

☑ **be scheduled to** *do* ～する予定だ

☑ **be sure [certain] to** *do* きっと～するだろう

> 例 They **are sure [certain] to win**. ≒ It is certain [× sure] that they will win.
> 彼らはきっと勝つだろう。
>
> ❗ sure は it を主語にした形では使えない。

☑ **be willing to** *do* ～してもかまわない

⑧ 形容詞＋**that** 節 **/of** ～

後ろに that 節を置く形容詞がある。その多くは〈**of** ＋（動）名詞〉で言い換え可能。

> ┌─────────────────────────────────────┐
> ☑ **afraid** 恐れて　☑ **ashamed** 恥じて　☑ **aware / conscious** 気づいて［意識して］　☑ **proud** 誇りに思って　☑ **sure / certain** 確信して　など
> └─────────────────────────────────────┘

> 例 He was **afraid that** he would get fired. ≒ He was **afraid of** getting fired.
> 彼はくびになるのを恐れていた。

> 例 She was **sure that** she would succeed. ≒ She was **sure of** success.
> 彼女は自分の成功を確信していた。

sorry「すまなく思っている」は，後ろに that 節または〈**for** ＋（動）名詞〉を置く。

> 例 I'm **sorry (that)** I forgot to call you.
> ≒ I'm **sorry for** having forgotten to call you.
> あなたに電話をするのを忘れてすみません。
>
> ▶ I'm sorry の時点から見た過去を，完了動名詞で表した形。(⇒ **Ch. 7 ⑥**)

⑨ 使い方に注意すべきその他の形容詞

happy/glad「うれしい」の主語は**人間**。it（形式主語）などは主語にできない。

> 例 It was fortunate/lucky [× happy/glad] that everyone was safe.
> 全員が無事だったのは幸運だった。

convenient「都合のよい」の主語は**it や日時**など。人間は主語にできない。

> 例 What day is **convenient** for you? [× What day are you convenient?]
> あなたは何日が好都合ですか。

possible「可能な」は，人間を主語にできない。

例 <u>He</u> is able [× possible] to fix flat tires.
　≒ <u>It</u> is **possible** for him to fix flat tires. 彼はパンクを修理できる。

■ **使い方に注意すべき形容詞を使った表現** ・・・・・・・・・・・・・・・・・・・・・・・・・・・

☑ be capable of ～ing ≒ be able to *do* ～することができる

例 She **is capable of speaking** Spanish. ≒ She **is able to speak** Spanish.
彼女はスペイン語を話せる。

☑ be worth ～ing ≒ be worthy of ～ing ～される価値がある

例 This book **is worth reading**. ≒ This book **is worthy of reading**.
　≒ This book **is worthy to read**.
　≒ It **is worth reading** this book.
　≒ It **is worth (your) while reading** [**to read**] this book.
この本は読む価値がある。

⑩ 意味の紛らわしい形容詞

☑ **common** 普通の，よくある / **popular** 人気のある

例 This is a **common** [× popular] mistake for beginners.
これは初心者にはよくある間違いだ。

☑ **embarrassed** ばつが悪い / **ashamed**（道徳的に）恥じている

例 I was **embarrassed** [× ashamed] when I was seen with my girlfriend.
恋人と一緒のところを見られて恥ずかしかった。

☑ **small**（面積が）狭い，小さい / **narrow**（幅が）狭い，細い

例 My room is too **small** [× narrow]. 私の部屋は狭すぎる。

☑ **wrong** 正しくない / **bad** よくない / **mistaken** 誤解している

例 He took the **wrong** [× bad, × mistaken] train.
彼は乗る電車を間違えた。

☑ **slow**（時計が）遅れている ⇔ **fast**（時計が）進んでいる

例 This watch is three minutes **slow** [× late]. この時計は3分遅れている。

意味に注意すべきその他の形容詞（句）

☑ **busy**（電話が）話し中で　☑ **due** 期限が来ている，到着する予定で
☑ **fit** 健康な（healthy）　☑ **free** 無料の [で]　☑ **minute** 微小な，ささいな
☑ **priceless** とても貴重な　☑ **tough** 難しい，（肉が）硬い　☑ **well off** 裕福で

例 The line is **busy**.（電話が）話し中です。《交換手が使う》
例 The train is **due** at 10:30. 電車は10時30分に着く予定だ。

☑ busy street 交通量の多い通り   ☑ even [odd] number 偶 [奇] 数
☑ flat tire パンク   ☑ heavy rain [snow] 大雨 [雪]
☑ heavy traffic 多い交通量，渋滞   ☑ loud voice 大声
☑ reasonable price 手ごろな値段   ☑ serious illness [disease] 重病
☑ sore throat のどの痛み   ☑ strong [weak] coffee 濃い [薄い] コーヒー
☑ tight schedule 詰まった予定   ☑ narrow escape かろうじて逃れること

例 I want to get a new smartphone at a **reasonable price**.
私は新しいスマートフォンを手ごろな値段で買いたい。

⑪〈形容詞+前置詞〉を含む慣用表現

☑ *A* is familiar with *B* A（人）はBをよく知っている
 ≒ *B* is familiar to *A* BはA（人）によく知られている
  例 Teenagers **are familiar with** this band.
   ≒ This band **is familiar to** teenagers.
   このバンドは10代の若者によく知られている。

☑ be anxious about ～ ～を心配している / be anxious for ～ ～を切望している
  例 He **is anxious** [worried, concerned] **about** his future.
   彼は自分の将来を心配している。
  例 They **are anxious** [eager, dying] **for** popularity.
   彼らは人気をぜひ得たいと思っている。

☑ be dependent on ～ (for ...) （…を）～に依存している
 ⇔ be independent of ～ ～から独立している
  例 She **is dependent on** her husband (**for** living expenses).
   彼女は夫に（生活費を）頼っている。
  例 She wants to **be independent of** her parents.
   彼女は親から独立したがっている。

☑ be different from ～ ～とは異なる / be indifferent to ～ ～に無関心だ
  例 Their lifestyle **is different from** ours. 彼らの暮らし方は私たちとは違う。
  例 She **is indifferent to** fashion. 彼女はファッションには無関心だ。

■形容詞+for ・・

☑ be bound for ～ （乗り物が）～行きである
☑ be famous [well-known] for [as] ～ ～で [として] 有名だ
☑ be intended for ～ ～向けに作られている
☑ be late [in time] for ～ ～に遅れる [間に合う]

14
形容詞

☑ be responsible [to blame] for ～ ～に対して責任がある

☑ be suitable [good] for ～ ～に適している

■形容詞＋of ···

☑ be careful of [about] ～ ～に気をつける ☑ be true of ～ ～に当てはまる

☑ be fond of ～ ～を好む（like）

☑ be full of ～ ～でいっぱいだ（be filled with）

☑ be guilty [innocent] of ～ ～の罪がある［ない］

☑ be ignorant of ～ ～を知らない ☑ be short of ～ ～が不足している

☑ be (sick and) tired of ～ ～にうんざりしている

■形容詞＋to ···

☑ be close to ～ ～に近い ☑ be due to ～ ～のせいだ

☑ be equal to ～ ～に等しい，～の能力がある ☑ be true to ～ ～に忠実である

☑ be essential [indispensable] to ～ ～に不可欠だ

☑ be grateful to ～ (for ...) （…のことで）～に感謝している

☑ be related to ～ ～に関係している ☑ be sensitive to ～ ～に敏感だ

☑ be similar to ～ ～に似ている ☑ be subject to ～ ～の影響を受けやすい

☑ be used [accustomed] to ～ ～に慣れている（⇒ Ch. 3 ❼）

■形容詞＋with ···

☑ be angry with ～ （人）に怒っている

☑ be concerned with ～ ～に関係している

☑ be content [satisfied] with ～ ～に満足している

☑ be equipped with ～ ～を備えている

☑ be faced with ～ ～に直面している ☑ be pleased with ～ ～が気に入る

☑ be fed up with ～ ～にうんざりしている

☑ be popular with [among] ～ ～に［の間で］人気がある

■形容詞＋その他の前置詞 ···

☑ be crazy about ～ ～に夢中だ ☑ be absent from ～ ～を欠席する

☑ be anxious [concerned, worried] about ～ ～について心配する

☑ be particular about ～ ～の好みがうるさい

☑ be good [bad] at ～ ～が上手［下手］だ ☑ be surprised at ～ ～に驚く

☑ be far from ～ ～から遠い，決して～ではない

☑ be free from [of] ～ ～がない ☑ be engaged in ～ ～に従事している

☑ be interested in ～ ～に興味がある ☑ be rich in ～ ～が豊富だ

☑ be based on ～ ～に基づく ☑ be keen on ～ ～に熱心だ

Chapter 15 副詞

● 本冊 p.148〜155

1 副詞の形

副詞は，形容詞の語尾に -ly がついた形のものが多い。形容詞と副詞が同じ形，あるいは全く違う形の場合もある。

> 例 She is a <u>fast</u> runner. ≒ She runs **fast**. 彼女は速く走る。【同じ形】
> 例 She is a <u>good</u> singer. ≒ She sings **well**. 彼女は上手に歌う。【全く違う形】

形容詞の中には -ly で終わるものもあるので，副詞と間違えないように注意。

> 例 His **hourly** wage is 900 yen. 彼の時給は900円だ。
> ▶ hourly「1時間（当たり）の」は形容詞。

-ly の有無によって意味の異なる副詞がある。

> ☑ **hard** 熱心に，激しく / **hardly** ほとんど〜ない
> ☑ **late** 遅れて / **lately** 最近　☑ **near**（〜の）近くに / **nearly** ほとんど

> 例 He works **hard**. 彼は熱心に働く。
> 例 He **hardly** works. 彼はほとんど働かない。

2 副詞の用法

副詞は動詞，形容詞，副詞，文全体などを修飾する。形容詞と混同しないこと。

> 例 Children <u>grow up</u> **quickly** [× quick]. 【動詞を修飾】
> 子どもはすばやく成長する。
> 例 She **usually** [× usual] <u>goes</u> to bed at eleven. 【動詞を修飾】
> 彼女はふだん11時に寝る。
> 例 My opinion is **slightly** [× slight] <u>different</u> from yours. 【形容詞を修飾】
> 私の意見は君の意見とは少し違う。
> ▶ 形容詞・分詞・副詞は，副詞で修飾する。
> cf. He kept **silent** [× silently]. 彼はずっと黙っていた。
> ▶ SVC や SVOC の C の位置には，形容詞を置く。

3 副詞（句）の位置

> 例 I got home **shortly** [× short] <u>before 7 o'clock</u>. 7時少し前に家に着いた。
> ▶ 副詞（shortly）が後ろの副詞句を修飾する形。shortly の位置に five minutes「5分」などの名詞（句）を置くと，それが副詞の働きをする。
> 例 I **sometimes** <u>drop</u> into a bookstore on my <u>way</u> **back home**.
> 私は帰宅の途中で時々本屋に立ち寄る。

15

副詞

117

▶ 頻度を表す副詞（sometimes, alwaysなど）は，一般動詞の前（またはbe動詞・助動詞の後ろ）に置く。backとhomeはどちらも前の名詞（way）を修飾する副詞で，どちらか一方を省くこともできる。そのほかeven「〜さえ」，only「〜だけ」，too「〜も」なども，名詞を修飾できる。

例 Surprisingly, she ate more than 50 pieces of sushi.
　≒ It was surprising that she ate more than 50 pieces of sushi.
　驚いたことに，彼女は50貫以上のすしを食べた。

▶ 文全体を修飾する副詞（文修飾副詞）は，文頭に置くことが多い。

例 His daughter is old **enough** [× enough old] to get married.
　彼の娘は結婚できる（のに十分な）年齢だ。

❗ enough「十分に」は，形容詞・副詞の後ろに置く。

④〈動詞＋副詞〉の句動詞と目的語の位置

〈動詞＋副詞〉が1つの他動詞の働きをするとき，目的語（O）が「名詞」の場合は副詞の前後どちらに置いてもよい。一方，「代名詞」の場合は副詞の前に置く。

〈動詞＋副詞〉の句動詞の例
give up 〜をあきらめる，**look up** 〜を（辞書などで）調べる，**pick up** 〜を車で迎えに行く，**put on** 〜を身につける，**see off** 〜を見送る，**take off** 〜を脱ぐ

例 He **put on** his jacket. ≒ He **put** his jacket **on**. 彼は上着を着た。【**O**＝名詞】
例 He **put** it **on**. [× He put on it.] 彼はそれを着た。【**O**＝代名詞】

⑤ 誤って前置詞を付けがちな副詞（句）

次の語は，副詞だから前に前置詞を付けないよう注意が必要。

☑ **home** 家へ［に，で］　☑ **abroad** 外国へ［に，で］
☑ **downtown** 繁華街へ［に，で］　☑ **upstairs** 上の階へ［に，で］

例 I want to go **abroad** [× to abroad] someday. いつか外国へ行きたい。

this, **last**, **next**などで始まる時を表す副詞句の前には，前置詞は不要。

例 I got up early **this morning** [× in this morning]. 今朝は早起きした。

⑥ almost, most

almost「ほとんど」は副詞なので，名詞を修飾できない。**most**「ほとんど（名詞）」「ほとんどの（形容詞）」との区別が重要。

例 ①**Almost** all the students made the same mistake.
　≒ ②**Most of** the students made the same mistake.
　生徒のほとんどが同じ間違いをした。

▶ ①の almost（副詞）は all（形容詞）を修飾する。②の most は「ほとんど」（名詞）。most of の後ろには the（や所有格など）が必要。

例 **Most** [× Almost] <u>high school students</u> use smartphones.
ほとんどの高校生がスマートフォンを使っている。

▶ most は「ほとんどの」（形容詞）。almost は副詞だから，名詞の前には置けない。

7 very, much

very は主に形容詞・副詞を修飾する。(very) **much** は主に動詞を修飾する。

例 I'm **very** <u>tired</u> [× very much tired, × tired very much]. とても疲れている。
例 I don't <u>like</u> avocados **very much**. アボカドはあまり好きではない。

too「～すぎる」，**the same**「同じ」，**to ～'s surprise** [relief]「～が驚いたことに［安心したことに］」などは，**much** で修飾する。

例 **Much** to their relief, the missing boy was found alive.
彼らがとても安心したことに，迷子の少年は生きて見つかった。

〈**the very** ＋名詞〉は「まさにその～」の意味。この very は形容詞。

例 That was **the very** <u>book</u> he wanted to read.
それはまさに彼が読みたかった本だった。

「完全に～，極めて～」といった強い意味を持つ形容詞（impossible「不可能な」，perfect「完全な」など）は，very ではなく **quite** や **completely** などで修飾する。

例 The plan is **quite** [× very] <u>impossible</u> to carry out.
その計画は全く実行不可能だ。

8 使い方に注意すべきその他の副詞

■**ago** と **before** ··

「～前に」は，過去形なら **ago**，過去完了形なら **before** で表す。

例 The neighbor said, "They <u>moved</u> to London a month **ago**."
≒ The neighbor said that they <u>had moved</u> to London a month **before**.
彼らは 1 か月前にロンドンへ引っ越した，と隣人は言った。

■**already** と **yet** ··

現在完了形の文では，肯定なら **already**「すでに」，否定・疑問なら **yet**「まだ，もう」をしばしば使う。

例 I've **already** <u>finished</u> my homework. もう宿題は終わりました。
例 <u>Have</u> you <u>finished</u> your homework **yet**? もう宿題は終わった？

▶ この文で yet の代わりに already を使うこともある（驚きを表す）。

■yet と still

「まだ（～していない）」の意味の **yet** と **still** は，置く位置が異なる。

> 例 I haven't finished my work **yet**. ≒ I **still** haven't finished my work.
> 私はまだ仕事を終えていません。

☐ be [have] yet to *do* [be ＋過去分詞] まだ～して［されて］いない

> 例 The problem **is/has yet to be solved**. その問題はまだ解決されていない。

■ever

ever「今までに」は，原則として肯定文では使えない。

> 例 Have you **ever** read the book (before)?
> （前に）その本を読んだことがありますか。

> cf. I have read the book (before). [× I have ever read the book.]
> （前に）その本を読んだことがあります。

> ▶ This is the most interesting book (that) I have ever read. 「これは今までに読んだ一番面白い本だ」のような形は可。(⇒ **Ch. 10 ⑫**)

■once

once は「かつて」「一度」の意味。位置に注意。

> 例 I have **once** visited the town. 私はかつてその町を訪れたことがある。
> 例 I have visited the town **once**. 私は一度その町を訪れたことがある。

---

once を含む慣用表現

☐ **at once** すぐに（immediately, right away）

☐ **all at once** 突然（suddenly）　☐ **once [time, again] and again** 何度も

☐ **once and for all** 今回限りで，きっぱりと　☐ **once in a while** たまに（は）

☐ **once in a blue moon** めったに～ない　☐ **once upon a time** 昔々

■otherwise

otherwise は「もしそうでなければ」「その他の点では」「違ったふうに」の意味。
(⇒ **Ch. 5 ⑥**)

> 例 There are a few spelling errors, but **otherwise** your composition is good.
> 少しスペルミスがあるが，その他の点では君の作文はよくできている。

> 例 I think **otherwise**. ≒ I think differently. 私の考えは違います。

■else

else は -thing, -one, -body で終わる代名詞の後ろに置き，「他の」の意味を表す。
(⇒ **Ch. 13 ⑪**)

> 例 Is there **anything else** to do? 何か他にすることはありますか。

■ 接続副詞 ·

接続詞に近い働きをする，2つの文を結び付ける副詞（句）を接続副詞と呼ぶ。

☑ besides / in addition / moreover / furthermore それに加えて
☑ for example / for instance たとえば　☑ however / (and) yet しかし
☑ indeed 実際，それどころか　☑ in fact （ところが）実際は
☑ in other words 言い換えれば　☑ instead その代わりに
☑ nevertheless それにもかかわらず　☑ on the contrary 反対に
☑ on the other hand 他方では　☑ therefore したがって　☑ thus こうして

⑨ 意味に注意すべき副詞（句）

> **意味を混同しがちな副詞**
> ☑ aloud 声に出して / loudly 大声で
> ☑ early （時刻や時期が）早い / fast （速度が）速い
> ☑ first 最初に，初めて / at first 最初（のうち）は

> **基本語だが特殊な意味をもつ副詞**
> ☑ alone ただ〜だけ（only）　☑ fairly / pretty かなり　☑ fast 固く
> ☑ fast [sound] asleep ぐっすり眠っている　☑ respectively それぞれ(each)
> ☑ right ちょうど，まさに（just）　☑ sharp （〜の時刻）きっかりに
> ☑ some ＋数字 およそ〜（about）　☑ speak ill of 〜 〜の悪口を言う
> ☑ that それほど（so）　☑ way ずっと，はるかに〜

例 John **alone** gave the correct answer.
　　≒ **Only** John gave the correct answer.
　　ジョンだけが正解した。
例 There are **some** 1,000 species living on the island.
　　その島にはおよそ1,000種の生物が生息している。
例 My house was built **way** before I was born.
　　私の家は私が生まれるずっと前に建てられた。

■ 副詞句の慣用表現 ·

☑ (every) now and then 時々（sometimes）　☑ inside out 裏返しに
☑ kind [sort] of (〜) いくぶん [多少]（〜）　☑ next door (to 〜) （〜の）隣に
☑ only too 〜 この上なく〜，残念ながら〜
☑ so far 今までのところ（up to now, until now）
※前置詞で始まる副詞句は**Chapter 16 ⑤**を参照。

Chapter 16　前置詞

● 本冊 p.160〜177

❶ 前置詞句の働き

前置詞で始まる句（前置詞句）は，文中で形容詞または副詞として働く。

例 I go **to** Reiwa University. 私は令和大学に通っています。【副詞句】
　　▶ to Reiwa University は動詞 go を修飾する副詞句。

例 I'm a student **at** Reiwa University. 私は令和大学の学生です。【形容詞句】
　　▶ at Reiwa University は名詞 student を修飾する形容詞句。

例 We are **in** good health. ≒ We are healthy. 私たちは健康です。【形容詞句】
　　▶ in good health は形容詞句で C の働きをする。

前置詞としても副詞としても使う語がある。前置詞の場合は後ろに名詞（句）・代名詞を置く。副詞の場合は後ろに何も置かない。

例 He fell **off** the ladder. 彼ははしごから落ちた。【前置詞】

例 He fell **off**. 彼は（何かから離れて）落ちた。【副詞】

❷ 注意すべき前置詞の意味とその慣用表現

■ as

「〜として」の意味に注意。（⇒ Ch. 1 ⑱）

例 She worked there **as** an accountant. 彼女はそこで会計士として働いた。

☑ **the same 〜 as ...** …と同じ〜

例 This is **the same** dictionary **as** mine. これは私のと同じ辞書です。

■ behind

「〜より**遅れて**」の意味に注意。反意語は ahead of 〜「〜より早く」。

例 The game began ten minutes **behind** [ahead of] time.
　　試合は定刻より 10 分遅れて［早く］始まった。
　　▶ behind the times は「時代［流行］に遅れて」。

☑ **leave 〜 behind** 〜を置き忘れる

例 I **left** my phone (**behind**) at the café. 喫茶店に電話を置き忘れた。
　　▶ この behind は副詞。

■ by

「〜の分だけ，〜の差で」や，後ろに〜 ing を続けた「〜することによって」の意味に注意。「〜までに」の意味でも使う（until「〜まで」との違いに注意）。

例 I missed the train **by** a few minutes. 数分の差で電車に乗り遅れた。

例 I want to make a living **by running** a video site.

私は動画サイトを運営することによって生計を立てたい。

例 I'll be back **by** 3 o'clock.　3時までに戻ります。【～までに】

cf. I won't be back until [till] 3 o'clock.　3時まで戻りません。【～まで】

■ **for**

for「～の間にわたって」と during「～中に」との違いに注意。また，「～としては，～の割に」という意味もある。

例 I'm staying in Okinawa **for** a week.　沖縄に1週間滞在します。

cf. I'm going to Okinawa during my vacation.　休暇中に沖縄へ行きます。

❗ for は how long「どのくらい長く（続くか）」を，during は when「いつ（のことか）」を表す。

例 She looks young **for** her age.　彼女は年の割に若く見える。

☑ **for ～ reason** ～の理由で / **the reason for ～** ～の理由

例 He quit his job **for some reason**.　彼はある理由で仕事をやめた。

例 I don't know **the reason for** his absence.　彼の欠席の理由は知らない。

■ **in**

「今から～後に」「～の時間を要して」「～を着用して」の意味に注意。

例 I'll be back **in** [× after] 30 minutes.　30分で戻ります。

例 I finished the report **in** an hour.　私は報告書を1時間で書き終えた。

例 You look cool **in** that suit. ≒ That suit looks cool **on** you.

そのスーツを着ると君はかっこよく見えるよ。

in ～「～の状態で」⇔ **out of ～**「～の状態ではない」のさまざまな表現がある。

☑ **in danger (of ～)**（～の）危機にあって ⇔ **out of danger** 安全で

☑ **in fashion** 流行していて ⇔ **out of fashion** 流行遅れで

☑ **in (good) order** 整頓されて，正常で ⇔ **out of order** 乱雑で，故障していて

☑ **in season** 旬で ⇔ **out of season** 時期外れで

☑ **in sight** 見えていて ⇔ **out of sight** 見えないで

☑ **in (good) shape** 体調がよい，健康で ⇔ **out of shape** 体調が悪くて

☑ **in the way** 邪魔で ⇔ **out of the way** 邪魔にならない（ところに）

■ **out of**

「～の状態ではない」のほか「～のうちで」「～の理由から」の意味に注意。

例 Nine **out of** ten junior high school students play video games.

10人中9人の中学生がテレビゲームをしている。

例 He went to the shop **out of curiosity**.　彼は好奇心からその店へ行った。

■ of

〈**of** ＋抽象名詞〉が形容詞の意味を表す場合がある。

☑ **of importance [significance]** 重要な（important/significant）

☑ **of interest** 面白い（interesting）　☑ **of value** 価値がある（valuable）

☑ **of use** 役に立つ（useful）⇔ **of no use** 役に立たない（useless）

〈**a man of** ＋（抽象）名詞〉で「〜な（性質を持つ）人」の意味になる。

☑ **a man of ability** 有能な人（an able man）

☑ **a man of few words** 口数の少ない人

☑ **a man of** *one's* **words** 約束を守る人

☑ **be of (the) opinion that ...** …という意見を持っている

　例 I **am of the opinion that** we should postpone the conference.
　　私は会議を延期すべきだという意見を持っている。

☑ **of 〜 make** 〜製の

　例 He has a car **of Italian make**. 彼はイタリア製の車を持っている。

■ on

「〜に関する（about）」「〜のおごりで」の意味に注意。

　例 I have some books **on** psychology.
　　私は心理学に関する本を数冊持っている。

　例 Don't worry about the check. It's **on** me.
　　お勘定は心配しないで。私のおごりです。

■ through

「〜（の手段）を通じて」「〜の間中ずっと（all through/throughout）」「（〜を）終えている（through with）」の意味に注意。

　例 You can learn **through** the Internet. インターネットを通じて学べる。

　例 I stayed up **all through** the night. ≒ I stayed up **throughout** the night.
　　私は夜通し起きていた。

　例 I'm not **through with** my work. 私はまだ仕事を終えていない。

　　▶ この例文の through は副詞［形容詞とも考えられる］。

■ to

「〜の結果になる（まで）…」の意味に注意。

☑ **be starved to death** 餓死する　☑ **be moved to tears** 感動して泣く

☑ **break (in)to pieces** 粉々になる

☑ **(much) to 〜's** ＋感情を表す抽象名詞 〜が（非常に）…したことには

例 **Much to their surprise**, the bridge had been washed away.

≒ They were very surprised that the bridge had been washed away.

彼らがとても驚いたことに，橋が流されていた。

▶ grief/sorrow「悲しみ」，joy「喜び」，regret「後悔」，relief「安心」などもこの形で使う。

☑ **up to 〜** 最大で〜まで，〜次第だ，〜の責任だ

例 The size of the fish is **up to** one meter. その魚は最大で1メートルだ。

例 It's **up to** you to decide. 決めるのは君次第だ。

■ with

「〜を使って」「〜に関して」の意味に注意。

例 Should I write **with** a ballpoint pen? ボールペンで書きましょうか？

例 There is no problem **with** the hardware. ハードウェアに関しては問題ない。

〈**with＋抽象名詞**〉で副詞の意味になる。

例 He answered the question **with ease** [**easily**]. 彼はその質問に簡単に答えた。

▶ with difficulty「苦労して」，with care「注意して（carefully）」，with accuracy「正確に（accurately）」，with fluency「流ちょうに（fluently）」なども同様。

■ その他の前置詞

☑ **against 〜に反対して ⇔ for 〜に賛成して**

例 Are you **for** or **against** his idea? 彼の考えに賛成ですか，反対ですか。

☑ **among 〜の1つ（one of）**

例 Tokyo is **among** [one of] the largest cities in the world.

東京は世界最大の都市の1つだ。

☑ **at 〜の割合で**

例 I bought this **at** a 10% discount. これは1割引きで買った。

▶ interest「利子，利息」，speed「速度」，rate「割合」なども at と結びつけて使う。

☑ **above / over 〜より上に ⇔ below / under 〜より下に**

例 My score was **above** the average. 私の得点は平均より上だった。

☑ **besides 〜に加えて / beside 〜のそばに（by）**

例 He speaks French **besides** English. 彼は英語に加えてフランス語も話す。

例 There was a sofa **beside** [by] the table. テーブルのそばにソファがあった。

☑ **beyond 〜を越えて**

例 The lecture was **beyond** me [my understanding].

その講義は私には理解できなかった。

例 The beauty of the scene was **beyond description**.

その景色の美しさは筆舌に尽くしがたいものだった。

☑ **but** 〜を除いて（except）

例 I'm available **but** [except] Friday this week.
今週は金曜日以外なら予定が空いています。

☑ **from** *A* **to** *B* AからBまで / **from** *A* **to** *A* Aごとに

例 The subjects' ages ranged **from** 8 **to** over 60.
被験者たちの年齢は8歳から60歳以上までさまざまだった。

例 Traffic rules vary **from** country **to** country.
交通ルールは国ごとにさまざまである。

☑ **like** 〜のような，〜に似ている ⇔ **unlike** 〜に似ていない，〜とは違って

例 She speaks **like** [× as] an American. 彼女はアメリカ人のように話す。
　▶ asを使うと「アメリカ人として話す」という意味になる。

例 **Unlike** his brother, he isn't a very good player.
兄とは違って，彼はあまりいい選手ではない。

☑ **over** 〜しながら

例 We enjoyed talking **over** a cup of tea.
私たちはお茶を飲みながら会話を楽しんだ。

☑ **under** 〜中で

例 The issue is **under** discussion. ≒ The issue is being discussed.
その問題は討議中だ。
　▶ この意味のunderの後ろには，construction「建設」，repair「修理」，way「進行」なども置く。

③ 誤った前置詞を使いやすい表現

☑ **in [on, to] the north of** 〜 〜の北（部）に

例 Aomori is **in the north of** Honshu. 青森は本州の北部にある。

例 Hokkaido is **to the north of** Honshu. 北海道は本州の北にある。
　❗内部にあればin，接していればon，離れていればtoを使う。他の方角も同じ。

☑ **begin [start] in [on, at, with]** 〜 〜から（に）始まる

例 The new term **begins in** [× from] April. 新学期は4月から始まる。
　❗× begin [start] from とは言わない。「4月に始まる」と考える。

☑ **rise in** 〜 〜から昇る

例 The sun **rises in** [× from] the east. 太陽は東から昇る。
　❗× rise from とは言わない。

☑ **increase [decrease] in** 〜 〜の増加 [減少]

例 There has been a rapid **increase in** [× of] the population of the city.
その都市の人口は急増している。
　❗× increase of とは言わない。

☑ **in the direction of ～** 〜の方向へ

例 The man ran away **in** [× to] **the direction of** the underpass.
その男はガード下の方へ逃げて行った。

❗ × to the direction of とは言わない。

☑ **go ～ing (at ...)** （…へ）〜しに行く

例 I **went shopping at** [× to] the supermarket.
私はスーパーへ買い物に行った。

❗ × go shopping to とは言わない。同様に「海へ泳ぎに行く」は go swimming in [× to] the sea.

☑ **the [a] key to ～** 〜の鍵，秘訣

例 Self-confidence is **the key to** [× of] success. 自信が成功（へ）の鍵だ。

❗ × the key of success とは言わない。同様に，answer「返答」，exception「例外」，solution「解決法」などに続く前置詞は to。

☑ **in search of ～** 〜を探して / **search for ～** 〜を探す

例 They opened the safe **in search of** [× for] the evidence.
彼らは証拠を求めて金庫を開けた。

❗ search for 〜と混同しないように注意。

☑ **on the morning of ～** 〜の朝［午前中］に

例 The letter arrived **on** [× in] **the morning of** January 3.
その手紙は1月3日の朝に届いた。

❗「朝に」は in the morning だが，特定の日の朝は on で表す。

④ 前置詞の使い分けに注意が必要な〈動詞+前置詞〉

☑ **agree with ～** （主に人）に同意［賛成］する /
agree to ～ （提案など）を承諾する / **agree on ～** 〜に関して合意する

例 I **agree with** you. あなたに賛成です。【人】

例 Everyone **agreed to** his proposal. 全員が彼の提案を承諾した。【提案】

例 We **agreed on** the contract. 私たちはその契約に合意した。【〜に関して】

☑ **call at ～** （家）を訪ねる / **call on ～** （人）を訪ねる

例 I **called at** his house. ≒ I **called on** him. 彼（の家）を訪ねた。

▶ drop in「立ち寄る」の後ろにも，〈at + 家〉〈on + 人〉を置く。

☑ **consist of ～** 〜から成る（be composed of ～）/ **consist in ～** 〜にある（lie in ～）

例 The club **consists of** 20 members. そのクラブは20人の会員から成る。

例 Happiness doesn't **consist in** wealth. 幸福は富にあるのではない。

☑ **deal with ～** 〜を扱う / **deal in ～** 〜を商う

例 This book **deals with** LGBT people. この本はLGBTの人々を扱っている。

例 They **deal in** sporting goods. 彼らはスポーツ用品を売っている。

☑ **depend [rely, count, rest] on O (for ~), look [turn] to O (for ~)**

O（の~）に頼る

例 I had to **depend on** them (**for** help). ≒ I had to **turn to** them (**for** help).
私は彼ら（の援助）に頼らねばならなかった。

☑ **differ from ~** ~とは異なる / **differ in ~** ~の点で異なる

例 My idea **differs from** theirs. 私の考えは彼らとは違う。

例 The twins **differ in** character. その双子は性格が違う。

☑ **get to ~, arrive at ~** ~に着く（reach）

例 We **got to** our hotel at 6. ≒ We **arrived at** our hotel at 6.
私たちは6時にホテルに着いた。

☑ **hear of [about] ~** ~について聞く / **hear from ~** ~から便りがある

例 Have you **heard of** him recently? 最近彼のうわさを聞いた？

例 Have you **heard from** him recently? 最近彼から便りがあった？

☑ **hit on ~**（人が）~を思いつく / **occur to ~**（考えが）~の頭に浮かぶ

例 I **hit on** a good idea. ≒ A good idea **occurred to** me.
私はいい考えを思いついた。

☑ **put on ~** ~を着る，身につける ⇔ **take off ~** ~を脱ぐ，はずす

例 She **put on** her glasses. 彼女はめがねをかけた。

例 She **took** [× put] **off** her glasses. 彼女はめがねをはずした。

▶ この on と off は副詞。また，put off ~は「~を延期する」の意味。

☑ **result from ~** ~から生じる（arise [stem] from）/

result in ~ ~の結果を生む（cause）

例 The accident **resulted from** his carelessness.
その事故は彼の不注意によって起こった。

≒ His carelessness **resulted in** the accident.
彼の不注意がその事故の結果を生んだ。

☑ **stay at ~**（家）に泊まる / **stay with ~**（人）のところに泊まる

例 I'm going to **stay at** a friend's house.
≒ I'm going to **stay with** a friend.
友人の家に泊まります。

☑ **succeed in ~** ~に成功する / **succeed to ~** ~を引き継ぐ

例 They **succeeded in** a big project. 彼らは大きな事業に成功した。

例 Who is going to **succeed to** his post? 誰が彼のポストを引き継ぎますか。

☑ **wait for ~** ~を待つ / **wait on ~** ~の給仕をする

例 We were **waiting for** the taxi. 私たちはタクシーを待っていた。

例 Have you ever **waited on** customers? 客に給仕したことがありますか。

⑤ 前置詞を含む副詞句・形容詞句

*は形容詞句として（も）使うもの。それ以外は副詞句。

■asを含むもの ···

☐ as a result (of ～) その結果（consequently），（～の）結果として

☐ as a matter of fact 実のところ（in fact） ☐ as a rule 概して（generally）

☐ as follows* 次のとおり ☐ as usual いつものとおり ☐ as well 同様に

■atを含むもの ···

☐ at a loss* ≒ at *one's* wit's end* 途方に暮れて

☐ at a loss for words* 当惑して言葉が出ずに

☐ at *one's* disposal* （人）が自由に使える

☐ at ease* くつろいで ☐ ill at ease* 落ち着かない

☐ at home* 在宅して，くつろいで，精通して ☐ at issue* 論争中の

☐ at large* （犯人などが）逃亡中で，一般の

☐ at odds (with ～)* （～と）争っている ☐ at peace [war]* 平和［交戦中］で

☐ at any rate ≒ in any case [event] とにかく（anyway）

☐ at *one's* earliest convenience 都合がつき次第

☐ at first 最初（のうち）は（⇒ Ch. 15 ❾）

☐ (close [near]) at hand* すぐ近くに ☐ at heart 心から，本心は

☐ at length 詳細に（in detail），ついに（at last）

☐ at the moment 今（のところ）（at present） ☐ at random 無作為に

☐ at a time 一度に，同時に ☐ at times 時々（sometimes）

☐ at any time [minute] いつでも，いつ何どき ☐ at the same time 同時に

■byを含むもの ···

☐ by chance [accident] 偶然に（accidentally） ☐ by all means ぜひとも，必ず

☐ by no means 決して～ない（⇒ Ch. 11 ❻） ☐ side by side (with ～) （～と）並んで

☐ by leaps and bounds とんとん拍子に ☐ by degrees 少しずつ（gradually）

☐ by mistake 誤って ☐ by nature 生まれつき（naturally） ☐ by now 今ごろは

☐ by [in] turns 順番に ☐ by the way ところで，ついでながら（incidentally）

☐ by word of mouth 口コミで ☐ one by one 1つずつ

☐ by and large 全体的に，概して（on the whole）

■forを含むもの ···

☐ for a change (of air) 転地療養［気分転換］のために

☐ for example [instance] たとえば（⇒ Ch. 15 ❻） ☐ for good 永久に（forever）

☐ for that matter そのことに関しては ☐ for a moment [while] しばらくの間

129

☑ for the moment [present] ≒ for the time being さしあたり, 当面 (for now)

☑ for my part 私としては　☑ for short 略して　☑ for sure [certain] 確かに

☑ for one thing 一つには　☑ word for word 逐語的に（literally）

■fromを含むもの ··

☑ from now on 今後ずっと　☑ from a ～ point of view ～の見地から（考えて）

☑ from time to time 時々（sometimes）

■inを含むもの ···

☑ in (great) demand* （大いに）需要がある　☑ in doubt* 疑って（いる）

☑ in a hurry* ≒ in haste* 急いで（いる）　☑ in tears* 涙を流して（いる）

☑ in advance 事前に（beforehand）　☑ in the end ついに, 結局（finally, at last）

☑ in brief [short] ≒ in a word ≒ to sum up 要するに（briefly）

☑ in detail 詳細に　☑ in the distance 遠くに

☑ in an effort to do ～しようとして　☑ in the long run 長い目で見れば

☑ in the (near) future （近い）将来に　☑ in my opinion 私の考えでは

☑ in particular 特に（particularly）　☑ in person 本人が（直接）（personally）

☑ in public 公に, 人前で　☑ in a row ≒ in succession 連続して（consecutively）

☑ in a sense ある意味では　☑ in no time すぐに（immediately）

☑ in ～'s turn 今度は～の番になって　☑ in vain* 無駄に（vainly）

■onを含むもの ···

☑ on the air* 放送されている　☑ on board* （～）（船・飛行機などに）乗って

☑ on a diet [strike]* ダイエット［ストライキ］中で　☑ on business 仕事で, 商用で

☑ on [off] duty* 勤務中［非番］で　☑ on edge* 気が立っている

☑ on fire* 燃えている　☑ on the increase [decrease]* 増加［減少］している

☑ on leave* 休暇中で　☑ on sale* 販売されている, 特売で

☑ on the tip of ～'s tongue* （言葉が～の）のど元まで出かかって

☑ on ～'s arrival ～が到着したらすぐに　☑ on the average 平均して

☑ on a ～ basis ～の基準で　☑ on the whole 全体として, 概して（by and large）

☑ on demand [request] 請求があり次第　☑ on end 引き続いて（continuously）

☑ on foot 徒歩で　☑ on hand* 手元に（ある）　☑ on and off 断続的に

☑ on one's own 独力で（alone, by oneself）　☑ on ～'s part ～の側では

☑ on purpose わざと（intentionally, deliberately）

☑ on ～'s right [left]* ～の右［左］側に　☑ on a large scale 大規模に

☑ on the spot その場で, すぐに（immediately）

☑ on time [schedule] 時間［予定］どおりに

☑ on one's [the] way (to ～)* （～へ）行く途中で

■ out ofを含むもの ···

☑ out of breath* 息を切らせて　☑ out of business* 廃業して

☑ out of control [hand]* 手に負えない

☑ out of [up to] date* 時代遅れ［現代風］で

☑ out of the question* 不可能で（impossible）　☑ out of work* 失業している

☑ out of the blue だしぬけに，唐突に　☑ out of doors 屋外で［へ］

■ toを含むもの ···

☑ to ~'s advantage* ～にとって有利だ　☑ to the contrary* それとは反対の

☑ to the effect that ~ ～という趣旨で　☑ to some extent ある程度（まで）

☑ fall to the ground 地面に落ちる，倒れる

☑ to one's heart's content 心ゆくまで

☑ to (the best of) my knowledge 私の知る限り（⇒ Ch. 17⑩）

☑ to the point* 要領を得ている　☑ ten to one 十中八九

■ その他 ···

☑ above all (things) ≒ among others [other things] とりわけ，何よりも

☑ against one's will* 意に反して，不本意に

☑ (just) around the corner* すぐ近くに（ある）

☑ beside [wide of] the mark* 的外れ［見当違い］で

☑ between ourselves [you and me] ここだけの話だが

☑ of course もちろん　☑ over the radio ラジオで

☑ halfway through (~)* （～の）途中で　☑ under control* 制御されている

☑ under no circumstances どんな状況でも～ない　☑ up to now 今まで（に）

☑ next to impossible* ほとんど不可能で　☑ with pleasure 喜んで

☑ without fail 必ず　☑ without difficulty 難なく

⑥ 群前置詞

2語以上の組み合わせで1つの前置詞の働きをするものを，**群前置詞**と言う。

■ asを含むもの ···

☑ as to [for] ~ ～に関して（about）　☑ as of ~ ～現在で

☑ as opposed to ~ ～とは対照的に

■ atを含むもの ···

☑ at the age of ~ ～歳で　☑ at the sight [thought] of ~ ～を見て［考えて］

☑ at the beginning [end] of ~ ～の始め［終わり］に

☑ at the mercy of ~ ～のなすがままに　☑ at the risk of ~ ～の危険を冒して

16
前置詞

☑ at the cost [expense, price, sacrifice] of 〜 〜を犠牲にして
☑ at the top [foot, bottom, back] of 〜 〜の頂点［ふもと，底，後ろ］に

■byを含むもの
☑ by means of 〜 〜（の手段）によって ☑ by virtue of 〜 〜のおかげで
☑ by way of 〜 〜経由で（via），〜の目的で

■forを含むもの
☑ for [with] all 〜 〜にもかかわらず（in spite of） ☑ for fear of 〜 〜を恐れて
☑ for lack [want] of 〜 〜の不足のために
☑ for the purpose of 〜ing ≒ with a view to 〜ing 〜する目的で
☑ for the sake [good] of 〜 〜の（利益の）ために

■inを含むもの
☑ in the absence [presence] of 〜 〜が（い）ない［いる］ときに
☑ in addition to 〜 〜に加えて ☑ in case of 〜 〜の場合には
☑ in charge of 〜 〜を担当して ☑ in company with 〜 〜と一緒に
☑ in comparison to [with] 〜 〜と比較して ☑ in exchange for 〜 〜と交換に
☑ in the face of 〜 〜に直面して ☑ in favor of 〜 〜に賛成して
☑ in front of 〜 〜の前に ☑ in harmony with 〜 〜と調和して
☑ in honor of 〜 〜に敬意を表して ☑ in (the) light of 〜 〜の観点から
☑ in need of 〜 〜を必要として ☑ in (the) place of 〜 〜の代わりに
☑ in spite of 〜 〜にもかかわらず（for [with] all）
☑ in [with] regard [relation] to 〜 〜に関して（は）（about）
☑ in response to 〜 〜に応じて ☑ in return for 〜 〜のお返しに
☑ in proportion to 〜 〜に比例して ☑ in terms of 〜 〜の見地から
☑ in time for 〜 〜に間に合って ☑ in [as a] token of 〜 〜のしるしに

■onを含むもの
☑ on account of 〜 〜の（理由の）ために ☑ on [in] behalf of 〜 〜を代表して
☑ on top of 〜 〜に加えて ☑ on the ground of 〜 [that ...] 〜という理由で

■その他
☑ according to 〜 〜によれば ☑ contrary to 〜 〜に反して
☑ because of 〜 ≒ due [owing, thanks] to 〜 〜のせいで，〜のおかげで
☑ except for 〜 ≒ aside [apart] from 〜 〜を別にすれば
☑ instead of 〜 〜の代わりに ☑ next to 〜 〜の隣に
☑ regardless of 〜 〜とは無関係に，〜にかかわらず
☑ within [out of] reach of 〜 〜の手の届く［届かない］ところに

❶ 接続詞と前置詞の区別

接続詞の後ろには〈**S + V**〉の形を置き，**前置詞**の後ろには**名詞（句）**を置く。

例 The game was canceled **because** ₛit ᵥrained heavily. 【接続詞】

≒ The game was canceled **because of** heavy rain. 【前置詞】

大雨が降ったので試合は中止された。

例 I visited the museum **while** (I was) staying in New York. 【接続詞】

≒ I visited the museum **during** my stay in New York. 【前置詞】

私はニューヨーク滞在中にその美術館を訪れた。

❗ × during staying in New York とは言えない（during 〜ing という形はない）。

例 He failed **though** he made efforts. 彼は努力したが失敗した。【接続詞】

≒ He failed **despite** his efforts. 彼は努力にもかかわらず失敗した。【前置詞】

例 Brush your teeth **before** you go to bed. 【接続詞】

≒ Brush your teeth **before** going to bed. 【前置詞】

寝る前に歯を磨きなさい。

▶ before は接続詞と前置詞の両方がある。

❷ 等位接続詞

2つの文を対等の関係で結びつける接続詞を**等位接続詞**と言う。

> **and** そして，…と，**but** しかし，**or** …かまたは，**so** だから，**for** というのは…だから，**nor** そしてまた…ない　　など

例 He couldn't keep his eyes open, **for** he was afraid of heights.

彼は目を開けていられなかった，なぜなら高い所が怖かったからだ。

▶ for は because に近い意味。書き言葉で使う。

例 I don't speak Spanish, **nor** do I want to.

≒ I don't speak Spanish, and I don't want to (do so), either.

私はスペイン語を話さないし，話したいとも思わない。

▶ nor は前の否定的な内容を受けて，さらに別の否定を加える場合に使う。nor の後ろは〈V + S〉の疑問文と同じ語順になる。(⇒ **Ch. 18 ❷**)

A and *B* の形で語句と語句を結びつけるとき，A と B は文法的に対等な要素でなければならないことに注意。or, but の場合も同様。

例 The meeting ₐstarted at 2 p.m. **and** ᵦlasted for three hours.

会合は午後2時に始まり，3時間続いた。

▶ *A* の started が過去形だから，*B* の last も同様に lasted と過去形にする。

例 Study hard, **and** you'll get good grades.
　　熱心に勉強しなさい，そうすればいい点が取れます。
　　　▶〈命令文＋and ...〉は「～しなさい，そうすれば…」の意味。

例 Study hard, **or (else)** you'll drop out.
　　熱心に勉強しなさい，さもないと脱落しますよ。
　　　▶〈命令文＋or (else) ...〉は「～しなさい，さもないと…」の意味。

例 A step further, **and** he might have fallen off the cliff.
　　もう一歩前に出ていたら，彼は崖から落ちたかもしれない。
　　　❗ 命令文の代わりに名詞句などが使われることもある。

③ 従属接続詞

〈接続詞＋S＋V〉がひとかたまりで文の構成要素となり，S・O・C・修飾語の働きをすることがある。このタイプの接続詞を，**従属接続詞**と言う。

例 ₛ₁I ᵥ₁think **that** ₛ₂she ᵥ₂is selfish. 彼女はわがままだと私は思う。

　　　　[主節]　　　　　[従属節（O）]

従属接続詞が作る節は，**名詞節**と**副詞節**である。上の文のthat以下は，（thinkの目的語の働きをする）名詞節。**that，whether**は，**名詞節**と**副詞節**の両方を作る。その他の従属接続詞（**when，if**など）は，**副詞節**を作る。

④ 接続詞 that

thatは，基本的には「…すること」という意味の名詞節を作る。その節は，文中でS・O・Cの働きをする。

例 ①It is a well-known fact **that** smoking causes lung cancer.
≒ ②ₛ**That** smoking causes lung cancer ᵥis ᴄa well-known fact. 【Sの働き】
　　喫煙が肺ガンの原因になるのはよく知られた事実だ。
　　　▶ ①は形式主語構文で，Itはthat以下を指す。②は文法的には正しいが，①の方が普通。

例 ₛThe trouble ᵥis ᴄ**that** we are short of money. 【Cの働き】
　　困ったことに，私たちにはお金が足りない。

■感情を表す形容詞＋**that**節 ·································

例 I was surprised **that** [≒ because] I got an e-mail from my ex-boyfriend.
　　私は元付き合っていた男性からメールをもらって驚いた。　　　　　　【副詞節】
　　　▶ I was surprisedだけで文の形が完成しているから，that以下は副詞節。感情を表す形容詞に続くthat節は，その感情の理由を表す。

■接続詞 that を使った慣用表現 ···

☑ **in that ...** …という点で

> 例 The mammal is unique **in that** it lays eggs.
>
> そのほ乳動物は，卵を産むという点で珍しい。

☑ **except that ...** …ということを除いては

> 例 This is a good restaurant **except that** it's a little too expensive.
>
> 値段が少し高すぎることを除けば，ここはいいレストランだ。

⑤ 接続詞 whether

しばしば〈**whether ... or not**〉または〈**whether A or B**〉の形で使い，次の2つの意味を持つ節を作る。

- ・「…かどうか」「AであるかBであるか」（名詞節）
- ・「…であろうとなかろうと」「AであろうとBであろうと」（副詞節）

> 例 ｓI ｖdon't know ｏ**whether** she is married **or not**.【名詞節】
>
> 彼女が結婚しているかどうか私は知らない。
>
> ▶ 名詞節を作る whether は，S・O・C・前置詞の目的語の働きをする。

> 例 **Whether** you take the train **or** the bus, the fares are the same.【副詞節】
>
> 電車を使ってもバスを使っても，運賃は同じです。

if も「…かどうか」の意味の名詞節を作る。whether よりも口語的。

> 例 I'm not sure **if [whether]** this medicine has worked.【名詞節】
>
> この薬がきいたかどうかよくわからない。

⑥ 接続詞 as

接続詞の as は「…なので（because）」「…するとき［しながら］（when）」「…するにつれて」「…するように［とおりに］」などの意味で使われる。

> 例 **As** time passed, they came to love each other.
>
> 時がたつにつれて，彼らはお互いに愛し合うようになった。

■接続詞 as を使った慣用表現 ···

☑ 形容詞・名詞 + **as** + S + V …だけれど（though）

> 例 **Rich as he was**, he wasn't happy. ≒ Though he was rich, he wasn't happy.
>
> 彼は金持ちだったが，幸福ではなかった。
>
> ▶ 名詞を使うときは，Child as he was, ...「彼は子どもだったが」のように無冠詞にする。

☑ **leave O as it is [they are]** O をそのままにしておく

> 例 **Leave** the room **as it is**.
>
> その部屋はそのままにしておきなさい。

☑ **A as we know it [them]** 私たちが知っている（ものとしての）A

例 Viruses aren't living creatures **as we know them**.

ウイルスは私たちが知っているような生物ではない。

▶ asは「…のような，…するときの」の意味で，as以下が前の名詞を修飾する。

❼ 理由を表す従属接続詞

最も一般的なものはbecauseで，相手に新たな情報として理由を示す。

> **because, as, since** …なので　　など

例 I stayed at home **because** I was sick.

私は家にいたが［いたのは］，病気だったからだ。

例 **As** I was sick, I stayed at home.

（君も知ってのとおり）私は病気だったので，家にいた。

cf. I was sick, **so** I stayed at home.　私は病気だったので家にいた。

▶ becauseは，多くの場合，理由の方に意味の重点がある。asとsinceは，しばしば相手も知っている理由を表し，主節に意味の重点がある。soは等位接続詞で，両方の節が対等の重みを持つ。

■**理由を表すその他の表現** ・・・

☑ **now (that) ...** 今では…なので

例 **Now that** you are 16, you should think about your future job.

もう16歳なのだから，君は将来の仕事について考えるべきだ。

❽ 時を表す従属接続詞

時を表す接続詞の後ろでは，未来のことも現在形で表す。(⇒ Ch. 2 ❸)

> **when** …するとき，**while** …している間，**before** …する前に，**after** …した後で，
> **until/till** …するまで，**since** …して以来，**by the time** …するまでに，
> **every time** …するときはいつでも（whenever）　　など

例 **When** in Rome, do as the Romans do.

郷に入れば郷に従え［ローマではローマ人のするようにせよ］。

▶ whenの後ろにyou areが省略された形。asは「…のように［とおりに］」の意味。(⇒ ❻)

例 She went out **after** she had lunch. ≒ She went out after (having) lunch.

彼女は昼食をとった後で外出した。

▶ before, after, until/till, sinceは，前置詞としても使う。(⇒ ❶)

例 I'll wait **until** you come.　君が来るまで待つよ。

例 I'll finish my work **by the time** you come.　君が来るまでに仕事を終えるよ。

■「…するとすぐに」を表す表現 ・・・

例 ①**As soon as** he entered the room, he turned on the TV.

≒ ②**No sooner** <u>had he entered</u> the room **than** he turned on the TV.

≒ ③**Hardly [Scarcely]** <u>had he entered</u> the room **when [before]** he turned on the TV.

≒ ④**The moment** he entered the room, he turned on the TV.

≒ ⑤**On [Upon]** enter**ing** the room, he turned on the TV.

彼は部屋に入るとすぐにテレビをつけた。

▶ ②③は時制と語順に注意。(⇒ **Ch. 18 ❶**)

❾ 条件を表す従属接続詞

条件を表す接続詞の後ろでは，未来のことも現在形で表す。(⇒ **Ch. 2 ❸**)

> **if** もし…なら，**unless** …でない限り，
> **in case** …するといけないので，もし…なら（if）   など

例 **If** it rains tomorrow, we won't go fishing.

明日もし雨が降れば，私たちは釣りに行きません。

例 We'll go fishing tomorrow **unless** it rains.

雨が降らない限り，私たちは明日釣りに行きます。

例 Take your umbrella **in case** it rains.

雨が降るといけないので，傘を持って行きなさい。

■条件を表すその他の表現 ・・・

☐ **even if ...** たとえ…でも

例 We'll go fishing tomorrow **even if** it rains.

たとえ雨が降っても，私たちは明日釣りに行きます。

☐ **only if ...** …の場合に限り

例 We'll go fishing tomorrow **only if** it's sunny and warm.

晴天で暖かい場合に限り，私たちは明日釣りに行きます。

☐ **once** いったん…すれば

例 **Once** you learn the rules, this game is a lot of fun.

いったんルールを覚えれば，このゲームはとても楽しい。

☐ **provided (that) ... / on condition that ...** …という条件で（if）

例 I will buy the computer, **provided** you give me a 20% discount.

≒ I will buy the computer, **on condition that** you give me a 20% discount.

20％引きにしてくれるなら，そのコンピュータを買います。

▶ providing, suppose, supposing も同じ意味で使う。

⑩ その他の従属接続詞

☑ **(even) though**, **although** …だけれども

例 **Even though** he was worn out, he didn't stop working.

彼は疲れ果てていたが，働くのをやめなかった。

cf. He is poor; he thinks himself to be happy, **though** [× although]. 【副詞】

彼は貧乏だが，自分が幸福だと思っている。

❗ though には「しかし」の意味の副詞としての用法もあるが，although にはない。

☑ **while**(≒ **whereas**)（…の）一方では

例 I like soccer, **while** my father likes baseball.

ぼくはサッカーが好きだが，父は野球が好きだ。

☑ **where** …するところで

例 The accident happened **where** that car is parked.

あの車が止まっているところでその事故は起きた。

▶ The accident happened だけで文の形が完成しているので，where 以下は副詞節

cf. That is **where** the accident happened. 【関係副詞】

あそこがその事故の起きた場所だ。

▶ where 以下は C の働きをしている（where = the place where）。(⇒ Ch. 9 ❺)

☑ **the way ...** …するように（as）

例 Dance **the way** I do. ≒ Dance as I do. 私が踊るように踊りなさい。

cf. I like **the way** she dances. ≒ I like how she dances.

私は彼女の踊り方が好きだ。 ▶ この文の the way は接続詞ではない。(⇒ Ch. 9 ❺)

☑ **as [so] far as ...** …する限り

例 **As far as** I know, he is a non-smoker. 私の知る限り，彼はたばこをすわない。

≒ To (the best of) my knowledge, he is a non-smoker.

☑ **as far as S be concerned** S に関する限り

例 **As far as I'm concerned**, I have no objections.

私に関する限り，何も異論はありません。

☑ **as [so] long as ...** …の間（ずっと），…の場合に限り（only if）

例 You can stay here **as long as** you like.

好きなだけ（長く）ここにいてよろしい。

例 You can go out **as long as** you come back within an hour.

1 時間以内に戻るなら外出してよろしい。

☑ **for fear that ...** …ということを恐れて

例 He kept away from the dog **for fear that** it would bark at him.

ほえられるのを恐れて彼はその犬に近づかなかった。

⑪ 相関接続詞

離れた位置の語が結びつき，まとまった接続詞の働きをするものを**相関接続詞**と言う。

☑ **so** ＋形容詞・副詞＋ **that** ... 非常に～なので…

　例 I was **so** tired **that** I couldn't study. ≒ I was too tired to study.

　　私はとても疲れていたので勉強できなかった。（⇒ Ch. 6 ❹）

☑ **such** ＋ **(a / an)** 形容詞＋ **X**［名詞］＋ **that** ... 非常に～な X なので…

　例 ①It was **such a sad story that** I couldn't help crying.

≒ ②It was **so sad a story that** I couldn't help crying.

　　それはとても悲しい話だったので私は泣かずにいられなかった。

　　▶ ①と②の語順の違いに注意（⇒ Ch. 12 ⑪）。①の方が普通の言い方。

　例 He was **in such a hurry that** he forgot to lock the door.

　　彼はとても急いでいたので，ドアに鍵をかけるのを忘れた。

☑ **so that** S can [will] V ≒ **in order that** S can [will] V　S が V できる［する］ように

　例 He studied hard **so that** he **could** pass the exam.

　　≒ He studied hard **in order that** he **could** pass the exam.

　　≒ He studied hard in order to pass the exam.

　　彼はその試験に合格できるよう熱心に勉強した。（⇒ Ch. 6 ❹）

☑ **not** *A* **but** *B*　A でなく B（*B*, not *A*）

　例 This is **not** a fantasy **but** a true story.

　　≒ This is a true story, not a fantasy.

　　これはファンタジーではなく真実の物語だ。

☑ **not only** *A* **but (also)** *B*　A だけでなく B も（*B* as well as *A*）

　例 **Not only** the teacher **but also** some children <u>have</u> the flu.

　　≒ Some children as well as the teacher <u>have</u> the flu.

　　先生だけでなく何人かの子どもたちもインフルエンザにかかっている。

　❗ どちらも，動詞は B（some children）に合わせて複数で受ける。なお，only の代わりに just や merely を使うこともある。

☑ **either** *A* **or** *B*　A か B かどちらか

☑ **neither** *A* **nor** *B*　A も B もどちらも～ない

　例 **Either** you **or** Tom <u>has</u> [× have] to take care of the garden.

　　君とトムのどちらかが庭の手入れをしなければならない。

　❗ これらの形が主語のときは，動詞は B に合わせる。この文では B に当たるのは Tom。

☑ **both** *A* **and** *B*　A と B の両方

　例 **Both** you **and** Tom <u>have</u> to take care of the garden.

　　君もトムも庭の手入れをしなければならない。

　❗ この形が主語のときは，複数扱いする。

Chapter 18 特殊構文など

❶〈否定の副詞＋V＋S〉の倒置

否定の意味を持つ副詞（句・節）を文頭に置くと，その後ろは〈V＋S〉の**倒置**が起こる（疑問文と同じ語順になる）。

> 例 **Never** $_V$**had** $_S$**he** played such an exciting video game.
> ≒ He had never played such an exciting video game.
> 彼はそれほど面白いテレビゲームをしたことは一度もなかった。

> 例 **No sooner had she** brought in the laundry **than** it began to rain.
> ≒ She had no sooner brought in the laundry than it began to rain.
> 彼女が洗濯物を取り込むとすぐに雨が降り出した。（⇒ Ch. 17 ❽）

> 例 **Not until** he heard the news **did he** know about the disaster.
> ≒ He didn't know about the disaster until he heard the news.
> ニュースを聞くまで彼はその災害のことを知らなかった。
> ≒ **Only when** he heard the news **did he** know about the disaster.
> ニュースを聞いて初めて彼はその災害のことを知った。

> ❗ only は「〜しかない」という否定の意味を含むので，後ろは倒置が起こる。

❷ so, neither/nor で始まる文の倒置

相手の発言などを受けて「Sもまたそうだ［そうではない］」という意味を表すには，次の形を使う。so，neither/nor を文頭に置くと倒置が起こり，疑問文と同じ語順になる。

> ・肯定文を受けて「Sもそうだ」：①S V, too.　②**So V S.**
> ・否定文を受けて「Sもそうではない」：①S not V, either.　②**Neither/Nor V S.**

> 例 "I like hot food." "I do, too. [**So** $_V$**do** $_S$I.]"
> 「私は辛い料理が好きです」「私もそうです」
> ▶ 会話では Me, too. もよく使われる。

> 例 "I don't like hot food." "I don't, either. [**Neither** $_V$**do** $_S$I.]"
> 「私は辛い料理が好きではありません」「私も好きではありません」
> ▶ 会話では Me, neither. もよく使われる。

❸ その他の倒置構文

■〈場所を表す副詞句＋V＋S〉「〜（の場所）にSがある［いる］」

> 例 **Among the children** $_V$was $_S$young Thomas Edison.
> その子どもたちの中に若き日のトーマス・エジソンがいた。
> ▶ 読み［聞き］手の興味を引くために最も伝えたい情報であるSを後ろに置いた形。

■**〈分詞（句）＋V＋S〉** ···

例 **Enclosed in the letter** _Vwas _San old photo.

≒ An old photo was enclosed in the letter.

その手紙に同封されていたのは，１枚の古い写真だった。

▶ Vに分詞が含まれるとき，〈分詞（句）＋V＋S〉の形になることがある。読み［聞き］手の興味を引くために最も伝えたい情報であるSを後ろに置いた形。

■**SVC → CVS** ···

例 _C**So strong** _Vwas _Sthe wind that he could hardly walk.

≒ The wind was so strong that he could hardly walk.

風がとても強かったので，彼はほとんど歩けなかった。

▶ 強調のために（soを添えて）Cを前に出した形。

4 省略・挿入

■**語句の省略** ···

同じ言葉のくり返しを避けるために，文中の語句を省略することがある。

例 I ordered cola and my sister iced tea.

私はコーラを注文し，姉はアイスティーを注文した。

▶ my sister ordered iced teaの下線部を省略した形。

■**〈S＋be動詞〉の省略** ···

when，while，if，unless，though，until，onceなどに続く〈S＋be動詞〉を省略することがある。

例 My grandfather was a sailor when young.

私の祖父は，若いころは船員だった。

▶ 主節のSと同じ（My grandfather = he）なので，when he was youngの下線部を省略した形。

■**句や節の挿入** ···

前後をコンマで区切って，文中に補足説明の句や節などが挿入されることがある。

例 The woman, **with the help of a lot of volunteers**, has won the election.

その女性は，多くのボランティアの助けを借りて，選挙に勝った。

❗ 主語の後に挿入された要素があるとき，動詞を単数で受けるか複数で受けるかに注意する。この場合，主語はthe womanだから単数扱いでhasとなる。

5 同格

２つの名詞（的要素）を並列して，一方が他方を説明する関係を**同格**と言う。

例 He is an expert on seismology, the scientific study of earthquakes.

彼は地震学，つまり地震の科学的研究の専門家である。

▶「つまり」の意味を or, that is (to say), namely などで表すことがある。この文は, ... seismology, or the scientific study of earthquakes. などとも表現できる。

不定詞, of で始まる句, that で始まる節などを後ろに置いて「〜という」の意味を表すことがある。このような形も同格と言う。

例 I remember your promise **to buy** me lunch. 【不定詞】
昼食をおごってくれるという君の約束を覚えているよ。

例 ①There seemed to be little chance **of** their winning the game. 【of 〜】
≒ ②There seemed to be little chance **that** they would win the game. 【that 節】
彼らが試合に勝つ見込みはほとんどなさそうだった。

上の②のような that で始まる節を, **同格節**と言う。同格節では, that の後ろが完成した文の形になる。一方, 関係代名詞の that は節中で S や O の働きをするので, that の後ろは S や O が欠落した不完全な文の形になることに注意。

例 There is a rumor **that** ₛthe singer ᵥwill retire. 【同格】
その歌手は引退するといううわさがある。

cf. That must be a rumor ₍ₒ₎**that** ₛsomeone ᵥspread intentionally. 【関係代名詞】
それは誰かが意図的に流したうわさに違いない。

▶ that は spread「〜を広める」の目的語の働きをする。

同格の that 節を後ろに置く主な名詞

belief 信念, chance / possibility 可能性, conclusion 結論, dream 夢, doubt 疑い, evidence / proof 証拠, fact 事実, feeling 感情, idea 考え, impression 印象, news 知らせ, report 報告, rumor うわさ, sense 意味

---

⑥ 無生物主語

無生物を主語にして,「(無生物) が (人を [に]) 〜する」などの意味を表す動詞がある。

---

make (人に) 〜させる (⇒ Ch. 6 ❾), remind (人に) 思い出させる (⇒ Ch. 1 ⓱), prevent / keep (人が) 〜するのを妨げる (⇒ Ch. 1 ⓯), enable (人が) 〜するのを可能にする, see (時代や場所が) 〜を目撃する, 〜の舞台となる, take / bring (人を) 〜へ連れて行く／来る, say (新聞などによると) 〜だそうだ　など

例 English skills will **enable** you to get a job easily.
英語力があれば仕事を得るのが容易になるだろう。

▶ enable O to *do*「O が〜するのを可能にする」

142

例 The Edo period **saw** severe famine several times.
江戸時代には数回の深刻な飢饉があった。

例 Thirty minutes' drive **took [brought]** them to the coast.
彼らは30分ドライブして海岸へ行った［来た］。

▶ take [bring] O to ～「Oを～へ連れて行く［来る］」

例 The newspaper **says** that the consumption tax will be raised.
≒ According to the newspaper, the consumption tax will be raised.
新聞によれば，消費税が引き上げられるそうだ。

7 話法

誰かの発言内容を別の人に伝えるには2つの形式がある。発言を引用符で囲んでそのまま伝える**直接話法**と現在の自分の視点で言い換えた**間接話法**である。

例 ①He said, "I'm an engineer." 【直接話法】
「私は技師です」と彼は言った。

≒ ②He **said that** he was an engineer. 【間接話法】
自分は技師だと彼は言った。

▶ ①のIは「発言者＝彼」のことだから，②ではheを使う。amは，saidとの時制の一致で，②では過去形のwasを使う。(⇒ **Ch. 2** ❼)

■間接話法で使う伝達動詞 say, tell, ask を含む表現 ·················

☑ S says (that) ... Sは…と言う

☑ S tells X (that) ... SはXに…と言う

例 He **told** me **that** he was an engineer.
≒ He said to me, "I'm an engineer."
自分は技師だ，と彼は私に言った。

☑ S tells X to *do* SはXに～しなさいと言う

例 She **told** the children **to be** quiet.
≒ She said to the children, "Be quiet."
彼女は子どもたちに静かにしなさいと言った。

☑ S asks X 疑問詞［if, whether］... SはXに…と尋ねる

例 I **asked** him **if** he was hungry.
≒ I said to him, "Are you hungry?"
私は彼に空腹かどうかを尋ねた。

☑ S asks X to *do* SはXに～するよう頼む

例 I **asked** them **to help** me.
≒ I said to them, "Please help me."
私は彼らに私を助けてくれるよう頼んだ。

Chapter 19 その他の重要事項

● 本冊 p.198〜217

❶ 〈動詞＋副詞（＋前置詞）〉の句動詞

主に副詞として使う away，back，down，off，out，up を含む句動詞を取り上げる（→ in，on などは，❷ 参照）。

■動詞＋away ・・・

☑ carry away 〜 〜を夢中にさせる 　☑ do away with 〜 〜を廃止する（abolish）
☑ get [run] away (from 〜) （〜から）逃げる（escape）
☑ keep [stay] away from 〜 〜に近づかない 　☑ pass away 亡くなる（die）
☑ put away 〜 〜を片付ける，取っておく
☑ take away 〜 〜を持ち去る，取り除く（remove）
☑ throw away 〜 〜を捨てる（dump, discard）

■動詞＋back ・・

☑ call back 後で電話する 　☑ date back to 〜 （起源が）〜にさかのぼる
☑ fall back on 〜 〜に頼る（depend on, rely on）
☑ get back (〜) 戻る，〜を取り戻す
☑ look back on 〜 〜を回顧する 　☑ take back 〜 （言葉など）を取り消す
☑ talk back 口答えする

■動詞＋down ・・・

☑ break down 故障する 　☑ close down 廃業する
☑ cut down (on) 〜 〜を減らす（reduce）
☑ let down 〜 〜を失望させる（disappoint）
☑ look down on 〜 〜を軽蔑する（despise）
☑ pull down 〜 〜を取り壊す（demolish） 　☑ put [write] down 〜 〜を書き留める
☑ settle down (〜) 落ち着く，〜を解決する 　☑ step down 辞任する（resign）
☑ turn down 〜を拒絶する（refuse, reject）

■動詞＋off ・・

☑ call off 〜 〜を中止する（cancel） 　☑ put off 〜 〜を延期する（postpone）
☑ come off （ボタンなどが）外れる，成功する 　☑ get off (〜) （〜から）降りる
☑ give off [out] 〜 （光・音・においなど）を発する（emit）
☑ go off 発砲する，爆発する（explode） 　☑ lay off 〜 〜を一時解雇する
☑ pay off (〜) 利益を生む，（負債）を完済する
☑ blow off 〜 〜を吹き飛ばす 　☑ see 〜 off 〜を見送る
☑ show off 〜 〜を見せびらかす 　☑ take off 離陸する，（商品が）急に売れ出す

☑ take off ～ ～を脱ぐ，取り除く（remove） ☑ take ～ off ～の休みを取る

☑ turn [switch] off [on] ～ ～のスイッチを切る［入れる］

■ 動詞＋out ···

☑ break out （火事や戦争などが）起こる（happen, occur）

☑ bring out ～ ～を明るみに出す ☑ come out 明らかになる，（市場に）出る

☑ carry out ～ ～を実行する（conduct） ☑ check out 清算する

☑ die out 絶滅する（become extinct） ☑ eat [dine] out 外食する

☑ figure [make] out ～ ～を理解する ☑ find out ～ ～を発見する，わかる

☑ get out (of ～) （～から）出る ☑ give out ～ ～を配る（distribute）

☑ go out 外出する，（火・明かりなどが）消える

☑ lay out ～ ～を設計する（design） ☑ leave out ～ ～を省く，除外する（omit）

☑ look [watch] out (for ～) （～に）用心する ☑ pick out ～ ～を選ぶ（select）

☑ point out ～ ～を指摘する ☑ put out ～ （火や明かりなど）を消す（extinguish）

☑ rule out ～ ～を除外する（exclude） ☑ run out (of ～) （～が）尽きる，切れる

☑ be sold out 売り切れている ☑ stand out 目立つ

☑ turn out ～ ～だとわかる（prove），～の結果になる

☑ wear out (～) 尽きる，消耗する［させる］

☑ work out (～) トレーニングをする，～を考え出す(devise)，～を解決する，解く(solve)

■ 動詞＋up ···

☑ back up ～ ～を支援する（support） ☑ blow up 爆発する（explode, go off）

☑ break up 解散する，休暇に入る ☑ bring up ～ （人）を育てる（raise, rear）

☑ brush up (on) ～ ～に（改めて）磨きをかける

☑ call [ring] up ～ （人）に電話する ☑ cheer up ～ ～を元気づける

☑ clear up 晴れ上がる ☑ come up 出てくる，生じる

☑ cover up ～ ～を隠す（conceal, hide） ☑ end up ～ 結局～（すること）になる

☑ give up ～ ～をあきらめる（abandon），やめる（stop）

☑ grow up 成長する ☑ hang up 電話を切る

☑ hold up ～ ～を妨げる，遅らせる ☑ hurry up 急ぐ

☑ keep up ～ ～を維持する，続ける ☑ look up ～ ～を（辞書などで）調べる

☑ make up ～ ～をでっち上げる(invent, cook up)，～を構成する(compose, constitute)

☑ make up *one's* mind 決心する（decide）

☑ pick up ～ （人）を車で迎えに行く（collect），（言葉など）を習い覚える（learn）

☑ pull up 停車する ☑ set up ～ ～を設立する（establish, found）

☑ sit [stay] up 寝ずに起きている

☑ take up ～ ～を（趣味・職業として）始める（start），～を占有する（occupy）

☑ turn [show] up 現れる（appear），来る（come）

☑ use up ～ ～を使い果たす（exhaust）　☑ wake up 目覚める

☑ wrap up ～ ～を仕上げる（finish）

■ 動詞＋up＋前置詞 ···

☑ catch up (with ～) （～に）追いつく（overtake）

☑ come up with ～ ～を思いつく（think of）

☑ come up to ～ （基準・望み）に沿う

☑ keep up with ～ ～に遅れずについていく

☑ live up to ～ ～の期待に応える，（主義）に従って行動する

☑ look up to ～ ～を尊敬する（respect）

☑ make up for ～ ～の埋め合わせをする（compensate for）

☑ make up with ～ ～と仲直りする　☑ put up at ～ ～に宿泊する

☑ put up with ～ ～に耐える（bear, endure, stand）

☑ sign up for ～ ～に申し込む　☑ stand up for ～ ～を擁護する

② 〈動詞＋前置詞・副詞〉の慣用表現

ここでまとめたinやonなどを含む成句では，それらが前置詞の場合と副詞の場合とがある。無印は前置詞。*のついた語は副詞。*は名詞の目的語の前後どちらにも置ける（例：hand in the report [the report in]「報告書を提出する」）。

■ 動詞＋about ··

☑ bring about* ～ ～を引き起こす（cause）　☑ come about* 起こる（happen）

☑ complain about [of] ～ ～について不平を言う

☑ set about ～ ～に着手する（start）

■ 動詞＋across ···

☑ come [run] across ～ （人）に出くわす（encounter），（物）を偶然見つける

☑ get ～ across* (to ...) （考え・話など）を（（人）に）理解させる

■ 動詞＋after ··

☑ look after ～ ～の世話をする（take care of ～, care for ～）

☑ ask [inquire] after ～ ～の容態を（第三者に）尋ねる

☑ name O (...) after ～ ～にちなんでO［人］を（…と）名づける

☑ run after ～ ～を追いかける（chase）　☑ take after ～ ～に似ている（resemble）

■ 動詞＋against ··

☑ discriminate against ～ ～を差別する　☑ lean against ～ ～にもたれる

■動詞＋along

☑ get along* [on*] (well) with 〜　〜と仲良くやっていく

■動詞＋around

☑ get around 〜　〜をうまく切り抜ける　☑ hang around* ぶらつく

■動詞＋at

☑ aim at 〜　〜をねらう　☑ laugh at 〜　〜を笑う　☑ stare at 〜　〜を見つめる

■動詞＋by

☑ come by 〜　〜を手に入れる（get）　☑ drop [stop] by 〜　〜に立ち寄る

☑ go [pass] by* （通り）過ぎる　☑ stand by* 待機する

☑ stand by 〜　〜を支援する（support）

■動詞＋for

☑ account for 〜　〜を説明する（explain），〜の割合を占める

☑ answer for 〜　〜を保証する　☑ apply for 〜　〜に申し込む

☑ arrange [prepare] for 〜　〜の手配［準備］をする

☑ call for 〜　〜を要求する（require）

☑ care for 〜　〜を好む（like），〜の世話をする

☑ compensate [make up] for 〜　〜の埋め合わせをする

☑ count for much [a lot] 重要だ　☑ cry for 〜　〜を求めて泣く［叫ぶ］

☑ go (out) for a walk [drive] 散歩［ドライブ］に出かける

☑ hope [wish] for 〜　〜を願う

☑ look [feel] for 〜　〜を探す［手探りで探す］

☑ long for 〜　〜を切望する

☑ make for 〜　〜に向かって進む，〜に役立つ

☑ reach (out) for 〜　〜を取ろうと手を伸ばす　☑ run for 〜　〜に立候補する

☑ stand for 〜　〜を表す（represent）

☑ work for a company 会社に勤める

■動詞＋from

☑ come from 〜　〜の出身である　☑ graduate from 〜　〜を卒業する（⇒ Ch. 1 ❿）

☑ recover from 〜　〜から回復する　☑ refrain from 〜　〜を控える

☑ suffer from 〜　〜で苦しむ

■動詞＋in

☑ believe in 〜　〜の存在［価値］を信じる

☑ break [cut] in* (on 〜)　（〜に）割って入る，じゃまをする（interrupt）

☑ call in* sick 電話で病欠を伝える　☑ check in* （ホテルで）チェックインする

☑ drop in* (at 〜) （〜に）立ち寄る　☑ fail in 〜 〜に失敗する

☑ fill in* [out*] 〜 〜に記入する

☑ get [keep] in touch [contact] (with 〜) （〜と）連絡を取る［取り合っておく］

☑ give in* (to 〜) （〜に）屈服する（yield (to)）

☑ go in* for 〜 〜に取り組む，〜に熱中する

☑ hand in* 〜 〜を提出する（submit）　☑ major [specialize] in 〜 〜を専攻する

☑ persist in 〜 〜に固執する（stick to）　☑ set in* （季節が）始まる（begin）

☑ take in* 〜 〜を持ち込む，〜をだます（deceive）

■動詞＋into ·····

☑ break into 〜 〜に押し入る

☑ burst into laughter [tears] 突然笑い［泣き］出す

☑ come into 〜 〜を相続する（inherit）　☑ crash into 〜 〜に衝突する

☑ drop into 〜 〜に立ち寄る　☑ get into [out of] 〜 〜に入る［から出る］

☑ go into 〜 〜を詳しく調べる

☑ look into 〜 〜を調査する（investigate, examine）

☑ run into [across] 〜 〜に偶然出会う

■動詞＋of ·····

☑ approve of 〜 〜に賛成する　☑ die of [from] 〜 〜で死ぬ

☑ dream of [about] 〜 〜のことを夢見る

☑ dispose of 〜 〜を処分する，捨てる（get rid of）

■動詞＋on ·····

☑ carry on* (with 〜) （〜を）続ける（continue）　☑ catch on* 人気が出る

☑ Come on*! 遠慮せずにどうぞ。いいかげんにして。

☑ decide on 〜 〜に決める　☑ fall on 〜 （暦の上で特定の日）に当たる

☑ get on 〜 〜に乗る　☑ get on 〜's nerves （人）をいらいらさせる

☑ go on* (with 〜) 続く，〜を続ける（continue）　☑ go on a trip 旅行に出かける

☑ hold [hang] on* (to 〜) （〜に）しがみつく，（電話を切らずに）待つ

☑ insist on 〜 〜を主張する　☑ knock on the door ドアをノックする

☑ live on 〜 〜を常食とする，〜に頼って暮らす

☑ pass on* 〜 〜を（後の世代に）伝える　☑ try on* 〜 〜を試着する

☑ put on* weight 体重が増える（gain weight）　☑ sleep on 〜 〜を一晩考えてみる

☑ take on* 〜 〜を引き受ける（assume）

☑ work on 〜 〜に取り組む

■ 動詞＋over

☑ carry over* 〜 〜を繰り越す　☑ fall over* 倒れる，ころぶ

☑ get over 〜 〜に打ち勝つ（overcome）

☑ go over* 〜 〜を詳しく調べる，検査する

☑ look over* 〜 〜にざっと目を通す

☑ pull over* (〜) 路肩に寄せて停車する ［〜を停車させる］

☑ run over*〜 （車が）〜をひく　☑ take over* 〜 〜を引き継ぐ

☑ talk over*〜 〜を相談する　☑ think over* 〜 〜を熟考する

☑ turn over* (〜) ひっくり返る ［〜をひっくり返す］

■ 動詞＋through

☑ fall through* （計画などが）失敗する

☑ get through* (with 〜) （〜を）やり遂げる

☑ go through 〜 〜を経験する（experience）

☑ run through 〜 〜に目を通す

■ 動詞＋to

☑ add to 〜 〜を増す（increase）

☑ amount to 〜 総計が〜に達する（add up to）

☑ appeal to 〜 （感情など）に訴える

☑ attend to 〜 （人）の言うことを注意して聞く

☑ belong to 〜 〜に所属する

☑ come to* 意識を回復する

☑ consent [assent] to 〜 〜に賛成 ［同意］ する

☑ contribute to 〜 〜に貢献する

☑ correspond to [with] 〜 〜に一致する

☑ object to 〜 〜に反対する

☑ refer to 〜 〜に言及する（mention），〜を参照する

☑ resort to 〜 （力など）に訴える　☑ return to normal 平常に戻る

☑ see to 〜 〜を取りはからう（⇒ Ch. 13 ❹）　☑ take to 〜 〜が好きになる

■ 動詞＋with

☑ cope with 〜 〜をうまく処理する　☑ have done with 〜 （仕事など）を終える

☑ go with 〜 〜と調和する（match）　☑ part with 〜 〜を手放す

■ 動詞＋without

☑ do [go] without 〜 〜なしですます（dispense with）

❸ ことわざ

☑ **A bird in the hand is worth two in the bush.**
手の中の1羽の鳥は，やぶの中の2羽の価値がある [明日の百より今日の五十]

☑ **A drowning man will catch at a straw.**　おぼれる者はわらをもつかむ

☑ **A friend in need is a friend indeed.**　まさかの時の友こそ真の友

☑ **A little knowledge is a dangerous thing.**
少しの知識は危険だ [生兵法はけがのもと]

☑ **A man is known by the company he keeps.**
人はつきあう仲間でわかる

☑ **A tree is known by its fruit.**　木の価値はその実でわかる

☑ **All is not gold that glitters.**　光るもの必ずしも金ならず

☑ **All work and no play makes Jack a dull boy.**
仕事 [勉強] ばかりして遊ばないことはジャックをだめな少年にする [よく学びよく遊べ]

☑ **Be it ever so humble, there is no place like home.**
たとえどんなに粗末でも，わが家に勝るところはない

☑ **Better late than never.**
遅くても何もしないよりはよい

☑ **Birds of a feather flock together.**
同じ羽の鳥は群れになる [類は友を呼ぶ]

☑ **Don't count your chickens before they are hatched.**
ひよこがかえる前にその数を数えるな [捕らぬ狸の皮算用]

☑ **Don't put off until tomorrow what you can do today.**
今日できることを明日に延ばすな

☑ **Heaven helps those who help themselves.**
天は自ら助くる者を助く

☑ **If you run after two hares, you will catch neither.**
二兎を追う者は一兎をも得ず

☑ **(It's) easier said than done.**
行うより言う方が簡単だ [言うは易く行うは難し]

☑ **It's no use crying over spilt milk.**
こぼれたミルクのことで泣いてもむだだ [覆水盆に返らず]

☑ **It never rains but it pours. [When it rains, it pours.]**
土砂降りにならずに雨が降ることは決してない [二度あることは三度ある]

☑ **Look before you leap.**
跳ぶ前に見よ [転ばぬ先の杖]

☑ Necessity is the mother of invention.　必要は発明の母

☑ No news is good news.　便りのないのはよい知らせ

☑ One man's meat is another man's poison.
ある人の肉は別の人の毒だ［甲の薬は乙の毒］

☑ Out of sight, out of mind.
姿が見えなければ頭の中からも消える［去る者は日々に疎し］

☑ Rome was not built in a day.
ローマは1日にして成らず

☑ Seeing is believing.
見ることは信じることだ［百聞は一見に如かず］

☑ Strike the iron while it is hot.
鉄は熱いうちに打て［好機を逃すな］

☑ The early bird catches the worm.
早起きの鳥は虫をつかまえる［早起きは三文の徳］

☑ The end justifies the means.
目的が手段を正当化する［うそも方便］

☑ The grass is always greener on the other side (of the fence).
隣の芝生はいつも青い

☑ The proof of the pudding is in the eating.
プディングの品質証明は食べることにある［論より証拠］

☑ There is no accounting for taste(s).
趣味は説明できない［たで食う虫も好き好き］

☑ There is no rule but has exceptions.
例外のない規則はない

☑ There is no smoke without fire.
火のない所に煙は立たない

☑ Time and tide wait for no man.
時間と潮（の干満）は人を待たない［歳月人を待たず］

☑ Too many cooks spoil the broth.
多すぎる料理人はスープをだめにする［船頭多くして船山に上る］

☑ When in Rome, do as the Romans do.
ローマにいるときはローマ人のするようにせよ［郷に入れば郷に従え］

☑ When the cat is away, the mice will play.
ネコがいないときにネズミは遊ぶものだ［鬼の居ぬ間に洗濯］

☑ Where there is a will, there is a way.
意志のあるところに道は開ける［精神一到何事か成らざらん］

索引

さ

153